——— 河南大学历史系列丛书 ———

河南大学历史系列丛书
李庆春 刘波 主编

赵厂军 李恒 编著

抗战时期河南大学流亡办学口述历史：

潭头

河南大学出版社
HENAN UNIVERSITY PRESS

·郑州·

图书在版编目(CIP)数据

抗战时期河南大学流亡办学口述历史：潭头/赵广军,李恒编著.
—郑州：河南大学出版社,2017.9
ISBN 978-7-5649-3014-1

Ⅰ.①抗⋯　Ⅱ.①赵⋯　②李⋯　Ⅲ.①河南大学—校史　Ⅳ.①G649.286.13

中国版本图书馆 CIP 数据核字(2017)第 237662 号

出 版 人	张云鹏
出版统筹	侯若愚
责任编辑	董庆超
责任校对	胡凤杰
封面题字	周晓磊
封面设计	翟淼淼
出版发行	河南大学出版社
	地址：郑州市郑东新区商务外环中华大厦2401号　邮编：450046
	电话：0371-86059701(营销部)　网址：www.hupress.com
印　　刷	河南瑞之光印刷股份有限公司
版　　次	2017年12月第1版　印　次　2017年12月第1次印刷
开　　本	710mm×1010mm　1/16　印张　20.25
字　　数	370千字　定价　66.00元

版权所有·侵权必究
本书如有印装质量问题，请与河南大学出版社营销部联系调换

河南大学历史丛书编委会

张宝明　李庆春　张云鹏

刘　波　党鸿军　王学春

苗书梅　许俊峰　杨光辉

刘百陆　左玉河　马小泉

张召鹏　常光磊　朱红霞

内容摘要

1937年全面抗日战争开始,因为开封的沦陷,河南大学迁徙办学,其中1939—1944年的五年时间里,在洛阳栾川县潭头镇(当时属嵩县)办学。在潭头,河南大学完成由省立到国立的升格,也是当时全国高校中坚持省内流亡办学的少有例子。这段流亡办学的历史除了有限的文献记载之外,留下不少口碑史料,特别是潭头当地村民记忆中的办学历史,鲜有人整理。本书整理了当地、当时的亲历者近三十余人的口述历史,可以鲜活地补充河南大学流亡办学史,也可借以观察抗日战争时期高等教育迁徙办学的历史。

目 录

序:口述历史本土经验的理论构建与研究适用 ········· 1
从省立到国立:抗战时期河南大学的流亡办学 ········· 27
石门村梁帅卿 ········· 158
石门村闫尊儒 ········· 160
石门村张石章 ········· 162
大王庙村孙士东 ········· 169
大王庙村孙士全 ········· 173
大王庙村赵明亮 ········· 179
大王庙村孙长有 ········· 181
古城村姜晋森 ········· 185
古城村闫岫岷 ········· 188
古城村杨粉英 ········· 190
党村白红军 ········· 193
党村党金永 ········· 194
潭头镇王文杰 ········· 198
党村曹顺卿 ········· 204
潭头镇马来学 ········· 206
潭头镇秦家祺 ········· 208
潭头镇任玉瑞 ········· 210
潭头镇王甲臣 ········· 216
潭头镇李报 ········· 219
党村党建伟 ········· 221
嵩县财神庙李嵩龄 ········· 224
潭头村安福森 ········· 227
潭头村布青山 ········· 229

党家村马献瑞 ………………………………………………………… 231
潭头村任振军 ………………………………………………………… 236
潭头村石云秀 ………………………………………………………… 238
潭头村张翠玲 ………………………………………………………… 241
刘泉生口述河南大学流亡办学记忆 …………………………………… 244
国家记忆与民间记忆——抗战时期河南大学潭头办学口述历史调研纪实
　…………………………………………………………………… 262
口述历史视野下的河南大学潭头办学 ………………………………… 268
事件与空间：河南大学潭头办学口述史采辑漫谈 …………………… 283
附录一：1945年10月河南大学教员名录 …………………………… 296
附录二：河南大学潭头办学时期的机构分布图 ……………………… 299
附录三：抗战时期河南大学历史文献篇目索引（部分）……………… 305
后记 ……………………………………………………………………… 311

序：口述历史本土经验的理论构建与研究适用

"口述历史"作为历史学的一门新兴学科，在中国呈现出方兴未艾的良好态势。现代意义上的口述历史是20世纪国际学术界兴起的一门历史学分支学科，同时也作为一种研究方法广泛应用于社会各个领域。进入21世纪以来，口述历史得到包括史学界在内的社会各界的普遍关注，呈现出迅猛发展的势头。随着口述历史访谈实践的深入开展，口述历史的理论和方法引起越来越多的学人关注。口述历史在中国的发展中，必须经历一个本土经验与外来经验之间的磨合，以便厘清口述历史的学科属性、方法论属性、史料属性及其相关问题，这些也成为口述历史深入发展所无法回避的重大理论问题，亟须加以深入探讨。口述历史研究所必需的历史"当事人"的要求，推动着本土经验的口述历史在中国史学研究中的适用，主要体现在共和国史的研究之中。

一、口述历史的学科属性与学科设置：口述史料与口述历史

口述史料和口述历史有着一定区别。荣维木先生曾指出："口述史料是从史料学的角度，特指史料留存的一个种类；口述历史，是从历史学的角度，特指表述历史的一个方式。"口述历史和口述史料最大的区别在于：是否对口述的内容进行加工润色，是否与文献史料比较后对受访者的口述内容进行筛选。现在人们谈论的"口述历史"多局限于"口述史料"，并未提升到"口述历史"层面；目前国内出版的大量冠以"口述史"的出版物，多是"口述史料"作品，而非严格意义上的口述历史著作。

什么是口述历史？这是研究口述史时首先遇到并无法回避的问题，也是欧美口述历史学界长期争论不休的重要问题。中国学界引入西方口述历史概念之后，也同样延续了这种争论。目前口述历史方面出版了很多理论性著作，有翻译西方学者的，也有中国学者撰写的，其中比较重要的有：保尔·汤普逊著、覃方明等译《过去的声音——口述史》，杨祥银著《与历史对话——口述史学的理论与实践》，周新国主编《中国口述史的理论与实践》，

唐纳德·里奇著、王芝芝等译《大家来做口述历史》，李向平、魏扬波著《口述史研究方法》，唐纳德·里奇主编、宋平明等译《牛津口述史手册》。在这些著作中，人们对口述历史的概念定位分歧较大。唐纳德·里奇认为，口述历史是以录音访谈的方式搜集口传记忆以及具有历史意义的个人观点；保尔·汤普逊则认为，口述历史是关于人们生活的询问和调查，包含着对他们口头故事的记录。这两个定义的差异在于：汤普逊认为口述历史就是一种口述记录，而里奇认为口述历史必须是在这种记录的基础上加上访谈人的个人观点。

中国学者基本上也有这两种观点：一是视口述历史为"口述史料"，二是视口述历史为口述史料基础上进而提升到研究层面的东西。"口述历史"概念分歧的背后，隐藏着"口述史料"与"口述历史"的差异。在口述历史传入中国之初，这两种观点争议非常激烈，现在大家基本达成共识，认识到了口述史料与口述历史之间的差别。凡根据个人亲闻亲历而口传或笔记的材料，均可称为口述史料；它可以呈现为口传史料、回忆录、调查记、访谈录等形式，但不能称为口述历史。口述历史概念的内涵是：收集和运用口述史料，再现历史发展过程的某一阶段或某一方面。口述历史是研究者基于对受访者的访谈口述史料，并结合文献资料、经过一定稽核的史实记录，对其生平或某一相关事件进行的研究，是对口述史料的加工、整理和提升，而不是访谈史料的复原。

口述史料限于提供种种研究历史的素材，口述历史则着重于以自己独有的方式阐释历史。因此，口述史料与口述历史是两个层面的东西，口述史料是低层面的东西，包括当事人自己以口述的语言风格写下的文字性东西，以及别人为当事人的口述所做的记录。若是经由执笔者加进了从语言形式到内容的过多加工和研究性创造成分，就成了包含"口述史料"而又有别于单纯口述史料的口述历史"著述"。这样的"著述"便成为真正意义上的口述历史成果。因此，口述历史的特性就是一定要加上文献查询与史料加工，口述历史与口述史料的不同，集中体现在前者本身已经包含了对文献的查询。口述史料是不需要加工的，但口述历史是必须经过整理者加工润色的。而这种加工润色，最重要的就是与文献史料比较后对口述内容进行筛选。

界定"口述历史"与"口述史料"两个概念之后，便会看到，现在人们通常谈论的所谓"口述历史"，多局限于"口述史料"层面，并未提升到"口述历史"层面；目前国内出版的大量冠以"口述史"的出版物，多是"口述史料"作品，而非严格意义上的口述历史著作。因此，我们要严格区分回忆录、访谈录和

"述史"。近年来,国内图书市场出版了大量回忆录、访谈录,其中重要的有:李维汉的《回忆与研究》、薄一波的《若干重大决策与事件的回顾》、汪东兴的《汪东兴回忆录》、吴冷西的《十年论战》,以及人民出版社推出的《彭德怀自述》、《黄克诚自述》、《刘英自述》及黄峥执笔的《王光美访谈录》等,基本上属于"口述史料",而不是严格意义上的"口述历史"。口述历史是历史研究过程后的成果,回忆录和访谈录只是口述历史研究的资料而已。

另外,在学科区别上,口述访谈与新闻采访以及田野调查也不同。口述历史包括社会学家用田野调查取得的成果、文学工作者用新闻采访的方法创制的口述历史作品、历史工作者用口述访谈方法整理出来的口述史著作等。前两类不追求历史真实,而是更多地关注叙述背后的文化意义。与之相比,口述历史的特性是:能提供给研究者使用,能重新对历史加以阐释,经过鉴定能确认其真实性。将口述历史等同于新闻记者的工作,是在降低口述历史的难度、严肃性和规范性,是值得警惕的。

二、口述历史的方法论属性及史学研究形态变革

口述历史既是历史学的一门新兴分支学科,也是一种历史研究的新方法。作为方法论的口述历史具有明显的双重主体特性,历史研究者和历史当事人均为口述历史研究的主体。这种特性决定了历史研究及书写,不再是历史研究者的专利,历史当事人也可以通过口述访谈的方式参与历史研究和书写,因而改变了以往历史研究的既定模式,这有可能带来史学研究形态的变革。

1. 口述历史研究的双重主体:历史研究者与历史当事人

历史研究是历史研究者利用相关文献材料对历史活动所做的探究过程,故在以往的学科发展中,历史研究的主体自然是单一的专业历史学家。而口述历史研究则与此有明显的差异。

口述历史研究是历史研究者通过口述访谈的方式,对历史当事人进行采访并在沟通中整理口述史料的过程。作为口述者的历史当事人,通过口述方式讲述亲身经历的历史;作为访谈者的历史研究者,将当事人讲述的历史加以记录并对其进行整理加工,最后形成口述历史文本。访谈者(历史研究者)与口述者(历史当事人)双方访谈、沟通、补充和整理的过程,实际上就是口述历史研究过程。在这个过程中,作为访谈者的历史研究者无可争议地成为口述历史研究的主体;但受访的历史当事人并不仅仅处于研究对象的客体地位,而是以"口述"的方式参与了口述历史研究,将自己亲身经历的

历史加以叙述并表达了自己的见解,因而也成为口述历史研究的主体之一。因此,口述历史研究的主体是双重的,历史研究者和历史当事人共同构成了口述历史研究的主体。

研究主体的双重性,是口述历史研究的突出特性。口述历史的这种特性,改变了以往历史研究中完全将历史当事人作为研究客体而排除在研究主体之外的做法。历史当事人既是历史的创造者,同时也是历史的研究者和书写者,因而与历史研究者一起构成口述历史研究的主体。历史研究者与历史当事人共同合作研究和书写历史,正是口述历史的方法论属性所在。

历史研究者与历史当事人共同研究和书写历史,是依靠口述访谈的方式实现的。口述历史访谈,既是采集口述史料的主要途径,也是实现作为访谈者的历史研究者与作为口述者的当事人合作进行历史研究的主要渠道。口述历史访谈的过程,实际上就是历史研究者与历史当事人共同进行历史研究的过程。

2. 历史访谈者——名符其实的口述历史"导演"

历史研究者与历史当事人尽管都是口述历史的主体,但两者在口述访谈中充当的角色及所尽的职责是不同的。作为访谈者的历史研究者,是口述历史访谈的策划者和引导者;作为口述者的历史当事人,是口述历史访谈不可缺少的主角。两者在口述历史访谈中所担当的角色,类似于电影拍摄中的"导演"与"主演"。

口述访谈者是口述历史访谈的策划者和主导者。他们负责口述历史的整体策划,负责确定口述访谈的主题,负责围绕主题设计具体问题,负责根据主题和具体问题确定并联络访谈对象,负责在访谈过程中向当事人提出具体问题。他们参与并主导了从口述访谈的前期准备到口述访谈过程,甚至后期的访谈整理的整个过程,是呈现口述历史剧情的"导演",在口述历史工作中起着名符其实的"导演"作用。离开了访谈者的主导和参与,口述历史文本是难以产生的。

但应当谨记:访谈者是当事人口述历史记忆的采集者,是口述者呈现历史记忆的协助者,而不是口述者历史记忆本身,也不能成为口述者历史记忆的评论者,当事人才是口述历史访谈的主角和"主演"。作为口述访谈的"导演",访谈者不能以自己对历史事件的认识影响口述访谈的"主演"(口述者),更不能将自己的历史认识强加给当事的口述者,使口述者叙述的所谓历史真实接近于访谈者自己心中的历史真实,进而使口述历史变成当事人根据访谈者的意志呈现的"口读"历史。如果将口述者叙述的"口述"历史变成了访谈者支配的"口读"历史,就违背了口述历史的基本原则和口述访谈的底线。

正因访谈者是口述历史的策划者和主导者,故口述历史工作对访谈者的要求更高。真实是口述史的灵魂。要获得真实的口述历史内容,访谈者必须与当事人建立起必要的信任关系。访谈者能否获得当事人的充分信任,是能否获得真实的口述历史内容的前提。访谈者必须严守学术规范和职业道德,严守口述访谈纪律,严格保护当事人的个人隐私,才能获得当事人的充分信任,进而提升口述历史的真实度。

3.历史当事人——不可缺少的口述历史"主演"

作为口述者的历史当事人绝不是口述历史访谈的冷眼旁观者,而是热心参与者,是口述历史叙述的主角,是口述历史研究不可缺少的主体。

口述历史本质上是当事人讲述的历史,是当事人呈现出的历史记忆,是当事人亲历并保留在其记忆中的历史事实的再现,而不完全是访谈者认知和撰写的历史。离开了历史当事人的叙述,根本不可能有所谓的口述历史。历史当事人是历史事件的亲历者,是历史记忆储存及呈现的主体,因而也是口述历史最重要的主体。若将口述历史工作比喻为拍摄一部"电影"的话,那么口述历史这部"电影"的"导演"是访谈者,而"主演"必定是历史当事人。没有当事人这个"主演",是根本无法完成口述历史这部"电影"的。

电影拍摄的主演与口述历史访谈的"主演"角色相似,但职责略有不同。其差异在于:电影主演是按照导演预设的台词进行表演,带有艺术"表演"成分。而作为口述历史的"主演",历史当事人尽管也是根据访谈者选定的主题和设计的问题而展开对话,但其"台词"并不是"导演"预先设定的,而是自己大脑中储存的历史记忆。他不是按照要求"背台词",而是在适度引导下发掘自己的历史记忆,并将其叙述出来。历史当事人"演技"的高低,就在于是否能够将历史记忆准确而完整地呈现出来。能够将大脑中的历史记忆完整准确地呈现出来的当事人,就是口述访谈的合格"主演";能够引导当事人将其历史记忆完整准确地呈现出来的访谈者,当然就是合格的"导演"。

历史当事人要尽到"主演"职责而将自己亲身经历的历史叙述出来,并不是一件容易的事情,因为当事人的历史记忆及历史叙述受多方面因素的影响。历史记忆的变形与变声,是人的自身机能作用的结果;而历史记忆的扭曲与伪造,则是社会环境影响的结果。因此,口述访谈者必须关注并探究制约当事人历史叙述的诸多因素,而作为口述者的当事人则更应努力克服影响其口述的诸多干扰因素。这显然是需要访谈者与口述者共同努力方能实现的。

总之,历史访谈者和历史当事人共同构成了口述历史研究的主体。口述历史访谈的过程,是访谈者与当事人通过口述访谈的方式共同回忆和书写某段历史的过程。双方反复进行沟通、修改和订正的过程,实际上就是口述历史研究的过程。访谈者是口述历史的策划者和主导者,充当着口述历史访谈"导演"的角色,必须尽到"导演"的职责;但他仅仅是口述历史叙述的助产者和历史记忆的采集者,而不是口述历史访谈的"主演"。历史当事人才是口述历史叙述的真正主角和"主演"。历史研究者与历史当事人以口述访谈的方式实现口述历史研究,显然与以往的历史研究模式有很大差异,因而有可能促使史学研究形态发生某些变革。

三、对象的差异性:精英、民众与访谈内容的差异

接下来的问题是:做谁的口述历史?当然是活着的历史当事人,这是口述历史访谈的前提条件。对此,大家没有太多争议,但在做哪部分历史当事人的口述访谈问题上,西方口述史学界曾经有过很大争议。为什么会引起这种争议呢?因为西方口述史学界首先将访谈对象界定在精英人物上,相对忽视一般民众。20世纪70年代以后,欧美史学开始转向关注社会边缘和下层人物,口述访谈的重心开始关注于黑人、劳工等,开始为他们做口述历史,将口述历史作为这些边缘和下层人物诉说历史的一种方式。因此,西方口述历史的关注点有一个从精英走向民众的转变。中国的口述历史在一开始就没有这种争议,因为唯物史观强调历史是人民群众创造的,在马克思主义史学观指导之下,我们非常重视人民群众的历史。口述历史传入中国后,立即出现口述访谈对象"多样化"趋向。既可以将口述史的重点放在精英人物身上,采访各界重要精英人物,请他们讲述重大历史事件的决策和实施经过,以及其间重要人物的功过、人民群众的作用等;也可以将关注点集中于普通民众身上,请他们讲述亲身经历的普通故事。如中国社会科学院当代中国研究所的口述计划是"请决策者系统地讲大事",采集像《共和国要事口述史》这种以重大历史事件为主题的口述访谈,即讲述军政国家大事;中国社会科学院近代史研究所的口述计划则趋向采集普通民众的口述史料,撰写像《中国知青口述史》、《回望一甲子》这种贴近社会生活的口述历史著作,即讲述老百姓自己的故事。因此,中国口述历史没有局限于西方口述历史起始阶段的仅仅关注政界、商界和社会名流,而是迅速将注意力转移到民众日常社会生活方面,着力撰写"来自社会底层"的历史,这是一件值得庆

幸的事情。口述访谈对象的开放性与多元化格局，为中国口述历史的迅速发展奠定了良好基础。

面对同一事件，精英与民众在事件中所处的地位和发挥的作用是不同的，因而感受也不同，讲述的故事自然也不同。精英者多处于决策地位和领导地位，发挥着领导、决策、指导行动、处理事件中遇到的问题的重大责任，在事件中负有较大责任，因而他们对事件的记忆更为清楚，对事情的来龙去脉更了解，因而他们的回忆更有价值。这也是将口述访谈的对象集中在精英人物身上的重要原因。多数普通民众只是事件的参与者，对事件为什么要搞、如何搞并不清楚，他们只是被动的参与者和具体的实施者，他们所能回忆的只是自己眼中看到的事件，是自己亲身经历的那部分，看到的仅仅是事件的局部和事件的部分面相，而对全局性的事情显然知道有限，故他们的回忆难免会不周全，因而其价值有限。如现在做抗战老兵的口述，现在幸存的抗战老兵多数是普通士兵，讲述的多是他们自己亲身经历过的战役或者部队生活方面的事情，至于这个战役如何决策、如何部署，他们就很难讲出来，即便讲出来也未必可信，因为他们并没有参与过这种战役的决策。因此，精英与民众的口述都有价值，但也都有自己的局限性。普通民众看到的或许没有精英决策者周全，但却能看到精英看不到的事情的另一面；精英、民众共同回忆这件事情，才能真正从不同侧面反映该事件的面相。因此，当我们围绕一件事情做口述时，既要找决策者、实施者，也要找参与者、旁观者，从不同角度进行回忆，才能让事件更加丰满、更加全面和真实。

面对同一事件，精英与民众两者之间在回忆及评价时，会出现明显的矛盾。这实际上是很正常的事情，因为他们对同一段历史或事件有着不同的感受和认识。面对当事人口述内容的差异和矛盾，研究者应该注意：一要认真分析两者口述内容矛盾之点，二要弄清两者当时的地位及所起的作用，三要查找相关文献对两者的记忆进行验证和核对。研究者就像判案的法官一样，不能仅听一面之词，要兼听多方口述证据，尤其要倾听不同当事人的不同意见，加以比较分析。同时，不仅注重口述证据，还要重视物证——文献证据，兼采口供和实物证据。精英人物的口述记忆固然重要，但普通民众的声音同样要倾听，不能忽视。人们因现实的利害关系和对事件的感受不同，对同一事件的心理体验不同，后来的回忆内容及看问题的角度肯定会有差异，对事件的评价也不同，各自建构起来的事件及人物形象也是不同的。研究者最明智的做法，就是倾听各方当事人的声音，对照文献资料，进而做出自己的判断。如果自己无法判断，就将各方意见呈现并记录下来，作为一种口述史料保留下来,让后来更明智的史学家来评判。矛盾记忆的价值,在于为后人提供了不同的说法和继续研究的线索,并不在于现时就能够解决问题。

精英和民众的访谈内容存在差异。如中国社科院当代中国研究所的计划是"请决策者系统地讲大事",采集像《共和国要事口述史》这种以重大历史事件为主题的口述访谈;中国社科院近代史所研究的口述史计划趋向于采集普通民众的口述史料,撰写像《中国知青口述史》《回望一甲子》这样贴近百姓生活的作品。面对同一事件,精英和民众之间在回忆和评价中出现明显的对立与统一的关系,研究者应该注意:第一,要认真分析二者口述内容的矛盾点;第二,要弄清二者当时的地位及所起的作用;第三,研究者应该像判案的法官一样,去查找相关文献对二者的记忆进行验证和核对。

四、访谈者主观参与的限度与底线

口述的本质是以回忆的方式将当事人的记忆发掘出来,以回忆的方式讲述历史,而人的记忆又具有主观性强、不够稳定的特点,再加上我们访谈者要对口述者所讲的东西进行验证、修正与整理,难免加入主观性的东西,因此人们不可避免地会对口述历史的真实性产生怀疑,并由此追问口述历史究竟能否给我们以历史的真实。多数人类学家严守中立立场,要求"言必有录"、"原汁原味",访谈者不应该介入;而历史学家则认为口述历史乃是双方共同参与制作的产物,不过过于介入也会产生危险,虽然读者普遍反映口述历史著作中口述者的"主观表达"要比"客观叙述"更好看,但其可信度也相应降低。唐德刚先生在做胡适口述历史的时候,口述史料和文献史料各占50%;做李宗仁口述历史的时候,因为其军人身份的特殊性,对考证的要求更高。过于强调"可读性"可能会牺牲"真实性",口述历史采访者介入的最后底线应该是史家特有的"秉笔直书",而不是文学家"寻常一样窗前月,才有梅花便不同"的表达技巧。

口述访谈的录音、录像一定要经过整理者的加工。但在加工的过程中,整理者的主观意志的加入是否会破坏口述历史的真实性呢?这个问题在西方与中国口述史学界都引起了争议,并出现了两种意见:有人认为应严守中立立场,默默地倾听受访者诉说,并将访谈录音原原本本地整理出来,做到"有言必录",不增加访谈者个人的倾向性,对原始素材不做任何加工改动,以期保留口述访谈的"原汁原味"。这种意见多为人类学家所坚持。但历史学界多数人认为,纯粹的中立和不介入是不可能的,口述历史是访谈者和受访者共同参与才能完成的。访谈者要对照文献档案对口述的失真失实处、记忆的偏差处，或征求口述者意见后做出改动，或由整理者自行做出适当的校正性注释。因此保持纯粹的中立是不可能的，访谈者必须要参与进去。这两种观点的核心问题，就是口述历史的真实性问题。

真实是口述历史的价值所在，但口述历史要求的真实，不仅仅是口述访谈录音整理的"真实"，更重要的是受访者所口述的"历史内容"的真实。后者显然远比前者更重要。整理访谈录音无论再"真实"、再"原汁原味"，也无法保证口述"历史内容"的真实；口述历史的真实与否，主要取决于受访者口述"历史内容"的真实与否，而不完全决定于整理者是否忠实于访谈录音，即不完全取决于"历史形式"的真实与否。因此，口述历史存在着难以避免的局限性，要求口述者所讲的一切都符合"客观事实"，几乎是不可能的。即使口述者无意作伪造假，而是抱着实话实说的真诚，但因为其当时的见闻条件、历时记忆在一定程度上的必然失真以及不可能不加进去主观因素等，受访人对历史事件的忆述不可能完全符合已逝的客观真实。

鉴于这样的情况，访谈者和整理者在这个过程中要大胆介入。因受访者有记忆上的局限，更要求访谈者和整理者大胆介入，用相关文献材料来补充和互证口述史料，纠正受访者记忆的失误。相关文献的补充与互证，对口述历史来说是必不可少的。这个补充和印证的过程，实际上就是口述历史研究的过程。但是访谈者的介入及用文献补充，并不意味着访谈者在整理口述录音录像并加工制作成著作时，可以随意改变受访者的口述访谈录音录像，一定要尊重访谈的录音录像。

有些访谈者为使口述历史著作有"可读性"，在撰写笔法上采取了"灵活"一些的做法。这种"笔法"是很危险的，有损于口述历史的真实性，在原则上是不允许的。目前口述史学界出现的很多口述作品，大家之所以质疑其真实性，就是因为没有忠实于访谈记录，很大程度上是访谈者主观想象的结果。忠实于口述者及其形成的录音录像，是访谈者介入的最后底线。口述历史需要的是史家特有的"秉笔直书"，而不是文学家"寻常一样窗前月，才有梅花便不同"的表述技巧。表述技巧虽然也需要，但是更重要的是作为史家的"秉笔直书"。

五、历史记忆、历史叙述与口述历史的真实性

口述历史的真实性问题，是中外口述史学界长期争论的核心问题。真实是历史的灵魂，没有真实就不成为历史。历史研究的本质就是探寻客观存在的历史真实。口述历史是以挖掘当事人历史记忆的方式探求客观的历史真实,其特点是以口述者的历史记忆为凭据再现历史真实。因此,口述历史最关键的问题,就是口述者的历史记忆问题。历史记忆是呈现口述历史真实的一种主要方式,口述历史的真实性主要取决于历史记忆的真实,而历史记忆储存及呈现方式的局限,则影响了口述历史的真实性。

历史真实是指在人类历史进程中发生的客观历史实践,历史记忆是指历史事件的亲历者对历史事件的回忆。而从口述者亲身经历的客观存在的历史真实,到口述文本的真实,中间经过历史记忆加工、历史叙述呈现、学术文本整理及口述文本形成等多个复杂环节。从历史之真到记忆之真,从记忆之真到叙述之真,从叙述之真到文本之真,其中经历了多重阻隔。

具体来讲,口述历史范畴中的"真实",可以分为四个层面:历史之真(客观的历史真实)、记忆之真(历史记忆中的真)、叙述之真(音像文本真实)、口述文本之真(根据音像整理的口述文本真实)。从口述者亲历的历史真实到口述文本呈现的历史真实之间,即从历史之真到口述文本之真之间,经历了三重帷幕(三道程序、三个环节、三次筛选、三层间隔)的过滤和阻隔:一是从历史之真到记忆之真,二是从记忆之真到叙述之真,三是从叙述之真到口述文本之真。

第一重帷幕是从口述者亲身经历的历史真实,到口述者将历史事实存储为历史记忆的过程。历史真实经过口述者的记忆存储、保持与回忆诸环节的过滤与筛选,形成了历史记忆。这中间因记忆特殊机能而使历史事实有所变形,并非全部的历史真实都存储为历史记忆,大脑中存储的历史记忆之真与历史之真有较大的间隔和差距,历史记忆的真实已经对客观存在的历史真实打了较大折扣。这种历史记忆不再是全部的历史真实,是选择后的部分历史真实;口述者呈现的所谓历史真实,实际上是经过记忆本身筛选和阻隔后的部分历史真实。

第二重帷幕是将存储的历史记忆,通过回忆的方式呈现出来,表现为历史叙述的过程。历史记忆的呈现是以语言文字为中介的,以语言表述出来的就是口述,以文字表述出来的就是文献。语言和文字整理着历史记忆,将存储于大脑中的历史记忆呈现出来。在这个过程中,受语言的限制和阻隔后呈现出来的历史记忆,既非记忆的全部,也非记忆的准确呈现。记忆在呈现中既有数量的减少,更有内容的失真和变形。在历史记忆转变为历史叙述的过程中,心理、生理及社会等多重因素影响着历史记忆的呈现结果。

第三重帷幕是从叙述文本到形成口述历史文本的过程,是访谈者将音像文本转换为口述文本的过程。口述历史的双重主体特性,决定了访谈者与口述者共同参与了口述历史工作。访谈者在整理过程中的主观取舍,实际上是对口述者呈现出来的历史记忆的检验、修订、补充和取舍。经过访谈者这道工序的筛选与阻隔,口述者叙述的记忆中的历史事实再次打了折扣。经过整理的口述文本与音像文本之间有距离,音像文本与历史记忆之间有距离,历史记忆与历史事实之间也有距离。

客观存在的历史真实经过了记忆、叙述、整理三重帷幕的筛选和阻隔之后,还剩下多少历史的真实?历史记忆穿过主观叙述和主观整理的多重帷幕之后,还剩下多少接近历史真相的"真实"?

从最早的历史事实,到记忆的事实,到叙述出来的事实,再到最后形成的文本事实,其真实性是依次递减的。这是一条基本的规律。历史之真经过历史记忆、历史叙述、口述文本整理三重帷幕的过滤和阻隔,在口述历史文本中呈现出来的历史真实是非常有限的。口述历史所得到的所谓历史真实,是口述者记忆中的历史真实,是部分历史记忆的真实,是客观的历史真实的一部分。因此,不能过高地估计口述历史所包含的历史真实性,应该坦然承认口述历史存在着某种失真及"不可靠性"。

正因口述文本之真与历史之真之间有着较远的距离,中间有着多重阻隔,故口述历史应当关注历史之真如何冲破多重帷幕的阻隔而得到部分呈现。口述历史的主要任务,就是挖掘、采集、保存、整理口述者的历史记忆,在探寻记忆之真的过程中无限逼近历史之真。口述历史的真实性,主要体现在多大程度上反映历史之真和记忆之真,而不应过分纠缠于口述文本之真伪。口述历史不能呈现全部的历史真实,只能反映部分的历史真实,历史学家应该着力发掘记忆之真而减少记忆呈现的阻隔,无限逼近历史的真实。历史的真相或许是唯一的,但对它的记忆及其呈现出来的面相则是多样的。不同的口述者从不同的视角对相同历史事件所呈现的历史记忆是不同的;同一个人在不同的境遇中以不同的视角所呈现的历史记忆也是有差异的。口述者对历史之真的追寻,很像是瞎子摸象,自以为摸到了历史真相,但他所触摸到的仅仅是部分的真相,是其历史记忆中的部分真相,离客观存在的历史之真还有相当大的差距。口述历史研究就是这样一种以挖掘历史记忆的方式无限逼近历史真实而又无法完全得到历史真相的追逐历程。

正因如此,有必要强调:口述历史的主要环节,应该放在历史记忆呈现过程中,研究影响历史记忆呈现的多重因素,以口头叙述的方式将历史记忆真实、完整而准确地呈现出来。为此,必须排除历史记忆呈现过程中的多种因素阻隔,使历史记忆能够尽可能多地呈现出来。这实际上就是口述历史所要做的主要工作。

六、制约历史叙述的多重因素

口述历史的真实性来自历史记忆的真实性。口述历史文本的真实与否,决定于口述者叙述的内容是否真实,决定于他能否将记忆之真完整而准确地呈现出来。口述者的历史记忆呈现受主客观多方面因素的影响。因此,一定要研究并克服这方面的影响,这样才能让叙述者将"记忆之真"完整地呈现出来。

影响和制约口述者记忆呈现(历史叙述)的因素,有生理、心理、智能素养及社会环境等多重维度的因素。

生理因素层面,包括个人年龄、体质、记忆力等因生理差异而导致的记忆呈现差异。记忆是人脑的机能,会因时间久远而发生误忆甚至失忆。年龄的大小、身体的强弱、记忆力的好坏,都对历史记忆的储存及呈现产生影响。口述者追溯的时间越远,流传的时间越久,失忆及记忆误差就越大。口述访谈一般是在事件发生若干年后才进行的,口述者年纪较大、身体虚弱而导致记忆力下降,历史记忆变得模糊不清,容易出现记忆误差,如记错了时间地点、人物张冠李戴、事件因果关系错乱及记忆失真等。经常出现的记忆失真情况有两种:一是记忆前后矛盾;二是对所述情节前后叠加,诸多事体相互交织、混淆不清。这种因生理原因而导致的记忆呈现的失误,属年深日久而导致的无意识的记忆偏差。它是人类生理自然局限的真实体现,也是人类无法根本改变的自然属性所致。

心理因素层面,包括个人情绪、感情、动机、心境、认知能力等心理差异而导致的记忆呈现差异。因口述者在人生经历上的差别,他们对相同事件的感受和述说不尽相同,甚至截然相反。因怀旧主义与感情机制的作用,历史记忆呈现不可避免地带有感情色彩,口述者会在无意识中扭曲历史事实,使呈现出来的历史记忆变形。口述者对历史事件的记忆和感受还难以脱离其民族国家的限制,在回忆时会带有自己的民族情感,极力维护自己国家、民族、亲友的声誉,揭露敌对者的罪恶。其中最典型的是1982年出版的《撕裂的国家:以色列独立战争口述史》中以色列和阿拉伯战争双方对历史记忆的不同叙述。从本质上说历史记忆是史实和想象的混合体,既包含着史实,也包含着想象,口述访谈的过程,是重新唤醒历史记忆、呈现历史记忆的过程。但是这种呈现不是自然的客观呈现,而是被重构的与过去相关的事实,典型的有章太炎、康有为、梁启超、蒋介石、胡适在其晚年对自己早年经历的历史叙述,"过去的声音"有时候也变成了"现在的声音"。现在也会对过去历史记忆的叙述产生影响,如邓小平时代的人们叙述毛泽东时代的故事,故事虽然是毛时代的,但叙述方式却是邓时代的,带有明显的"后见之明"色彩。这种记忆叙述呈现的多样性,被称为"罗生门"现象。历史记忆的"多声部"呈现,才是历史记忆的真实呈现方式。个人的趋利避害和社会主流价值取向对口述者呈现历史记忆同样产生重大影响,集体记忆可能压制个体记忆。比如,澳新军团参加1915年的加里波利战役对澳大利亚国家意识的形成发挥了重要作用,所以自20世纪20年代以来被官方着重宣传,但对于个体来说战争的创伤和无能为力感才是历史本相。

口述动机是口述者呈现历史记忆时的心理状态。口述动机决定着口述者为什么要说、说什么及怎样说,关系到历史记忆呈现的真实程度。口述者存在着多种口述动机,如辩诬白谤型、获取报酬型、维护正义型、自我表功型、感恩赞美型、以史明鉴型、公益事业型、历史责任型等。动机的不同影响口述者对历史记忆及其呈现内容的选择,每种动机对历史记忆的呈现所产生的影响是有差异的。口述者对口述后果的预期,会导致其有意识隐瞒或遮蔽部分真相,影响其叙述的真实性。

历史记忆的呈现与"现在"息息相关,受当下情景的影响。受口述者后来经验的影响,历史记忆通常会将"过去"的历史变成"现在"的历史,将"过去的声音"变成"现在的声音"。口述者以现在的语言、情景和风格叙述过去的故事,呈现关于过去的历史记忆。邓小平时代的人们叙述毛泽东时代的故事,故事是毛时代的,但叙述方式则是邓时代的。他们对历史记忆的呈现,已经渗入邓小平时代的语言风格、语言词汇和价值判断因素,并且其叙述的历史记忆内容,是根据邓小平时代的现实需要而进行取舍选择后的部分历史记忆,并非毛泽东时代的所有历史记忆,带有明显的"后见之明"色彩。

如果说依据后来的感受回溯先前的活动是历史记忆受到后来经验影响所致的话,那么,有意回避某些对自己不利的事情,甚至编造或者隐瞒历史事实,则是受社会现实利害影响而出现的现象。趋利避害是人之本能,在谈到对自己不利的情况时,采取回避、推卸或轻描淡写的态度是人之常情。口述者有意删改某些记忆中的真实,遮蔽某些历史事实,仅仅叙述那些对自己有益的历史记忆,所依据的就是主流意识形态和社会政治势力主导的现实利害关系。口述者受主流意识形态的控制,难以完全真实地呈现历史记忆,或仅仅讲述历史记忆中的部分真相,同时掩盖另一部分真相。他叙述的仅仅是对自己有利无害的部分真相,是政治势力许可范围内的部分真相。

口述历史记忆呈现的过程,是口述者通过回忆自己的经历逐渐趋同所在群体的价值的过程。在这个过程中,他会不断地用群体价值观校正自己的价值判断,体现为社会认同意识和从众心态。群体记忆既可以促使个人记忆接近历史真实,也可以促使口述者为了屈从群体认知、群体价值而怀疑甚至修正自己的记忆,导致偏离历史真实。

此外,口述者的人格、信仰、品德、认知能力都会影响到历史记忆呈现时的真实性。因此,访谈者必须对口述者叙述的真实性保持警惕。

总之,影响口述者历史记忆呈现的因素,除了生理层面的因素外,主要是心理层面和社会环境层面的因素。个人经历、情感及动机等心理因素对历史记忆呈现的影响,是无意识的;现实利害、主流社会价值取向、主流意识形态及政治势力等社会环境因素,则是有意识的。社会环境因素对口述者选择记忆、叙事角度、评价历史事件、褒贬历史人物有着难以抗拒的影响。历史记忆的建构和呈现深受社会现实利益、社会价值取向的影响。受生理、心理和社会环境多种因素过滤和阻隔后而形成的叙述文本(音像文本),显然与口述者的历史记忆有着较远的距离,与客观存在的历史真实之间的距离则会更远。口述历史所做的主要工作,就是研究这些影响口述者的因素,尽量消减这些因素对口述者呈现其历史记忆的影响,让口述者能够把记忆中的真实全面而准确地反映出来。

七、口述历史双重主体:访谈者、当事人

这个问题牵涉口述历史的特性问题。口述历史最核心的部分是口述访谈,而口述访谈必定有做口述史的当事人和访谈者,口述历史就是访谈者和口述者(历史的当事人)进行对话而形成的,而这就显露出口述历史的本质。口述者是历史记忆储存及呈现的主体,因而也是口述历史最重要的主体。但这并不意味着不需要访谈者主体,没有访谈者的引导,口述者可能脱离主题,其口述内容仅仅成为零碎的片段。因此口述历史是访谈者与口述者双方共同合作的结果,是双重主体选择后形成的成果。访谈者处于"导演"地位,负责口述历史的整体策划、具体问题的设计、访谈问题的提问、辅助资料的查找、录音本文的整理,以及口述内容的取舍、诠释和口述文本的定稿等工作。访谈者掌握着音像文本向口述文本的转换;口述者则主导着历史叙述,并对口述文本进行筛选和过滤。

口述历史的本质是什么呢？口述历史研究的主体不是单主体，而是双主体，访谈者与当事人构成了口述历史的双主体。这与一般意义上的历史研究是不同的。一般意义上的历史研究，历史学家是研究主体，而历史人物、历史事件则是研究对象，属于研究客体，主客体是非常分明的。但口述历史有所不同，它是双主体。访谈者作为口述历史的研究者，其主体性是毫无疑问的，而历史当事人作为历史口述者，同样是口述历史的主体，这样访谈者与口述者共同构成了历史研究的双主体。口述者既是历史的经历者、历史的创造者，同时也是历史的书写者，以口述的方式来书写历史，在口述中把自己对事件和历史的思考讲述出来，因此也成为历史的研究者。口述历史必定是口述者与历史学家共同完成的。

研究主体的双重性，是口述历史的显著特点。作为口述历史的双重主体，访谈者与当事人是缺一不可、无法互相替代的合作关系，但两者在口述历史各个环节中所起的作用有较大差异。口述历史研究过程，就是历史研究者通过口述访谈的方式，对历史当事人进行采访并在沟通中整理口述史料的过程。作为口述者的历史当事人，通过口述方式讲述亲身经历的历史；作为访谈者的历史研究者，将当事人讲述的历史加以记录并对其进行整理加工，最后形成口述历史文本。访谈者（历史研究者）与口述者（历史当事人）双方访谈、沟通、补充和整理的过程，实际上就是口述历史研究过程。

那么，两者在口述历史中的角色和职责究竟是什么呢？做一个比喻：两者关系很像电影、电视剧或纪录片的导演与主演，访谈者（历史学家、历史爱好者等）是"导演"，受访者（亲历者、口述者）是"主演"。口述历史是导演与主演共同完成的一部反映人民自己生活场景的纪录片。访谈者是这部纪录片的导演，而受访者是演员、是主要演员，两者共同完成了口述历史这部纪录片。

先看"导演"的角色和职责。访谈者是口述访谈的策划者和主导者，负责口述历史的整体策划、具体问题的设计、访谈问题的提问、辅助资料的查找、录音录像文本的整理，及口述内容的取舍、诠释和口述文本的定稿等工作，在口述历史访谈中占有较大的主动性。访谈者是呈现历史剧情的导演，是音像文本的催生者和整理者。因此，访谈者的地位十分重要。

口述访谈中"导演"的职责，不仅在口述访谈前期准备及访谈过程中积极参与并适度引导，对当事人的口述形成音像文本起着推助作用，而且主导着从当事人的口述音像文本向口述的文字记录文本的转换。如果说口述者在其历史记忆及其呈现过程中起着主要作用的话，那么，访谈者在从口述音像文本向文字记录文本转化过程中则发挥着主要作用。从口述的音像文本转为以文字为表现形式的文字记录文本,是对当事人所口述的音像资料进行整理的过程。这是一项复杂烦琐的整理工作,包括把音像整理成文稿、纠正音像中的错讹之处、补充音像文本中的史实、核对引文、考证时间地点人物、添加大小标题、撰写标题下的内容提要、编制各种索引、介绍口述背景等程序,而这些工作主要由历史访谈者负责完成。"导演"的作用在于引导"主演"(口述者)讲出其历史记忆中的真实,在历史访谈中发挥着主导作用。离开了访谈者的主导和参与,口述历史文本是难以产生的。访谈者在口述历史工作中起着名符其实的"导演"作用,其地位无论怎么强调都不过分。

尽管访谈者的作用很大,但必须强调:历史访谈者不是口述历史记忆及历史叙述的主体,不是口述历史舞台上的中心演员。访谈者仅仅是口述者历史记忆呈现的助产者和催生者,是口述历史记忆的记录者和叙述的倾听者,而不是口述音像文本的生产者。因此这个"导演"是有权限的,他不能以自己对历史事件的认识影响口述访谈的"主演"(口述者),更不能将自己的历史认识强加给当事的口述者,使口述者叙述的所谓历史真实接近于访谈者自己心中的历史真实,进而使口述历史变成当事人根据访谈者的意志呈现的"口读"历史。

访谈者仅仅是当事人进行历史叙述的助产者和口述历史记忆的采集者,当事人才是口述历史访谈的主角和"主演"。因此,"导演"要严格遵守行业规范和道德规范。我们强调口述历史的规范化操作,主要就是针对"导演"的规范。从口述历史访谈对象的确定,到访谈问题的设计,再到访谈过程及访谈记录的整理和发表,都有严格的学术规程。口述历史访谈对访谈者要求很高,需要结合历史研究确定访谈主题,需要根据访谈主题设计要询问的具体问题,需要根据主题和问题的需要寻找合适的当事人作为访谈对象,需要做好充分的前期案头工作,需要了解当事人的经历,需要了解和学习访谈主题的相关知识、掌握访谈的基本技巧、制定详细的访谈计划等,访谈结束后要进行规范化的录音录像整理等。因此口述历史对"导演"的要求是很高的,不是任何人都能做到的,尽管唐纳德·里奇说"大家来做口述史",但是真的要做好依然不容易,它有一条行业规范和道德规范。

中国的口述历史已经发展到规范化操作的阶段,故作为口述历史"导演"的访谈者,必须遵守基本的口述历史学术规范。如何做好口述历史呢?对访谈者最大的要求就是要与当事人建立信任关系。访谈者能否获得当事人的充分信任,是能否获得真实的口述历史内容的前提。访谈者必须严守学术规范和职业道德,严守口述访谈纪律,严格保护当事人的个人隐私,必须做到守口如瓶,未经当事人允许不能将口述访谈内容对外透露。这样才能消除当事人进行口述访谈时的诸多顾虑,逐步获得当事人的信任,进而让当事人敞开心扉,将历史记忆更准确更开放地呈现出来。

口述者是口述历史访谈另外一个不可或缺的主体,这个主体承担着"主演"的角色。口述历史本质上是口述者讲述的历史,是口述者呈现出来的历史记忆,是口述者记忆中的历史事实,而不完全是访谈者认知和撰写的历史。因此,口述者是"主演",没有受访的口述者,将无法成为口述历史。因此,口述历史中的"主演"就是历史当事人。

当事人和口述者如何才能把历史记忆的真实性呈现出来呢?就是一定要克服影响当事人历史叙述的多重因素,克服当事人生理的、心理的、社会各方面的影响。当事人的历史叙述受多方面因素的影响。历史记忆的变形与变声,是人的自身机能作用的结果;而历史记忆的扭曲与伪造,则是社会环境影响的结果。刚才第五部分已经专门讲过这个问题,这里就不多讲了。

八、口述历史:历史研究形态的新变革

为什么说口述历史会导致我们历史研究形态的新变革?口述历史的作用,人们多能体会到:在史料方面,口述历史的兴起,拓展了史料收集的范围,将活生生的口述史料整理并保存下来,为史学研究提供了必要的线索及必备的资料;在史学影响力方面,扩大了历史文本的写作队伍,对口述史有兴趣的非历史专业的新闻记者、社会调查者都可以进行口述历史访谈,可以收集、整理并刊印口述历史文本。因此,它的兴起标志着当代史学研究的视野从单纯的文献求证转向社会、民间资料的发掘,出现了关注社会下层、"自下而上看历史"的新视角,意味着历史学研究观念的转换和研究方法的更新,为历史解释的多样性提供了现实的可能性。

口述历史兴起的最大意义,就是口述历史可能改变历史研究的形态。为什么这样说呢?自唯物史观诞生以来,人民群众的历史作用得到了空前彰显,书写人民群众的历史成为近代以来史学发展的重要趋势。然而,历史的书写要依靠史料,由于缺乏记载人民大众活动的历史资料,以何种方式研究和书写人民大众的历史,成为长期以来困扰历史研究的一个问题。口述历史的兴起改变了这种状况。人民大众既是历史的当事人和见证者,也是口述历史的叙述者和书写者,同时还是历史的研究者。口述历史是大众讲述和书写自己历史的手段、方法和主要途径,他们可以通过"口述"方式,讲

述、记录并研究自己亲身经历的历史和切身感受的历史,发出并留住更多的历史声音。这是口述历史一个很大的贡献,它为书写人民群众的历史提供了一种方法和手段。

刚刚讲到,口述历史的主体具有双重性。这种特性,改变了以往历史研究中完全将历史当事人作为研究客体而将其排除在研究主体之外的做法,决定了历史研究及历史书写不再是历史学家的专利;历史当事人既是历史的创造者,同时也是历史的研究者和书写者,因而与历史研究者一起构成口述历史研究的主体。这种特性就决定了口述历史的研究形态,不再是过去所说的历史研究是历史学家的专利,历史当事人也可以成为历史研究者。口述历史研究,是通过口述访谈方式进行的。口述历史访谈,既是采集口述史料的主要途径,也是实现作为访谈者的历史研究者与作为口述者的当事人合作进行历史研究的主要渠道。口述历史访谈的过程,实际上就是历史研究者与历史当事人共同进行历史研究的过程。

口述访谈在具体的操作层面上,有一个特性,与新闻访谈和社会学家的田野访谈有很大的区别,即口述访谈不是一轮完成的,必须进行多轮访谈。多轮访谈的过程,就是口述历史研究的过程。历史研究者与历史当事人在访谈与沟通中合作研究和书写历史,这正是口述历史的方法论属性所在。历史研究者与历史当事人以口述访谈的方式实现口述历史研究,与以往的历史研究模式有很大差异,因而改变了以往历史研究的既定模式。从这个意义上讲,口述历史是当代史学发展的新趋向,有可能导致历史研究形态的变革。

九、口述历史工作的基本要求

首先,做口述史要有紧迫感。因为我们所做的口述史大部分是保存记忆的,尤其是保存当事人记忆的,而历史当事人的年龄大都比较大,因此必须抓紧时间投入实际的口述历史访谈工作。为老人做口述访谈,就是与时间赛跑,与死神抗争,晚了就来不及了。这方面的教训很多。

其次,做口述史要有奉献精神。做口述历史是为他人作嫁衣裳的工作,是为别人做的,写的是别人,并且这个版权最多你只有一半,另一半是受访者的,这是默默奉献的事情。口述资料的采访、收集与整理,都是很辛苦的。口述史做好了,那是理所当然的;做不好,首先挨骂的还是口述采访者及整理者。没有一点奉献精神,没有一点对历史负责和对后人负责的精神,就根本不会来做口述史,也根本做不好口述史工作。

再次,不能搞短期效应。那些具有历史价值而不一定有社会经济效益的口述资料,不一定能够立即出版,即使出版了也不一定能赚钱,但仍然要搞。目标是保存第一手口述资料。争取让受访者没有任何顾虑地讲出他所见、所闻的事情,即便涉及他人及当事人也不要怕,这些东西在发表时可以保留下来,不便于发表者暂且不发表,待日后条件成熟时再发表,但必须首先无顾虑。我们的基本原则是:口述史研究无禁区,受访者无顾虑,把自己知道的毫无保留地讲出来;但发表有策略、有纪律,目前不宜发表者不发表,暂时先保留下来,待条件成熟时再发表。

最后,中国口述史已经发展到了规范化阶段,要强化口述史的规范化。如果说在10年前口述历史方兴未艾之时,我们鼓励大家做口述历史,将口述历史的门槛放得很低,对于具体做成什么样子没有太高的要求;那么现在就不同了,目前中国口述历史已经发展到规范化操作的新阶段了,必须树立规范意识,遵守道德规范、法律规范和学术规范,否则将会出现较大的麻烦。

十、本土经验与适用:国史研究中的口述历史

口述历史旨在以口述访谈的方式采集、整理与保存当事人(亲历者、见证者、受访者、口述者等)的历史记忆,呈现当事人亲历的历史真实。国史是最适合采用口述史方法进行学术研究的领域。口述历史的对象必须是健在的历史当事人,新中国成立以前重大事件的历史当事人多已故去或即将逝去,满足口述访谈基本条件的当事人越来越少。随着时间的推移,历史当事人越来越集中于新中国历史的亲历者,口述访谈的对象多为共和国历史的当事人而不再是民国历史的当事人,口述史料的采集多集中于国史领域而非民国史领域,历史当事人健在的客观现实决定了口述历史与共和国史研究有着天然的密切关联。

口述历史对国史研究的价值主要集中在两方面:一是口述历史拓展了国史资料收集的范围,将鲜活的口述史料采集、整理并保存下来,为国史研究提供了可资利用的口述资料;二是口述历史改变了以往国史研究的范式和书写方式,更加关注国史研究者与历史当事人之间的互动合作,倡导历史当事人书写他们自己的历史,国史研究及其书写不再是国史学专家的专利,历史当事人也可以参与其中,他们既是共和国历史的创造者,同时也是共和国历史的记录者和书写者。作为当事人的共和国历史创造者与作为访谈者的国史研究者密切合作,共同书写着共和国历史。口述历史为普通民众书写自己的历史提供了现实的可能性,改变了国史研究的既定模式。

1. 口述史料是国史研究不可或缺的重要资料

口述历史对国史研究的价值,集中体现在搜集和利用口述史料方面。历史研究的基础是资料,其中以档案资料最具价值,国史研究必须充分利用丰富的档案史料。国史研究的时段集中于新中国成立之后,研究内容集中于新中国成立以来发生的事件,而这些事件或仍处于发展过程之中,或刚结束但仍对现实产生影响,或虽然结束但尚未盖棺定论,而参与这些事件的当事人仍然健在。因国史研究内容距离今天太近且当事人依然健在,这些事件尚无充分时间进行必要的历史沉淀,故国史研究者对这些事件的认识难免出现模糊,难以做到客观公允地评价。也正是因为这些事件距离现在太近,国史档案资料受档案法和保密法的限制不能充分公开,势必导致档案资料的开放和利用受到严格限制,这是国史研究的先天性劣势。但国史研究时段及内容距离现在较近,也为国史研究提供了古代史(甚至近代史)研究不具备的独特优势——事件的当事人仍然健在,可以为研究者提供翔实而鲜活的口述史料,弥补了档案资料不能充分开放的缺憾。健在的历史当事人是共和国历史活动的亲历者,国史研究者可以通过对他们进行口述访谈的方式获取研究需要的口述史料,深化对历史事件的认识。利用口述访谈方法发掘、整理和利用当事人的口述史料,进而弥补国史研究档案资料的不足,这恰恰是国史研究的独特优势。

现代口述历史是使用录音或录像设备,将历史当事人叙述的内容完整地记录下来,并按照严格的规范整理成口述史料。根据历史当事人录音录像资料整理出来的文字记录,要与录音录像、其他当事人及相关文献材料进行反复核实和考订,因而是可信的。口述史料对国史研究的价值主要体现在以下三个方面。

首先,在档案资料开放不充分的情况下,口述史料可以部分弥补国史研究缺乏资料的问题。历史资料是国史研究的基础,档案资料作为文献资料的中坚,不能充分开放利用,势必影响国史研究的进展。在档案资料开放程度有限的情况下,口述史料的搜集、整理和利用便显得格外重要。口述史料是国史研究的资料来源之一,也是弥补档案资料不足的重要途径。当年参与新中国建设的当事人多已退休,他们为新中国建设付出了极大的辛劳,对所经历的历史有着深刻的感受。对这些参与新中国建设的当事人进行口述访谈,以"三亲"(亲历、亲见、亲闻)为原则,让他们从不同的角度讲述关于新中国建设及生活中的故事,有意识地采集、整理其记忆中的鲜活史料,这是国史研究的基础工作。

其次，口述史料可以弥补目前部分开放档案资料中比较抽象的、粗线条的记载。档案文献的有些记载是抽象或粗线条的，依据这些资料建构的历史往往是不丰满的。口述史料可以提供事件的详细过程以及不见于官方档案记载的历史细节和具体场景。历史当事人讲述其亲身经历的故事、亲眼所见的事情、亲耳听闻的言语，还原了历史的场景，重现了历史的细节，恢复了历史的生动性和鲜活性，因而弥补了国史研究文献资料的不足，这正是口述历史的特点所在，也是口述历史的魅力所在。档案资料基础上的宏大叙事与口述访谈基础上的微观讲述具有很强的互补性，如果说宏大叙事是历史的骨干，那么当事人的微观讲述就是历史的血肉，会使历史丰满起来。口述访谈的鲜活资料必须置于宏大的历史演进框架中，方能彰显其生动之意义。档案资料与口述史料互补，宏大叙事与微观讲述结合，两者形成良性互动，共同建构出复杂的历史场景，那些隐藏在舞台之后、纸背之后的历史实况得到彰显，进而赋予国史书写以灵性，使国史著作内容丰满、生动感人、富有可读性。

最后，口述史料对档案资料具有独特的验证、鉴别功能。国史研究者开展口述史料的搜集、整理过程，是熟悉、梳理和研究历史真相的过程，也是对各种形式的国史资料进行勘比、消化、鉴别、筛选以及保证资料真实性的过程。通过口述史料与部分开放的档案资料进行比对，可以校正档案文献中某些失误的记载，甚至验证文献资料的真伪。同时，口述史料拓展了国史研究资料的范围，可以提供档案史料没有记载或很少记载的资料。传统史学注重宏大的政治、军事、经济问题，档案资料主要记载关乎国家大事的军政要员的活动，较少涉及普通老百姓的日常生活，而社会史、社会文化史恰恰注重"眼光向下"的研究策略，关注的是民众日常生活史，这部分资料在官方档案中很少记载，这就为口述史料留下了很大空间。民间口述史料的发掘不仅开阔了研究者的视野，而且使研究者的观点更能体现普通民众的历史观念。口述史的研究方法可以兼顾官方和社会民众不同的声音和诉求，国史研究者通过口述史料可以把当事者及普通民众的认知与官方的记录进行比较，不仅能够从档案资料中看到官方对某个事件的态度和主导意见，而且可以利用口述历史听到来自普通民众对该事件的意见，有利于综合考察各方面的意见，形成比较客观的历史认识。采用口述方法纂修的国史著作，其观点和视野将更加客观公正，内容也更加丰富多彩和真实可信。正是因为口述史料对国史研究有着独特的价值，故国史研究者要自觉地利用口述访谈方式采集、整理并利用口述史料。

2. 口述历史是实现人民书写国史的有效途径

口述历史不仅是历史学的新兴分支学科,而且是一种历史研究方法。这种方法运用到历史研究中,改变了以往历史研究的模式,带来了历史研究的革命性变革。以往历史研究的主体是历史研究者,客体是某时段的人和事。国史研究是指专业研究者利用相关文献材料,对新中国成立以来人们的活动进行探究。国史研究的主体是专业的历史学家,客体是新中国成立以来历史当事人的活动。口述历史是国史研究者通过口述访谈的方式,对历史当事人进行采访并在沟通中整理口述史料的过程,当事人可以通过口述方式讲述亲身经历的共和国历史,访谈者将当事人口述的历史加以记录,并对口述音像资料进行整理加工,最后形成的口述历史文本可以说是作为历史研究者的访谈者与作为历史当事人的受访者合作完成的。访谈者与受访者访谈、沟通、补充和整理文本的过程,既是口述史料的采制过程,也是口述历史的研究过程。在这个研究过程中,作为研究者的访谈者是口述历史研究的主体,受访的历史当事人并非完全处于研究对象的客体地位,也不是历史研究的旁观者,而是历史研究的参与者,同样是口述历史研究的主体,双重主体是口述历史研究的突出特性。

口述历史研究的双重主体表明当事人同时是历史的研究者和书写者,而其研究和书写历史的方式是通过当事人的口述实现的。历史当事人可以通过口述访谈方式讲述历史,可以与访谈者合作共同完成对某段历史的叙述及书写,这改变了以往历史研究中完全将当事人作为研究对象(客体)而将其排除在研究主体之外的做法。历史当事人既是历史的创造者,同时也是历史的研究者和书写者。作为当事人的历史创造者与作为访谈者的专业研究者合作,共同书写着国史。因此,口述历史为历史当事人书写自己的历史提供了现实的可能性和可行的渠道,改变了历史研究的既定模式。

口述历史的双重主体特性,将唯物史观倡导的人民群众是历史的创造者和书写者的理念变成了有可能付诸实施的现实,作为历史当事人的人民群众可以通过口述历史的方式书写自己创造的历史。

以往的历史研究关注杰出人物,这有其合理性,因为他们处于历史舞台的中心位置,往往在历史活动中担任重要角色。自唯物史观诞生以来,人民群众的历史作用得到了空前彰显,书写人民群众的历史成为近代以来史学发展的趋势。唯物史观的核心观点是"人民群众是历史的创造者",因此要研究和书写人民群众活动的历史。但是以往的史家不仅是历史资料的搜集、整理、记录和保存者,而且是历史研究的承担者和书写者,他们记载的活动多是杰出人物的活动,书写的历史多是杰出人物创造的历史,即便是想书写人民群众的历史活动,也因缺乏有关的历史资料而难以实现。故以何种方式研究和书写人民群众的历史,成为长期以来困扰历史研究的重要问题。

口述历史的兴起改变了这种状况,为人民群众书写自己的历史提供了现实的可能性。人民群众可以通过口述方式,讲述并记录自己亲身经历的历史。新中国的历史是中国共产党领导全国人民共同创造的历史,人民群众是国史的主角和创造者,理应成为这段历史的研究者和书写者。口述历史是实现人民群众研究、书写和记载自己经历的新中国历史的工具,是人民群众书写自己历史的手段、方法和主要途径。人民群众既是新中国口述历史的主体,也是历史的见证人和当事人,同时还是历史的研究者、叙述者和书写者。

正因为如此,国史研究应当鼓励不同阶层的民众以口述的方式记录他们所经历的国史,讲述他们自己亲身经历的国家社会的历史,发出并保留下他们的声音。这样,才能将唯物史观所强调的基本原则真正贯彻到国史研究和书写之中。口述历史使普通民众的活动被记录并保存下来,国史研究者应当关注人民群众的日常生活史,对他们进行口述访谈,让不同阶层的民众讲出亲身经历的历史和有切身感受的历史,留住他们的声音,与普通民众共同书写人民群众的历史。

3. 访谈者与当事人的密切合作是口述访谈成功的关键

共和国口述史料的采集要靠口述访谈,国史研究者与当事人共同研究和书写共和国历史同样要依靠口述访谈。口述历史访谈既是采集国史口述史料的主要途径,也是实现作为访谈者的研究人员与作为受访者的当事人合作进行国史研究的主要渠道。口述历史访谈的过程,实际上就是研究者与当事人进行口述历史研究的过程。口述史料的采集和口述历史研究的过程都集中在研究者与当事人的口述访谈过程之中,故口述访谈是口述历史工作的核心环节。

作为研究者的访谈者与作为受访者的当事人的密切合作是做好口述访谈的关键所在,两者在口述访谈中的关系类似于电影拍摄中"导演"与"主演"的关系。访谈者多为国史研究者,是口述历史访谈的策划者和主导者,相当于"导演",负责口述历史的整体策划、具体问题的设计、辅助资料的查找、录音录像文本的整理,以及口述内容的取舍、诠释和口述文本的定稿等工作,在口述历史访谈中占有较大的主动性,发挥着无可替代的作用。但应当谨记:访谈者绝不是口述历史舞台上的中心演员,离开了当事人的口述是无法进行口述访谈的,更谈不上做出口述历史来,因此,访谈者仅仅是当事人进行历史叙述的助产者,而不是口述史料的生产者。访谈者在口述访谈过程中可以按照采访提纲提问、插话,但更应是当事人历史记忆的采集者和当事人口述的协助者,而不是当事人历史记忆的评论者。访谈者不能过多地以自己对历史事件的认识影响历史当事人,更不能将自己的历史认识强加给当事人,使口述历史变成当事人根据访谈者的意志呈现的"口读"历史。

作为研究者的访谈者在口述访谈中虽然有很大的主动性,但必须严格按照口述历史的规范进行。口述历史访谈有严格的学术规范,从口述历史访谈对象的确定,到访谈问题的设计,再到访谈过程及访谈记录的整理和发表都有严格的规程。口述历史访谈对访谈者要求很高,需要结合研究确定访谈主题,需要根据访谈主题设计具体问题,需要寻找合适的当事人作为访谈对象,需要做好充分的前期案头工作,需要了解当事人的经历,需要了解和学习访谈主题的相关知识、掌握访谈的基本技巧、制定详细的访谈计划等,访谈结束后要进行规范化的录音录像整理等。口述历史访谈的过程,是访谈者与受访的当事人通过口述访谈的方式,共同回忆和书写某段历史(或某事件)的过程,是双方反复进行沟通、修改和订正的过程,也是口述历史研究的过程,故在访谈过程中必须遵守基本的口述历史学术规范。

真实是口述史的灵魂,提高口述史料可信度的途径在于提升口述历史内容的真实性。要做到这一点,必须建立访谈者与当事人之间的信任关系。访谈者能否获得当事人的充分信任,是能否获得真实的口述史料的前提。要获得当事人的信任,访谈者必须严守学术规范和职业道德,注意访谈纪律,严格保护当事人的隐私,务必消除当事人的顾虑,做到守口如瓶,未经当事人允许不能将口述访谈内容对外透露。

历史当事人不是口述访谈的冷眼旁观者,而是热心参与者,是口述历史的"主演",因此,口述历史的真实与否取决于历史当事人叙述的内容是否真实。而历史当事人要想真实地叙述自己亲身经历的历史,并不是一件容易的事情,需要克服多方面因素的影响。口述访谈必须关注制约当事人历史叙述的诸多因素,当事人要努力克服影响其口述的诸多干扰因素,这需要访谈者与当事人的共同努力。

影响当事人口述的因素,除了记忆衰退的自然因素外,还有当事人的心境、情绪、动机、信任度、意识形态、政治权力等因素。当事人往往以现在的语言、情景和风格叙述过去发生的故事。例如,历史当事人在邓小平时代叙述亲身经历的毛泽东时代的故事,已经渗入邓小平时代的语言风格、语言词汇和价值判断因素,并且其叙述的历史内容是根据邓小平时代的现实需要而进行取舍的。

当事人有意回避某些对自己不利的事情,甚至编造或者隐瞒历史事实,是受社会现实利害影响而出现的普遍现象。当事人要叙述哪些故事,以怎样的方式进行叙述,是其主观选择的结果,在谈到对自己不利的情况时会采取回避、推卸或轻描淡写的态度也是人之常情。当事人有意删改某些记忆中的真实,遮蔽某些历史事实,仅仅叙述那些对自己有益的故事,所依据的就是现实利害关系。社会环境因素对当事人选择叙事角度、评价历史事件、褒贬历史人物有着难以抗拒的影响,这是国史口述访谈者需要注意的。

历史当事人按照自己的想象和主观意愿重新组合、编排、过滤历史事实,必然导致对相同事件的多种呈现和多种声音。对同样的历史事件,不同的当事人会有不同的甚至是对立的历史记忆。普通民众与决策者对所经历的相同事件有着不同的感受、体验和认识,回忆的内容也会不一致,这主要源自他们在事件中所处的地位和发挥的作用的差异。决策者多处于事件的领导地位,发挥着领导、决策、指导行动、处理事件中遇到的问题的作用,因而他们对事件的记忆或许更为清楚,对事情的来龙去脉更为了解,他们的回忆或许更有价值。多数普通民众只是事件的参与者和旁观者,对事件的起因和进程并不是十分清楚,他们所能回忆的只是自己亲身经历的那部分,看到的仅仅是事件的一部分,而对全局性的事情了解得比较有限,故他们的回忆难免会不周全,导致其价值有限,但这并不能说明普通民众口述的价值就低于决策者回忆的价值。因为民众作为参与者的视角和感受同样是非常重要的,可以为研究该事件提供普通当事人独特的视角和深切的感受,而不是决策者口述的一面之词。普通民众看到的事件或许没有决策者周全,但却能看到事情的另一种面相。如果部分普通民众是某个事件的受害者,那么他们对该事件会有深刻的记忆,他们所看到的和理解的事情就会与决策者及具体实施者不同。这样,事件的决策者、普通参与者与少数受害者因当时所处的地位不同和所起的作用不同,他们观察问题的视角和体验就会明显不同,因而会对该事件中的人和事有不同于他人的记忆和评价,三方共同口述的历史事件才能真正从不同的侧面反映该事件的面相。这样看来,决策者与普通民众的口述都有其价值。

面对共同经历的相同事件,口述访谈中出现决策者与普通民众的回忆及评价存在差异和矛盾属于正常现象,因为他们对同一段历史或相同事件有着不同的感受和认识。面对当事人口述内容的差异和矛盾,作为国史研究者的访谈者应该注意:一要认真分析两者口述内容矛盾之点,二要弄清两者当时所处的地位及所起的作用,三要查找相关文献对二者的记忆进行验证和核对。研究者不能仅听一面之词,要兼听多方口述证据,尤其是倾听不同当事人的不同意见。同时,研究者不仅要注重当事人的口述证据,还要重视与事件相关的物证——文献证据,兼采口供和实物证据。决策者的口述记忆固然重要,但普通民众的声音同样要倾听。人们因现实的利害关系和对事件的感受不同,对同一事件的心理体验不同,后来的回忆内容及对事件的评判肯定会有差异,各自建构起来的事件及人物形象也是不同的。国史研究者最明智的做法,就是倾听各方当事人的声音,对照文献资料加以考证,进而做出自己的判断。如果自己无法做出判断,可以将各方意见详细地记录下来,作为口述史料保留,以待后者评判。国史口述访谈中出现相互矛盾的叙述,其价值在于为后人提供了深入研究的线索和素材。

  注:多年来,本人由思想史研究转途口述历史研究,本文是一些理论的积累,此文也是在河南大学为口述历史团队进行培训和指导的文本之一,在2015年河南大学进行的抗战时期流亡办学口述历史的调研以及资料的整理中,也体现出本文理论层面的指导,谨以此文为序。

左玉河
2017年6月

从省立到国立：抗战时期河南大学的流亡办学

河南大学历史文化学院 赵广军

对河南大学30、40年代发展最关键时期的研究,目前缺少必要的关注和成果。河南大学校史囿于编写体例的规范性要求,不能够解决此20年河南大学发展中的问题性研究,也不可能专题研究。而一般篇幅的论文则无法全面呈现河南大学在这个时期错综复杂、学科竞舸、师资雄厚的学校内在发展,更无法呈现河南大学与豫省当局、国民政府当局的关系,最终则无法准确展现河南大学的时代性地位。

河南大学的创办历史较早,"是我国创立较早的大学之一,民国十二年(1923年)先由省立留学欧美预备学校(民国元年创校)改组而成,当时长江以北除北京之北京大学、天津之北洋大学外,以河南大学为最早"①。应河南教育总会会长李时灿等呈请,河南省当局于1912年成立留学欧美预备学校,次年河南省又成立河南省公立农业专门学校。两校的创建为河南高等教育打下了基础,但是两校也仅为大专院校。1923年留学欧美预备学校改建为中州大学,这是河南省第一所综合性大学,分文、理两科,但仍不具备综合性大学所要求的必须有三个学院之设的要求。1927年中州大学改名为省立中山大学,增设农科、法科,次年又增设医科,学科体制渐次成熟。1930年,改名为省立河南大学,设文学、理学、法学、农学、医学等5院16系。校内所聘教授多为一时人望,如萧一山、范文澜、嵇文甫、郭绍虞等,开设课程多达百数十门,成为当时国内卓有声誉的综合性大学。此时河南境内的专门院校还有1931年改名的焦作工学院、1929年成立的河南省水利工程专科学校,30年代省内共有高等学校如上述的3所。抗日战争爆发后,河南大学、焦作工学院等辗转迁徙,开始了八年的流亡办学生涯,也是整个河南高等教育的流亡办学时期,正如同时代人1948年所谓的"河南大学在城内东北隅,该校在抗日战争年代里受尽了苦难,战事后迁洛阳东南的嵩县,四

---

① 陈明章:《学府纪闻:国立河南大学》。南京出版社,1981年,第2页。

四年河南战役,蒋军四路逃亡,遭敌猛然侵入,大肆破坏,男女学生被掳不少"①。

张邃青的《国立河南校史前记》称:"十九年易名河南省立河南大学,三十一年改省立为国立,均本校应特书之事。"②抗战时期,流亡办学的几年里,河南大学办学条件艰苦,但是却能够从省立到国立,促成之原因是什么?流亡办学中各办学地点选择的决策如何?为什么成为当时国内高校中为数不多的本省境内流亡办学的例子?这些问题的史学追索不能仅仅停留于结果的告知,而更应该深度研究其内在的过程性。河南大学30年代是其发展史上的黄金时代,也是其彰显为河南最高学府乃至国内著名学府的关键时代,几乎奠定了河南大学此后的影响力。而抗日战争时期,整个高等教育秩序由于战争而紊乱,河南大学也深受日军侵略之害,同时也在留省、迁省的决策中踌躇,1942年以解决经济困难而完成了从省立到国立的过渡,更凭借着抗战早期虽则迁移但是图书仪器没有遭遇大损失而成为国内高校中设备最好、图书资源最多的高校。但是战争给河南大学造成严重灾害,从潭头到荆紫关的迁移,是河南大学历史上最难捱的一段遭遇。在今天思考河南大学当年迁省抑或是留省的争议时,我们可以观察到,1938年迁移镇平、1939年迁移潭头、1944年迁移荆紫关、1945年迁移宝鸡的各个阶段迁移决策时,这个问题都是一个争议的焦点,新校址的选择和决策最终使河南大学成为"战时前线唯一最高学府"。此称谓虽然在战时光鲜,但是也无比危险:地近战场。而深索河南大学国立的原因时,也绝不仅仅是河南大学的整体影响力,而是当时重庆国民政府对经济困难高校的整体政策使然。

一、抗战时期中国高等教育的迁移办学

抗战前和抗战时的中国高等教育,状况呈现战时的调整特征。1939年4月的统计显示,战前的1936年有108所高校(专科以上学校,包括大学、独院及专科),其中国立24所、公立专科2所、省立29所、私立53所,共有教职员工11850人,在校生41922人,各校总支经费39275386元。战争以来,受日军破坏或轰炸者达92所,中央大学等46所大学财产损失达3360万元以上,生命损害达百人以上。各校出于安全计,先后迁移的有79所,主要是迁往四川等大后方,其中迁至四川的就有14所,迁至云南的有6所,迁

---

① 《开封介绍》,《东北日报》1948年6月25日。
② 张邃青:《国立河大校史前记》。见:河南省教育志编辑室《河南教育资料汇编:民国部分》,1984年,第192页。

至广西的有6所,迁至陕西的有2所,迁至贵州的有2所,迁至湖南的有2所。当然也有一些高校选择迁往沦陷的上海(有19所),迁至香港的有2所。还有一些高校选择局部迁移,广东有4所,福建有5所,河南有省立的河南大学和水利专科等2所,江西有2所,浙江、湖北、湖南各1所。也有高校选择仍旧在战区续办,包括燕京大学等北平5所,上海4所,天津1所。一直没有迁移的多是原本就在大后方的高校。同时应对战时需要,对高校进行调整后出现新增高校如西北农学院等5所,也有因战事而停办的高校18所。由于战事,1939年时的中国高等院校专科以上的学校有95所,其中国立29所、省立20所、私立46所。虽言1938年"各校迁移大致已定,新事业正待发展"①,但是此时的河南大学却仍在迁移的途中。

根据抗战时期国民政府教育部统计室1939年的统计,抗战以来的一年多里,全国专科以上学校的变迁情况如下:迁到四川等地的有国立的中央大学、武汉大学、东北大学等,省立的山东医专,私立的金陵女院等60余所;也有一些高校是局部迁移,如河南大学、湖南大学、厦门大学等17所;正在迁移的有数所;仍旧在战区的较少,仅有燕京大学等7所②;原设后方未迁者有国立四川大学、云南大学等8所而已。此时的高等教育由于原有格局受日本侵略而被打破,此时新设高校有5所。统计的94所,其中迁移后方的有53所,局部迁移者17所,正在迁移者3所,仍在战区续办者8所,原设后方未迁者8所,新增设5所,整个高等教育的救济费为207.8万元③。

从抗战前的中国高等教育办学层次上看,全国共有专科以上学校108所,可以分为大学、学院、专科学校三种,其中大学42所(国立16、省立7、私立19)、学院34所(国立5、省立8、私立21)、专科学校32所(国立6、公立及省立16、私立10),其中大学最多,学院次之,专科学校最少。从办学性质上可以分为国立、公立、省市立及私立四种,国立27所(大学16、学院5、专科6)、公立2所、省市立29所(大学7、学院8、专科14)、私立50所(大学19、学院21、专科10),其中私立比国立、省市立多,但是国立和省市立之和则多于私立。这些高校分布的情况为:北部的京、津、晋、冀、鲁30所,中部的川、鄂、豫、湘17所,东部的沪、江、浙、皖、赣45所,南部的粤、闽、桂、滇13所,西北的陕、甘、新3所,多集中在北京、天津、南京、上海等城市。其中上海一

---

① 《全国高等教育现状》,《申报》1939年4月22日第13版。
② 《抗战时期教育统计》,《申报》1939年2月8日第2版。
③ 《抗战时期教育统计》,《申报》1939年2月9日第2版。

地就有25所，北平14所，广州7所，南京6所。战前的教育多偏重于大学而忽略专科学校，但是大学又顺其自然地发展，缺少整体规划，因此出现区域分布上集中于少数都市的情况，甚至出现抗战前仍旧有多省没有高校的情况。

抗战时期的高校迁移是随着日军的侵略而作的战时调整。七七事变后，教育部为了谋求各级学校安全及保存固有设备起见，规定战区学校处置办法，令各校选择比较安全的地区，"以为战事发生，或逼近时迁移之准备"。平津失陷、沪战爆发，除了租界内少数学校外，大部分学校纷纷迁移。徐州会战后，武汉与广州同时告警，于是华中、华南的高校不能维持课业而不得不迁移，迁移地点近者或入租界，或迁邻县；远者则深入内地，西北达陕甘，西南达云贵，中部则溯江而至四川各地。一时间，战前教育资源分布的情况进行了重组，"昔日视为交通不便高等教育未发达地区，今皆成为学府之林。此种专科以上学校大规模之迁移，虽为不得已之举，然对于内地各省社会文化演进之裨益则甚巨"①，显示出高等教育格局重组积极之一面。

在迁移的路线问题上，大多数高校按照教育部的指示，迁往后方继续办学。但是也有一些高校在所在地沦陷后，迁往已经沦陷的上海继续办学。例如，苏州沦陷后，原在苏州办学的东吴大学、苏州美术专校，迁往上海复课；而省立的高校中，除苏州农业与陶瓷职校停顿外，苏州工业等学校多在上海设立私校。多数高校迁向大后方，但是也有一些高校在本省境内迁移，继续办学。在本省境内迁移的高校有新组的国立西北联合大学（由北平大学、北平师范大学、北洋工学院联合设立），还有湖南大学、河南大学、河南省水利工程专科学校等高校，集中于西北地区，华中地区河南、湖北、江西等及华南地区福建、广东等地，共有18所学校②。

学生的流动性更强，平津失陷时，专科以上学校员生陆续南下者达万余人。为收容失学学生，教育部因此在长沙设国立长沙临时大学，后改为国立西南联合大学；在西安设国立西安临时大学，后改为国立西北联合大学。同时，教育部也根据情况，将停顿办学的一些高校迁移复课，又出现合并办学的情况，如西北农学院，由国立西北联大的农学院与西北农林专科学校合并改组而成，而河南大学农学院的畜牧系也合并其中，"为发展西北工农事业

---

① 《中国高等教育设置现状（一）》，《申报》1939年5月31日第7版。
② 《中国高等教育设置现状（一）》，《申报》1939年5月31日第7版。

之嚆矢"①。

1936年、1937年的全国高校教职员人数的统计显示,专科以上学校的统计中,"战时各校减者多而增者少"是整体的趋势②。教职员这种变化的原因是"专科以上学校教职员大抵随学校之多寡而增减",特别是从1932年开始,"限制文法科学校之设立,教员亦因之略减",学生也受此政策的影响而减少。而理工农医等科学生增加,教职员也在1936年度达到7560人,专科学校有5421人,除去职教互兼数,实际教职员人数为11850人。师生比也随着战事而波动,战前最高时的1929年百生22名教职员,为最大;1931年、1932年较小,百生13名教职员;1930年最小,百生10名教职员。战前已经有教职员减少的趋势。1934年,河南大学有教职员131人,学生573人,师生比为1:4.37③。七七事变后,随着战区的扩大,高校或迁移办学,或停顿,"因学校本身辗转移动,教职员一方面受家庭牵制及交通困难种种限制;一方面因各学校本身之变动,其所需教职员之人数遂有变动,于是各校教职员人数增减变动之差数甚大";特别是1937年,教职员人数有显著的变化,教职员增加的高校仅有17校,而减少的则有53校,暨南大学甚至减少7/10以上,由196人减至58人。总体计算,中央大学等70所学校1936年度共有教职员9241人,1937年度减至7147人,减少2094人。其中后方的公立高校教职员人数多有增加,而战区私立学校教职员减少较多。这种情况直到1938年各校迁移已定,课业好转,教职员人数才逐渐恢复旧观④。

国立各校中,两个新成立的联合大学降数最巨:西北联合大学变化较大,1936年达958人(原北平大学、北平师范大学、北洋工学院三校教职员总和),1937年仅有227人;西南联合大学732人(迁移前北京大学、清华大学、南开大学三校教职员总和),1937年仅有270人。1937年,其他各校教职员多不过300人。省立各校中,河南大学1936年203人,1937年降为122人;广西大学则因为没有迁移,由1936年的221人升为1937年的259人;河南省水利工程专科学校由1936年的32人降为1937年的26人。总

---

① 《中国高等教育设置现状(二)》,《申报》1939年6月1日第13版。
② 《全国高教教职员人数》(上),《申报》1939年10月10日第11版。
③ 河南省统计学会、河南省统计局《统计志》编纂办公室、《河南统计》编辑部:《民国时期河南省统计资料》(下册),1986年。教员中,教授72人,副教授无,讲师22人,助教29人,其他8人,见该书第153页。
④ 《全国高教教职员人数》(上),《申报》1939年10月10日第11版。

体看来,全国高校教职员 1936 年 9241 人,1937 年降为 9147 人,减少 94 人①。

　　抗战前夜河南大学的救亡运动已蓬勃发展。河南大学素有爱国主义传统。九一八事变后,各地学生反日情绪高涨,河南大学也请军队中的官兵做教官,进行军事训练,要求学生自愿报名。1935 年之后,河南大学校园内传唱着《牺牲已到最后关头》、《救亡进行曲》、《大刀向鬼子们的头上砍去》,呼吁学生"走出课堂、工厂、田庄,到前线去吧,走向民族解放的战场"②。但是,七七事变后,整个开封的抗日活动似乎并未达到抗日热度,人们焦灼地质疑:"开封着实太沉寂了。"但是满城很快便充满了沉郁的来自河南大学学生的救亡歌声:"起来,全国的同胞们!今天是第六年的九一八!讲和平,讲和平,失去土地三千九百万……快快起来!"③很快,"开封动了","开封的知识分子正在大声疾呼,一般民众已有相当的觉醒"④。

　　1935 年 12 月,河南大学的师生为响应北平学生的一二·九运动,与开封其他学校一万余名学生一起占领开封火车站,进行反日请愿运动,河南大学的师生将河南大学的旗帜插上火车头。

1935 年 12 月,参加请愿的学生将书写有"河南大学"的旗帜插上火车头
(见:孙青艾撰稿,时勇等摄影《河南大学:1912—2002》。河南大学出版社,2002 年,第 27 页。)

---

①　《全国高教教职员人数》(下),《申报》1939 年 10 月 13 日第 7 版。
②　郭良玉:《平庸人生》。河南人民出版社,1997 年,第 72 页。
③　李蕤:《洪大的歌声》。《风雨》1937 年第 3 期。
④　郑若谷:《开封动了》。《风雨》1937 年第 5 期。

1937年12月3日,河大怒吼歌咏队全体合影

1935年12月9日北平学生的爱国运动,得到河南大学师生的响应,他们积极参加开封市大中学校学生的游行示威、通电请愿,声援北平学生。12月9日,河南大学学生发表通电,反对"华北自治运动",指出"国家生存,端在土地完整;政治设施,尤贵主权统一;华北之存亡,攸系全局",指斥汉奸卖国行径"乃此殷逆背叛党国,倡乱冀东于前,奸人运动自治,危亡华北于后",决心"誓反自治运动",呼吁国政当局、地方长官"注重领土完整,维护主权统一";也讽劝读书与救国是当代学生的两个责任,"同学等读书原期报国,钻研未忘救亡"①。18日,河南大学学生响应北平学生的爱国运动通电,提出援助北平学生爱国运动,"反对假自治破坏统一"、"消灭一切汉奸"、"实力恢复失地"②,这些口号和号召很快成为开封学联的抗日口号。作为河南大学校长,刘季洪对于学生的爱国运动也持支持态度。1935年12月19日,开封各校校长,在省立女师开会讨论应付办法,决定21日举行游行示威大会,大会主席团推选刘季洪为主席团成员,嵇文甫担任大会讲演。在21日的游行示威大会上,开封40余所学校的12000多名学生参加,刘季洪担任大会主席,报告了开会的意义,"继有河大教授嵇文甫讲演","两氏所述,均言简

---

① 《河南民报》1935年12月10日。
② 中共河南省委党史资料征编委员会、中国共产主义青年团河南省委员会:《一二·九运动在河南》。河南人民出版社,1986年,第14页。

意赅,切合奋斗救国要旨,全场听众莫不首肯"①。在第一次请愿之后,河南大学召开学生大会,报告第一次请愿的经过,传达了各校代表公推河南大学代表为主席团成员的有关精神,然后进行选举,当场选出了三位代表,组成主席团。三位代表是郭质(法学院)、裴鸿泽(文学院)、王雷(医学院)②。12月23日,由于河南大学学生早期的参与太过于官方化,开封高中等学校的学生排队闯入河南大学,高喊:"河大的同学快起来!""欢迎老大哥领导爱国运动!""欢迎老大哥,我们一齐去请愿!"③河南大学的学生闻讯很快集合近300人,汇入该日的请愿队伍中。河南大学医学院学生王雷(王雨田)、郭质(郭品三)以及开封高中的刘宗和三人被推举为开封市请愿学生总代表,代表全市同学向当局递交请愿书。三人当即在街头草拟请愿书。至此,河南大学真正成为请愿运动的领导单位。

　　随着省垣各校开展的大规模爱国斗争的深入,12月23日,开封30多所大中学校的学生和市民聚集在国民党河南省政府门前示威请愿,提出五项请愿条件,决定全体罢课三日,并由各校学生代表组成开封市学生救国联合会,领导学生的救国运动。在这次大会上,河南大学代表郭品三演讲,河南大学被推为主席学校。26日再一次聚集在省府门前请愿,省府代表继续推诿,学生当即奔赴火车站,要求拨车进京请愿,学生与军警对峙,一些学生则卧轨索车,中断陇海路的交通长达四昼夜。索车的同时,学生们则向市民痛陈国难,抨击国民党当局媚外政策,开封车站遂成为全省救亡的中心。29日,南京政府派人赶赴开封,答复请愿条件,"劝慰"学生返校。在学生运动中,"河南大学救国会尤加紧工作,除派宣传团作城乡宣传外,也积极召集全体代表大会"。在开封市学生联合救国会成立后,参加的学校有36所,河南大学为主席学校。根据开封市学联的决议,河南大学学生进行罢课宣传,组成十余支宣传队,在潘世锡的带领下深入街道和郊区进行救亡宣传,手执小旗,散发彩色小标语,高呼口号互相激励。罢课期间,河南大学救国会加紧工作,12月24日,召开全校学生代表大会,下午又举行全校学生大会,决定全体动员结队或个别行动向城乡民众讲述华北自治与救国御侮等问题。河

---

① 中共河南省委党史资料征编委员会、中国共产主义青年团河南省委员会:《一二·九运动在河南》。河南人民出版社,1986年,第32页。

② 王雷:《回忆河南大学一二·九学生运动》。见:中共河南省委党史资料征编委员会、中国共产主义青年团河南省委员会《一二·九运动在河南》。河南人民出版社,1986年,第235—236页。

③ 孟志昊:《河南大学旧事漫录》。《河南文史资料》1992年第43辑。

南大学学生组织有纠察队、交通队,维持秩序,检查娱乐场所①。另外,"河南大学学生潘世锡等数十人于即日起发起组织宣传团,向市民宣传"②。

在占领火车站索车进京请愿的运动中,河南大学附属医院派救护队驻站候诊。医学院学生刘凤岗、汪美先、雷志荣、王佐才等请求医学院院长郭鑫斋组织救护队及慰问团。12月27日,河南大学医学院教授朱德明和生明、医师杨诚以及学生章祖新等20余人,携带茶点,背负药器,由主席团代表王雷,偕同开封市学联代表引导救护队巡视一周,分散茶点之后开始救护工作③。经河南大学医学院院长同意后成立的救护队驻站候诊,组织慰问团到站慰问,这也是为数不多的河南大学校方的支持活动,彰显了人道主义精神。在索车运动的后期,学生代表陆续病倒,"由河大医院救护队负责医救,生命当不致有何危险"④。河南大学与开封高中等学校的学生又决议,徒步进京请愿,最终作罢。车站索车中,河南大学校长刘季洪眼见僵持不下,怕生不测,急中生智,建议各校校长同意,向大众宣布,当即致电南京当局,速派要员来汴答复,暂请学生解散休息,学生才未酿冲突。"在坚持卧轨的四个昼夜中,河大学生始终起着骨干和掌握斗争策略的作用",河南大学的三个学生代表王雷、郭质、裴鸿泽担任一切交涉工作,负责组织请愿斗争、接待各界人士和答复新闻记者的提问,还要应付当局的种种刁难⑤。

1936年开始,随着日军侵华范围的扩大,包括河南大学爱国学生在内的河南爱国学生运动也改变斗争方式,以创办救亡刊物等文字形式,宣传抗日救亡。另外,学生们还奔赴农村,以多种形式发动群众,号召民众团结抗日。1月4日,河南省教育厅指令取消了期终考试,提前放假,并宣布寒假期间学生不许留校,企图分散学生力量,扑灭救亡烈焰。河南大学学生则利

---

① 侯作瀛、于书敏:《铁塔脚下的救亡浪潮——一二·九运动在河南大学》。见:中共河南省委党史资料征编委员会、中国共产主义青年团河南省委员会《一二·九运动在河南》。河南人民出版社,1986年,第328页。
② 中共河南省委党史资料征编委员会、中国共产主义青年团河南省委员会:《一二·九运动在河南》。河南人民出版社,1986年,第382页。
③ 中共河南省委党史资料征编委员会、中国共产主义青年团河南省委员会:《一二·九运动在河南》。河南人民出版社,1986年,第44页。
④ 中共河南省委党史资料征编委员会、中国共产主义青年团河南省委员会:《一二·九运动在河南》。河南人民出版社,1986年,第47页。
⑤ 侯作瀛、于书敏:《铁塔脚下的救亡浪潮——一二·九运动在河南大学》。见:中共河南省委党史资料征编委员会、中国共产主义青年团河南省委员会《一二·九运动在河南》。河南人民出版社,1986年,第329页。

用寒假机会,有计划、有组织地开展救亡活动。1936年1月1日,河南大学学生救国宣传团由爱国学生和教授捐资创办了《救国先锋》报①。1月上旬河南大学学生参加的开封市学联也编印了《抗日》半月刊②、《学联情报》周刊③。河南大学学生救国宣传团发表宣言,提出联合战线等,为国家民族争取最后的生存。他们的口号是:打倒日本帝国主义,扑灭卖国汉奸,争取学生爱国自由,严惩屠杀学生的凶手,全国同胞联合起来,督促政府真正抗日,等等④。1月20日,河南大学医学院学生创办救亡刊物《捍北》⑤。在民众运动的组织训练方面,河南大学组织"民众运动方略讲习班",河南大学医学院组织"救护训练班"等。寒假,离校学生或组成宣传队巡回宣传,或结伴返乡串联发动,推动全省各地抗日救亡运动。河南大学学生救国宣传团组成旅行宣传团分赴全省各地,组织民众,宣传抗日。河南大学和开封北仓女中学生组成的巡回宣传队在开封四郊走村串镇,召集民众,集会讲演。

  河南大学在学联运动中,发挥河南最高学府的优势,成为学联运动的领袖学校。在随后组织的抗日运动中,河南大学仍旧发挥其以专业服务于抗

---

① 河南大学学生救国会宣传团主办,河南大学教授孙德中、胡石青、邵次公、嵇文甫、高亨等捐资相助,创刊号上刊载《河南大学学生救国宣传团宣言》,号召全国同胞联合起来,共担救国重任。嵇文甫为该报撰写《为学生救国运动说几句话》。该报作为河南一二·九运动的喉舌,存续3个月,先后发表40余篇政论文章。《救国先锋》也成为河南大学救亡的阵地,进行"抗战文艺"和"非常教育"等问题的讨论,刊发大量救亡文艺作品。该报四开四版铅印,每周一期,有"军息"、"前哨"、"号角"、"呐喊"、"短兵"等栏目,主要撰稿者有嵇文甫等。第5期后,改为不定期发行。仅见1—7期。王作鑫:《开封一二·九运动的喉舌—〈救国先锋〉报》。见:中共河南省委党史资料征编委员会、中国共产主义青年团河南省委员会《一二·九运动在河南》。河南人民出版社,1986年,第359—364页。

② 该刊是开封市学生救国联合会为建立救国运动理论、扩大宣传所出的刊物,河南大学等5校被推为组织编辑委员会,"河大任总编辑"。见:中共河南省委党史资料征编委员会、中国共产主义青年团河南省委员会《一二·九运动在河南》。河南人民出版社,1986年,第62页。

③ 疑为《救国情报》,由救国会委托河南大学学生刘国亮、蔡亚东主编,报道该会每日工作,扩大爱国宣传。侯作瀛、于书敏:《铁塔脚下的救亡浪潮——一二·九运动在河南大学》。见:中共河南省委党史资料征编委员会、中国共产主义青年团河南省委员会《一二·九运动在河南》。河南人民出版社,1986年,第328页。

④ 中共河南省委党史资料征编委员会、中国共产主义青年团河南省委员会:《一二·九运动在河南》。河南人民出版社,1986年,第29页。

⑤ 在一二·九运动中,省政府通知各校提前放寒假,各校代表会议要求回家的同学从事宣传活动,不回家的同学从事救亡活动,河南大学医学院部分学生编印了救亡刊物《捍北》。见:中共河南省委党史资料征编委员会、中国共产主义青年团河南省委员会《一二·九运动在河南》。河南人民出版社,1986年,第236页。

日运动的优势。开封市学生救国联合会成立后,开始探索新的救国途径,注重实际训练,组织有留省学生训练部,分为看护训练、军事训练两种。"看护训练拟设在河大医学院,并聘请河大医学院院长张静吾及附属医院院长郭鑫斋二先生为导师。其教官则聘请医学院留校同学义任",留校的男女同学报名参加者极为踊跃①。1936年寒假,学生救国联合会委托河南大学医学院同学组织看护训练班,"以训练战时救护人才","闻本市各女校同学前往报名受训者,异常踊跃,业于前日(20日)开始上课,教室即在本校医学院"②。报名受训学生共有105人,"每次上课济济一堂,虽值阴历年关,风雪俱厉,犹不稍减。各教师均对国事素具抱负,授课精神极为热烈,讲解亦颇纯熟,甚得一般学生之欢迎","全部课程共分十门,预定三十一小时授完"。2月4日举行第一期毕业典礼,嗣后依照原来计划继续办理。授课情况如下表③:

1936年河南大学看护训练班授课情况

课名	授课时间(小时)	教师姓名
解剖学	4	章祖鼎
生理学	4	汪美先
药物学	3	佘之珩
消毒法	3	李东楷
绑带副本	4	祝锡元
急救法	4	雷志荣
传染病	2	佘之珩
手术前后之准备	2	王佐才
止血法	2	曲兆龄
看护日常工作	2	王雷
病房管理	2	于云芳(附属医院护士长)

王雷、章祖鼎、汪美先等卧轨运动中的骨干分子,都在看护班担任教员。

为应对各地学生不断高涨的抗日运动,1936年春,蒋介石在南京召见全国各大专院校代表。河南大学推选2人,由校军事教官和训导处主持选出代表郭质和裴鸿泽。河南大学除了医学院代表外,校方尝试派出教务长

---

① 中共河南省委党史资料征编委员会、中国共产主义青年团河南省委员会:《一二·九运动在河南》。河南人民出版社,1986年,第61页。
② 中共河南省委党史资料征编委员会、中国共产主义青年团河南省委员会:《一二·九运动在河南》。河南人民出版社,1986年,第64页。
③ 中共河南省委党史资料征编委员会、中国共产主义青年团河南省委员会:《一二·九运动在河南》。河南人民出版社,1986年,第65-66页。

孙德中、秘书主任沈子善、训育主任张金鉴、军训主任陆建唐等"指导学生爱国运动,俾依正轨进行"①,但是河南大学学生并不受其制约。1935年12月24日,开封全市学校一律罢课,组织宣传队,在各街巷及四郊附近宣传,"河南大学等八校校长联名发表《告学校同学书》,劝早日复课",但无效果②。

  开封乃至河南的抗日救亡运动,"通过河南大学等校的活动,把开封学生爱国运动推向了一个新的高潮"③。在1936年的一年里,河南大学的学潮不断,多次游行集会,声援绥远抗战,并为前线将士募捐。12月,西安事变发生,河南大学学生和全市学生游行庆祝,声援张学良、杨虎城。1936年年底,北平"民先"总部派人到达开封,在河南大学发展胡德龙、邓拓等人加入"民先",建立组织。一二·九运动后,河南大学学生组织有"时事研究会"、"三三学社"、"西北研究会"等团体,不仅抗日,而且走上革命道路。

  总的来看,作为一个大学的抗战历史,河南大学的救亡运动本身就具有自身的阶段性特征。河南大学救亡、抗日运动经历了三个阶段:第一阶段,抗日救亡运动的兴起(1931年九一八事变到1935年一二·九运动),此阶段救亡运动大部分由校内进步学生开展,"与社会其他阶层接触不多";第二阶段,抗日救亡运动的高涨(1937年七七事变流亡办学开始之初),走上社会,深入工农群众,获得抗日救亡的社会基础,将抗日救亡运动推向一个新的高潮;第三阶段,抗日救亡运动的深入发展(流亡办学期间),将革命活动与学术活动结合起来,创作大量抗日书刊④。

二、抗战初期豫省高等院校的迁徙办学

  自1937年11月日军侵占安阳至1945年3月镇平、内乡被攻陷,河南省全省111个县市有102个遭到日军侵略,其中43个县市直接在日伪统治下。1939年河南大学被迫迁往豫西山区时,整个河南沦陷地区已达40余县。豫西嵩县成为河南大学迁校所选地址,在嵩县设有战区中学第二校。在日军侵略过程中,整个河南给高等教育办学遗留的空间十分狭小。河南

---

① 《河南大学当局派员控制学生运动》。见:中共河南省委党史资料征编委员会、中国共产主义青年团河南省委员会《一二·九运动在河南》。河南人民出版社,1986年,第329页。

② 中共河南省委党史资料征编委员会、中国共产主义青年团河南省委员会:《一二·九运动在河南》。河南人民出版社,1986年,第382页。

③ 侯作瀛、于书敏:《铁塔脚下的救亡浪潮——一二·九运动在河南大学》。见:中共河南省委党史资料征编委员会、中国共产主义青年团河南省委员会《一二·九运动在河南》。河南人民出版社,1986年,第330页。

④ 王敬:《抗日救亡运动在河南大学》。《史学月刊》1985年第6期。

省当局先后组织三次战区学校内迁①,大多数学校因战乱而停办,特别是私立学校,战前全省私立中学87所,停办者达44所。有幸内迁的学校也损失巨大:生员大量流失,设备遭到大肆破坏。抗日战争胜利后,流亡豫西等地的学校相继返回原址,停办的学校也先后复课,但是原校舍多遭破坏,图书、仪器散失,复课初期困难较大。

　　1937年10月,河南省教育厅拟定迁移办法,由河南省政府委员会决议公布施行。10月,通令全省私立各校做迁移的准备。豫北吃紧,省立安阳高中迁至舞阳,百泉乡师等迁至汝南,其他豫北各校多迁往豫南、豫西。各校因为是组织性迁移,未受损失。1938年元月,济南、徐州吃紧,开封、郑州情势严重,于是教育厅令商丘、开封、郑州各校于寒假期间举行迁移,河南大学迁鸡公山,旋因豫南吃紧复迁至镇平。省垣各校多迁至镇平、淅川、内乡等地,也有迁至豫南商城、罗山,豫西洛宁、巩县、登封等地者。各校大多在寒假期间迁移,寒假后如期开学。1938年11月,豫南光山、潢川沦为游击区,国民党退出武汉,豫南平汉路各县情势紧张。省府于11月1日电令伏牛山以南、南阳以东各省立学校一律限文三日内向内乡、淅川西部迁移。在鸡公山的河南大学文、理、法三学院迁至镇平。1939年5月,新野、唐河吃紧,教育厅特令镇平各校分别向后方迁移,以避免无谓牺牲。此时已经没有迁移地的要求,于是"有河南大学迁嵩县,水利专科学校迁内乡七里坪"。1939年6月,省教育厅有感本省学校受战事影响,分别向后方安全地带迁移,各校集中一隅不利于教育资源的地区分布,于是将省立各校校址重新调整,或迁回原地,或迁至适中地点,以期分配适当,河南大学迁至嵩县②。河南省教育厅管辖下的学校迁移大致有这几个大的阶段性调整。

　　七七事变后,教育部迭令河南省教育厅:"青年学生应先迁移安全地带,以免学业中断。"1937年8月豫绥靖主任刘峙从保定溃退新乡,继退至开封。安阳、汲县各省立中学首先向后方迁移。安阳弃守,日军直逼黄河,省垣开封学校亦提前放假南迁。1938年开封失守、武汉失守,南迁各校在平汉线以东的又复西迁,省立学校大都集中于镇平、内乡、淅川、南阳一带。旋因战事稳定,河南省参议会建议,汝南、潢川等处地方士绅与行政专员也请求,以各校集中于南阳一隅,不便于其他多数县份学生求学,请将各中学迁

---

① 《豫教费及学校现状》,《申报》1939年8月2日第12版。
② 《抗战期间河南中等以上学校简况》。见:河南省教育志编辑室《河南教育资料汇编·民国部分》,1984年,第61—62页。

回办理,各校校址重新调整。省立汝南中学等三校迁回原处,许昌中学等五校则另迁豫东各县。在战前,各校迁移皆在战事尚未波及之时,迁移从容,但是1944年的迁移,是因为日寇进陷郑州、洛阳等49市县,洛阳、许昌、宝丰等地学校仓促逃迁。1945年春,日寇进犯宛西,学校仓皇西奔,"颠沛流离不堪言状。到陕西后,虽名学校,实则已无复学校的形式了"①。抗战期间,河南各中学大体有在豫、在陕两个阶段。河南省立中学有21所,省会开封就有5所,其余多为数县仅设1所。抗战初期,各校迁至豫南,地方士绅尤其欢迎。西迁至陕后,"各校校舍皆临时觅定,或古庙荒刹,或机关遗址,房屋穿风漏日,门窗残破不全,甚有山坡窑洞,穴居野外。员生席地而卧,围蹲而食,或露天上课,或寝教合一",极尽寒苦②。河南大学的迁移也与中学相仿,从豫南而至豫西,1944年再至陕西,办学条件也逐渐艰苦。河南大学所在的陕西宝鸡就有开封高中、开封初中、商丘中学等校迁入。

　　抗战期间,河南省中学教育资源,由于其分布呈现出的特点而最易受到战事的影响:"省立中等学校,多集中于陇海、平汉两路沿线之较大城市,豫西一隅,则异常稀疏"③,而日军则主要沿平汉线南下、沿陇海线西进。抗战时期,因为战事波及,河南省内的学校先后有三次大迁移,主要是豫北、豫东等沦陷区学校的迁移,以及新迁之地因战事而复迁。平津失守后为第一次迁徙,国民政府教育部电令凡是受到袭击或易生袭击区域的学校一律向安全地带转迁。此次转迁中,作为河南高等院校中比较著名的焦作工学院首先迁移。由于地处豫北,焦作工学院受到从豫北而下的日军战火的威胁。1937年8月,焦作工学院全体师生及教学设备、图书、实习工厂等迁到西安。1938年又因日军轰炸西安,该院西迁至甘肃天水。1939年与北平大学工学院、北洋工学院等合并,成立西北工学院,迁至陕西固城复课。抗战胜利后,先在洛阳关林复校,后迁至郑州,淮海战役前夕又迁至江苏苏州。西迁徙之前,焦作工学院为私立性质,"历史悠久,设备充实,培养工矿人才,为数甚众"。由于抗战迁徙,该校图书从焦作携出一部分,迁至甘肃天水,筹备复课,但是"师资缺乏,经费困难,进行甚为迟缓"。鉴于此,教育部在陕西成立国立西北工学院,主要由西北联大工学院及东北大学工学院改组而成,"为顾全该院学生课业,遂将焦作工学院并入西北工学院办理"。抗战胜利

---

① 河南省教育志编辑室:《河南教育资料汇编:民国部分》,1984年,第51—52页。
② 河南省教育志编辑室:《河南教育资料汇编:民国部分》,1984年,第52页。
③ 《河南省教育应行改进要点,教部督学之报告》,《申报》1934年5月3日第15版。

后,焦作工学院校董事会积极筹划恢复,"教部以该院为中原惟一之工学院,且过去办理成绩尚称优良,已核准恢复办理,并准先设矿冶学系"。1946年秋季学期招生准备复校①。从1938年10月开始,河南省教育厅先后制定了中等学校紧急处理办法及迁移办法,将豫北的学校如安阳高中、百泉乡师、安阳初中、汲县师范等9所学校分别迁至豫南的舞阳、汝南、郏县、登封、禹县、襄城等地。与焦作工学院不同的是,河南大学自开始就在省内流亡办学,1944年之后才因战火进逼而迁至陕西宝鸡,在省内流亡办学达7年之久。

第二次迁移是在1938年初的豫北沦陷之际。1938年元月,日军进至豫北,省会开封形势紧张,汴、郑战事吃紧,教育厅命商丘、开封、郑州各校于寒假期间举行迁移,河南大学正是此次受命迁移。河南大学沿平汉线南迁至鸡公山,旋因豫南战事而复迁至宛西的镇平。此次迁移中,汴之开封高中、开封女师、开封师范、济汴中学、黎明中学以及商丘的商丘中学等22校分别迁往豫西南、豫西各地办学。

第三次迁移是在武汉会战后,豫东南大部分地区沦陷。1938年11月1日河南省当局电令伏牛山以南、南阳以东省立各校3日内向内乡、淅川西部迁移,伏牛山以北各校应先在豫西的卢氏、洛宁等地选址妥善后迁徙。洛阳师范、临汝初中等7所学校分别迁往洛宁、嵩县,已迁于舞阳的安阳高中、迁于鲁山的淮阳师范、迁于禹县的汲县师范、迁于南阳的北仓女中等校分别迁至内乡、淅川、嵩县、卢氏、洛宁等地。豫北、豫中学校的南迁,多集中于豫西南、豫西南阳、洛阳各县,极大地促进了豫西南教育事业的发展,为河南保留了珍贵的教育的基本力量和设备。

1937年冬,河南大学校本部及文学院、理学院、法学院迁往信阳鸡公山,农学院、医学院迁往镇平。1938年夏,日军从大别山北麓西进,威胁信阳,在平汉线南端的鸡公山受到威胁。10月,羁留鸡公山的3个学院及校本部迁往镇平。1939年5月,为配合鄂北枣阳作战,一部日军侵入桐柏、唐河地区,战火烧至豫西南,镇平危机。河南大学再次迁徙,北越伏牛山,寻找合适的办学地点,最后迁至豫西嵩县。河南大学医学院在县城办学,其余院系及校本部迁至嵩县西山坳中的潭头镇。1944年春,日军进犯河南。5月上旬麦子渐熟之际,日军迫近嵩县,嵩县县城、潭头的师生仓促逃避,图书、仪器损失巨大,10余人死难。逃离潭头的师生陆续到达淅川荆紫关,在豫

---

① 《焦作工学院已准备复校》,《申报》1946年10月8日第8版。

陕鄂三省交界之地暂缓滞留,以待择选新校址办学。1945年春,日军又进犯豫西南、鄂北,河南大学师生再次逃亡,安顿于陕西宝鸡。

面对抗日战事的逼迫,河南省行政当局也制定了战时河南教育方针,一面继续着战前所制定的教育方针以及所拟定的标准,积极进行;一面进行必要的调整,规定战时教育方针四项要目,以适合时代需要。1937年度全省的教育预算为289.9万元,1937年10月各校均八折开支。陆续迁校后,裁并学校较多,经费月省2.5万元,而1938年大中小学经费,照1937年度预算的五六七折发给,河南大学的经费仅按预算的五折拨付。1939年8月,省内各校已经迁移三次,第一批迁移的有焦作工学院;第二批迁移的有河南大学水利专科学校,以及一大批豫东、豫中的中学;1938年11月,豫南失利,河南大学文、理学院迁回镇平,教育厅令伏牛山以南、南阳以东各省立学校向内乡、淅川西部迁移,南迁各校又一次迁至豫西各地,这是第三批①。

迁移办学中,救亡和教育是两端大事。抗战初期,河南大学未迁之时,作为河南全省最高学府,早已经成为抗日救亡运动的活动中心。1936年1月,河南大学学生救国宣传团创办《救国先锋》报,进行救亡宣传活动。1936年河南大学师生参与组织的中华民族解放先锋队(简称"民先")开封队部成立,河南大学学生邓拓任总负责人。11月,河南大学师生为声援傅作义绥远抗击日伪,进行大规模的募捐活动。1937年2月南京国民政府教育部决定在河南大学设立东北大学临时校舍。1937年河南大学教授嵇文甫、范文澜等组织抗敌训练班,刘子厚等到训练班讲游击战术。之后组织河南大学抗敌工作服务团,南下沿途宣传抗日,开展救亡活动。12月,河南大学"大众剧团"部分人员组建"河南抗敌后援巡回话剧第三队",深入伏牛山宣传抗日。河南大学在开封的抗日活动,一直坚持到1938年春河南省政府机关及学校等先后撤离开封。

1937年7月,随着大批平津流亡学生来汴,学生中的救亡力量骤增。河南大学范文澜、嵇文甫、姚雪垠等文化界人士8月下旬举行抗日救亡座谈会,创办宣传抗日救亡的刊物《风雨》周刊,嵇文甫、王阑西等任主编,9月12日出刊,销量达到开封过去一切刊物发行的最高点。七七事变前,河南大学就有学生先进组织中华民族解放先锋队(简称"民先")在校内学生中活动,开展救亡运动,如组织时事研究会、在《河南民国日报》副刊开辟专栏《时事研究》等。七七事变爆发时,恰值暑假开始,学生回乡多开展抗日救亡宣传。

① 《豫教费及学校现状》,《申报》1939年8月2日第12版。

暑假后返回学校,校内的救亡运动日益高涨,各种校内救亡组织发动学生下农村、上前线,参加实际的抗日斗争,使宣传不仅限于校内,也走上社会①。宣传工作的主要形式是歌咏和话剧,组织有大众话剧团、怒吼歌咏队等。马可也是在此时参加歌咏队和话剧团,开始走上音乐救亡之路的。河南大学成立救亡团体——大众剧团。在河南大学,还成立有河南大学抗敌工作训练班,由范文澜、嵇文甫组办,旨在培训抗日的骨干力量。上海组织的救亡演剧二队、一队等先后来开封,洪深、冼星海、金山、王莹、田方、宋之、马彦祥、崔嵬、何绿汀等先后来汴,两个救亡演剧队在河南大学大礼堂公演多次,将开封救亡运动推至高潮。化学系学生马可也在冼星海的帮助下开始进步乐曲的创作。北平、天津沦陷后,大批平津学生来到开封,建立平津流亡同学会,也推动了河南大学师生的救亡运动。1937年11月,训练班开课,北仓女中、开封女师的学生以及平津流亡于汴的学生等踊跃报名,学员近200人。12月下旬,因日机轰炸开封,训练班提前结束,部分学员北上延安。同时,学员70多人组成河南大学抗敌工作训练班农村服务团,嵇文甫为团长,范文澜为副团长,嵇文甫留汴继续工作,范文澜则随团南下,将抗日救亡运动推向全省。1938年1月在许昌办第二期抗训班,1月下旬在舞阳分成小分队活动于城乡,进行抗日宣传,办夜校,协同地方的舞阳青年救国会开展救亡运动。由于国民党当局的胁迫,服务团更名为"河南省战时教育工作促进团",在遂平又办一期抗训班。在豫南信阳,战时教育工作促进团在东双河、谭家河、李家寨等地组建救亡团体和抗日武装,并在信阳举办了游击战术训练班,为豫东南地区培训了一批开展游击战争的骨干力量。河南大学教授范文澜还编印了《游击战术》,宣传八路军的游击策略。

　　流亡办学的各校,原址的校舍成为兵营,并多遭破坏。1944年河南战役时,避处豫西山区嵩县的河南大学,再次遭遇惨重损失,设在潭头、嵩县县城的各学院被迫再次迁徙,图书、仪器被毁。1945年年底迁回开封原址,恢复文、理、法、农、医5个学院,1946年又成立工学院。1948年6月,开封解放之际,河南大学内出现分化,数百名河南大学师生投奔中共中原局所在地宝丰解放区(中原局在此基础上筹建中原大学,8月2日正式成立中原大学,12月迁入开封,在河南大学原址办学)。10月下旬开封第二次解放时,大部师生被国民政府裹挟南下,寄居苏州。河南省人民政府决定在开封河南大学原址重建河南大学,1949年6月以中原大学留在开封的医学院、师

---

① 王锡璋:《在河南大学求学时期的回忆》,《河南文史资料》1992年第41辑。

训班500余人和河南行政干校400多人为基础,正式重建河南大学,并赴苏州联系迎接河南大学的师生返回开封。"河大当时在苏州的教职工和学生一千二百余人,加上教职工家属,一共近两千人"①,7月初返回开封。复校的河南大学仍设5个学院,但是教育宗旨已由旧教育转变为为工农服务、为河南经济和文化建设服务的新时代教育,成为新中国成立后河南省高等教育的基础。

三、省立:抗战前夕河南大学之高等教育地位

1930年9月,省立河南中山大学更名为省立河南大学,同时调整学科建制,设文、理、法、农、医5个学院,有教职员120余人,其中教授50余人,有学生820人,另外附属有助产学校和实习学校(学生近100人),在全国省立大学中居领先地位②。河南大学在河南省内则属于最高之学府,教育部督学1933年的调查有谓"省立河南大学,为全省唯一最高学府"③。抗战前的河南大学在院系设置、学术声誉、师资力量、服务社会等方面均表现出区域优势,即便是在1934年国民政府限制文法科政策下,仍旧在北方高校中保持前列。

1. 五院十六系:国内高等院校的前列,省立院校中的第一梯队

事实上,渊源自1912年成立的河南留学欧美预备学校的河南大学,经过中州大学、省立中山大学等发展,在抗战前夕的高等教育界已经具有一定的全国性影响。1929年南京国民政府公布大学规程,制定大学组织法,将大学分为文、理、法、教育、农、工、商、医各学院,河南大学也将各科改为学院,设有文、理、法、农、医5个学院。1930年代初,南京国民政府对于高等教育进行改革,拟定在6年的时间里"用全力使现在的大学内容充实,程度提高,但作质量的改进,不再作数量的扩充",而事实上,从河南大学的更名到得到实质性发展也正是在此时期。1930年5月举行的全国教育会议上,国民政府提出整顿现有省立大学,要求省立各大学应依组织法及规程切实整顿,甚至专门对河南大学提出具体要求,"河南中山大学应改名河南大学",从河南中山大学到省立河南大学是当时高等教育整顿中比较重要的一

---

① 潘长顺:《江流天地外:郭仲隗、郭海长纪念文集》。河南人民出版社,1996年,第240页。

② 开封市地方史志办公室:《开封市志》(综合册)。北京燕山出版社,2003年,第86页。

③ 河南省教育志编辑室:《河南教育资料汇编:民国部分》,1984年,第18页。

个环节①。1930年9月16日,河南省政府主席冯玉祥令河南中山大学名义取消,改为河南大学②。

从河南大学及其前身中州大学的学科设置沿革可以看出学科的演变。1922年秋在留学欧美预备学校基础上建立中州大学,1923年招生时仅有文、理2科。1927年合并省立农业、法政2专门学校改组为河南中山大学,设文、理、法、农4科,1928年添设医科。1930年改名河南大学,经费由河南教育专项款下支给,直隶河南省政府,1933年时设5个学院,医学院暂不分系,文、理、法、农4个学院各设3个系,共12个系,理学院加设土木工程系③。1933年,全校教授70人,普通教员11人,助教24人;学生共有696人,其中文学院207人、理学院139人、法学院130人、农学院111人、医学院109人④。但是,由于南京国民政府的要求以及校长的施政方针,河南大学的院系发展也遭遇了第一次损失。张广舆(张仲鲁)两次长校期间,坚持"裁科并系,充实内容"的原则,"一则造成医学院之虚惊,再则抹杀工学院之基础(将土木系并入北洋工学院),殊感可惜"⑤。1935年河南省政府制定《河南大学管理办法》,由河南省政府督查考核,"该校原分五院,嗣部令裁院并系,以充实内容,二十六年裁并法学院,计设文理农医四院",有文史、英文、教育、经济、数学、化学、生物、农学、林学、医学等10个系⑥。

1931年全国共有大学仅34所。所有国立、省立大学的分科统计显示,1932年,河南大学作为综合性大学已有文、理、法、农、医5个学院,是当时省立大学中唯一设有医学院的大学,也是设立学院最多的省立大学。当时即便是国立大学中,设立5个学院的仅有中央大学、北平大学、中山大学3所而已⑦。在当时全国其他国立、省立大学因为经费紧张或解决不善而闹教潮的高等教育大潮中,河南大学却因为冯玉祥的改设,并且"经费不受国库支配而设省立经费管理处之处长由河大校务主任兼任,故年来国校经费极形恐慌,而河大教费异常稳固"。当时分设5院,已有教职员200余人、学生1000余人,附属高中500人,常年经费50万元左右,更能以15万元之巨

---

① 《第二次全国教育会议之回顾(九)》,《申报》1930年5月6日第10版。
② 《北平要讯》,《申报》1930年9月17日第6版。
③ 河南省教育志编辑室:《河南教育资料汇编·民国部分》,1984年,第43页。
④ 河南省教育志编辑室:《河南教育资料汇编·民国部分》,1984年,第31页。
⑤ 陈明章:《学府纪闻:国立河南大学》。南京出版社,1981年,第8页。
⑥ 河南省教育志编辑室:《河南教育资料汇编·民国部分》,1984年,第58页。
⑦ 《国省立大学分科统计》,《申报》1932年1月27日第10版。

建筑大礼堂,"足见该校经费之宽裕,教授待遇最高额三百元、最低二百二十元,副教授二百元,讲师最高二百元、最低一百六十元,助教最高一百二十元、最低六十元"。同时在招生上,也颇具规模,在开封、西安、北平、济南、南京5处设立招考新生处,各处报考学生很多,择优录取四五百人①。1932年9月教育部统计的全国公私立大学及专校一览显示,国立大学及学院共18所,省立大学及学院共20所,在省立大学中,河南大学是唯一设有5个学院的大学(见下表)。

1932年全国公立大学、专科学校设立学院情况对比表②

校　名	设立学院名称	设立学院数	设立地点
东北大学	文法、理工、教育	三学院	沈阳
安徽大学	文、理、法	三学院	安庆
湖南大学	文、理、工	三学院	长沙
河南大学	文、理、法、农、医	五学院	开封
山西大学	文、法、工	三学院	太原
广西大学	理、农、工	三学院	梧州
东陆大学	文、理、工	三学院	昆明
吉林大学	文法、理工	两学院	吉林
东北交通大学	商学	一科	锦州
甘肃学院	文、法	两科	兰州
河北法商学院	法、商	两科	天津
河北工学院			天津
河北女子师范学院	文、理	两科	石家庄
河北农学院			保定
河北医学院			保定
山西法学院			太原
山西教育学院			太原
江苏教育学院			无锡
新疆俄文法政学院			迪化
湖北教育学院			武昌

当时的调查显示,国立大学18校中,中央大学设文、理、法、教育、农、工6个学院,北平大学设法、农、工、医、女子文理、俄文法政、艺术7个学院,中山大学设文、理、工、法、农、医6个学院,其他国立大学中大多刚好满足设立3个学院适称大学的要求,很多仅设3个学院。私立大学中,设立5个学院的仅有厦门大学(设文、理、法、教育、商5个学院)、大夏大学(设文、理、法、教育、商5个学院),设立3个学院的有11所,设立4个学院的有5所,更多的学校设立科

---

① 《省立河南大学近讯》,《申报》1932年7月21日第9版。
② 根据《全国公私立大学及专校一览表(一)》,《申报》1932年9月20日第10版。

而非学院,而河南省内以学院相称的焦作工学院此时暂准立案。但是,河南大学的发展也随着冯玉祥在豫势力的消长而发生变化。1933年,教育部令河南大学政治系停止招生,引发学生请愿等运动,同时,教育部委任新校长张广舆。张的一番言论也表明河南大学内部的问题:"本人曾于十九年一度长校,且于促进校务,拟有详细计划,惟以政局变动,离校他适,致未克实现为憾。此次重长是校,惟有遵照教部整顿高等教育命令,切实办理。同时设法提高学生程度,充实院系内容,延聘优良教师,增加图书仪器。俾河大日趋发展,蔚为国内著名学府。惟河大经费短绌,办理较难。本人此次重长该校,实抱定为学术界努力宗旨,至个人牺牲在所不计。"①事实上,从1931年开始,河南大学就因经费问题而引发过学潮②。1932年河南大学校长许心武呈请教育部年拨助协款20万元,理由即是河南大学的经费预算"已占全省教育预算四分之一而弱",经费全赖省府,但是"豫省连年天灾匪患相逼而来,省库既属支绌,教费亦感困难,以一省之力独自负担大学经费者,在国内已不多见,况在豫省艰困可知,是故维持现状已感不易,扩充设备更属为难",因此借国民政府在洛阳设行都之机,河南成为西北开发策源地之际,"本校实有扩大规模充实设备之必要",因此请拨经费③。1933年教育部督学的调查称"而(河南大学)经常费年仅支库款四十二万三千元,未免捉襟见肘",各个学院的经费(文学院7.2万元、理学院8.9万元、法学院3.8万元、农学院5.1万元、医学院5.2万元),"衡以大学规程所定每年经费标准,大都相去颇远",行政经费则有浮支滥用的情况,甚至挪用各院预算额支④。

总体而言,河南大学的经费虽少,但还是比较有保障的,这得益于河南教育经费的独立。《省立河南大学组织大纲》(1930年)规定河南大学的经费"以省款及校产收入,并私人或团体捐款充之",表明经费来自省教育款⑤。1933年时,教育部督学戴夏、周邦道在视察河南教育的报告中也指出河南教育经

---

① 《豫大学生到京请愿,新校长张广舆赴汴接事发表意见》,《申报》1933年7月1日第20版。
② 《这一年:一年来的我国教育》,《申报》1931年12月28日第6版。
③ 《请教育部拨助协款每年二十万元扩充文理农医各院设备(1932年8月5日)》。见:河南大学校史编纂研究室、河南大学档案馆《河南大学史料长编》(第二卷)。河南大学出版社,2014年,第8页。
④ 河南省教育志编辑室:《河南教育资料汇编:民国部分》,1984年,第18页。
⑤ 当时的河南大学在开封、灵宝、汝南、信阳,有校产田六十三顷,房九百间,收入田、房租不在库支范围。见:河南大学校史编纂研究室、河南大学档案馆《河南大学史料长编》(第二卷)。河南大学出版社,2014年,第67页。

费的独立问题,指出 1928 年河南省改组教育专款监理委员会为教育专款管理处,1929 年规定教育经费统收统支办法,令省立各校,将所有直接收入一律移交管理处经营,"数年以来,经济基础,益臻巩固"。特别是 1928 年冯玉祥发布庙产兴学通令,地方教育经费因而有巨量增加,经费渐入轨道。1931 年又增加契税附加教育经费,"地方教育经费,更可赖以挹注,而有相当基础"①。河南大学经费也得以有所保障。"豫省的教育经费是独立的,各校的预算只要通得过,经费的领取是毫无问题的,这是别处所少见的。河南大学蒙此便利,得以减少许多莫须有的困难。譬如教职员的薪水,简直可写按时发放的保票。"每个月的 3 号发上月薪水,如此也保障了所聘教职员的待遇。"这一点的关系似小实大,有些人为着薪水有保障,都乐于来此。至于待遇,虽不算高,但也不低,教授月薪,普通在 200－300 元。因为没有其他大学,故多系专任,学校也似聘请专任为原则。供给住宿,眷属同住校内。"经费问题是办学的根本要素,有保障的经费对于河南大学的办学也有极大助益,"环境很安定,学生可以专攻学业,教员也可以安心教授","河南大学有这要素,不能不视为优异"②。就河南大学的经费问题而言,省立中山大学成立,合并了省立法政专门、农业专门两校,经费的解决办法是"照合并各校原有预算支领"。而教育厅长张鸿烈兼任校长,则使学校筹备建设的规模宏大,倍于往昔。张鸿烈完成了建设任务之后,继任校长凌冰、查良钊、邓萃英、黄际遇等对于校务均多兴革,学校内容日益充实。1930 年更名为省立河南大学,张广舆长校,更是"对于教授的延揽、课程的改进、设备的增加、校舍的扩充,以及其他应行改良或倡导事项,莫不拟有详细计划"。之后长校的李敬斋、许心武对于校务改进颇多,学校也由最初的文、理 2 科,增为文、理、法、农、医 5 个学院,从 6 个系增为 15 个系,由 231 个课程增至 280 个课程,经费由 54000 元增至 440000 元,图书由 3 万增至 6 万③。《修正河南大学组织大纲》(1935 年)显示,河南大学经费仍以省款及校产收入为主,并私人或团体捐款充之④。

1935 年出任校长的刘季洪也从经费方面回忆称 30 年代河南大学发展迅速的原因:"河大最初成立时,各省多在北洋军人统治之下,财政都很困难,教

---

① 河南省教育志编辑室:《河南教育资料汇编:民国部分》,1984 年,第 10 页。
② 李锡珍:《谈谈河南大学》,《华年》1933 年第 2 卷第 10 期。
③ 河南大学校史编纂研究室、河南大学档案馆:《河南大学史料长编》(第三卷)。河南大学出版社,2014 年,第 265 页。
④ 河南大学校史编纂研究室、河南大学档案馆:《河南大学史料长编》(第三卷)。河南大学出版社,2014 年,第 350 页。

育经费更是捉襟见肘,河南独有余力创办大学,这是由于该省自十一年起就有教育经费独立的制度。我国过去有两省维持教育经费独立,一为江苏,一为河南。江苏教育经费的主要来源是屠宰税,河南教育经费的主要来源是契税。河大在省教育经费中有独立预算,有时还可向省府请拨专款,例如大礼堂建筑费就是省府特别设法拨发的。我在校时,并向教育部及中英庚款管理会领取补助费用,所以河大除在抗战期间外,学校经费一直没有太多的困难。"①

也有人判断:"河大成立之后,能够继续发展扩建,实有赖于两大力量予以支持。一为河南自十一年起,就有教育经费独立制度。"河南教育经费主要来自契税,有专设机构负责经管,保持专款专用,"因此,河大在教育经费中更有独立预算,有时还可请求专款补助,并常有衰败军阀财产充公,特蒙拨交河大专用者,如赵倜等家产是也"。第二个因素是人力因素:"二为河大系归并留学欧美预备学校、法政专门学校、农业专门学校三校,卒业人才济济,遍布河南省政、法、实业及地方政府,常予学校以最大之助力。"②两大力量的实质仍在经费问题。

1933年的河南大学科学馆(即现在的七号楼)

(见:李锡珍《谈谈河南大学》。《华年》1933年第2卷第10期。此馆由李敬斋设计,为中州大学改制后的第一个大建筑,一直是河南大学校本部的学术中心,是大礼堂之外最大的楼房。民国时期,二、三楼为教室和少量研究室,一楼有部分教室及实验室、研究室,地下室则全属理学院物理、化学、生物等实验室及药品仪器储藏室,"所以七号楼是校本部之心脏"③。)

---

① 刘季洪:《河南大学回忆记略》。见:陈明章《学府纪闻:国立河南大学》。南京出版社,1981年,第72页。

② 陈明章:《学府纪闻:国立河南大学》。南京出版社,1981年,第5页。

③ 周恒:《河大校园简介》。见:陈明章《学府纪闻:国立河南大学》。南京出版社,1981年,第249页。

20世纪30年代前期河南大学规模上有5院16系,校舍也因为合并省立农专和法政专科以及河南产科学校而有3处:中州大学及农法两校址为本部,叫作第一院,位于开封城内东北隅的省党部街,有新式建筑楼房10座;城外南关繁塔寺为农学院校址,叫作第二院;城内图书馆西街有医学院附设的产科学校,叫作第三院。图书馆藏中文图书4万余册,西文图书约6000册。年度经常费44万元。1932年有学生657名,附属高中有314名学生。但是各院学生差别很大,1933年时,全校学生618人,"各系人数众寡不一,多者八十九人,少者七人而已",教学中也存在"侧重理论,而疏于实验或实习","总之该校的各项设施,尚未能尽臻完善。仍需努力策进,方可期效率的提高"①。

1933年的河南大学图书馆(即现在的六号楼)

(见:李锡珍《谈谈河南大学》,《华年》1933年第2卷第10期。六号楼兴建于留学预校时代,是河南大学最早的楼房。民国时期,二楼为图书馆;地下室为阅览室、储藏室;三楼为小礼堂兼作大教室,供大型演讲及小型开会之用;两边为教室,是留学预校时期"全部教学重心"。河南大学成立后,教学、研究等重心移至七号楼,六号楼成为全校文化中心及部分教室②。)

河南大学自中州大学开始,在发展中就"幸赖豫省人士全力支持",虽属初建,"而获致地方教育经费独立之特别支持"。经费的保障使师资和生源也出现良性发展,"全国知名学者,纷纷欣然前来讲学,留学国外者,多愿返里任教。各省青年负笈汴垣者,逐渐增多,粤、闽、甘、青、皖、苏、冀、鲁学子

---

① 河南省教育志编辑室:《河南教育资料汇编:民国部分》,1984年,第18页。
② 周恒:《河大校园简介》。见:陈明章《学府纪闻:国立河南大学》。南京出版社,1981年,第250页。

之来豫就读者,更多不胜计"。河南大学的外省籍学生比例在20%以上,"因此河南大学不仅是中州文化的摇篮,亦为邻近各省造就不少人才"①。1934年统计,在校学生省籍,河南465人,山东13人,河北12人,山西1人,辽宁4人,四川16人,湖南3人,湖北7人,江西9人,江苏45人,安徽16人,浙江5人,广西2人,广东3人,福建7人,韩国学生1人,外省籍学生比例为23.6%②。

  20世纪30年代初,河南大学就在沪各大报刊登招生广告。1936年7月上旬,河南大学在上海的《申报》上刊登招生广告,面向全国招收新生以及因战争所造成南下的东北等地的二、三年级的转学生,考试的地点也在首都南京、故都北平以及开封三地举行③。而当时的社会上所编辑的《全国大学入学试题精解》之类的小册子中,往往将省立河南大学的招考信息收录其内,是该书收录的诸多国立大学中为数不多的省立大学之一,该书"投考大学者不可不人手一编"④。在华北高校里,河南大学是教育部每年度例行视察的华北20所高校中的主要高校之一⑤。1936年度教育部的中英庚款教育文化费支配的清单中,总数280万元的经费支配于研究机构和专科以上学校的有98万元,省立河南大学获补助建筑费15万元,其中6万元补助农学院,9万元补助医学院,在该款补助高校里面是获得资助最多的高校⑥。1937年,教育部核定专科以上学校补助费用86万元,专门用于省立、私立高等学校的补助,省立河南大学获得6万元补助,在省立学校中是最多的,而整个省立高校也仅获得14万元补助⑦。由于经费独立的保障,河南大学的学生入学每学期只需要缴宿费5元、体育费1元,"付了六块钱,注册问题便可解决"。在1930年的水灾时,学校豁免学费,因此非常吸引生源,"有钱的人家都已向外跑,留在本省念读的,经济状况大概都不十分好",因此形成了"校风朴素",大的原因是河南大学"保持着中州的风气",很少受外来的影响⑧。

---

  ① 陈明章:《学府纪闻:国立河南大学》。南京出版社,1981年,第3页。
  ② 河南大学校史编纂研究室、河南大学档案馆:《河南大学史料长编》(第三卷)。河南大学出版社,2014年,第321页。
  ③ 《河南大学招生》,《申报》1936年7月10日第2版。
  ④ 《钱洪翔编全国大学入学试题精解》,《申报》1936年4月3日第4版。
  ⑤ 《教部专员视察华北高教已毕》,《申报》1936年5月29日第14版。
  ⑥ 《二十五年度中英庚款教育文化费支配详情》,《申报》1936年6月29日第14版。
  ⑦ 《教部核定专科以上校补助费共计八十六万元》,《申报》1937年7月8日第12版。
  ⑧ 李锡珍:《谈谈河南大学》。《华年》1933年第2卷第10期。

1930年成为省立大学后的河南大学进入比肩国内省立各高校的快速发展道路。教育部1932年度的统计显示,各国立大学设立院系状况中,中央大学、北平大学各设6个学院,其他鲜少有设5个学院以上者,省立大学中东北大学设6个学院,而此时的河南大学设有理、农、文、法、医5个学院①,虽然遵部调整学院,仍旧有一定规模。1934年2月,南京国民政府教育部统计的全国各大学概况显示出河南大学在全国高等教育中的规模和地位(见下表)②。

1934年中国公立高等大学情况对比表

校　别	岁出经费(元)	教职员数	在校生数	毕业生数	设备价值(元)
中央大学	2166247	567	2146	745	436342
北平大学	1602475	674	2152	281	105350
中山大学	1592059	515	1379	295	186084
武汉大学	1355671	134	571	46	910070
清华大学	1250431	259	664	116	511096
北平师范大学	866892	292	1288	219	48140
浙江大学	859095	286	614	590	—
北京大学	760701	298	941	207	30917
暨南大学	731438	242	731	223	102463
同济大学	625900	130	281	37	110460
交通大学	482943	217	710	215	46439
四川大学	456031	207	1436	267	49150
山东大学	440586	89	260	—	185884
以上国立合计	13190469	3910	13173	3241	2722395
东北大学	1204743	249	1910	156	230550
广西大学	696400	49	36	—	547000
东陆大学	437995	49	96	5	182275
河南大学	411415	122	484	56	75717
安徽大学	272000	134	431	95	26880
山西大学	235994	86	783	156	30323
湖南大学	215753	114	337	39	13504
东北交通大学	39600	39	214	—	—
吉林大学	—	—	68	176	—
以上省立合计	3513900	842	4359	683	1106249

从当时国立、省立各高校的统计数字对比中,全国公私立高校本科中,共有146个院554个系,河南大学5院16系实属院系较多的大学之一。从

---

① 《全国各大学设立院系状况》,《申报》1935年1月10日第13版。
② 《教部统计最近全国各大学概况》,《申报》1934年2月6日第16版。

1912年直到1930年的统计显示,河南大学从1923年更名为中州大学而具有综合性大学性质以来,在全国的对比中地位逐渐彰显①。1934年教育部的各公立高校的统计对比显示,河南大学岁出经费情况在当时的省立9所高校中排第4,数额已经接近国立大学中岁出最少的山东大学,但是与省立的东北大学相比只有东北大学的1/3;设备价值甚至超过了国立的北平师范大学、北京大学、交通大学和四川大学,在省立大学中处第4位。办学支出和设备(固定资产)经费是决定高校办学规模的一个至关重要的因素,虽然河南大学有固定的河南省教育经费的支持,但是由于河南省的政局一直不稳定,办学经费也多受河南省预算总数的限制。此时的河南大学有教职员122人,在校生484人,师生比1∶3.97,在当时公立高校中较高,而当时高校中的师生比在1∶3至1∶10之间,国立高校总体为1∶3.4,省立高校总体为1∶4.9,河南大学师生比接近总体数,也比较符合民国时期高等教育中的教学实际情况,也显示出河南大学自1923年创为高等大学,1927年合并农专、法专,1930年产科学校并入之后发展的趋势,更显示出1930年改为省立河南大学后4年的发展之迅速。1932年河南大学有学生618人,教员119人(专任者96,兼任者23人),师生比为1∶5.19②。

河南大学在当时的各省立大学中,是合并学校较多的一所。山西大学1914年合并山西工专;湖南大学1924年合并工、商、法3个专门学校成为新湖南大学;东北大学是由沈阳高师及文学专门学校合并而成;东陆大学1930年由私立改为省立(未合并);东北交通大学原为唐山大学锦县分校,1929年更名为东北交通大学;安徽大学1928年开始招生,1929年改为省立;广西大学1927年筹备,1928年成立;吉林大学由公立法专改来,1929年转为省立。从各省立高校的发展中可知,在20世纪20年代整个高等教育的筹建过程中,省立公办是其中最为主要的关键性一环,公立能够保障高等学校的经费,但是当时也有很多省并没有省立大学,特别是江浙、东南等地。河南大学是当时高校合并省立化中比较成功的一例。其他省立高校多经历过停办的命运,如广西大学1929年因政变停办,湖南大学三度停办,山西大学1911年停办,吉林大学的省立化也经历7年才得到省府通过。从省立过程来看,河南大学是当时省立各校中为数不多的从没有停办的高校之一,政

---

① 《二十年来国内高等教育之统计》,《申报》1934年2月6日第16版。
② 戴夏:《河南省立河南大学视察报告》。见:河南省教育志编辑室《河南教育资料汇编:民国部分》,1984年,第194页。

府的支持和最终的省立是河南大学20世纪二三十年代发展的体制保障。

抗战前夕河南大学法学院裁并是发展中的一次小波澜。1932年政治系停止招生,1936年夏季结束;1933年法律系停止招生,1937年夏季结束;法学院的经济系并入文学院,法学院遂裁并。1941年2月省政府指令,河南大学从1941年秋季恢复法律系招生,并增加该系预算,省府咨请教育部备案。国立后不久,王广庆就呈请教育部准许恢复法律系。王在呈文中提及法学人才的社会急需性,并提及教育部此前限制文法科之令。抗战以来,环境变迁,广西大学、山西大学等增设法学院等等,因此有必要恢复①。

2. 誉隆的学术声誉

20世纪30年代中后期的河南大学若干专业已经具有很高的学术声誉。加入各种专业学会是一个考量高校学术水平的指标。中华法律教育会在沪成立,具有高等法学专业教育的指导性和引导性作用,对于法学教材的编写、法学的研究、法学专业的教育等有较大的主导性。而在该组织的调查中,除了国立中央大学等设有法学院外,河南大学是为数不多的设立法学院的5所省立大学之一,当时河南大学法学院院长为杨震文②。河南大学农业推广部是1931年发起成立棉产改进会的团体之一,是唯一来自高校的部门③,甚至多次参加全国棉产会议,当选为会员,是当选中华棉产改进会的16个团体中唯一来自高校的团体④,又当选为中华棉业统计会17家执委单位之一。河南大学农业推广部成为全国高校里关注棉业种植最为得力的部门。棉产改进会的目的也有改变中国以农立国但是棉麦却赖输入之现状,而棉是"农产中之最大者","从事于改进植棉工作者,负责甚大","较之建舰购枪,为有裨益也"⑤,应该是实业救国潮流中之一潮。在历次全国性的棉业、棉产改进会等会议上,河南大学多作有重要报告。在1933年7月的中华棉产改进会年会上,河南大学农学院(王金吾代报告)报告河南省棉业状况。1935年河南大学棉产改进会更是积极参加河南省农村事业。1934年河南省农村合作委员会成立,全省试办县达到27县,成立合作社700余所,

---

① 河南大学校史编纂研究室、河南大学档案馆:《河南大学史料长编》(第四卷)。河南大学出版社,2015年,第9页。
② 《中华法律教育会首届年会闭幕》,《申报》1936年2月7日第13版。
③ 《中国棉产改进统计会议》,《申报》1931年2月14日第13版;《蒋迪先之棉产谈》,《申报》1931年3月4日第14版。
④ 《全国棉产会议昨日下午闭幕》,《申报》1931年3月22日第14版。
⑤ 《中华棉产改进会昨开第一届年会》,《申报》1932年7月4日第14版。

贷款达 40 万元，推行成绩颇佳。为继续扩展事业，该会与河南大学农学院合作，"由农学院将试验成功之麦种，交该会转交所指导组织之利用合作社播种，藉为推广，力谋普及"。在合作中，河南大学农学院的技术优势体现出来，"近更组织技术设计委员会，聘河大农学院院长王金吾，教授李先闻、林世泽、许振英及建厅科长刘文彬、徐百揆为委员，计划改良合作社畜牧产品及建设农林水利诸事"，计划利用河南大学农业推广部在植棉事业上的影响，在陕州、灵宝、洛阳等产棉区建造大规模的仓库，办理储押运销，"以免农民受奸商剥削"①。

民国时期各大学中设立医学院的较少，原因是"医学校最费钱，医学必须实验，实验必须有附属医院，一切设备，较任何学校为繁复"②。而河南大学医学院则成为"吾国中部、西部及西北部唯一无二之医学学府"③。北平大学设有医学院，仅医学院一院的每月经费就达 19000 元，还有附属医院经费 2200 余元，二者合计占当年整个北平大学的年度支出的 1/80 左右。而同时期河南大学的年度支出也不过 411415 元而已。河南大学作为综合性大学，在当时就开设有医学院。河南大学医学院也是中华医学会的 8 个支会机构之一的开封支会所在地，支会会长是院长张静吾④。作为国内高校中为数不多的设立医学院的大学，河南大学成为教育部屡次医学专门考察的主要院校之一。1934 年 3 月教育部派庞京周等 6 人专门视察华北医学教育，同时派孙国封、郭有守专门视察各医学院校的行政经费。庞京周考察了北平私立协和医学院、国立北平大学医学院、河北省立医学院、山东齐鲁大学医学院、山东省立医专，在河南大学医学院视察两天⑤。教育部专员郭有守、督学孙国封两人于 5 月 24 日抵达开封，25 日视察河南大学，上午校长刘季洪引导其到教室、实验室、图书馆、学生寝室、饭厅及各球场等处巡视一周，下午则到医、农两院视察。两人对医学院的建设和改进印象极佳⑥。

其他如寄生物学武兆发教授作为生物学专家，应厦门成立的中华海产

---

① 《豫省农村合作二期工作完成》，《申报》1935 年 1 月 6 日第 10 版。
② 《庞京周谈话》，《申报》1934 年 3 月 17 日第 15 版。
③ 河南大学校史编纂研究室、河南大学档案馆：《河南大学史料长编》（第二卷）。河南大学出版社，2014 年，第 357 页。
④ 《中华医学会概况》（上），《申报》1937 年 4 月 6 日第 13 版。
⑤ 《庞京周谈话》，《申报》1934 年 3 月 17 日第 15 版。
⑥ 河南大学校史编纂研究室、河南大学档案馆：《河南大学史料长编》（第三卷）。河南大学出版社，2014 年，第 415－416 页。

生物学会之邀,在厦门进行海产生物之调查研究①。1936年12月,中国师范教育学会筹备成立,河南大学校长刘季洪是发起人之一②。河南大学也是中国社会学社之一员,在1934年4月第四届年会上,河南大学教授朱亦松发表对中国灾荒问题的看法——《一个研究社会学的立场》,大会宣读,引起关注③。中国社会学社中,河南大学胡体乾为社员。

抗战前,河南大学也聘有诸多颇具社会影响的学者,如30年代初在河南大学教授教育学的邰爽秋、黄季马(家政学)夫妇。邰爽秋在河南大学期间,使得河南大学成为各种教潮运动的中心。比如1932年5月邰所发起的筹备六月六日教师节(双六节)庆祝运动,呼吁改良教师待遇、保障教师地位、增进教师休养等④。1933年8月,邰爽秋离校就职大夏大学教育学院院长,致使河南大学在教育行政及乡村教育方面的研究颇受影响⑤。刘季洪长校期间,河南大学的综合发展较好,刘季洪"办理教育素具热忱,曩者曾主河大校政四年,卓著成绩"⑥。

在河南大学的5院16系中,出现一些较具有国内声誉的院系专业,但是一些院系的发展也受到体制性或学术发展规律的淘汰,如1933年的政治系、社会系停办,生物系改为讲座。1933年南京国民政府教育部呈报行政院备案,令河南大学政治系、社会系停止招生,在读学生毕业后两系取消,同时命令取消英文系,生物系"改为讲座,隶农学院",附中也停办⑦。在协调后,教育部咨河南省政府,河南大学英文、生物两系,"应准暂缓结束,俟二十三年度开始时,视该校经费及其他情形如何,再行核定"。两系的命运取决于河南省的教育经费⑧。鉴于生物系奉部令停办,中国科学社在该年的年会上提出援助案,推代表3人办理,在专业技术方面对河南大学进行援助⑨。

---

① 《中华海产生物学会积极研究生产教育》,《申报》1934年7月4日第18版。
② 《中国师范教育学会筹备委员推定》,《申报》1936年12月16日第10版。
③ 《中国社会学社四届年会昨晨开幕》,《申报》1934年4月7日第16版。
④ 《筹备六月六日教师节庆祝》,《申报》1932年5月5日第11版。
⑤ 《邰爽秋任大夏教育院长》,《申报》1933年7月28日第15版。邰爽秋是当时在教育界影响很大的教育家、美国哥伦比亚大学哲学博士及国立中央大学、中山大学、暨南大学、河南大学教授,曾任江苏省立南京中学校长,著述宏富,对教育行政及乡村教育尤多研究。
⑥ 陈复华:《西北大学的使命》,《申报》1946年2月7日第2版。
⑦ 《教部六月份工作报告(一)》,《申报》1933年8月3日第15版。
⑧ 《河大附中仍须结束,英文生物两系暂予保留》,《申报》1933年8月5日第16版。
⑨ 《中国科学社年会志详》,《申报》1933年8月27日第18版。

许多全国性的学会会议也多襄借河南大学举办。1934年8月17－19日中国通俗教育社(中国社会教育社)第三次年会在河南大学举行①。

河南大学名人讲座繁多。1935年4月22－28日,黄炎培与江问渔应河南大学之邀,来河南大学讲座。黄炎培讲演职业教育,共计7天,并公开演讲一次,各校演讲三次,河南省政府主席刘峙"殷勤以改进农村问题"而专门询问②。1935年11月22日广西大学校长马君武,应河南大学工学院约,来校讲演③。

国内各高校所用教材中,河南大学教授也编写较多。1935年的大学用书中,河南大学教授毛起鹤担任经济学、社会学等教材的编写。

河南大学的学术研究风气十分浓厚,由于与服务地方社会相结合,更易出社会效果。"由于名师指导,同学努力,吃苦、耐劳等精神,对河南文化与建设,颇多贡献。其中最著名者如协助殷墟及汲县山彪镇与辉县琉璃阁等地古物之挖掘;河南省小儿寄生虫病及山区居民缺碘甲状腺肿大等症之研究与治疗,并推广药品,期达根治;河南棉作之改进,小米、小麦之育种,豫东盐碱地之改良,对河南农业改进奠定良好根基,并划定开封县为推广实验区,深入农村,指导生产。其他各院系之研究工作,卓著成绩者,不胜列举。"④学术声誉和社会声誉连连获致。

3. 教员中的海归与时代精英

河南大学的办学源自河南留学欧美预备学校,一开始就具有世界的、开放的眼光,"母校从创办伊始,眼光就是朝向世界的",特别是对于教师择优聘用,对学生严格要求。在20世纪30年代,校内大量的教师都是预校毕业而回校从事教学工作的,如郝象吾、张静吾等。1940年,河南大学文学院创办《学术丛刊》,王广庆发刊词中就称"以中原文化之发扬,世界学术之介绍,以及发抒心得、交换所学为宗旨",有中原文化之基,更有世界学术的视野。张仲鲁1933年第二次长校,下定决心要把河南大学办好,"所以张校长到校后,聘来多位学识优长的名教授,如生物学家许逢熙、哲学家傅铜,还有饶孟

---

① 《中国通俗教育社年会定期在汴举行》,《申报》1934年7月28日第15版;《社教社年会开幕礼记》,《申报》1934年8月21日第16版。事实上举行时,是在省立开封初级中学举行开幕典礼,主要讨论乡村建设与复兴民族之实施办法。河南大学代理校长杜俊在开幕礼上演说。

② 《黄炎培西北归来谈话,河南陕西两省情形》,《申报》1935年5月27日第9版。

③ 《马君武谈广西大学新设施》,《申报》1935年11月21日第13版。

④ 陈明章:《学府纪闻:国立河南大学》。南京出版社,1981年,第8页。

侃、高亨、刘节、嵇文甫、姜亮夫、蒙文通等,堪称人才济济"①。

30年代初,仅数理系师资中就有所谓的"八大博士","俱是新近回国之学者","其后许心武校长任期,除延聘工程学家陶翼圣等多人成立土木系外,其他如教育系、文史系等亦均增聘多位名教授"②。医学院更是留德归来的精英聚焦之所,"计专科教授四人,咸系德国医学博士,学识经验,均极宏富,讲师七人,亦极一时之选"③。1930年度,全校有教授47人、讲师2人、兼职教员27人、助教16人,其中资格出身统计见下表。

1930年度河南大学教职员资格统计表④

资格	博士	硕士	外国大学专门毕业	本国大学专门毕业	其他	总计
人数	7	8	21	49	13	98

杨震文长校为期短暂,但是"所聘教授,确多名彦,亦属难得"⑤。而河南大学真正走上制度化(如整治人事、确立预算、修订章则、端正校风、树立法纪、延聘名师、掌理校衡)是从1935年6月刘季洪长校开始的,综合治理,"使河大形象为之一变,致学校益臻安定,更加速河南大学之进步"⑥。很可惜的是,1937年抗日战争全面爆发,不得不迁校避难,不得不开始流亡播迁的历史。

刘季洪长校期间,"敦聘的品学兼优的名教授也先后到校了,同时他又妥善安慰了在职教授。当时的教师阵容在河大历史上可说是空前强大,教学和研究活动按部就班进行"⑦。刘季洪为了鼓动学术风气,开阔学生视野,还倡议请各地专家学者莅校讲学,得到各院系的一致赞同。1935年一年就邀请国内学者梁思永、陈豹隐、陶希圣等到校作学术报告。萧一山在河南大学创办了近代史研究所,由于河南省政府没有通过研究所经费预算,改设为近代史教研室,设在文史系内。刘季洪得知国内著名教授郭绍虞是燕京大学的休假教授,马上敦聘他到河南大学任教。

---

① 孟志昊:《河南大学旧事漫录》。《河南文史资料》1992年第43辑。
② 陈明章:《学府纪闻:国立河南大学》。南京出版社,1981年,第8页。
③ 河南大学校史编纂研究室、河南大学档案馆:《河南大学史料长编》(第二卷)。河南大学出版社,2014年,第350页。
④ 《河南省教育年鉴(1930年)》。见:河南大学校史编纂研究室、河南大学档案馆《河南大学史料长编》(第二卷)。河南大学出版社,2014年,第68页。
⑤ 陈明章:《学府纪闻:国立河南大学》。南京出版社,1981年,第8页。
⑥ 陈明章:《学府纪闻:国立河南大学》。南京出版社,1981年,第8—9页。
⑦ 孟志昊:《河南大学旧事漫录》。《河南文史资料》1992年第43辑。

此前，河南大学就十分注重留学归国人员的聘请。1930年，理学院聘请教授困难，主动致函上海寰球中国学生会代聘算学、物理学教授各一人。生物系主任郝象吾也在南京函邀植物学教授何畏冷等来校。其他教授相邀有学缘关系者则更多。1930年理学院有教授13名、副教授2名，其中有留学经历者9人，还有其他留学人员2名为兼职教员。1932年秋季学期开学，学校各院新聘教授4人，其中王徵葵为芝加哥大学博士、闻诗为法国国立郎西大学理学博士、朱德明为德国名兴大学医学博士，仅文学院所聘高维昌没有留学经历①。1933年春季学期，新聘教授"海内外知名之学术专家"共14人，其中多是从各高校中所敦请而来的，如国立中山大学教育学系主任许逢熙、前教育次长胡石青、西北大学前校长傅桐、中国公学历史系前主任杨鸿烈，尤以历史教授居多，如葛定华、杨筠如、嵇文甫等。1933年秋季学期，新聘教授11人，留美博士有武季许、高济宇、王善赏，硕士有吴柳生、林世泽、朱佛乐；留法博士有薛愚、罗时济、张椪；留德博士有邢文燦；仅有宋玉五没有留学经历，但是却出任过首都第二陆军医院院长②。1933年教育系暨土木工程系新到教授多人，其中"左先生（左任侠）系法国蒙城大学心理学博士，刘先生（刘亦常）系美国斯坦福大学教育学学士、哥伦比亚教育学硕士，许先生（许桂英）系美国哥伦比亚大学教育学博士"，土木工程系"唐先生（唐凤图）系普渡大学土木工程学学士、康奈尔大学土木工程学硕士"，添聘的4人全部有留学经历③。《河南省立河南大学组织规程》（1933年）规定，学校教授、副教授等教职人员，由院长商承校长聘任。《修正河南大学组织大纲》（1935年）则规定："本大学各学院教授、副教授、讲师、助教，均由校长聘任之。"④1936年春季学期，河南大学新聘教师6人，其中郑竹虚为美国华盛顿大学文学士，朱鹤年为美国康奈尔大学哲学博士，胡体乾为美国芝加哥大学留学归来，陈振铎为美国威斯康辛州立大学经济昆虫学硕士，讲师张师

---

① 河南大学校史编纂研究室、河南大学档案馆：《河南大学史料长编》（第三卷）。河南大学出版社，2014年，第116页。

② 河南大学校史编纂研究室、河南大学档案馆：《河南大学史料长编》（第三卷）。河南大学出版社，2014年，第199—200页。

③ 河南大学校史编纂研究室、河南大学档案馆：《河南大学史料长编》（第三卷）。河南大学出版社，2014年，第218页。

④ 河南大学校史编纂研究室、河南大学档案馆：《河南大学史料长编》（第三卷）。河南大学出版社，2014年，第351页。

亮为日本法政大学研究生①。

20世纪20年代后期农学院就已经有多位海归学者任教,多来自美国威斯康辛大学。彭谦在威斯康辛大学获得土壤学博士学位;许振英在威斯康辛大学攻畜牧,获得硕士学位,1931年回国来到河南大学任教。特别是1930年代初期,华北平津一带由于遭到日本的侵略,归国知识分子找不到事情做,就有到开封河南大学就职的。许振英就是如此,他来到开封先在禹王台第一区农业改良场觅一个技师职位。许振英的同学李先闻毕业于美国普渡大学、康奈尔大学,获得遗传学博士学位,精于细胞遗传学,此时在河南大学农学院就职。栗显倬在美国州立大学攻读硕士学位,担任作物及畜牧课。毕业于爱阿华州立大学畜牧专业的林世泽,对养蜂、养鸭有研究,尤其对罐头学有研究,此时也在河南大学做教授。此时作为落后地区的大学,河南大学农学的基础性理论研究不如技术性、实用研究做得实在。李先闻在农场做番南瓜和南瓜的交配实验,进行小麦育种。农学院院长万康民想把农学院办好,请李先闻先后约了好几位同学如彭谦、林世泽、涂治②等来河南大学任教。李先闻在河南大学的研究从细胞学的理论到研究物种如小米等。1933年暑假,农学院陈显国授意学生驱赶院长万康民,但是未成功际,离开河南大学。万也辞去院长职务,涂治任院长。涂治是知识分子,不谙行政,却推动了河南大学的棉花研究,从浙江大学请来棉作教授王直清(前清秀才,河南人,佐治亚大学硕士)从事研究,李先闻也参加棉花育种。但是农学院内部也存在矛盾,"河南大学原来聚集了那么多有学识、年轻而又想有作为的回国学者在一起,本来可以大有成就,就因为小人离间,造成误解,把一个很好的团体拆散了",涂治离开,王直清代理院长。1935年6月湖南人陈梅朋(时任许昌第二农林改良场场长,曾为法国勤工俭学学生,在法国巴斯德研究所当过5年研究员)任院长,留美的学者李先闻等先后离开河南大学,星散他去,李先闻赴武汉大学筹办农学院,许、林等到南京中央大学,涂治也到武汉大学做教授兼棉场主任。刘季洪长河南大学,将陈梅朋撤换,以

---

① 河南大学校史编纂研究室、河南大学档案馆:《河南大学史料长编》(第三卷)。河南大学出版社,2014年,第386页。

② 涂治(1901—1976),湖北黄陂人,清华大学本科,美国明尼苏达大学博士,回国后在岭南大学教书,因酒精桶不慎爆炸,全身烧伤,满脸遍身被烧伤留疤。1933年9月来河南大学,带来书籍约有一两万册,在校教授统计学。1949年前曾任河南大学农学院院长、西北大学教授,1949年后曾任新疆农业厅厅长、八一农学院院长、新疆农科院院长、中国科学院学部委员(1955年)。见:《李先闻自述》。湖南教育出版社,2009年,第90页。

王直清代理院务。20世纪30年代最初的3年里,农学院本可大有作为,"聚在一起的全是年轻的学者",而河南大学的农学院也一度因有这些留学归国精英而闻名。"河南大学本是默默无闻,当时忽然名传中外",是因为当时这批留美的年轻人。"河大农学院聚集了那么多年轻学人,正好蓬勃地发展,但因赵连芳下错一着棋子,请涂治做院长,形成逐渐瓦解的情势。学潮及政治波动,学生不想念书,使河大农学院的好景,像昙花一现而已。"①作为当事者,李先闻的回忆无疑是农学院30年代由盛转衰的一个最好的解读脚本。

20世纪30年代,地处僻壤的河南大学能吸引大量优秀师资,提供给时代精英的各种条件是一个很大的吸引力。中央大学毕业的王秀南,师从邰爽秋,毕业后先在南京搞实验研究,主编《教育实验》月刊,介绍教育实验的理论与成果,与中央大学教授罗廷光合著《实验教育》一书,持论新颖,成为实验教育的先驱。此时邰爽秋移席河南大学教育系主任,以讲师(按照惯例仅可聘为助教,高一规格适用)兼开封教育实验区指导员,他把王秀南的夫人聘为开封师范史地教师,"处处代想得周到"。在两个单位争聘王秀南之际,河南大学以此吸引王秀南来校任教。此时的开封实验区由文学院任教的李廉方所主持,推行以读书练习卡片的方式来促进语文的进步,所谓"廉方教学法"。王秀南认同开封实验教育区的"实际的试验"效果,通过演讲等,自谓"总算把全国教育的新潮流带进了实验区,使开封的教育界了解了实验教育的新天地"②。王秀南作为邰爽秋的助手,在教育学、教育行政等方面进行了较多的工作,特别是辅助邰规范了教育界的制图方法,出版《教育图示法》,该书"实为吾国图示书之创作也"③。

抗战前夕,河南大学的师资可谓雄厚。1936年时,校内教授就有63人④。教授多来河南大学就职的原因是河南大学在整个北方高等教育中的地位。40年代末,在校就职的赵俪生称:"河南大学,倒是冀、鲁、豫三省大学中比较像样的一所,也有大屋顶中西合璧的楼房,还有旧时书院和留美学

---

① 李先闻:《李先闻自述》。湖南教育出版社,2009年,第86—99页。

② 王秀南:《教学著述六十年:王秀南教授八十回忆录》。见:东南亚研究所丛书,1985年,第117页。王秀南仅在河南大学任教一个学期,之后便受聘集美中学校长而去。

③ 邰爽秋:《教育图示法》。开封中华书局,1932年,朱君毅序。在该书的卷头语中,邰爽秋也称该书的各图,"泰半成于中央大学同学王秀南君之手"。

④ 河南大学:《河南大学第九届毕业同学纪念册》。南京城内关丰祥印制,1936年。该纪念册统计在册的教授就达63人。

校的一些传统和遗存,所以南方一些学者也每每愿意到这里来任教或短期讲学。"①另外,河南大学还设有讲座,邀请著名学者来校短期讲学,如1932年再三邀请柳翼谋来校讲学,其讲稿数十万言,也由河南大学付印。

但是师资与经费有时不相匹配,1935年刘季洪继任校长时,发现前任校长预聘下年的人员多达50人,超额聘请致使学校经费中人事经费过重,因此进行整顿。对此,刘季洪设法裁汰人员,让各院系各处课主管分别拟定最低需要的教职员人数,并研究一般行政经费,合并编为学校总预算。依照预算,发现前校长已预聘人员需减少50余人,方能使学校经费收支相符,各学院系也退还前校长所发下年度聘书,由新校长依照需要新聘②。此事也说明当时河南大学为了师资的储备,罔顾经费有限,大量聘请教员的情况。此时河南大学的教授阵容"原以留学欧美预备学校出国留学的人才为主体,再加多年各方延揽的专家学者,师资相当充实"③。刘季洪在任期间也对教授陆续有所补充,但是刘季洪对于各学院的人事则甚少变动,因此他在任期间,能在安定中以求进展。

4.河南省最高学府

河南大学的前身河南中州大学设立之初的考量就是区域定位:1922年"河南省第三届议会因豫省介居平、津、沪、汉之间,各逾千里,青年卒业中学后,到平、沪各大学升学,不仅路途遥远,且所费甚多,为减轻学费,使多数青年能达成升学深造之愿望,以及省政改革之人才需要,同时留学欧美预备学校毕业学生参与留学考试,受平、沪各大学毕业生之歧视,且留学国外之学生学成后多藉故不归,难于引用,乃通过一议案,由本省筹办河南省立大学,藉以培植专门人才,兼可解决豫籍子弟升学问题"④。事实上一些社会舆论如《少年河南周刊》也呼吁:"河南留学欧美学堂应即改制为河南最高学府。"⑤中州大学成立的初衷和定位是地域主义支配下的省域大学。河南省第三届议会决议设立中州大学,冯玉祥督豫时期将赵倜若干不动产(主要是

---

① 赵俪生:《赵俪生文集(第五卷):篱槿堂自叙》。兰州大学出版社,2002年,第175页。

② 刘季洪:《河南大学回忆记略》。见:陈明章《学府纪闻:国立河南大学》。南京出版社,1981年,第71页。

③ 刘季洪:《河南大学回忆记略》。见:陈明章《学府纪闻:国立河南大学》。南京出版社,1981年,第74页。

④ 陈明章:《学府纪闻:国立河南大学》。南京出版社,1981年,第3页。

⑤ 《田故校长培林传略》。见:陈明章《学府纪闻:国立河南大学》。南京出版社,1981年,第185页。

开封城外耕地若干顷及各地房屋）作为中州大学创办基金。但是北京政府则主张河南大学如欲接受此项基金，必须于大学之上冠以中州二字，才有法律依据。于是经省议会议决，改为省立"河南中州大学"。北京政府主张的定位也是地域性的省立性质，不然无法动用赵倜资产为校产。北伐胜利，全国各大学统称中山大学，中州大学改为第五中山大学，又改为开封中山大学，旋改为河南省立中山大学，1930 年正名为省立河南大学。自预校开始至更名为河南大学的近 20 年中，省立的属性是固定的。就学的学生也多来自省内，1930 年度统计显示，河南大学共有学生 797 人，其中豫籍学生 749 人，其他省陕西、江西、广东、湖南各 1 人，广西、福建各 2 人，安徽 3 人，山西、江苏各 4 人，湖北、浙江各 5 人，河北 8 人，山东 11 人①。

全面抗战前，河南省高校有开封城内河南大学、水利专科学校、艺术专科学校，还有在焦作的焦作工学院。1930 年度的统计显示，此时河南大学有学生 797 人，超此时的国立清华大学（631 人）、国立同济大学（535 人），更超其他省立大学如安徽大学（402 人）等，在当时大学及学院层次中，学生数量居全部有统计的 55 所高校中的第 18 位②。此时的河南大学有文、理、法、农、医等 5 个学院，另外还附设有助产学校③、附属中学，是当时中国较大的大学。此时的河南大学刚刚经过校长刘季洪进行整顿，校风校纪重塑，各种规章制度重新检讨并分别修订并严格执行。1933 年的河南教育状况

---

① 《河南省教育年鉴（1930 年）》。见：河南大学校史编纂研究室、河南大学档案馆《河南大学史料长编》（第二卷）。河南大学出版社，2014 年，第 70 页。

② 《十九年度专科以上学校学生数》，《申报》1931 年 9 月 5 日第 17 版。

③ 各种校史资料等均鲜少提及该附设学校。该校 1929 年成立，校长由河南大学校长兼任，设教务及产科主任各 1 人，教员多系专任，有床 60 余架，教育部的调查称："产院及门诊部光线及建筑尚佳，惟学生宿舍太简陋潮湿，空气光线均欠充足，课程及一切设备尚属完善，接生多在院外。因当地风气未开，一般民众以为在外生产，须俟满月后方可回家，且久住院内，经济亦发生问题，似应另设产妇调养院，雇用女庸护理，产后十日即可迁至调养院，俟满月回家，既可减少病人费用，又可免产院拥挤之患，并应在附近设乡村产院，以供学生实习等情。"（见：《豫湘鄂三省助产教育改进》。《申报》1936 年 7 月 9 日第 16 版）。该校的成立，《河南大学校史》载，1935 年 8 月 5 日河南大学第二次校务会议通过的《河南省立河南大学组织大纲》称学校调整后，增设 5 部：推广教育部、农场、医院、助产学校和妇科医院、河南通志馆（见：《河南大学校史》。河南大学出版社，2012 年，第 38 页）。但是 1936 年 7 月教育部的助产教育调查中称此时该校已成立 7 年，可见并非是 1935 年新增，而是以《组织大纲》的方式将之纳入而已。类似的早已设立的农业推广部也早已设立，此时又重新认可。1930 年春，河南产科学校归并为河南大学的一部分，改称河南大学产科学校，产科学校合并为附属，地址在城内图书馆西街（见：李锡珍《谈谈河南大学》。《华年》1933 年第 2 卷第 10 期）。

显示,河南省立高等学校中,仅有河南大学、省立水利专科学校 2 所①。

20 世纪 30 年代的河南大学在河南颇有规模,开封时人有顺口溜"河大楼,高中饭,师范学生穷光蛋",意指河南大学的楼多,当时就已建成东边 6 个斋房、西边 2 个斋房、六号楼、七号楼等,还有大礼堂②。30 年代初在此任教的王秀南回忆:"好比南京的金陵大学、北平的燕京大学,宏伟非常!而大学园地又是花木扶疏,红绿掩映,开封人不叫它'大学',而是直呼曰'花园'。何况又在开封首一名胜的铁塔之旁,牡丹与绿叶,自是相得益彰,故称为最高学府的胜地,而为各方所向往的了!"③校内建筑的贡献主要来自李敬斋,"李敬斋先生为当时国内知名建筑学家,对全校建筑、各项设备,悉力以赴,作全盘规划,奠定建校基本蓝图。此后河南大学各院系之办公、研究、图书、教室以及学生宿舍、运动场地等之所以能循序建造、分期完成者,均有赖李先生规划之建校蓝图,视实际需要,渐次修建,蔚为大观"④。

河南大学六号楼

同时,河南大学也有条件接受东北各地大学流亡学生的借读。1931 年九一八事变后,9 月 29 日河南省主席刘峙电张学良,请其令因日军侵略不能继续上课的东北大学、吉林大学两校"来汴在河大肄业"。因为"查河南省立河南大学,尚可容三百余人",因此"拟以收纳东北吉林两大学学生籍,以

---

① 《教部六月份工作报告(二)》,《申报》1933 年 8 月 4 日第 15 版。
② 孟志昊:《河南大学旧事漫录》,《河南文史资料》1992 年第 43 辑。又称"河大楼高中饭"(见:陈明章《学府纪闻:国立河南大学》。南京出版社,1981 年,第 278 页)。
③ 王秀南:《教学著述六十年:王秀南教授八十回忆录》。见:东南亚研究所丛书,1985 年,第 85 页。
④ 陈明章:《学府纪闻:国立河南大学》。南京出版社,1981 年,第 4 页。

救济失学青年",并称河南大学的办学条件"该大学设文理法农医五院,课程设备,均合规制,所聘教授,俱一时之选,且不收学费,用度极省"①。不独直接针对东北大学和吉林大学,还面向全国招收流亡学生。1932年2月,河南大学在上海的《申报》上刊登招收转学生通告,主动承担起国难时期流亡学生的教育责任,"本校为救济因国难停顿之各大学失学学生起见,特就各院系所有余额酌收转学生",并称各学院均有余额招收一、二、三年级转学生②。1934年7月东北大学农科停办,部分师生南下开封,就读河南大学农学院,四年级借读毕业,其他年级转学学生正式成为河南大学的学生。1936年,东北大学继续南迁,在教育部的协商下,河南大学暂为接待。1936年夏,东北大学师生500余人到达开封,河南大学在大礼堂内设办事处,接收东北大学学生及教职员工,1937年4月20日开课,河南大学教授代为上课,或与河南大学学生合班上课。6月30日,国民政府决定东北大学师生由开封迁往西安,部分东北大学学生不愿随校南迁,河南大学收转为河南大学学生。

战前,河南大学是河南省内的最高学府,最具特点的是省立的河南大学"一律不收学费,这是江苏、浙江等省所不及的"。此时的河南大学"规模与普通国立大学相仿佛。地址在城东北角上,占地一百多亩,内分文、理、法、医、农五学院。这所大学在中州文化上颇占重要的地位,社会上的建设人才大都是这里所出产。学校的设备相当完备,校舍建设也很整齐宏伟,新建礼堂可容三千人"。同时,刘季洪任校长后,"正积极设法请求中央改成国立,以谋更大的发展"③。《申报》馆记者俞颂华5月份在从西北回上海的途中游历了河南大学,他描述了眼中的河南大学:"我们转到河南大学参观,河南大学的建筑很整齐美观,图书馆的藏书亦相丰富,堪称为河南省的学府。"④在北方,有人称:"(河南大学)就学者多本省及陕甘子弟,故该校负有造就豫陕甘三省人才之职责。"⑤

---

① 《河大愿收东北学生》,《申报》1931年10月2日第9版。
② 《河南省立河南大学招考转学生通告》,《申报》1932年2月16日第3版。
③ 汪藻香:《开封一瞥》,《申报周刊》1936年第1卷第22期。
④ 俞颂华:《从上海到西安和陕北》,《申报周刊》1937年第2卷第20期。
⑤ 伍联德:《老照片:中华景象》(下)。南京出版社,2015年,第262页。

刘季洪任校长时的大礼堂

早期的河南大学校门

民国时期的六号楼(图书馆所在地)

民国时期河南大学六号楼、水塔、钟楼及风车

（据在台校友回忆，进入校南大门，迎面有一奇景，即所谓的钟楼、水塔、风车三者结合成一景观。水塔上为钟楼，是全校司命设备，师生生活起居、上课下课等一切活动，均以钟声为准。建水塔，是因为当时开封自来水尚属初创时期，河大各实验室、宿舍需水甚多，水塔更是实验室必有的装置，于是在七号楼前盘一深井，井上建水塔，塔上建钟楼，一举两得。水塔近旁的铁制架子应该是风车，是因为开封电力不足，学校为抽水入塔，根据开封多风的特点，设计一风车，直径5公尺，钢架结构，架设井上，利用风力抽水入塔，与水塔、钟楼一起，成为校园一景①。钟楼修建于1935年②。风车1931年由物理系讲师兼某铁工厂厂长的霍智庭设计③。但不知三者毁于何时。）

民国时期的七号楼（门前有小径）

---

① 周恒：《河大校园简介》。见：陈明章《学府纪闻：国立河南大学》。南京出版社，1981年，第253页。

② 河南大学校史编纂研究室、河南大学档案馆：《河南大学史料长编》（第三卷）。河南大学出版社，2014年，第354页。

③ 周汝唐：《抗战前的河大化学系》。见：河南大学校史编纂研究室、河南大学档案馆《河南大学史料长编》（第三卷）。河南大学出版社，2014年，第453页。

30年代的东斋房
（当时仅建6栋，主要是学生和单身教师住宿。）

迁离开封之前的河南大学，校舍等建筑物在开封乃至华北地区都比较突出。刘季洪长校时，"校本部的校舍多为新式楼房，所有教室、实验室、礼堂、图书馆、教授宿舍、学生宿舍都达相当水准。而宫殿式礼堂的雄伟，以及牌坊式的校门的堂皇，在当时各大学中要算首屈一指了"①。战前的河南大学，"校舍巍峨，图书仪器充实，运动场地广阔，各类运动器材应有尽有，一切设备完善，实为一理想学校"②，也成为"中原最高而惟一的学府"③。

河南大学校园"约占开封城之四分之一"④。校园于今大致只添建无减设，抗战前建成东斋六、西斋二，后添为东十斋，其他不变者六号楼、七号楼、大礼堂、大门等，直到共和国成立未稍更。变化较大的是校内小型建筑，如东斋东侧原来的平房被拆除。最为明显的是七号楼前的水塔、风车和钟楼被拆。另外，校内东一斋、图书馆、办公室及操场大门之间，原有三角碑一块，是前校长查良钊为牢记"五三"国耻所建，碑高丈余，碑身及底座均为三角形，碑上条列警语，冀师生勿忘"五三"，立志复仇。碑可能毁于日伪沦陷时期。

---

① 刘季洪：《河南大学回忆记略》。见：陈明章《学府纪闻：国立河南大学》。南京出版社，1981年，第72页。

② 王果正：《回忆河大预科片断》。见：陈明章《学府纪闻：国立河南大学》。南京出版社，1981年，第81页。

③ 曹世昌：《母校四年两迁记》。见：陈明章《学府纪闻：国立河南大学》。南京出版社，1981年，第106页。

④ 周恒：《河大校园简介》。见：陈明章《学府纪闻：国立河南大学》。南京出版社，1981年，第247页。

抗日战争前,河南大学作为河南省最高学府,具有区域性影响,一些学科更是具有全国性影响,综合性的影响也较大。"母校为河南省最高学府,无论在学术、文化、体育、社会活动各方面都居领导地位。"①抗日战争中,河南大学成为"华北仅存之高级学府",甚至是北方、西北的最高学府。抗战时期,"华北前线只此一大学,收纳冀、鲁、苏、皖、晋、陕及东北各省流亡学生有逐渐加多之势"②,在当时教育资源主要分布在西南、西北的情况下,河南大学对抗战时期的高等教育贡献尤大。

5. 服务地方社会

作为省立高校,河南最高学府河南大学自成立始就有服务地方社会的传统。

(1) 治理黄河方面建策

黄河泛滥造成的河南社会问题、生态问题严重。作为水利专家,河南大学校长张广舆参加1933年8月的防汛会。这次会议的参加者为六省二机关,张广舆是这次会议中唯一来自教育界的人员③。张广舆是河南省所派防汛会议的代表④。张广舆曾为河南建设厅第三科科长(1929年辞职),1932年曾是东北难民救济会发起人之一,曾任中央大学总务长。1933年8月出任河南大学校长,8月即由河南省政府所委,参加行政院所组织的河灾救济会议⑤。1933年的黄河水灾,河南22个县受灾。张广舆参加了黄河防汛、黄河水灾救济、河堤兴修等一系列会议。

作为国内著名的省立大学,河南大学经常被教育部视察。1934年4月教育部派员对山东、河北、河南、湖南、湖北、安徽6省及青岛、天津、北平3市的高校整理政策、改进情况作视察,也是"自民国成立以来,尚为破天荒第一次",是部派视察专员的第一次,历时2个月,主要进行普遍视察、体育视察、医学视察等方面工作,而河南大学医学院也在重点视察之列。此次共视察国立8校、省立13校,其中包括河南的两所高校河南大学、河南水利工程专科学校在内,对各校的行政(庶务、斋务、会计、注册、经费支配等)、设备情

---

① 贾云松:《母校的体育活动》。见:陈明章《学府纪闻:国立河南大学》。南京出版社,1981年,第322页。
② 河南大学校史编纂研究室、河南大学档案馆:《河南大学史料长编》(第四卷)。河南大学出版社,2015年,第11页。
③ 《黄河水利会召集防汛会议》,《申报》1933年8月28日第9版。
④ 《各省派员出席六省防汛会议》,《申报》1933年8月24日第8版。
⑤ 《行政院续谈河灾救济事宜》,《申报》1933年8月31日第3版。

况(图书馆、实验室、工场农场等)、教学方面(班级课室听讲、教材、学生笔记等)、成绩考核(调阅入学及学期试卷、实验报告、毕业论文等)几个大的方面①。视察人员对河南大学的社会服务总体上认可。

(2) 开展各种社会、教育的实验区建设

为响应国内社会教育之倡导,1934年,中国社会教育社"为发展西北文化,唤起民众起见",联合河南省政府教育厅、洛阳县政府合组洛阳实验区,地址在洛阳白马寺附近,办理目的在于"开发中原社会教育"的实验区。1934年4月3日的董事会上,河南大学文学院院长郑若谷出席,河南大学作为专家董事代表表达对该实验区的支持②。河南大学教授李廉方等也参与开封实验区的工作。"开封实验区委员会所设立之儿童科学馆,荟集各种科学的设备,供给全城小学使用。此种办法,颇经济适当,各处应即仿设置,以解决比较困难之教学设备问题。"③

河南大学的实学教育也能够为地方政府服务。河南省农村合作实验,在全省试办有27个县,成立合作社700余所,贷出款洋达40万元。河南大学原校长张仲鲁被委为河南农村合作委员会委员,并被指定为委员长(此时张仲鲁已任河南省建设厅厅长)。1934年4月,正式成立合作委员会,初步划定14个县为试办县份,第二期又划定13个县。而河南大学作为高校,能够提供智力和技术支持。"该会复与河南大学农学院合作,由农学院将试验成功之麦种,交该会转交所指导组织之利用合作社播种,藉为推广,力谋普及。"除了推广农学院试验的种子外,河南大学多名教授还被聘请为技术指导人员。"近更组织技术设计委员会,聘河大农学院长王金吾,教授李先闻、林世泽、许振英"以及建设厅科长等为委员,"计划改良合作社产品、畜牧及建设农林水利诸事"④。当时的河南大学农学院,在棉花实验、育种等各方面与地方合作,进行试验,成效显著,农学院畜牧系、园艺系、森林系、农艺系等均在河南进行试验,为农业、森林、畜牧等助益⑤。

6. "注重实科,限制文法科":1934年河南大学办学的一个拐点

中州大学成立之始,合并留学欧美预备学校、省立法政专门学校、省立

---

① 《外埠教部视察,高教人员回京访问记》,《申报》1934年4月27日第13版。
② 《发展西北文化,洛阳实验区董事会议》,《申报》1934年4月10日第15版。
③ 《河南省教育应行改进要点,教部督学之报告》,《申报》1934年5月3日第15版。
④ 《豫省农村合作二期工作完成》,《申报》1935年1月6日第10版。
⑤ 周恒:《记河大的学术研究》。见:陈明章《学府纪闻:国立河南大学》。南京出版社,1981年,第50—57页。

农业专门学校,构建大学基础。因为当时风气未开,法、农两校有护校之举,校长张鸿烈先将留学欧美预备学校原有学科改设文、理2科,定名为中州大学。1927年,合并法政专门学校、农业专门学校为法、农2科,河南大学成为设文、理、法、农4科的综合大学。1928年,"复应河南之卫生行政及人民健康之迫切需要增设医科,并附设护理、助产、医药职业学校,规模已大备矣"①。自此河南大学也走上了学科建设的正轨。但是,在王世杰长教育部时期,他极力提倡大学要特别注重理工医农,河大法学院法律系也停止招生,政治系取消,经济系并入文学院,此时的医、农两学院反而大加扩充,教育部也拨巨款、增设备,因此"在抗战时期,河南大学图书及医、农设备,堪与在重庆之中央大学相伯仲"②。

  1934年教育部派督学周邦道视察河南省教育。周邦道呈报教育部的应改进的要点中,河南省的教育经费久已独立,但是管理方法应该严格执行,以免发生动摇。周的视察仅为中小学的基础教育情况,而不及高等教育,但是对河南省教育行政的工作比较认可③。1934年南京国民政府在派赴各省督学的视察报告下,督促各省进行教育改进。同时,教育部也指令各高校根据各自情况应行改进,披露各校应行改进的要点,目的在于"切实整顿,以图改进"④。教育部在对各国立、省立、私立专科以上大学进行视察(1933年)之后,1934年,训令各校应行改进,几乎每个学校都有应行改进的地方。1934年教育部派员分赴各处,视察公、私立专科以上学校,共计40多所学校,视察完毕而形成报告,呈教育部。"教部逐一详加审核,提示应行改进之要点,分别严令各校遵照办理。"⑤各校的改进成为时代问题。

  从国立的名校到省立的名校,均有不同的改进问题。即便是当时最为著名的清华大学,呈现出办学成绩"教员选聘尚严,亦多专任,对于教学研究均能努力从事,教员缺席及学生缺课较少,尤以物理、化学、生物、机械、电机五系教授,全年不缺席,及理工两院学生每学期缺课平均不及二三小时,为最难得职员办事认真,一切设施均循轨道,经费支配能注重于充实设备方面,凡此成绩,殊堪嘉慰",在成绩嘉许之下,仍旧有尚需注意改进的地方:办

---

  ① 陈明章:《学府纪闻:国立河南大学》。南京出版社,1981年,第3页。
  ② 狄震:《从铁塔牌说起》。见:陈明章《学府纪闻:国立河南大学》。南京出版社,1981年,第359页。
  ③ 《河南省教育应行改进要点,教部督学之报告》,《申报》1934年5月3日第15版。
  ④ 《教部令平大等九校,指示改进要点》,《申报》1934年7月13日第14版。
  ⑤ 《各校应行改进要点(一)》,《申报》1934年7月14日第16版。

公支出及职员人数过多,应酌量裁员额,节省经费;研究院分部太多,法学院法律系应遵照训令即行结束;应限制教授他校兼职情况;学生学业及训育应该注意,勤加指导。清华的问题多易于解决,且仅有法学院法律系涉及学科设置的大问题,其他多为教员、学生的学风问题①。北京大学,课程采取"精纯主义",教授的聘任取"人才主义",一直保持着最高学府之称。即便是国都南迁南京后,"北大在华北高等教育中,仍占重要地位",在经费有限的情况下,仍旧保持高质量教学②。学科分布问题最大的是因东北被日军侵占而流亡办学的东北大学,主要是整顿学科问题,农科、理学、教育、铁路管理系、文学院、法学院、工学院等几乎各个学院均有合并、裁汰的问题,问题最多。

与东北大学一样,河南大学较大的问题也是学院、系的设置问题。当时教育部的视察报告中,需要整理的院系有:北平大学的商学院、法学院、女子文理学院等各系多需裁并;北京大学的文学院所属系需酌量裁并;私立燕京大学原设3个学院18个学系12学门,"范围殊嫌庞大",各院系科应自行酌量裁并;私立辅仁大学原设3个学院11个学系,"殊嫌太多,应自行酌量裁并",医学先修科教育部已令取消,应即停办③;清华大学法学院法律系应结束;河北女子师范学院学系过多,应酌加缩减;暨南大学商学院两系应裁减或合并为一系,铁道管理系取消,理学院数学、物理两系合并;其他如私立中法大学等多有此类问题。综合性大学多存在着学院系调整、裁并,甚至停止招生等问题,而一些专门学校则由于其专业设置的单一性,多没有此类问题。当时,一些综合大学的院系不充实,学科框架设置太大是一个普遍的问题。鉴于此,一直到1935年8月17日,教育部仍旧训令各大学切实改进。

河南大学的问题也在于院系调整。1934年7月6日,教育部令河南大学裁工程系,将国文、史学系合并为一系,停止生物、法律、政治三部招生,经济系改属文学院④。当时曾是土木工程系第一届毕业生的校长张广舆裁并工程系的依据是"裁科并系,充实内容",该科学生并入北洋大学⑤。而此时的校务管理上也出现人事的变动,7月15日,张广舆因经费困难、环境殊难

---

① 《教部训令专科以上各校应行改进要点(三)》,《申报》1934年7月19日第14版。
② 《蒋梦麟将赴欧参观教育》,《申报》1934年7月13日第14版。
③ 《教部训令北平专科以上各校应行改进要点(二)》,《申报》1934年7月15日第19版。
④ 《教部整顿河南大学》,《申报》1934年7月8日第15版。
⑤ 陈明章:《学府纪闻:国立河南大学》。南京出版社,1981年,第3页。

应付,自行引退校长职①。教育部认为河南大学最大的问题是学院系的设置,主要有6个方面②。

该校经费有限,院系众多,诸凡平庸,办理难著成绩,应即遵照下列各点,厉行改进:

(一)理学院土木工程系,设备简陋,应即裁撤。原有学生,由校酌定转学办法;生物系仍应停止招生,立否裁撤应视师资设备能否充实再行核定。

(二)文学院社会学系,仍照前令办理结束,不得再行招生;中国文学系与史学系合并为文史学系,但各该系三、四年级学生,得仍照原有班系办理;英文系如师资充足,得继续招生。

(三)法学院除经济系外,不再招生,俟法律、政治两系现有学生结束后,将经济系并入文学院。二、三两项所举,应行停止招生学系,并应设法将原有各该系学生转学、借读,早日结束。

(四)医学院细菌室及药物学试验室,应从速筹建;细菌室材料与生理化学实习室器械,均须添置;附属医院诊察室及治疗室,亦须扩充。

(五)该校事务经费太多,设备费过少,且收支未能相抵,均属未当,应撙节支出,以求过合,事务费自应切实裁减,增加设备费,以利教学。

(六)该校职员人数太多,应切实裁减,教员应减少数量,严订标准,慎重选聘。

教育部此次视察所发现的问题主要是经费限制下的院系设置过多的问题,也对7月初裁并院系做出了视察结论的依据。视察中所称该校目前的状况是经费有限,院系众多,结果是:各院系"诸凡平庸,办理难著成绩",建议合并、裁汰一些院系,以厉行改进。当时的河南大学有5个学院16个系,而出现问题的就有理学院、文学院、法学院、医学院等4个院,土木工程系、生物系需要停止招生;社会学系办理结束,不得招生;中国文学系与史学系合并为文史学系;英文系师资需要补充;整个法学院仅经济系并入文学院可以招生,法律系、政治系停止招生。16个系中有8个需要合并或停止招生,占半数之多。而医学院的问题则是设备、设施不足,医学院细菌室、药物实验室由于教学的需要而筹建,附属医院诊察室及治疗室需要扩充。总体看来,此时的河南大学办学中,学科框架在当时的高等教育中体量算是比较大的,横向相比较各高校,难以突出办学特色。

---

① 《河大校长张仲鲁经费困难将自行引退》,《申报》1934年7月16日第17版。
② 《教部训令专科以上各校应行改进要点(五)》,《申报》1934年7月21日第14版。

教育部1934年视察之后,对各地高校中院系进行整顿是一个大的举措,更是教育部改进高校的要点之一。当时中国有专科以上学校共103所,编制上共分187个院、676个系、73科、132组。其中文类(理、法、商、教育)占59％,实类(理、农、工、医)占41％;文类系占58％,实类系占42％,文类明显偏重。河南大学所要调整的院系多是文类,符合教育部调整文类、实类的大趋势①。教育部指出此时的高等教育院系设置的普遍问题:"过去大学设置院系,往往不顾师资设备,任意设置,以致影响其他院系,均鲜良好成绩,且各校院系,颇多重复。"如北平共有公私立大学及独立学院12所,分30余个学院、130多个学系,理学院就有7个,中国文学系、经济系各有10个,政治系、外国文学系各有9个,法律系、物理系各有7个,史学系、哲学系、数学系各有6个,教育学系、社会学系、化学系各有5个,生物系、心理系各有4个,地理系、音乐系各有5个,设置重复现象十分严重。因此教育部的措施是"分别合并,酌加裁并,或停止招收新生,分年结束"。具体到河南大学,要求:"河南大学社会学系停招新生;中国文学系与史学系合并为文史系;法学院除经济系外,不再招生,俟法律、政治两系现有学生结束后,经济系并入文学院。"对于各校重复的院系调整的目的在于"适应实际需要,使各校人力财力集中,从事于特殊的充实与发展"。同时,对于各校的经费使用、补助分发等也有所调整;对于教职员兼职兼课也进行限制,厘定了课程标准②。河南大学需要调整的社会学系等文类学系成为裁并的重点,因为当时各高校学生中"文类学生占百分之七四,实类学生占百分之二五,相差百分之四十九",其中"学法政的占百分之三七",比重最大,"文实两类的发展,实在是不均衡,换句话说,就是畸形发展,结果成为文法科人才过剩,而实科人才缺乏"。整个实类的学生数比重的确很少:工程占9％,理科占8％,商业占4.9％,医药占4％,农林占3％。鉴于此,实类学科几乎没有变动。教育部仍旧鼓励河南大学的农学院、医学院扩大实验设备。

从1932年开始,教育部就制定办法逐渐限制文法科招生规模,要求"各大学文、法、商、教育等学院各系所招新生及转学的平均数,不得超过理、农、工、医等学院各系所招新生及转学的平均数","一方面限制文法科,一方面却极力提倡实科",这是学科调整的大方针③。这种限制在1932年当年已

---

① 《教育部最近改进专科以上学校要点(四)》,《申报》1934年11月4日第15版。
② 《教育部最近改进专科以上学校要点(二)》,《申报》1934年10月30日第14版。
③ 《教育部最近改进专科以上学校要点(四)》,《申报》1934年11月4日第15版。

经显示出作用:文类学生较1931年减少3%,实类学生则增加3%。减少最多的是法科,教育科次之,文科再次之;实科则较1931年有所增加,工科最多,理科次之,农科医科再次之。1933年度的招生也按此方针调整,"这就是注重实科和限制文法各科所收到的一种效果"①,1934年已经显示出此调整方针的效用。1932年,"中央确定大学教育方针趋重实用科学,期于有裨于物质建设以利民生而固国本",并谕令各大学"一本此旨施行"②。

而此方针对河南大学的影响主要是在院系调整中。河南大学文学院的社会学系,由于经费不敷,于1931年就停止招生。1932年7月,河南大学奉教育部第五四七九号训令,将法学院法律、政治、经济三系一律停招新生,腾出的费用充实其他各系,1933年开始停招。但是河南大学仍旧不断呈请教育部要求法学院暂准继续招生,并称"法学院法律、政治、经济各系本年既已招生势难中止"③。所述继续招生的理由有四,其中:华北各省市除平津外,鲁晋陕甘等各省均无法学院,河南大学所培养的法学人才不仅供应河南一省之用,其他各省所需法政人才亦多仰赖本省,又值政府开发西北之际,新兴事业需才更迫切。教育部训令的以法学院经费拨付其他学院建设,并不足敷用。希望教育部也能如同其他大学一样"部准通融"④。校长许心武多次寻找机会向教育部陈述法学院不能停招的理由,最终"教育部允许我们的请求,下年度(1934年)仍可继续招生"⑤。但结果似乎未继续招生。1934年教育部的八〇四四号训令要求法学院除经济系外不再招生,等在校学生

---

① 《教育部最近改进专科以上学校要点(五)》,《申报》1934年11月5日第14版。
② 《请教育部拨助协款每年二十万元扩充文理农医各院设备(1932年8月5日)》。见:河南大学校史编纂研究室、河南大学档案馆《河南大学史料长编》(第二卷)。河南大学出版社,2014年,第8页。
③ 《请教育部拨助协款每年二十万元扩充文理农医各院设备(1932年8月5日)》。见:河南大学校史编纂研究室、河南大学档案馆《河南大学史料长编》(第二卷)。河南大学出版社,2014年,第8页。
④ 河南大学校史编纂研究室、河南大学档案馆:《河南大学史料长编》(第三卷)。河南大学出版社,2014年,第171-172页。
⑤ 河南大学校史编纂研究室、河南大学档案馆:《河南大学史料长编》(第三卷)。河南大学出版社,2014年,第179页。许心武在公开讲话中如此称,事实上,1933年度的新生招生中,法学院仍旧录取有一年级新生30名、二年级转学生7名、三年级转学生3名。见:河南大学校史编纂研究室、河南大学档案馆《河南大学史料长编》(第三卷)。河南大学出版社,2014年,第197-198页。

毕业后,1935年法学院事实上已不再招生①。在教育部的注重实科的方针下,1933年河南大学暂时停招了英文学系、社会学系、生物学系、政治学系等②,这其中有师资、经费问题,最大的因素就是教育部的方针影响。

此次高校改进是七七事变前教育部的一次大规模的调整,对此,教育部每年例行派员分科视察,甚至加大对各种专门学校的补助,以注重实科。1935年5月,教育部派员视察华北、华中9省市44所学校,河南3校(焦作工学院、河南大学、河南水利工程专科学校)全部在视察范围。此次视察除普通视察外,对于其他一切特殊问题均一并视导③。在教育部注重实科的方针下,一些高校进行学科调整,一些高校原拟增设文法科的计划也被搁置。广西大学,原有理、农、工3个学院,无文学院、法学院,"此点与国内各大学校异,主要之原因,系因广西青年在外省就读,专攻文法科者甚多,理农工各项人才缺乏故也",校长马君武也感叹"将来是否增设文、法、医各学院,现尚难谈到"④。

在教育部抑制文科、发扬实科方针的推动下,1936年各校院系设科情况也有些许变化,"全国大学,因鉴于现代实际需要,设科方面,亦多趋重实类各科,与数年前之设科情形不同",许多高校渐减文科院系数量。但是河南大学仍旧设理、农、医、文、法5个学院,河南大学的"法学院法律、政治两系结束后停办"。而各高校中所附设研究机构,集中于经济、农科、化学生物,甚至一些高校增设农学院和医科,如山东大学、重庆大学筹设医科,很多高校也多以附设的方式设置医学专修⑤。

河南大学所设的文法等科的确属于当时高校比较普遍所设学科。比如法学科,1936年的调查显示,当时全国的法校调查中,大学设法学院的有中央大学等7个国立大学、河南大学等5个省立大学,另外还有复旦大学、东吴大学、燕京大学等9所私立院校,还有独立学院如广东法科学院等11所学校,共计32所学校设有法律系,颇为臃肿⑥。应教育部的裁并要求,河南

---

① 河南大学校史编纂研究室、河南大学档案馆:《河南大学史料长编》(第三卷)。河南大学出版社,2014年,第391页。
② 河南大学校史编纂研究室、河南大学档案馆:《河南大学史料长编》(第三卷)。河南大学出版社,2014年,第189页。
③ 《教部视察专员返京复命》,《申报》1935年6月4日第12版。
④ 《马君武谈广西大学新设施》,《申报》1935年11月21日第13版。
⑤ 《全国大学最近设科之状况》,《申报》1936年10月17日第17版。
⑥ 《中华法律教育会首届年会闭幕》,《申报》1936年2月7日第13版。

大学 1935 年起招生中,法学院仅招收高年级的转学生,不再招收一年级新生。《修正河南大学组织大纲》(1935 年)显示,河南大学法学院是五院之一,下设法律学系、政治学系、经济学系 3 个系①。但是在 1936 年,1932 级、1933 级法律系、政治系两专业学生毕业后,法学院即结束,经济系则并入文学院。于是河南大学向教育部呈七大理由,全体师生签名,省政府以及河南大学分别请求教育部准予法学院继续办理,收回结束成命②。校长刘季洪也借回籍之便,向教育部等请示法学院的存废问题,并陈述地方人士希望法学院继续存在甚殷。但是教育部接到此项公文数件,皆未准所请③。后来,法学院历届毕业生、在校肄业生 130 余人呈请省府咨请教育部准予保留法学院,都未奏效。

除了办学及学科框架过大之外,附带出现的问题是经费问题。学校用于校务行政等"事务经费"太多,而用于设备费过少,致使经费在办学和行政上出现偏倚,因此应该节俭,以求两者相符合,"事务费自应切实裁减,增加设备费,以利教学"。在教职员问题上,由于院系所设过多,以致职员人数太多,上述的师生比在同类高校中较高,也说明本次视察还是能够指出其中一些突出问题的。在倡导实科的大方针下,教育部的一些经费补助,也倾向于资助河南大学的农学院、医学院等。1936 年中英庚款的支配中,河南大学共获得建筑设备费 15 万元,其中 6 万元补助农学院,9 万元补助医学院,从 1936 年开始分 3 年平均拨给④。1937 年获得"农医两院建筑设备费 5 万元",仍旧是该款中最大的一笔高校资助费用⑤。在庚款的资助下,河南大学医学院有所发展,已经设立 7 年的附设的"产院及门诊部光线及建筑尚佳","课程及一切设备,尚属完善"⑥。医学院所聘请教授也多有专长和影响。医学院教授俞永康为医学博士,"研究淋病用力最勤,曾将研究所得先后发表于我国及德国之医学杂志上",曾出版根治淋病的最新研究著作《淋

---

① 河南大学校史编纂研究室、河南大学档案馆:《河南大学史料长编》(第三卷)。河南大学出版社,2014 年,第 350 页。
② 河南大学校史编纂研究室、河南大学档案馆:《河南大学史料长编》(第三卷)。河南大学出版社,2014 年,第 388 页。
③ 河南大学校史编纂研究室、河南大学档案馆:《河南大学史料长编》(第三卷)。河南大学出版社,2014 年,第 390 页。
④ 《二十五年度中英庚款教育文化费支配详情》,《申报》1936 年 6 月 29 日第 14 版。
⑤ 《中英庚款二十六年度教育文化事业补助费》,《申报》1937 年 6 月 18 日第 13 版。
⑥ 《豫湘鄂三省助产教育改进》,《申报》1936 年 7 月 9 日第 16 版。

病指南》《淋病根治常识》,是当时著名的"善治淋病"的名医①。

从学生培养的质量上言,很难找到合适的衡量标准。但是从一些其他的情况来看,河南大学的学生培养具有一定的区域影响。赴东西洋留学的毕业生是考核培养质量的一个观察点。1934年寰球中国学生会调查统计的一年里"留日学生之省别统计"显示,留学学生的出身学校中,来自河南大学的只有1人,属于较少的高校,而整个豫籍学生有4人(多是毕业于省外其他高校)②。而1935年7月,留日学生监督向教育部的报告中显示,自费留日学生出身的学校中,河南大学有4人,大大少于北平大学的25人(最多),而全国共有334名留学生③。河南大学医学院毕业生郑铄,被河南大学附属医院聘为内科主任医师,"年少英俊,学识超群,素为该院师生所器重、豫地人士所爱戴";并且郑铄有志于深造,1935年入德国柏林大学专攻医学④。河南大学毕业学生马金审被暨南大学聘请为真茹乡教实验区的干事⑤。1935年9月,第二批赴欧学生等208人中,有河南大学毕业生罗宝珊、于赓处2人⑥。1935年南京中山文化教育馆第二届中山奖学金设立,是专门奖励自然科学(以物理学为主)的奖学金,在该年度的奖学金物理学考试竞赛中,共有17所学校的42名学生参加,河南大学3名学生入选丙等(共12名)⑦。1935年时的训育课长张金鉴观察到,河南大学的学生大多数为河南省籍,但亦有少数外省学生⑧。1936年5月,河南大学的招生广告分别刊登于《河南民国日报》《河南民报》《中央日报》、天津《大公报》《北平晨报》《西京日报》、上海《申报》等报刊,面向全国招徕考生⑨。河南大学学术氛围对于学生的影响也较大,甚至屡屡出现在校学生出版学术著述者。例如,1935年经济系学生周学谦出版《国际汇兑》,20余万字,校长刘季洪为

---

① 《医药界》,《申报》1936年8月7日第13版,《申报》1934年4月12日第13版;《俞永康荣获医学博士学位》,《申报》1935年4月29日第11版。
② 《最近一年之留日学生统计》,《申报》1934年7月27日第14版。
③ 《留日学生监督周宪文返国报告》,《申报》1935年7月18日第14版。
④ 《郑铄医师赴德留学》,《申报》1935年8月24日第16版。
⑤ 《暨大教育系筹设真茹乡教育实验区》,《申报》1934年11月15日第14版。
⑥ 《二批赴欧生昨乘阿岛司轮放洋》,《申报》1935年9月22日第15版。
⑦ 《中山文化教育馆中山奖学金获选人名》,《申报》1935年6月24日第12版。
⑧ 张金鉴:《我在河南大学》。见:陈明章《学府纪闻:国立河南大学》。南京出版社,1981年,第67页。
⑨ 河南大学校史编纂研究室、河南大学档案馆:《河南大学史料长编》(第三卷)。河南大学出版社,2014年,第414页。

序,马君武题写封面。刘季洪称其治经济学有年,"出其平日研讨之所得,汇为是编","目张条举,精详周至,洵可为改革货币声中,研究外汇者之一助"。该书上编实则是翻译其师邹次硕的英文著作《国际汇兑大纲》而成,下编则取材报章杂志,"执笔于课余之暇",历时 15 个月而成①。

在一些科目的教学中,教育部的视察也显示出河南大学办学中的问题。1934 年教育部对各高校的学校体育状况的视察报告显示,河南大学所设的体育一科,应速列为必修课目,并注意全体学生普遍参加课外活动,女生体育则应聘请专门的指导员,以利教学。在体育教学中,"农学院体育教员不常到院,工作效率甚低,应由该校体育主任,负责切实改善"②。1936 年教育部视察华北高校,共视察 58 所学校,占全国高等学校的半数。5 月 25 日起 27 日结束,视察河南大学及水利专科学校,焦作工学院暂缓视察。此次视察为综合性视察③,但惜未见视察报告。

1935—1937 年,是学校最安定的时期,一切都在顺利中进行。在教学研究方面,教授认真教导,学生勤勉治学。又经洽请教育部补助设备费 6 万元,中英庚款管理会资助研究建筑设备费 15 万元。当时物价低廉,河大全年经费仅 40 余万元,有此 20 余万元额外经费,对于研究工作大有裨益。此时各学院进行的学术研究项目很多,其中与河南地方有关的就有河南通志馆设于校内;河南省立博物馆收藏的古物多由河南大学文学院师生协助整理研究;医学院李赋京教授研究河南各地儿童体内寄生虫病及西南山区居民缺碘甲状腺肿大病等,推广治疗方法;农学院彭谦教授对河南省各县土壤进行分析,指导种植改良,完成 20 多县,农学院在本校农场进行各种作物试验,还在灵宝设有棉作试验场。另外还有一些教授的科研成效占据全国前列,如心理学教授蔡乐生所做的动物行为研究,实开我国实验心理学的先河。在设备方面,河南大学极力增置。七七事变前的两年时间,是河南大学发展最为迅速的两年。人称"河大中期是国立河南大学的极峰时期,也是河南大学的黄金时代——就是现任考试院院长的刘季洪校长时代",制度化、图书仪器等设备、校园建设、师资、"燃起学术新风气"等等④。特别是师资

---

① 河南大学校史编纂研究室、河南大学档案馆:《河南大学史料长编》(第三卷)。河南大学出版社,2014 年,第 373—374 页。
② 《教部训令改进专科以上校体育要点(二)》,《申报》1934 年 8 月 22 日第 16 版。
③ 《教部专员视察华北高教已毕》,《申报》1936 年 5 月 29 日第 14 版。
④ 狄震:《从铁塔牌说起》。见:陈明章《学府纪闻:国立河南大学》。南京出版社,1981 年,第 358 页。

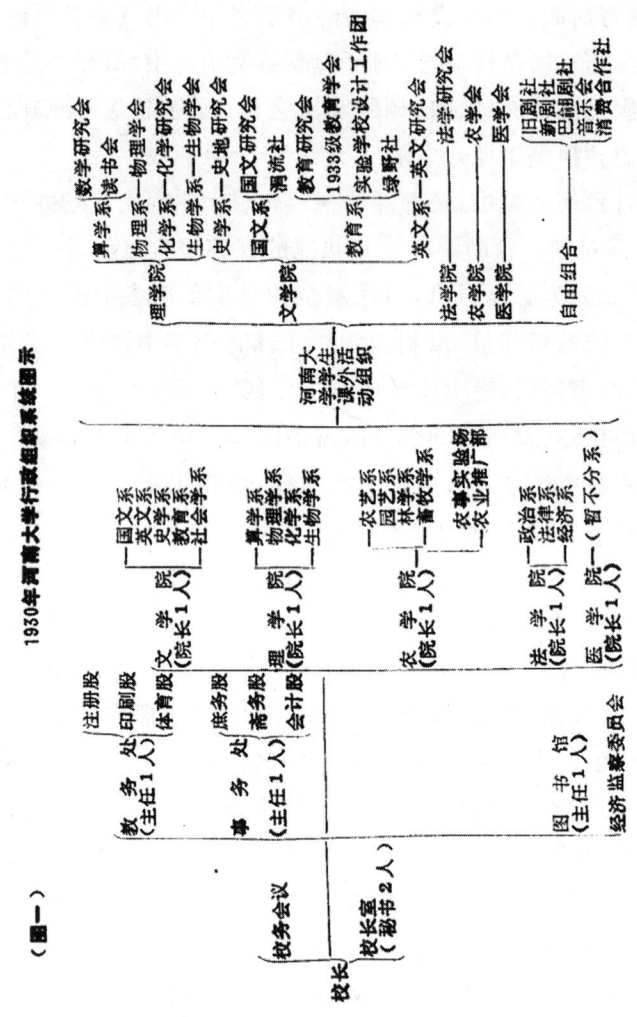

1930年河南大学行政组织系统图示

（见：《开封市教育志》编委会《开封市教育志：1840—1985》。中州古籍出版社，1991年，第129页。）

方面，刘季洪聘请的名士有文学院萧一山、邵次公、郭绍虞、卢冀野，法学院王希和，医学院张静吾（当时中国西医内科权威有南戚北张之誉，南戚即中央大学医学院院长戚寿南）等。

整个30年代是河南大学民国时期发展的一个黄金时期。就省域教育环境而言，30年代初，河南的教育得到长足的进步，在连续的两三年的教育部考核中,各省教育厅的成绩河南省为第一①,教育经费独立保障了良性的教育秩序。河南大学也得到较快的发展,由中州大学的草创,逐渐成为北方有区域影响的高校。中州大学时期"虽云大学,而规模尚小。后改为中山大学,逐渐扩充,始较有发展"。1930年改为河南大学,"增加经费,扩充建设,缔造经营",规模较前宏展②。1924年才开始有本科,1928年才开始有毕业生。经费而言,1927年经费为24万元,尚不能完全照顾,"以后逐年增加,为二十八万余元,为三十三万余元,为三十五万余元,为三十九万余元,迄今(1932年)已达四十二万余元"。同时院系增添,学生加多,一切设备建筑日渐扩大。特别是师资,1932年时有专任教授60余人,"多系国内外知名之士,对于研究教学,均能提起极浓厚之兴趣",施教方面,注重精神建设,期于造成良好学风③。为造成科学界的影响,河南大学校长许心武1933年甚至主动致函中国科学社,邀请该社年会在汴举行。希伯和来中国,河南大学以及河南省内各文化单位纷纷发电致邀。

抗日战争前的河南大学在校长刘季洪看来,存在不足之处,主要是在学术研究的影响上,"本校过去经刘主席诸长官之尽力扶植,规模已具,惟内容研究设备尚差,仍须加以充实,方能名实相符,完成大学使命"④。又称"季洪忝长校务,忽焉一载,日夜所萦回于念虑间者,厥有两事:一为使河大学术化,期养研究学问的朴实风气,俾此中原学府积渐增进其位望;一为使河大社会化,期此学术机关不至与现实社会隔离,俾能成为社会事业之导师。此二者,交为因果,其责甚重,其道甚远,季洪所期望于本校同人者,即共同肩负此艰难之重任;而于学术之研讨,属望尤殷"。他所希望的河南大学能够以从事的专门研究贡献于社会国家,使学术研究与社会实际生活能打成一片。但是学术必须成为前提⑤。

在实际上,作为管理者刘季洪看到的河南大学的实际情况也不容乐观:

---

① 河南大学校史编纂研究室、河南大学档案馆:《河南大学史料长编》(第三卷)。河南大学出版社,2014年,第126页。

② 河南大学校史编纂研究室、河南大学档案馆:《河南大学史料长编》(第三卷)。河南大学出版社,2014年,第132页。

③ 河南大学校史编纂研究室、河南大学档案馆:《河南大学史料长编》(第三卷)。河南大学出版社,2014年,第136页。

④ 河南大学校史编纂研究室、河南大学档案馆:《河南大学史料长编》(第三卷)。河南大学出版社,2014年,第390页。

⑤ 刘季洪:《河南大学农学院院刊发刊辞》。见:河南大学校史编纂研究室、河南大学档案馆《河南大学史料长编》(第三卷)。河南大学出版社,2014年,第421—422页。

经费 1936 年度还是 44 万元,但是 1937 年减至 39 万元。相比较而言,浙江大学仅 3 院年经费已达 80 余万,武汉大学 4 院 130 余万,广西大学仅 1 院 40 余万,河南大学 5 院年经费 39 万元,差距很大。关于组织方面,河南大学"躯壳太大而内容未能完备",组织形式需要改进的地方也较多。课程编订方面,教学和科研不能兼顾。人员方面,专任和兼职比、教员和职员比、教职员全体数量和学生比都不够合乎理想标准。事务方面,虽则河南大学也一如河南省经费独立一样,实行了会计独立,但是时间较短,未出现良好结果①。后人在评价刘季洪对河南大学的贡献时,多指其整顿学风事:"在河大调整人事,整顿学风,倡导恢复敬师传统,从安定中求发展,深著绩效。"②

全面抗战前及抗战的潭头时期,河南大学已经发展为"图书仪器之丰富,列全国大学第三位"的实力大学③,实在是奠基于 30 年代的学校自我发展壮大。

四、国立:抗日战争期间河南大学在流亡办学中升格

全面抗战时期,因为战事国内高等院校进行了近代史上最大规模的高等教育大迁移,使高等教育原本落后的西南、西北大后方教育机构密集,成为当时高等教育的中心地带,而高等教育的全国格局也进行了重新的布局。河南的高等教育格局由于河南大学、河南水利工程专科学校所坚持的豫境办学,始终成为维系发展并成长壮大的高等教育"豫字号"。抗战前,河南大学"规模设备,堪称完美,抗战后,因屡次搬迁,校务稍受影响"。但是"河南大学,为前线唯一最高学府"④,抗日战争最终磨砺出光芒四射的"国立招牌"。这一时期也是最能彰显河南大学精神、中国高等教育精神的一个时期。

1937 年 7 月 7 日,抗日战争全面爆发,河南大学作为尚未受到战事威胁的高校,仍旧在《申报》等报刊上公开刊登招生广告。因为各高校的招生广告多集中在 6 月、7 月、8 月,此时的河南大学尚能够正常招生。此时的招

---

① 刘季洪:《学校一年中行政工作的准备》。见:河南大学校史编纂研究室、河南大学档案馆《河南大学史料长编》(第三卷)。河南大学出版社,2014 年,第 450—454 页。
② 河南大学校史编纂研究室、河南大学档案馆:《河南大学史料长编》(第三卷)。河南大学出版社,2014 年,第 502 页。
③ 《河南大学学生给教育部长的信》。见:河南大学校史编纂研究室、河南大学档案馆《河南大学史料长编》(第四卷)。河南大学出版社,2015 年,第 91 页。
④ 王广庆:《抗战以来之河南大学》。见:河南大学校史编纂研究室、河南大学档案馆《河南大学史料长编》(第四卷)。河南大学出版社,2015 年,第 319 页。

生既有文、理、农、医各专业的一年级新生,也招收文、理、农3学院各专业的二、三年级及医学院的二、三、四年级转学生。但是由于北平局势的恶化,设在北平师范大学内的招生报名点已经不收考转学生①。1937年9月,教育部已考量北平等战区高校学生的救济问题,在长沙、西安分别筹设临时大学,"并责令比较安全地域之专科以上学校尽最大容量设法收容战区学生借读",同时公布临时借读办法,甚至公布可以容纳借读生的学校一览情况。凡是战区专科以上学校均可按照科系支援各校借读,或者学生就地自行请求借读。可以提供借读容量的高校多是国立、省立的公立高校,多在后方,如四川大学、武汉大学、中山大学、湖南大学、云南大学、重庆大学、河南大学等;也有私立院校,如焦作工学院等。教育部公布的各校借读容纳额中显示,位于河南的3所高校河南大学、焦作工学院、河南水利工程专科学校均有一定的容纳额度。

此时国内远离战场的各高校的容量中,最多的是中山大学,可容2000学生借读,勷勤大学975人,四川大学600人,云南大学500人,重庆大学815人,广西大学400人,河南大学400人,后方高校共可以容纳9100多名学生借读②。由于战争造成高校学生的流亡,教育部的战时高校借读调剂有力地保障和调配了流亡学生的就学。1937年9月1日,河南大学开学时,全校学生均到齐,教职员亦皆到校服务授课,"各战区学生之纷纷来借读者亦达三百余人"③。但随战事发展,河南高校也开始流亡。

撤离开封后的河南大学校址,屡受日寇侵扰。1938年7月,土肥原师团的2000多人,由开封东门、北门分别侵入城门,盘踞各城门,大肆骚扰,任意洗劫,商店住户均无幸免,甚至于把抢劫余物运至空旷的河南大学操场焚烧:"各商店绸缎布匹、鞋袜帽子,悉搬运至河大操场付之一炬。各住户之门窗桌箱柜什物,以及各书店之书籍文具,亦被×焚烧殆尽。各住户因门窗全无,×人任意出入检查。"④而此前,河南大学按照教育部的总体要求和部署,已迁校办学,开始了长达8年的流亡办学之途。其间,大礼堂内的2880

---

① 《河南大学招生》,《申报》1937年7月21日第7版。
② 《教育部布告》,《申报》1937年9月9日第4版。
③ 《刘季洪致王世杰电(1937年9月21日)》。见:河南大学校史编纂研究室、河南大学档案馆《河南大学史料长编》(第二卷)。河南大学出版社,2014年,第23页。
④ 《豫北×犯晋城,我军克复辉县,豫东战局无变化》,《申报》1938年7月3日第2版。文中×是发行于日军占领的上海《申报》为避抗日嫌疑而使用的符号,实指日人、日军。

个钢架座椅①也被日军拆去用于生产军火,大礼堂成为日军马厩,甚至校园内设有放马场、火化场。河南大学南迁时留有张礼堂、彭方洲负责照看校址。但是台儿庄战役后,豫东不守,两人离校南迁,仅留校工看守,日军持枪到校搜查。校工朱兴文也潜赴乡间,偶有进城来看视校址。校园全部为日军侵占,留护已无可能②。

日军在开封的街道上

　　流亡开始之际,河南大学的教师中已经多有离散,从事于战时政府、中共的抗日活动。由于花园口决口,造成黄河水灾,当时又处盛暑,疫情丛生。1938年7月16日,河南大学理学院院长刘润晨(卫生署前技正)受赈济委员会特派,携带大批药品前往郑州、洛阳办理难民卫生防疫事宜③。河南大学教授刘星辰甚至出任南京伪财政部经济研究所研究员、伪财政部参事、钱币司司长、浙江伪财政厅厅长、上海市伪政府物品配给处处长、上海市伪经济局局长等④。战前,河南大学组织有一个临时伤兵医院,收容重伤员500

---

①　大礼堂由留美预校校长李敬斋精心设计,"里面的铁椅子不知道是谁设计的。铁椅子用水泥钢筋固定在地上,搬也搬不动,推也推不开,举也举不起",坐上去夏凉、冬也凉。见:孟志昊《河南大学旧事漫录》,《河南文史资料》1992年第43辑。

②　《为留汴看护校舍老工役朱兴文申请特种奖金(1946年6月7日)》。见:河南大学校史编纂研究室、河南大学档案馆《河南大学史料长编》(第四卷)。河南大学出版社,2015年,第112页。

③　《赈济委员会拨款充实防护设备》,《申报》1938年7月17日第2版。

④　《收买纱布,于吾有利?》,《申报》1946年5月17日第4版。

多人。后经军方商请学校,将该医院改为军政部所属正式军医院,附属医院院长郭鑫斋教授担任院长,偕同河南大学医师护士七八人共同工作。战争期间,师生参与抗战也是一个散逸的原因①。卢沟桥事变后,河南大学教授范文澜开办河南大学抗敌工作训练班。河南大学迁移到鸡公山后,由于训练班在舞阳受阻,范文澜"只好上山重当'教书匠'——河南大学新迁的校址所在",继续从教②。

学生的流亡则更多。王锡璋在读二年级时赴豫南从事中国共产党的抗日运动,脱离学校。1938年河南大学迁至镇平时,暑假后王锡璋回河南大学经济系复学,以河南大学学生的公开身份继续从事学生工作③。文史系一年级学生李蕤经徐州突围和汉口2个月的流浪,回到河南大学复读。在河南大学迁往潭头后,李蕤则由于生计无力随迁④。

从1933年河南大学就开始收容流亡的东北大学学生借读于校。东北大学的流亡办学,各个高校都伸出援手,"全国无论国立、省立、私立各大学,都有互助的义务"⑤。但是很快,河南大学也开始了流亡办学之途。在河南大学撤离开封之前,感到开封相当不安的情况下,校内就有学生就学校迁移办学有所议论。呼吁知识分子唤醒民众,激发民众的爱国情绪,组织民众参加全民抗战是"当前知识分子最迫切的、不可旁贷的责任",因此"现在不但应该把危险地带的学校迁移到较为平安的区域,继续去从事教育事业,而且还应该尽可能地开办新的学校,去培植一些战时急需的人才"。前提是教育内容必需和抗战密切联系起来,如此才能培养战时需要的人才,负担起知识分子的责任。"只有在这一前提下的迁移才是有真正意义的",甚或也表达

---

① 刘季洪:《河南大学回忆记略》。见:陈明章《学府纪闻:国立河南大学》。南京出版社,1981年,第78页。

② 范文澜:《被误认为游击专家》。见:河南大学校史编纂研究室、河南大学档案馆《河南大学史料长编》(第二卷)。河南大学出版社,2014年,第24页。范文澜回忆授课,刘季洪还专门致电教育部报告,称是奉教育部1938年2月14日汉教字第四五五号密令而作的报告,并称前在河南许昌、舞阳两地所组织的服务团已负责解散,范文澜也在《河南民国日报》刊登启事,声言此后不再预闻服务团事宜,范文澜并向校方报告办理服务团经过情形。可见受国民政府的制约,师生从事有组织的抗日活动是受到校方制约的,特别是又回校任教的教师。《教授范文澜业已到校授课(1938年2月26日)》。见:河南大学校史编纂研究室、河南大学档案馆《河南大学史料长编》(第二卷)。河南大学出版社,2014年,第31页。

③ 王锡璋:《在河南大学求学时期的回忆》。《河南文史资料》1992年第41辑。

④ 李蕤:《回忆往事,愿母校永葆革命青春:我在河南大学的一段不平常的生活》。《河南大学学报》1982年第6期。

⑤ 《许心武校长报告东北大学借读生经费问题》,《河南大学周刊》1933年第25期。

出对此前河南大学教育"不切实际"内容的不满,因此建议各迁移学校,"促使教育的内容和抗战密切地联系起来"①。校内师生对于迁移办学政策还是相对支持的,激进者则主张利用此机会进行教育内容的改革,承担起抗战的责任。

1. 流亡的方针:豫境办学

河南大学是抗日战争时期为数不多的坚持本省境内迁徙办学的一个例子。河南大学 1938 年开始流亡办学,直到 1945 年 3 月离开豫境的荆紫关,最终撤离了豫境,流亡陕西办学。豫境办学的方针,也是早期校方、豫绅、官方等几个方面平衡之后的一个举措。如何评价这个流亡方针?可以从两个阶段来考量分析之:第一阶段,1944 年 5 月离开潭头前,豫境办学是比较贴合实际的,也是根据河南大学省立的考量,主要是王广庆长校时得益于豫籍大员张钫等人的支持,办学相对平稳,也体现出此方针决策的得宜性。第二阶段,1944 年 5 月离开潭头,迁往荆紫关时,面临的前途问题,豫西已不能再回,但是校方王广庆等仍旧考虑留境办学,已经没有实际选择的基础和条件,因此致使河南大学滞留荆紫关长达 10 个多月。在未能选择时,办学几乎停滞,师生请愿离开豫境办学,办学陷入困境。1945 年 3 月,豫西鄂北会战爆发,荆紫关也遭遇日机空袭,而 1944 年 10 月出任校长的张广舆则不再坚持豫境办学的方针,先允许医学院迁汉中办学复课。在当时条件下,离境办学是时局所使,也是河南大学在豫境办学无望的情况下的一次抉择。

刘季洪出任河南大学校长时年仅 32 岁,"风度雍容,不苟言笑,做事稳重,有条不紊,廉介自持,一尘不染,为一卓越的行政领导人才"②。1935 年 6 月 24 日,刘季洪出任河南大学校长;1938 年 9 月,辞去河南大学校长职。在刘季洪所任的前两年中,正当抗战前夕,全国各项建设突飞猛进,"也正是我国大学教育积极发展的时期"③。刘季洪接任河南大学校长时,河大有文、理、法、农、医 5 个学院,学生 1000 余人,"当时也是国内规模较大的一所大学"。1936 年 4 月下旬,刘季洪向河南省政府呈请辞职,辞呈中有"抑经费无多,将如何以衷

---

① 王山石:《论学校的迁移》。《风雨》1937 年第 7 期。
② 张金鉴:《我在河南大学》。见:陈明章《学府纪闻:国立河南大学》。南京出版社,1981 年,第 68 页。
③ 刘季洪:《河南大学回忆记略》。见:陈明章《学府纪闻:国立河南大学》。南京出版社,1981 年,第 71 页。

多益寡",经济困难是其难为的因素之一①。但是经省政府慰留,刘季洪又第二次提出辞呈,续请辞职。之后5个学院院长联电挽留,省府也第二次进行慰留。最后省府给假5日,校务暂由萧一山代行,假满回校任职。后刘季洪打消辞职念头。对于此次辞职,刘季洪当时称是因为校内很多根本问题如教育计划、研究设备、人事制度、社会关系等等,均不易解决②。

1937年9月,刘季洪致电教育部长王世杰,表达了开封地处中部,交通四达,将来难免敌机会空袭的忧虑,"欲使学校工作长期继续进展,似应预为之计另筹安全地区,如嵩山等处,以备万一之需"。但是鉴于开封中学众多,全数迁移甚属不易,河南大学不便于单独向省府提出迁移请求,因此请教育部从中主持,协助推动省府安排迁校事宜③。此时的河南大学不仅没有得到省府迁移的指令,也没有明确的迁移目的地,仅提出如嵩山等处,说明直到9月下旬,迁移仍无筹划。1937年12月6日,河南省政府教育厅第一二零一号密令指示:开封和郑州省立、私立中等以上学校的学生,集中开封实行特种训练,提前放假,作必要的迁移上课准备,各校在假期内斟酌情形迁往指定地点。对此,刘季洪为迁校致电教育部,报告了迁移准备:"先将本部及文、理两学院图书、仪器及重要文件等按照运输教育用品特价章程,由路局备车九十五吨运往鸡公山,医、农两学院图书、仪器等按照本省长途汽车营业部车价五成包汽车三辆,并另雇手车五十余辆,运往镇平。"④鸡公山和镇平是省府所制定迁移地点。

正是在迁往鸡公山、镇平的问题上,刘季洪及校内一些教职员与省府及豫绅发出不同意见。鸡公山、镇平办学期间,河南省政府将河南大学年经费减半拨付,一时间,不用说办学经费,即便是迁移经费都出现困难。在鸡公山,蒋介石手令教育部,限河南大学全部迁移,于是先迁至汉口,"候奉河南省政府令知决定迁移地址,再行转迁"⑤。在1937年底谋求迁移办学之处

---

① 河南大学校史编纂研究室、河南大学档案馆《河南大学史料长编》(第三卷)。河南大学出版社,2014年,第404页。
② 河南大学校史编纂研究室、河南大学档案馆:《河南大学史料长编》(第三卷)。河南大学出版社,2014年,第409-410页。
③ 《刘季洪致王世杰电(1937年9月21日)》。见:河南大学校史编纂研究室、河南大学档案馆:《河南大学史料长编》(第二卷)。河南大学出版社,2014年,第23页。
④ 《刘季洪为迁校致教育部电(1937年12月15日)》。见:河南大学校史编纂研究室、河南大学档案馆《河南大学史料长编》(第二卷)。河南大学出版社,2014年,第26页。
⑤ 《刘季洪校长致教育部电》。见:河南大学校史编纂研究室、河南大学档案馆《河南大学史料长编》(第二卷)。河南大学出版社,2014年,第39页。

时,河南大学校长刘季洪就与河南省政府产生分歧,省政府打算将河南大学迁入豫西南,暂时将其留在河南,刘季洪坚持将河南大学迁入"大后方"的四川。因为此时的河南大学为省立,办学经费由省府出,因此"分歧之下,河大农学院、医学院随省政府迁往豫西南的镇平县,河大文学院、理学院及校本部在刘季洪校长的主持下迁往豫南的鸡公山"①。有当时的在校生回忆:"由开封迁至鸡公山和镇平,当时的校长是刘季洪先生,他洞察当时形势,高瞻远瞩地拟将学校一劳永逸地迁至四川万县,并曾派人筹划校址,又将暂迁鸡公山的图书仪器运至武汉。河南省对河大前途亦无善策,对于迁校万县,并不反对,教育部陈立夫部长又愿意支持。眼看迁校万县已是水到渠成的事,孰料好事多磨,新到省长程潜及地方绅士极力反对,不愿让河大离开豫境,致使痛失良机,遗患无穷。刘校长亦感失望,不愿担重责,请辞后,到教育部担任新职。以后事实证明,一步走错,步步被动。从今天的观点看,就叫地方保护主义害死人。"而在潭头的巨大损失就是此事的后果②。但是也有豫籍校友在回忆迁校决策时称:"二十七年春,抗日战事南移,河南大学在刘季洪校长领导下,及时疏散,有条不紊。迁文、理两院于豫鄂接界之鸡公山,农、医两院于宛西镇平镇,图书仪器则暂留汉口。对河大未来校址,刘校长为一劳永逸计,主张西迁四川,便于安定和发展。河南绅耆以伯英(张钫)先生为首,认为河大既是省立,仍应留在河南境内,可以就近培植本省青年。见仁见智,各不相让。刘校长因之辞职,奉调至教育部服务,由伯英先生推荐王宏先(广庆)先生继任。"事实上这个校友对潭头办学是认同的,又称"不过此一迁校决定,毕竟使河大在潭头有五年安定岁月,使数千豫籍青年有一就读大学机会"③。《河南大学忆往》称没有迁四川万县,是"遗患无穷",即造成了嵩县潭头大劫难并再迁校址于荆紫关、宝鸡。李丙寅也回忆称:当时的万县是能够容纳河南大学这样一所大学的,"其交通、生活条件及子弟上学均远比嵩县好,且可免去多次迁移之苦,尤其是潭头之劫难"④。如何评价河南大学留豫办学,仁智有别,无法假设性评说。但是就迁移的本身来看,其中确实存着迁省和留省的两种分歧。

---

① 于茂世:《"花园口决堤"而留守中原》,《大河报》2012年6月11日。
② 梁祖翼:《回忆解放前的八次迁校》。见:河南大学校史编纂研究室、河南大学档案馆《河南大学史料长编》(第三卷)。河南大学出版社,2014年,第524—525页。
③ 李守孔:《张伯英先生与河南大学》,《中原文献》1932年第1期。
④ 李丙寅:《回忆河南大学往事》。见:河南大学校史编纂研究室、河南大学档案馆《河南大学史料长编》(第四卷)。河南大学出版社,2015年,第564页。

这种一校分地办学的方式本身就是迁省和留省两种意见的折中处理，鸡公山地处平汉线，南下可以迅速到达武汉，再迁四川后方，刘季洪的校本部在此，他也有此意。在镇平、鸡公山两地办学之初，"对河大未来校址，刘校长为一劳永逸计，主张西迁四川，便于安定和发展。河南绅耆以伯英(即张钫)先生为首，认为河大既是省立，仍应留在河南境内，可以就近培植本省青年。见仁见智，各不相让。刘校长因之辞职，奉调至教育部服务，由伯英先生推荐王宏先(广庆)先生继任"。王广庆遵张钫意见，仍留豫境办学①。人们在反思、评述河南大学迁省还是留省办学时，也称"不过此一迁校决定，毕竟使河大在潭头有五年安定岁月，使数千豫籍青年有一就读大学机会"②。"当时刘校长之所以将暂迁鸡公山图书仪器运至武汉者，实以中央已决定迁都重庆，长期抗战，大学创设不易，搬迁更难，武汉不保，豫南可危，不如一劳永逸，迁至四川万县，曾先派人筹划校址。惟以河大系属省立，河南省府对河大前途亦无善策，且抗战紧急，军糈民食均待解决，无暇顾及河大安危，对于迁校万县，并不反对，曾一度将文、理、法学院，先移武汉，借住湖北省立武昌女中。恰于斯时河南省府由程潜长官兼任，教育部由陈立夫先生接任，对于迁校万县之议，陈部长愿意支持，作经费之协助。程主席则谓迁出河南，省府无法顾及，而地方士绅又力持反对，最后主张河大迁往豫西山区，省府自亦不愿河大离开豫境。"因此此时的河南大学校长刘季洪陷入抉择的困难，"不过迁入山区，教授势必离开者甚多，增聘亦属困难。迁川又不得省府支持，遂自请辞职，并由王广庆先生接任"③。刘季洪致电教育部报告，并赴镇平进行交接。文辞中称辞职是自己在勉维艰局中"奈以绠短不能汲深，才轻无以应变，再四思维，与其贻误于将来何如早让贤路，俾学校前途更得有所发展"④。1938年8月5日，河南省府委员会照准刘季洪辞呈。10日，省府宛秘一字第七五零号训令称遗缺由王广庆暂行代理。

而作为当时的校务决策者的校长刘季洪在40余年后的回忆中称，在军事吃紧的情况下，省府决定学校准备迁移，最后决定将文、理、法各院迁往豫南鸡公山，农、医两院迁往豫西南镇平。当时考虑到镇平是联防自卫区，治

---

① 陈明章：《学府纪闻：国立河南大学》。南京出版社，1981年，第31—32页。
② 李守孔：《张伯英先生与河南大学》。见：陈明章《学府纪闻：国立河南大学》。南京出版社，1981年，第32页。
③ 陈明章：《学府纪闻：国立河南大学》。南京出版社，1981年，第10页。
④ 《刘季洪呈辞校长职务》。见：河南大学校史编纂研究室、河南大学档案馆《河南大学史料长编》(第二卷)。河南大学出版社，2014年，第40页。

安良好,鸡公山有大量避暑房舍可以租用,两地物价低廉,"战区学生每月教育部所发公费,所以学校迁移后,师生生活并无困难"。在冀鲁军事吃紧的情况下,豫南、豫西南尚属安定。但是1938年夏,战事逐渐接近武昌外围。"中央决定迁都重庆,从事长期抗战,豫南岌岌可危,校中同人再三筹商,决定建议迁校四川万县,并先派人筹划校址。当时省政府对河大前途亦无其他善策,对于迁校万县并不反对,遂将鸡公山文、理、法各院先移武汉,借住武昌省立女中。是时教育部及河南省政府已改组,教育部部长由陈立夫先生接任,省政府由战区司令程潜兼任。陈部长表示如河大迁川,教育部在经费方面可予协助。程主席则表示河大远迁后,省府将无法照顾。同时河南士绅张伯英先生建议河大以迁往豫西山区为宜。在此情形之下,我以为学校如留豫西山区,将有不少教授势将离校,学校前途亦将困难万分;如坚持迁川,又不得省府支持,个人不便负此重责,不得已乃向省府请辞。后经核准,并派王广庆先生接任。经与洽商,决定学校先集中镇平,于是又对留武汉的图书仪器由水道运往南阳,同人及眷属愿去者陆续前往。我本人也于十月初亲至镇平移交。"①这是刘季洪对于离豫还是留豫争议的记载。

当时在鸡公山流亡的学校较为集中,除了河南大学之外,还有武汉大学(农学院)等16所学校。花园口决堤之后,日军沿平汉线南下受阻,改由陇海线西进,战事转移至豫南等地,武汉吃紧。在此形势下,刘季洪决定迁校四川。6月底,师生南下武汉,等候西去船只,无望雇船,只好重返鸡公山,于是奉令西迁镇平,9月两校终于合一。事实上,刘季洪的安排地点是在四川万县,河南大学化学系教授李燕亭及医学院教授朱德明、张效宗、李赋京4人从镇平出发,前往万县筹划、落实校址。但是在当地校友王贵竹协助下寻觅校址时,接到电报称不再迁校万县。

1938年王广庆接任校长后,"首先将羁留鸡公山之文、理、法三学院迁至镇平,并将移存在武汉之图书仪器运回,期在镇平安定扩充"②。作为豫人,王广庆对于留豫办学无疑是一个比较有力的执行者和拥趸者,在王广庆的叙述中,仅称河南大学迁镇平、迁嵩县潭头两次都是"奉令全部迁至镇平"、"奉令迁至嵩县",而不谈及其中关于留省、离省的纠葛,只言"当时仓皇就道,尚无校址,抵嵩后始经勘定,诸事草创,历数月之惨淡经营,始于九月

---

① 刘季洪:《河南大学回忆记略》。见:陈明章《学府纪闻:国立河南大学》。南京出版社,1981年,第79—80页。

② 陈明章:《学府纪闻:国立河南大学》。南京出版社,1981年,第10页。

间开始上课"①。但是很快,"二十八年战事逼近,警报时闻,乃奉省府令,迁至嵩县西南潭头镇"②。在从镇平迁潭头的过程中,省府(特别是程潜)的意见尤为重要,此时已经是按照省内办学的政策执行的。在迁移镇平过程中,河南大学教授余协中等12人给教育部致信,称"同人等在河南大学教书率多历年,六月下旬随校到汉,方期徙至相宜地带赓续讲学,不意河南省政府又令迁回镇平,最高学府置于交通四塞无路可出之域,此在先生亦深知其不可也,同人等不得已已溯江西上,集止巴蜀",反对将河南大学迁镇平,称"河南大学虽未停办,但揆以先生为国贮才之本衷,似不能以一校之存亡作取舍之标准"③。12人赴巴蜀,成为教师集中脱离河南大学的一例。

在镇平办学期间,镇平时常有警报,因此校方也感觉此地非长久办学之地,因此"不能不为未雨绸缪之计"。此时的镇平省府各厅处及其他各机关、学校纷纷向安全区域另觅地点,以备非常。但是河南大学体量较大,迁移不易。当时所选定的地点在淅川下集,"本校前择定淅川下集地方,以为必要时迁移地点"。但是事实上该地"地势狭隘,难资容纳,且逼近公路,亦非绝对安全之区",于是校务会决定另择适当地址,并派员四处查勘,"由四院各举一人,趁春假期间分途向南召、内乡境内切实查勘"。查勘者汇报称这些地方以山僻安全可保,但是"较为妥善地点多为省政府各厅、处所预占,余皆人地稀疏,生产不足以供需要,道路崎岖,舟车不足以资运输,认为非适当地址,拟再向嵩卢两县境内另行寻觅,以作万一之预备"。此时校方考虑到镇平之外的地点,仍旧秉持境内寻觅的方针,先是在镇平周围的宛属境内寻找,无适当地点后,再拟向洛阳地区的嵩县、卢氏考虑④。最终,河南省政府镇教二字第零三五号侵代电指令(1939年5月12日),河南大学速派员在嵩县一带寻觅校舍,即日迁移。当时日军已经进至南阳瓦房镇,距镇平不过70华里而已,于是河南大学再次仓促迁校⑤。

---

① 王广庆:《抗战以来之河南大学》。见:河南大学校史编纂研究室、河南大学档案馆《河南大学史料长编》(第四卷)。河南大学出版社,2015年,第319页。

② 侯传勋:《王校长广庆先生传略》。见:陈明章《学府纪闻:国立河南大学》。南京出版社,1981年,第190页。

③ 《余协中等十二人给教育部的信》。见:河南大学校史编纂研究室、河南大学档案馆《河南大学史料长编》(第二卷)。河南大学出版社,2014年,第40页。

④ 《二十八年一二三各月份工作情形报告》。见:河南大学校史编纂研究室、河南大学档案馆《河南大学史料长编》(第二卷)。河南大学出版社,2014年,第45页。

⑤ 《王广庆致教育部电》。见:河南大学校史编纂研究室、河南大学档案馆《河南大学史料长编》(第二卷)。河南大学出版社,2014年,第47页。

河南省府当局和地方士绅反对河南大学离开豫境。其中反对河南大学迁境办学最力的是张钫。当时的河南大学学生甚至指责张钫："地方观念严重,他坚决反对把学校部分学院迁到外省,因此才又把文、理二学院也迁来镇平。"①当时在读的学生也认为："河南大学之迁至伏牛山腹地的潭头镇,主要原因是校长王广庆系新安县人,嵩县离他家乡近,又有张钫、宋天才(张钫部下,当过师长)、徐鹏云(刘茂恩部下,当过师长)等靠山,办事、催粮都方便。另外,王认为潭头四面环山,交通不便,日本人大概不会到这个地方来。"②

刘季洪辞职,王广庆继任校长。留省办学方针已成事实,促成了嵩县潭头5年平衡办学时期。

1944年河南大学被迫撤离潭头流亡荆紫关时,留省离省又一度争议。1944年5月离开潭头,荆紫关仅是一个避难地,但是河南大学却长期停滞此地,未做下一步的筹划,致使原本豫境办学的方针表现出保守和与时不谐的步调。当时在逃离潭头之初,学校仅通知师生12日一律离开潭头,但是却未讲向何处去,在什么地方会合③,致使师生散逸较多,甚至医学院师生奔赴西安的多达140多人。1944年6月底王广庆校长才由西峡口到达荆紫关,拟定在荆紫关复校。"七月初,部电饬将文理学院迁城固与西北大学合作,医学院迁汉中与西北医学院合作。该校发生误解不愿遵办,省政府、省党部及地方士绅亦恳请将该校留在河南境内,扰攘多日,至八月间再接部电准暂留豫,至是始积极筹备复课。"④省政府及地方绅士仍旧以地籍为借口,留河南大学在豫境办学,甚至罔顾河南全境大多沦陷的事实。

1944年河南大学流亡至荆紫关办学。荆紫关已属豫省边地,位于豫陕鄂三省交界,进退较为便利;另外,荆紫关仍属豫省,还可得到豫省官方的照顾。当时,虽然有一些图书、仪器被运至荆紫关,但是多属理学院的,理学院很快组建起来12个实验室并投入使用,化学系最先复课。但是当时的多数院系未能复课。学校骤然来到荆紫关,事属临时。学校抵达时校本部办事

---

① 崔炎寿:《六十年园林岁月:抗日期间河大迁往南阳山区》。《郑州文史资料》1991年第10辑。

② 姚惜鸣:《河南大学在潭头》。《河南文史资料》1993年第45辑。

③ 梁祖冀:《回忆解放前的八次迁校》。见:河南大学校史编纂研究室、河南大学档案馆《河南大学史料长编》(第三卷)。河南大学出版社,2014年,第525页。

④ 《教育部督学视察国立河南大学报告(1944年12月29日)》。见:河南大学校史编纂研究室、河南大学档案馆《河南大学史料长编》(第四卷)。河南大学出版社,2015年,第194页。

处设在马家庙,学生散居镇内民房和附近村庄,师生食宿极为困难。直到 4 个月后,学校才组织了伙食团,借用荆紫关一所小学稍事扩建,师生住宿条件得到改善,但是教学几乎停顿,师生思想也不稳定。大部分的仪器和图书未能运到,因此不能复课。医学院学生提出复课的请求,并提出若不能复课,"就请迁校出省"。校长王广庆则坚称:"河南大学在河南境内就是在家,处处方便。一旦出省,大家吃什么?那样不是困难更大吗?"坚持留在豫境办学①。一些医学院学生则申请转学,赴西安就学;而当时的河南大学一些教授已在西安,也表示同意河南大学应该迁出河南省。医学院部分师生的迁省意见,使得该院师生也认识到"如果按照王广庆校长的办法去做,暑假后是根本无法开课的,还不如去西安另想办法、寻找出路"。该院学生会代表梁祖翼等人多次向王广庆提出意见"要求将学校迁出河南"。最后,校当局同意医学院学生单独迁往西安。1944 年 10 月 27 日,在荆紫关的医学院学生 50 余名奔赴西安,经过张钫、郭芳五等寓陕的豫籍大员的安置,解决食宿问题,但是实际上这部分学生处于河南大学的管理之外②。农学院在荆紫关租到农作物及园艺试验场地 40 亩,并与荆紫关镇公所合办苗圃供实习和荒山造林之用,8 月在西峡口招生,10 月正式上课。其他学院则滞后复课。

1944 年 10 月,张广舆长校,立即接受医学院师生的意见,命令停留在西安的医学院学生前往汉中,同时任命朱德明为临时院长,并为几位原医学院教师签发续任聘书。1945 年春,医学院师生集体乘坐火车到达宝鸡,越秦岭赴汉中,到达城南马家坝,勉强复课。1945 年 3 月,豫西鄂北会战爆发,荆紫关也遭遇轰炸,校长张广舆立即命令滞留荆紫关的校本部和文、理、农 3 学院,迁往位于渭河北岸的陕西省宝鸡县虢镇姬家店村,4 院又重新合在一起办学。但是当时仅有文、理、农 3 院学生 600 多人,教职员及眷属 500 多人,医学院尚在汉中,后迁至渭河南岸姬家店。河南大学也彻底迁省办学,医学院与 3 学院中间仅隔渭河③。在宝鸡,全校不放暑假,继续上课,并

---

① 李广溥:《忆抗战时期我在河南大学医学院求学的经历》。《河南文史资料》2008 年第 107 辑。

② 李广溥:《忆抗战时期我在河南大学医学院求学的经历》。《河南文史资料》2008 年第 107 辑。

③ 此次迁移也属比较仓促,校方先派人赴陕西商洽校址,将学校的图书、仪器则包装运输至西安的河南会馆暂时保存。师生步行经商南、越秦岭、过蓝田,4 月中旬到达西安,数百人衣食住行均困难。盘桓数日后,奉教育部令,迁宝鸡附近的石羊庙、卧龙寺、姬家店等处。

且照常招生。1945年7月,田培林继任校长,很快日本投降,校方提出两种返汴方案:等待陇海线全线通车,开封校园修缮完毕后回汴;若师生不怕艰苦,可以于年底返汴,1946年春可复课。1945年12月底,流亡8年的河南大学迁回开封,也结束了短暂的离境办学。

整个河南大学5次搬迁,医学院则多1次,即荆紫关到汉中,又到宝鸡,这也是不离豫境的方针所致。在流亡办学中,张钫等豫籍士绅提供了较大帮助,特别是返汴复课,张钫从河南省善后救济分署争取一笔经费,保障了河南大学迁返的经费。

国立河南大学校门

从抗战初期到后期,河南大学校址播迁5次,校长更换4人,在豫西陕南崇山峻岭间徒步兜走数千里的大圈子。

2. 流亡之途

1937年12月日军侵略已至黄河流域,豫东、豫北沦陷,开封旦夕不保。教育部、河南省政府决定河南大学南迁,将文、理、法3学院迁往平汉线豫鄂边境的鸡公山,农、医2学院迁豫西南镇平。校中设备、图书以及教职员眷属分批启程;将校内不能移动的校产及实验用具,登记保管,留职员一人、工友若干,留校长期看守,由学校发足供其2年所需的留守费用及粮食。妥善安置之后,校长刘季洪在师生迁移完毕后,离校南下。河南大学自此开始了长达8年的迁播办学历史。有人词称:"七七倭入寇,凶焰日益彰。汴垣遭渝陷,济济复跄跄。辗转迁嵩阳,再迁荆紫关,又移古陈仓。一再经播移,艰苦已备尝。时随国运转,祖约忽内降。八年历抗战,今复旧家邦。乙酉十一月,师生回大梁。重整吾学府,文道得以昌。"①

学校迁移从1937年10月间开始,先将学生集中在开封接受战时训练,学生于学校迁定后到校上课。校中图书、仪器及教职员与眷属分批启程,不能移动的校具及实验用具,均登记保管,最后征得职员1人及工友数人同意,志愿长期留校看守,并预支足供2年需用的留守费用及食粮。校长刘季洪在全部迁离完成后,巡视学校一周,最后离开。

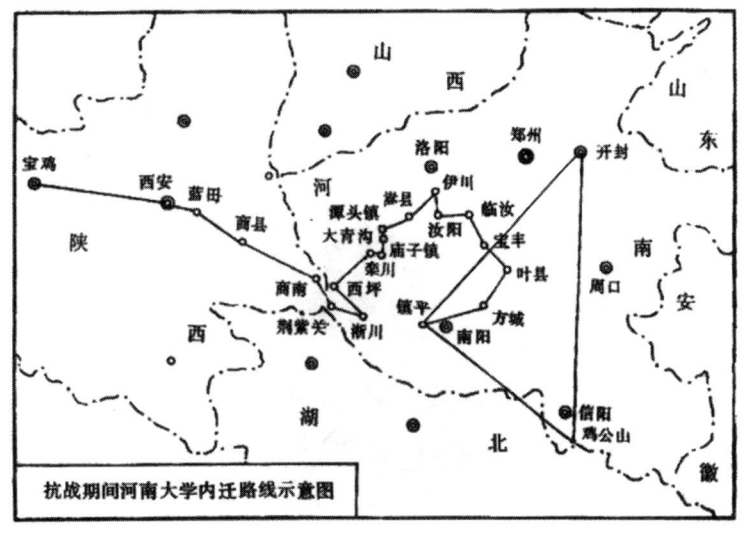

抗战期间河南大学迁移路线

1937年12月至1938年7月中旬,半年多的时间里,河南大学3学院在鸡公山办学,2学院在镇平办学,一校两址。在鸡公山上的办学,校舍多租用山上避暑的房舍(这些房舍多在盛暑之际才有人利用,多所空闲)。

1938年7月中旬,武汉战事紧张,日军轰炸机在武汉周围投弹,有谋犯汉口的企图,长江沿线、平汉路沿线多所不靖,河南大学在鸡公山的文、理、法3学院全部迁镇平②。在迁徙的新址的选择上,河南大学决定将暂迁鸡公山的图书、仪器运至武汉。但是国民政府由于武汉危机,决定迁都重庆,刘季洪认为武汉不保,豫南不保,不如一劳永逸迁往四川万县。对此,新任教育部长陈

---

① 党玉峰:《国立河南大学二十四周年纪念》。见:河南大学校史编纂研究室、河南大学档案馆《河南大学史料长编》(第四卷)。河南大学出版社,2015年,第351-352页。
② 《豫大三学院全部迁镇平》,《申报》1938年7月23日第2版;《河南大学迁移》,《申报》1938年7月23日第2版。

立夫表示支持河南大学迁往四川万县,但是新任河南省政府主席程潜认为河南大学属省立,若迁出河南,省府则无法顾及,且省府尚在豫境。当时在鸡公山的冯玉祥、张钫以及豫籍地方绅士也极力反对迁往他省,张钫建议将河南大学迁往豫西山区。在教育部、省府以及豫绅舆论的为难情形下,刘季洪感到学校前途艰难,借口个人不便担此重责,向省府请辞,省府核准后,1938年10月由王广庆接任校长。事实上,刘季洪的去职,也有教育部长陈立夫商调的原因,当时教育部简任秘书郭有守改任四川教育厅长后,所遗之缺,陈立夫调河南大学校长刘季洪接充,1939年5月刘季洪到部视事①。刘季洪与二陈关系密切,在豫籍士绅坚持留省的舆论下,被陈立夫调往教育部,但是事实上也有河南大学内部军统复兴社、二陈控制的CC派之间的暗斗的因素②。刘季洪调任后所遗校长一职,教育部呈请国民政府任命王广庆继任③。而新校长王广庆的长校,也有与豫籍大员张钫关系密切的因素④。

王广庆(1938年10月接任河南大学校长)

一方面,河南大学将移存武汉的图书、仪器运回镇平,一方面将鸡公山3学院迁往镇平,5院又合并办学。校址借用当地的官舍、寺庙,并租用部分民房。为便于授课,1939年5月,河南大学将法学院的政治、经济、法律合并为经济系,并入文学院。事实上此时才彻底完成了1934年以来教育部整理河南大学的院系调整任务。在镇平的河南大学拥有文、理、医、农4个学院40个班级,也突出了教育部整理中发扬实科的致用目的。但是由鸡公山

---

① 《教部简任秘书易人》,《申报》1939年5月5日第8版。
② 王锡璋:《在河南大学求学时期的回忆》,《河南文史资料》1992年第41辑。
③ 《王广庆继任豫大校长》,《申报》1939年7月27日第11版。
④ 有人称"他的后台听说是二陈(陈立夫、陈果夫)"。见:王锡璋《在河南大学求学时期的回忆》,《河南文史资料》1992年第41辑。

迁镇平,有很多教师借机离职,"英文系一个教师也未来到镇平"①。

流亡镇平期间,教育部对战区学生实行救济,制定战区学生贷金暂行办法,颁发各校实行。第一批的战区各校学生贷金补助费用中,河南大学、河南省立水利工程专科学校等19所高校,共有2980人,获得贷金56940元②。当时的学生流散比较严重,办学条件也比较分散、简陋,文学院住在雪枫中学,农学院在城南安国城,另建草屋数间作为教室。农学院在镇平时有农艺、森林、畜牧3系,但是3系师资严重不平衡,畜牧系仅有系主任路葆清及谷子俊等教授,于是农学院院长郝象吾批准该系2/3的学生离校。1938年6月严重缺少师资,学生的畜牧系并入陕西武功国立西北农林专科学校,成为西北农学院的前身,1939年4月筹备建立国立西北农学院,这是河南大学自动进行院系调整的一个有益尝试,也符合战时院系调整中继续重视实学教育的大势。如1939年7月,云南大学就增设农学院;10月马君武任广西大学校长,拟增设医学院。

镇平的办学条件比较艰苦,甚至不如鸡公山办学条件。"当时大部图书仪器,均运往武汉,农医两院师生,只有先生口讲笔写,学生抄记,克难学习,战时大学教育于焉开始矣。"③当时医学院的师资力量比较强大,院长为阎仲彝博士,教授有朱德明、杨相初、刘蔚同、李赋京、鲁章甫、宋玉五、单德广、张金波等,"仍属一时之选,较之任何医学院教授阵容,均无逊色"④。医学院分为前期部一、二、三年级的学生,在城东关泰山庙上课;后期部四、五年级的学生,在城内当铺下街租赁民房上课。遇有集会,则在泰山庙举行。在城西门内设附属医院,设有病床几十张,妇产科义诊病床10张。高级助产学校在城内租房上课,教员则由高年级同学担任。"所有上课桌椅及医院试验台等,均由土坯砌成,上铺木板,简陋中颇富情趣,亦抗战中学府之佳话也。"⑤而农学院,学生仅百余人,"且不断向大后方川陕一带转学,情形颇为凋零","幸学校避地乡间,农院学生实习机会随地都有;农艺系学生由教授率领至民田间,找寻资料,随时讲解;森林系学生则随教授至附近山地、庙宇、林木苍郁处,测量、采集、调查树种,讲解生态,既游名胜,复获新知,其乐

---

① 郝守勤:《抗战初期河南大学播迁杂忆》。《河南文史资料》1988年第27辑。
② 《战区各校学生贷金补助费,第一批已由教部核准》,《申报》1938年11月5日第7版。
③ 陈明章:《学府纪闻:国立河南大学》。南京出版社,1981年,第11页。
④ 陈明章:《学府纪闻:国立河南大学》。南京出版社,1981年,第11页。
⑤ 陈明章:《学府纪闻:国立河南大学》。南京出版社,1981年,第11页。

无穷"①。

  偏寓镇平的河南大学仍旧未偏离全国的教育整体环境。1939年3月，河南大学派员参加第三届全国教育会议，蒋介石莅临会场，鼓励教育界"应以前线战士社会导师自许，应与军事政治经济事业贯通"。各高校纷纷在会上进行报告，河南大学、河南教育厅相继报告最新情形。此次会议上，关于高等教育的提案中，建议学校及院系设置合理化、学校程度之提高、学校行政效能之增进、学风之改善等②。事实上，河南大学早在迁移鸡公山时期就开始根据实际情况进行了畜牧系的调整，使之更加合理化。而会议中所提的学校程度之提高，河南大学在抗战时期由省立到国立也是在程度提高的全国高等教育的大环境下完成的。与会代表提出抗战时期的大学经费，政府应有通盘计划，打破传统苦乐之不均，而予以一个公共之标准。这些报告可能也会推动抗战时期大学经费的分配、国民政府的高等教育战时政策调整等方面施政。与会的代表，多是教育行政部门、教育部聘请专家、研究院及高校校长，河南大学校长王广庆参加了这次会议③。而直到1939年7月6日，国民政府才正式任命王广庆为河南大学校长④。

  在镇平办学期间，由于地方条件的限制，办学仍旧比较松散，"镇平时期学生上课和居住都比较分散"，经济系在东门外草房中上课，住宿在城内延寿寺一带，而"学校管理更松更乱，学生上课与否谁也不管"⑤。而此时的河南大学所面临的问题较多，教职员薪金按照战前的七折发放。在镇平时，全校只有教授47人、讲师10人、兼任讲师20人、助教10人，师资的减少，必修科目及选修科目授课实属不敷分任，待遇不高。并且学校又接近战区，他处的教师往往不肯来校应聘，即便是在聘教授也有顾而他者，"此本校最感困难者"。而学生共有517人，其中278名来自沦陷区。原本每生每月发放贷金10元，但是1938年11月，省政府以教款收入短绌，按照当地生活程度，规定改为8元。学生纷纷呈请，要求恢复10元之数。图书、仪器分别保存在镇平北的赵湾、淅川北的下集，战事稳定时运回镇平。敌机时常过境，

---

① 陈明章：《学府纪闻：国立河南大学》。南京出版社，1981年，第12页。
② 《第三届全国教育会议详记(续一)》，《申报》1939年3月22日第8版。
③ 《第三届全国教育会议详记(续四)》，《申报》1939年3月25日第13版。
④ 《王广庆任河南大学校长》，《申报》1939年7月8日第12版。
⑤ 王锡璋：《在河南大学求学时期的回忆》。《河南文史资料》1992年第41辑。

又担心被炸毁,但是教学又需要,一时间两难,预备地点也难保①。

1939年5月下旬,战事又紧,河南大学自镇平北越伏牛山,历经方城、叶县、宝丰、临汝、伊阳、伊川等县境,历时10余天,行程600余里,抵达豫西嵩县县城。每天行程约60里,"沿途由各县之河大校友热心招待,尽力解决食宿困难,且愈行而离战区愈远,精神轻松愉快,并不觉旅途之苦"。车辆由沿途各县分段接送,到达嵩县后,由嵩县政府代觅驼子、代雇或征雇,将图书、仪器运至潭头。1939年5月13日,将图书、仪器先行起运,教职员工、学生工友等在23—31日陆续到嵩县。27日,王广庆偕同各院及产科学校教授职员等5人前往潭头勘察校址。河南大学到达潭头时恰值暑假,利用暑假假期,整理修葺,未耽误秋季开学。但是迁移潭头办学之初,曾发生蛮域岭阻拦,教育系主任郑竹虚、经济系教授沈小宋,以及学生李振华等多人共同离职与转校的遗憾事件。即便是在潭头办学期间,也有学生"在半年或一年后回来续学的"。战时学校转学、续学要求并不严格②。

但是,鉴于潭头、嵩县接近战场,几乎使得河南大学成为唯一接近战区的最高学府。1942年刚刚得知国立消息后的河大旅川校友会除了致电祝贺河南大学改为国立之外,也"建议母校迁移适当地点"③,这仍旧是鉴于接近战场的考虑。

流亡办学之途,特别是从潭头流亡至荆紫关,事出突然,准备不足,致使此次损失严重。"自潭头逃出,中经荆紫关而宝鸡,一年之间,颠沛流离,席不暇暖,食不得饱,生活备极艰苦。自潭头南迁荆紫关时,以事变过于仓促,学校各种设备,如珍贵图书、仪器等,损失惨重。"事后"虽然学校在非常环境中,仍在惨淡经营,筹款补充设备,力求安定师生生活,但亦难能恢复旧观"④。人称1944年5月至1945年5月抵达宝鸡,"河大西迁期间要算这一年为最艰苦了"⑤。流亡途中师生多系临时只身出走,辗转流离,历时半月,

---

① 《二十八年一二三各月份工作情形报告》。见:河南大学校史编纂研究室、河南大学档案馆《河南大学史料长编》(第二卷)。河南大学出版社,2014年,第44—45页。

② 华漫:《潭荆采薇》。见:陈明章《学府纪闻:国立河南大学》。南京出版社,1981年,第347页。

③ 《会务》。见:河南大学校史编纂研究室、河南大学档案馆《河南大学史料长编》(第四卷)。河南大学出版社,2015年,第329页。

④ 曹世昌:《母校四年两迁记》。见:陈明章《学府纪闻:国立河南大学》。南京出版社,1981年,第110—111页。

⑤ 姚从吾:《国立河南大学志》。见:河南大学校史编纂研究室、河南大学档案馆《河南大学史料长编》(第四卷)。河南大学出版社,2015年,第245页。

抵达荆紫关。6月23日,河南大学向教育部呈请拨发教职员及其家属救济费,称"查本校校址接近战区,此次敌人犯潭,教职员仓猝逃避,衣物抛弃一空,睡眠均无被褥,衣履苦无换替,褴褛不整,情实可怜",呈请教育部以每人25000元的标准发放救济金9600000元①。6月30日,全体学生代表致电教育部恳请救济,希望教育部能够念学生流亡之困苦,迅拨"大款"救济,在校学生1109名,每人需12520元,共需救济费13884680元②。河大校警及工友也请拨救济费246.4万元。而教职员工的私物与河大的公物两项损失严重,都源于事起仓促,缺少必要组织性,甚至有校方只顾自己的行为。校内教授在荆紫关指责校长、总务长:"王校长广庆、总务长赵冠五(吾)身为一校首脑,各率勤务、校警将其私人所有行李各十余担挑出。及抵荆紫关而人物俱全者只王、赵二人而已,而其他教授竟无衣可换者,因而引起学生公愤,曾群起而欲殴赵。"赵畏罪逃至西坪未返。教授指责来到荆紫关后,王广庆校方仅发两次钱,分别为8500元、7000元,并电询教育部到底发放了多少各教授迁移费用③。事实上,校方向教育部请救济的标准是每位教授25000元,的确未按照上报数额发放,教授联名指责王广庆不能辞其咎。河大校友会针对河南大学的此次遭遇,指责"此次河南大学惨遭敌蹂躏以来,迄今已两月有余,学校当局既未克预筹应变于先,又不能积极施救于后,以致学校不仅深负政府重寄,并有悖国人舆情,早应引咎辞职,退避贤路,今反流连不去,逍遥职责之外",也指责校务中有"少数地方士绅挟党同之见,从旁干涉,而竟不愿遽作主张",临近复课,但是校方却无复课准备。因此提出救济三项办法:拟请校友会推举代表觐见教育部长,陈述校长王广庆失职情形,恳请速予免职,另简贤能接充;校长继任人选应该有办理大学行政经验,应变才能者;教育部分电河南军政当局及省参议会概陈河大一年来未能发展之

---

① 《呈请拨发本校教职员及其家属救济费(1944年6月23日)》。见:河南大学校史编纂研究室、河南大学档案馆《河南大学史料长编》(第四卷)。河南大学出版社,2015年,第53—54页。

② 《全体学生代表晋电声等恳转救济以示体恤(1944年6月30日)》。见:河南大学校史编纂研究室、河南大学档案馆《河南大学史料长编》(第四卷)。河南大学出版社,2015年,第54—55页。

③ 《河大留荆紫关教授等八十三人给教育部的信(1944年7月20日)》。见:河南大学校史编纂研究室、河南大学档案馆《河南大学史料长编》(第四卷)。河南大学出版社,2015年,第60页。

症结所在，请其有效协助①。8月27日，国民政府军事委员会给教育部电报，指出王广庆处置失当情形，指责其不先行设计搬运图书、仪器，"竟以全力运其私人挪用公款所囤积之香油，对该校学生亦未事先设法疏散"，致使5月5日嵩县危机时，学生才开始自动结队西赴潭头。潭头撤离时师生被杀十数人，图书、仪器损失殆尽。"事后该王校长广庆以豫地远距中央，乃假造事实，期蒙中枢。"教育部督学俞某到西峡口慰问，该校师生代表多人将被难情形向其陈述，并请转陈中央，但该督学竟无一字上报②。实际上矛头直指河南大学校长王广庆，未尽其校长职责。流亡荆紫关途中，训导长赵维汉率领男女学生800余人跋山涉水，脱离危险之区，途中与当地绅士多方接洽，借粮分配学生，与学生甘苦与共，得到校方请奖。

对于潭头遇难河大师生人数，当时就有多种数字。一为数十人之说：河大在荆紫关的教授称，逃离荆紫关后，"卢氏尚有死难职员、学生三十名而不知其姓名"，"女生李先识、李先觉等九人裸体负枪，先奸后刀杀死"，"男生刘祖望等二十余人被俘虏后做挑夫，沿途遭痛殴后终被杀害。至今不知下落者数十人"，前后相加达数十人之多，还有许多不知下落③。二为十余人之说：王广庆向教育部称陈廷（国）杰等9人遇害，十数人被掳，有逃回者，医学院张院长夫人遇难，遇难十余人④。国民政府军事委员会给教育部的电报中也说"当时被敌杀害者十余人"⑤。三为三四十人之说：河南旅碚同乡会致电教育部称"师生三四十人横遭奸杀"⑥。对于学生罹难，校长王广庆则

---

① 《李承三等提河南大学当前救济办法案》。见：河南大学校史编纂研究室、河南大学档案馆《河南大学史料长编》（第四卷）。河南大学出版社，2015年，第65页。
② 《国民政府军事委员会给教育部的电报（1944年8月27日）》。见：河南大学校史编纂研究室、河南大学档案馆《河南大学史料长编》（第四卷）。河南大学出版社，2015年，第69页。
③ 《河大留荆紫关教授等八十三人给教育部的信（1944年7月20日）》。见：河南大学校史编纂研究室、河南大学档案馆《河南大学史料长编》（第四卷）。河南大学出版社，2015年，第61页。
④ 《王广庆条陈河大情形》。见：河南大学校史编纂研究室、河南大学档案馆《河南大学史料长编》（第四卷）。河南大学出版社，2015年，第57页。
⑤ 《国民政府军事委员会给教育部的电报（1944年8月27日）》。见：河南大学校史编纂研究室、河南大学档案馆《河南大学史料长编》（第四卷）。河南大学出版社，2015年，第69页。
⑥ 《河南旅碚同乡会给陈立夫的快邮代电（1944年7月14日）》。见：河南大学校史编纂研究室、河南大学档案馆《河南大学史料长编》（第四卷）。河南大学出版社，2015年，第59页。

称是脱离大队所致:"至于学生陈国杰、朱绍先等皆已至大青沟,因故请假,脱离大队而回潭头,致遭非命,殊堪惋惜。"①四为9人之说:1944年12月,教育部督学沈亦珍奉令视察河南大学,在其报告中称在潭头附近被俘师生有农学院院长王金吾、医学院院长张静吾等22人,"其中被杀害者有助教吴鹏、商绍汤,医学院院长夫人吴知慧,学生朱绍先、陈国杰、辛万龄、刘祖望、李先识、李先觉等九人"②。郝象吾《国立河南大学复校纪念碑》也称:"当敌骑过潭头,师生及眷属因避难弗及而遇害者九人。"当时的医学院学生李广溥回忆称9名师生遇难,3人失踪③。教育部电饬王广庆报告潭头失陷河大员工、学生及警工被掳详情,王广庆报告称:学校师生员工避入南山者多数安全,避入北山者遭遇敌寇,致多被掳。被掳者有农学院院长王金吾,医学院院长张静吾及其夫人,教授段绍斌、张金波,助教吴鹏、商绍汤,教官夏鸿烈,职员李应坤、马振河、狄宗海、石如灿、刘书策、程步芳等14人,其中张静吾夫人、吴鹏、商绍汤3人被杀,余均脱险。大多数学生已经由训导长编队率领离开潭头,但到潭头南山大青沟后有学生刘祖望、李先觉、李先识、朱绍先、陈国杰、李华亭、王廷桢、王振亚及选修生辛万龄等9名"托故请假离开大队复回潭头,坐急时逃避北山亦均被掳"。刘祖望、李先觉、李先识因被搜出青年团证被苛待而投井死,朱绍先、陈国杰、辛万龄等遇敌奔避被枪杀,李华亭、王廷桢脱险回校,王振亚微伤已愈。校警工被掳者有吴锡芳、张书林、石香亭、杨福德、李凤庭、柳延祺、王伯龄、林二成等8名,其中王伯龄、林二成尚无消息,其余脱险到校。校警孙庆祥在嵩县失陷时被国民党军队捉走,下落不明④。这是校方陈述的遇险人员情形,大致为实。但是没有报告学生流散各地情况。

从潭头迁至荆紫关,嵩县县城的医学院设备尚能够得益于民众保存而

---

① 《为训导长赵维汉于事变前率领全体学生历尽艰苦脱出危险保全实多拟请优予奖励(1944年7月18日)》。见:河南大学校史编纂研究室、河南大学档案馆《河南大学史料长编》(第四卷)。河南大学出版社,2015年,第65—66页。

② 《教育部督学视察国立河南大学报告(1944年12月29日)》。见:河南大学校史编纂研究室、河南大学档案馆《河南大学史料长编》(第四卷)。河南大学出版社,2015年,第194页。

③ 李广溥:《忆抗战时期我在河南大学医学院求学的经历》。《河南文史资料》2008年第107辑。

④ 《呈报潭头失陷本校员生及警工被掳被害详情(1944年7月)》。见:河南大学校史编纂研究室、河南大学档案馆《河南大学史料长编》(第四卷)。河南大学出版社,2015年,第67页。

事后低价索购回来,再运至荆紫关。5月25日日军撤出,潭头国民党军队27日入寨,潭头附近山中的一部分教职员随同军队入寨检查,"图书大部犹存,损失无多,仪器、药品除医学院未运抵潭头,理学院全部被敌焚毁外,余多为当地人民盗窃而去"。于是西峡口绅士代觅800名挑工,由河大教职员工带领连夜运至西峡口以北50里的蛇尾沟暂存,再设法转运,需要抢运费600万元①。而教育部督学沈亦珍在11月调查的图书、仪器损失情况是:"总计图书方面,医学院及理学院存书损失殆尽,文、农两学院及总图书馆图书因在潭头上神庙未遭敌人破坏幸获保全,清查结果共七一一二五册,与上年报部册数(七七九六六)相较损失六八四一册,尚不及十分之一。仪器、药品方面则损失甚巨,医学院医疗、实验器具及各种药品全部损失,挂图原有六千余幅,现存者仅一百余幅。理学院实验室被敌人焚烧,所有物理、化学、生物仪器药品损失大半,物理方面尤多。农学院仪器存放大王庙村,敌人虽曾到达但未破坏,损失尚微。除医学院因负责人前往汉中未能开具清册外,其余有关各院系损失及现存仪器均分类清册附后。"②在比较了王广庆、张静吾两人报告图书、仪器的损失情况来看,沈的报告比较符合事实,这也是河南大学从嵩县、潭头迁出时的图书、仪器损失的大概情况。

在从潭头被迫西迁避祸的途中,在大青沟停滞了一段时间,之后学校当局又计划向南或向西迁两方案,前途仍未明朗,留省与离境之议又起。"到了朱阳关,踌躇了——有人主张为长久计,迁往陕西,但是又有人主张应该留在省内较安定地带。于是举行了一次师生大会(非正式的)决定行止",将未来办学选址交给全校师生讨论。"据说在此一大会上有一个人大声疾呼:'为河南子孙计,河大不应该迁出河南省。'这个意见被当局采纳了——学校迁往濒临丹江的荆紫关。"③暂留荆紫关时,仍旧面临是留省还是迁省办学的选择,一时间难以决断,造成师生对前途的茫然。此时校长王广庆请辞,张广舆接任,喘息未定,恰逢南阳事变,仓促入陕。在陕不久,田培林被教育部委为校长。短时间内三易校长,直到田培林时期,应兴应革之事,分别轻

---

① 《请速予拨发图书仪器等抢运费(1944年7月)》。见:河南大学校史编纂研究室、河南大学档案馆《河南大学史料长编》(第四卷)。河南大学出版社,2015年,第62页。

② 《教育部督学视察国立河南大学报告(1944年12月29日)》。见:河南大学校史编纂研究室、河南大学档案馆《河南大学史料长编》(第四卷)。河南大学出版社,2015年,第194—195页。

③ 李福生:《母校四年》。见:陈明章《学府纪闻:国立河南大学》。南京出版社,1981年,第295页。

重缓急,积极进行,在宝鸡时"学校顿成中兴气象"①。在荆紫关,校本部办事处设在东街头之马家庙,学生散居各处民房内,也有散居附近村落的。初到时,一日三餐均由地方供给,稍后渐见安定,分别成立伙食团。对于教学,校方仅作临时安置,并无具体的长期打算。"学校经积极筹建,并临时借用荆紫关之小学一所,稍事扩建,于暑假后正式复课。"但是医学院情况特殊,大部分图书、仪器滞留嵩县未能及时运出,复课也比较困难②。经过学院教授与校方再四研商,校当局同意,医学院单独行动,决定迁移汉中,最终在汉中马家坝原西北医学院的旧址暂行复课。半年后,由张广舆校长派总务处牛组长劝说医学院迁宝鸡归校办学。宝鸡办学,学生生活方面,"每日有面食,且副食已大加改善,较之嵩县时代,幸福多矣",苦在办学条件的简陋③。

在荆紫关复课情况如下:以马王庙为办公室,第一中心小学为教室,土地祠为图书馆,新街及其附近各村为学生宿舍。理学院二、三、四年级男生宿舍在小寺及张村,文学院二、三、四年级男生宿舍在大圣庙、尹家湾、陈家仓,农学院二、三、四年级男生宿舍在店子村小学及该村民房,各院新生宿舍均在河西魏家村小学、黄龙庙及该村民房,女生宿舍在新城南部、西部及西北部官房民房。由于院方认为该地点不适宜医学院办学,医学院暂时迁往西安另觅院址,仅附属产、护两校暂留荆紫关,借用朱氏小学为产校教室,城隍庙为护校教室,五圣宫为产、护两校女生宿舍,汉王坪为护校男生宿舍,等医学院院址确定了,产、护两校再搬迁④。

荆紫关办学时间较短,但是对于当地的社会教育等事业也颇多贡献。从1944年6月在荆紫关办学,到1945年3月迁宝鸡,在荆紫关的社会教育事业如下表:

---

① 邵志祥:《颠沛流离中的河大医学院》。见:陈明章《学府纪闻:国立河南大学》。南京出版社,1981年,第131页。

② 邵志祥:《颠沛流离中的河大医学院》。见:陈明章《学府纪闻:国立河南大学》。南京出版社,1981年,第119页。医学院教授张铭斋带领一些学生回沦陷的嵩县收集仪器并运回荆紫关,来回数次,仪器大半觅回。

③ 邵志祥:《颠沛流离中的河大医学院》。见:陈明章《学府纪闻:国立河南大学》。南京出版社,1981年,第129页。

④ 《教育部督学视察国立河南大学报告(1944年12月29日)》。见:河南大学校史编纂研究室、河南大学档案馆《河南大学史料长编》(第四卷)。河南大学出版社,2015年,第194页。

1944－1945 年河南大学在荆紫关社会教育一览表①

校 名	地 址	设 备	教师数	学生数	备 注
幼儿团	荆紫关南街路西五圣宫对面	课室3间，教员休息室1间，矮方案6个，座椅40个，黑板1块，风琴1个，均向中心学校借用	河大女生张静婉、于爱俭、董美珠、侯明堃等4人	35名，3－6岁，其中一部分为本校教职员儿女，大部分为当地市民子女	与荆紫关镇中心学校合办，教学科目有国语、唱游、常识、故事等，每生月纳点心费100元
妇女实习学校	荆紫关新福音堂内	借用福音堂临街房3间，教具也借福音堂	河大女生姚秀兰、罗景新、闫希同、余慕兰、高素珍等5人	学生25人，系当地失学之青年妇女	学科有公民训练、国语、国音、算术、记账、写字、音乐、常识
民众图书馆	荆紫关北街镇公所对门	馆舍3间，借用镇公所，桌凳、书架、报架等自镇公所借用，订有报纸3份	馆员由河大学生马安仁、韩国鼎、杜宗正、王春华担任		和荆紫关镇公所合办，每周出壁报一次，登载政闻、通俗短文，该馆有通俗图书300余种，供给公开阅读
电话教育队		收音机一架	由教职员和学生混合组成，学生有赵锡琴、张其平、翟成珠，教职员有马星五、张振洲		逐日收听记录新闻，公开发布，每星期日巡回各街公开发布
暑期补习学校	荆紫关新城中心学校旧址	课桌借用中心学校及荆关女校	河大学生祁铭箴等18人分别担任各级各科教员	高三一班26人，初三一班61人，小学六年级两班94人	8月1日至9月27日为上课期间，科目为在学期间的所有科目，学杂费免，收讲义费高中200元、初中150元、小学100元
学术讲座			河大学生吴其敬等4人	听讲者多为当地各机关职员、各学校教员及当地驻军军官，每次均在百人以上	校外公开学术讲座，主讲者由河大校长、院长、训导长、教务长及教授等18人分别担任，周日公开演讲
民众学校	有4处：魏村民校、店子民校、张村民校、尹家弯民校				1944年冬开办

---

① 《国立河南大学三十三年度办理社会教育工作报告》。见：河南大学校史编纂研究室、河南大学档案馆《河南大学史料长编》（第四卷）。河南大学出版社，2015年，第196－198页。

日军将战火烧至鄂豫边地区,"整个省境动荡了,学校不得不再一次流浪逃亡。这一次没有办法为子孙计了,于是迁出省界,向陕西宝鸡进发"[①]。此时的河南境内已无处安身教学,学校前途渺茫,对于下一步的校址选择,"终日所望者河大校址问题"[②],但是有不同的意见,甚至地方主义又一次出现。河南旅碚同乡会主张"河大校址沦陷,图书、仪器损失,拟请指定西北大学酌借校址一部,又该校图书、仪器得由河大师生同等使用,俾能早日复课"[③]。7月上旬,教育部命令河南大学文、理2学院迁固城,医学院迁汉中。但是"该王校长复恐迁散后于彼个人之地位不利,复坚持在荆紫关复校之主张"。因荆紫关不具备办学条件,因此"师生对此极表不满"[④]。

教育部令河南大学迁固城与汉中,而王广庆则秉持4年前留豫办学的考虑,仍旧主张省内办学,引起校内教授反对。"而校长王广庆、总务长赵冠五(吾)财心过重,部令虽命迁汉中,但个人顾虑其校长之位置,故意造谣教部将合并河大,又谓河大将亡校等是非之语,以此迟迟于行,窥其意甚至仍敢留荆紫关开课"。教授们又回顾6年前迁移潭头事:"六年前河大之迁于潭头者,即王校长一人主张,同行等百劝不悟,致河大遭如此凄惨之情,谁之罪耶?"且荆紫关无险可守,可能会酿成第二次逃窜。而滞留荆紫关,王广庆则"又待设校址于荆紫关,又或天水,一日三变,无所适从"。因此校内教授呼吁教育部:"请教育部再电河大确定校址或命令强迫迁至汉中。"因为荆紫关的确地方狭小,实不能久留[⑤]。但是,旅川校友会面见在重庆的教育部长,教育部长指示:"仍就省内选择适当校址速谋复课。如迁省外则文理两院与西北大学联合,医学院与西北医学院联合,唯农学院以不离省境为原

[①] 李福生:《母校四年》。见:陈明章《学府纪闻:国立河南大学》。南京出版社,1981年,第296页。

[②] 《河大留荆紫关教授等八十三人给教育部的信(1944年7月20日)》。见:河南大学校史编纂研究室、河南大学档案馆《河南大学史料长编》(第四卷)。河南大学出版社,2015年,第60页。

[③] 《河南旅碚同乡会给陈立夫的快邮代电(1944年7月14日)》。见:河南大学校史编纂研究室、河南大学档案馆《河南大学史料长编》(第四卷)。河南大学出版社,2015年,第59页。

[④] 《国民政府军事委员会给教育部的电报(1944年8月27日)》。见:河南大学校史编纂研究室、河南大学档案馆《河南大学史料长编》(第四卷)。河南大学出版社,2015年,第69页。

[⑤] 《河大留荆紫关教授等八十三人给教育部的信(1944年7月20日)》。见:河南大学校史编纂研究室、河南大学档案馆《河南大学史料长编》(第四卷)。河南大学出版社,2015年,第60—61页。

则。如在校学生相继转学,则学校下期势有停办可能。"①教育部对于迁校多尊重河南大学自身的省内或迁省意见。

但是,校方王广庆的确有留荆紫关复课的打算。8月13日,王广庆向教育部报告抢运图书、仪器经过称:"现本校已决定自荆紫关复课,业与地方接洽,指定房舍,积极筹备,复课之期计已不远。"②7月以来的迁校舆论则暂告缓和。8月31日,王广庆致信教育部次长,仍旧坚持荆紫关办学:"前奉部令在豫觅地复课,当以荆紫关面临丹江交通便利尚属适宜,已与地方接洽,划定地址,积极筹备,唯事等草创。艰巨万分,房屋器具诸待添置,食粮用品亦须预筹,而员工困苦尤当速予救济。"他指出荆紫关办学之利③。而此时,医学院师生则已与校方商议迁移陕西,并且脱离学校。对此医学院滞留西安的40余名师生致信教育部称:荆紫关复课无望,"医学院全体员工均愿遵部令迁出,与其他医学院合作,以维学业"。但是教育部未有指示。在豫南日军占枣阳、随州西犯之际,荆紫关全体师生鉴于潭头死难惨状,纷纷逃出,"校长既无法维持,又不作主张,坐井观天,听天由命"。医学院院长张静吾以及各科教授、学生40余人逃到西安,暂住省立医专,落魄至此,形同乞丐。因此有"拟留此与医专及军医学校合作"的计划④。9月17日,医学院院长张静吾专门致信教育部长陈立夫,称荆紫关河南大学医学院图书、仪器陷于嵩县,"留荆紫关复课绝望,医学院全体师生均愿遵部令迁出去汉中,与西北医学院合作,或来西安与军医及医专合作,以维学业"。而此时正值豫南告急,"河大王广庆校长不敢负责",于是医学院师生40余人均逃西安,并拜访张钫。张钫也允许致电荆紫关接洽河大迁出。张静吾称这次出走是鉴于医学院在潭头死难师生的故事,也指王广庆此时称"谁愿逃即逃",也指责王广庆致电教育部称河大图书、仪器完整,"系欺人之谈"。医学院多数师生已逃离荆紫关,因此医学院在荆紫关复课不可能。河大教务长郝象吾因

---

① 《旅川校友会呈母校王校长代电》。见:河南大学校史编纂研究室、河南大学档案馆《河南大学史料长编》(第四卷)。河南大学出版社,2015年,第64页。

② 《呈复抢运图仪经过(1944年8月23日)》。见:河南大学校史编纂研究室、河南大学档案馆《河南大学史料长编》(第四卷)。河南大学出版社,2015年,第68页。

③ 《王广庆的信(1944年8月31日)》。见:河南大学校史编纂研究室、河南大学档案馆《河南大学史料长编》(第四卷)。河南大学出版社,2015年,第70页。

④ 《河南大学医学院留西安员工生四十人给教育部的信(1944年9月10日)》。见:河南大学校史编纂研究室、河南大学档案馆《河南大学史料长编》(第四卷)。河南大学出版社,2015年,第70页。

开课不能已辞职,因此建议教育部派员亲往荆紫关视察,以明真相。最后建议教育部速电荆紫关被困的医学院其他员生遵部令迁出复课①。事实上,河南大学为在荆紫关复课,已经于7月份在西峡口招生,准备招收秋季新生。直到抗战胜利后,张静吾仍旧指责校方应对嵩县、潭头危机的迁移迟缓。中原会战之际,张静吾就请示校长,但"不令迁移,不得已力持镇静,照常上课"。5月3日,临汝失陷,"嵩县震动,始行停课,并封装图书、仪器运往潭头",但是运至中途日军迫近,将图书、仪器寄藏蛮峪村民宅,后被日军烧毁。5月15日傍晚,据报日军已抵达距离潭头20余里的旧县,"校长王广庆事前毫无准备,临时仓皇失措,致师生眷属数千人于午夜各自逃生,纷纷乱窜,秩序大乱"。张静吾称进攻潭头的是日军一一〇师团(有人认为是大板红部)②。

　　张静吾还专门以自己的名义致信陈立夫,称潭头损失"公的方面以医学院为最,私人以静吾为惨,妻死侄伤,个人仅以身免"。而医学院的损失原因是医学院"不能自主也","医学院以课程、设备、考试及作业性质特殊,向被其他各院所歧视,全校对医学院均有化外之感,历任校长对医学教育亦多隔阂而漠视,设立迄今,无日不在半独立之状态中,同人无日不在挣扎中",医学院经费仅为其他学院的2/3,在开封、镇平、嵩县,医学院均另设他处。学校对于职员提升也竟置不理,数年来医学院确有独立之实在情形,但是却无独立学院的组织及预算。潭头告急时,医学院教职员会议上即决定医学院学生出发,西安集合③,每两生携带显微镜一架。但是校方不允许学生到西安,以至于图书、仪器丧失净尽。到了荆紫关后,"全校员生集中荆紫关,校长既不觅定校址,又不遵部令迁往城固南郑与西北大学及西北医学院合作,

---

① 《张静吾给陈立夫的信(1944年9月17日)》。见:河南大学校史编纂研究室、河南大学档案馆《河南大学史料长编》(第四卷)。河南大学出版社,2015年,第71—72页。

② 《转呈中原事变蒙受损害教授等报告敌人罪行文(1945年12月1日)》。见:河南大学校史编纂研究室、河南大学档案馆《河南大学史料长编》(第四卷)。河南大学出版社,2015年,第108页。但是事实上,1944年5月15日,日军第三十七师团卢氏挺进队先遣队追击中国军队到达旧县,循着路上丢弃的河南大学门牌到潭头镇。见:日本防卫厅防卫研究所战史室《河南会战》。

③ 关于迁移后的集中地点,张静吾称医学院教职员会议上决定西安集合,当时的学生也称在医学院到达蛮峪时,"校长乃手谕布告全校于西安中州会馆集合"。可能是张静吾等以校长王广庆名义拟的布告,因为河南大学潭头本部命令医学院潭头集中,根本没有提及西安。《国立河南大学逃难略述(1944年6月7日晚于西安青年招待站)》。见:河南大学校史编纂研究室、河南大学档案馆《河南大学史料长编》(第四卷)。河南大学出版社,2015年,第129页。

并认合作即合并,对于医学院复课办法根本无从垂询,亦无所计划"。于是医学院全体向校长要求请遵部令,允许医学院单独迁南郑暂时与西北医学院合作,遭王广庆拒绝。教员及学生则纷纷离校。十余年发展的医学院已形如瓦解。因此建议教育部令医学院经费独立,以符提倡实科教育之意①。

9月30日,针对医学院图书、仪器沦陷于嵩县无法收集齐全影响复课的情况,王广庆向教育部呈报医学院补充计划:医学院一、二、三年级课程利用农、理两院设备,而临床课程则计划补充,计划列出预算1870万元之巨②,并拟定复课计划,主张4院合处办公。对于教育部指定的与西北医学院合作,王广庆称"西北医学院设备素称简陋,即予合作亦无补于实际之需要",提出要教育部令成都华西医学院、中央大学、重庆医学院、上海医学院协助解剖学,成都华西医学院、中央大学、宜宾同济大学协助生理学,重庆医学院、上海医学院协助病理学,成都华西医学院及中央大学、上海医学院协助药理学,其他宁愿向军医院、各救济会援助(这些协助几乎在战时是不可能的,无非是寻找理由托故不与西北医学院合作),也不愿意与西北医学院合作,明显存在担心合并事宜③。

在荆紫关的河南大学,频频向教育部申请教职员工的生活补助(数百万万元)、医学院补充费用(1870万元)、迁校设备费用(392万元)、赴蛇尾搬迁图书仪器预算费(130万元)等等。无论如何争执迁校,河南大学1944年秋季学期仍旧在荆紫关复课,但迟滞于10月10日开学,16日开课。但是1944年10月3日,王广庆呈请辞职,被国民政府予以免职,遗缺由张广舆先行代理校长。10月16日,行政院免职王广庆,任命张广舆。任命之后的第10天,张广舆即向教育部致信,恳请教育部主持诸多事宜,其中第一就是校址迁移问题。他向教育部表达了荆紫关师生的窘迫,主张"仍遵钧座核定原案迁移城固汉中,与西北大学合作之必要"。此前王广庆也拟定有迁移经费预算呈教育部,又申请建筑整修费2000万元。同时,张广舆也要解决医学院在陕与西安军医分校合作复课事宜,申请房屋修理费用300万元、师生

---

① 《张静吾给陈立夫的信》。见:河南大学校史编纂研究室、河南大学档案馆《河南大学史料长编》(第四卷)。河南大学出版社,2015年,第72—73页。
② 《医学院图仪补充计划暨预算书(1944年9月30日)》。见:河南大学校史编纂研究室、河南大学档案馆《河南大学史料长编》(第四卷)。河南大学出版社,2015年,第74—77页。
③ 《医学院图仪补充计划暨预算书(1944年9月30日)》。见:河南大学校史编纂研究室、河南大学档案馆《河南大学史料长编》(第四卷)。河南大学出版社,2015年,第76页。

救济费用500万元、战时应对准备金500万元。10月28日时,王广庆还向教育部汇报筹备复课及抢运图书、仪器的经过,虽然不在校长任,但是仍旧陈述潭头有军事上败军的情形,救济金不敷使用情形,替自己开脱①。10月,河南旅碚同乡会致电教育部,主张荆紫关逼近前线,有战祸之虞,且聘请教授不易,学生无心向学,建议"迁至城固似属比较安全",并称"河大前途实利赖之"②。10月,王广庆辞职,张广舆未到任,复课工作无形停顿,此时又有舆论"迁出豫境之议,动荡不定,更抱观望态度"。事实上,直到11月5日才正式复课,新旧注册学生700余人(医学院二年级以上学生在外),还有由战区陆续报到者,教职员共207人③。

张广舆上任后,检核学校现状,指出家具尽行遗失,图书损失2/10,标本仪器及化学药品损失7/10,教职员学生的衣被行李损失一空,截至11月底,在校的教职员257人、学生1110人,因此提出"故河大内迁拟在天水或陕南寻觅校址,以策安全",迁校需17229468元,打算将文、理、农3院迁城固,医学院迁汉中,并拟定详细迁校预算。即便没有随枣战役,河南大学也已然在张广舆布置下进行迁校。但是日军侵占豫西南各县,的确促使并加快了西迁的决定和步骤。1945年3月日军进犯豫西南各县,但是直到3月25日,河南大学才闻知日军在南阳各地的侵犯,此时南召已陷、内乡危机。潭头事件对于全校师生的旧创促使校方预先考虑迁校,"当即集议选择迁避地点,整装图书、仪器",并电报教育部请示迁校。27日,内乡失陷,淅川李官桥失陷,此地距离荆紫关不足百里。在未得到教育部指示的情况下,采取紧急措施:28日,全体学生由无眷属的教职员率领集中龙驹寨待命,而教职员及警工眷属暂迁避荆紫关120里的赵川山中,图书、仪器29日至31日运藏荆紫关北20里的猴山,荆紫关留下少数职员看守校舍,之后全部迁移。

但是新校址西迁何地,一时间各种力量有不同的考量。教育部指示"迁凤翔或其他适宜地点"。但是因为凤翔房舍难觅,无法安插,"嗣经胡长官、

---

① 《筹备复课及抚慰员生抢运图书仪器经过(1944年10月28日)》。见:河南大学校史编纂研究室、河南大学档案馆《河南大学史料长编》(第四卷)。河南大学出版社,2015年,第81—82页。

② 《河南旅碚同乡会致教育部电(1944年10月)》。见:河南大学校史编纂研究室、河南大学档案馆《河南大学史料长编》(第四卷)。河南大学出版社,2015年,第82页。

③ 《教育部督学视察国立河南大学报告(1944年12月29日)》。见:河南大学校史编纂研究室、河南大学档案馆《河南大学史料长编》(第四卷)。河南大学出版社,2015年,第194页。

祝主席指定宝鸡卧龙寺、底店镇一带为校址",派人勘查,石羊庙、武城寺有庙宇一百四五十间,姬家殿有营房一百五六十间,修葺后可供教室、实验室、办公室之用,师生及眷属租用民房或另行建筑。这些条件成为西迁宝鸡的主要因素。

医学院的迁移新址也由原来的汉中变为宝鸡。教育部令医学院迁南郑。但是实际情况是,南郑房舍狭窄,不敷应用,物价高昂,生活困难,于是在校本部及文、理、农3院迁宝鸡后,也要求医学院合迁一处办学。1945年1月医学院员工(60人)及其眷属(81人)、工役(10人)、学生(315人)共466人,从荆紫关转西坪至西安,在西安的滞留医学院师生也西迁(教职员10人,学生百人),转宝鸡赴汉中。医学院至此又合并,从荆紫关、西安两地迁于南郑觅址马家庙。豫南战事起,医学院一度与荆紫关校本部音信断绝。即便是在奉教育部令西迁中,也有寓于西安的豫籍绅士参与到新址选择的决策上,表现出地域观念。1945年4月28日,校本部和文、理、农3院已经迁于宝鸡筹备复课,有河大学生致信教育部称:"讵料在西安之河南人士,不以学校为前提,只以地域观念为口舌,妄生事端,再谋抗命,强觅校址于宝鸡卧龙寺附近,并于四月二十四迫令全体学生分批离西安而来宝鸡,虚张行动,以蒙部方,学生莫不大失所望,张校长亦无以为策。"教育部令迁移汉中,最终在"豫绅"的影响下迁移宝鸡。因此学生指责:"目前之河大,穷而不变,少数人士,包藏机心,以部方'借读'之令,即是'亡校'之声,守顽执一,高勒本校行政,强不可能为可能,而致学校前途于不顾。"①此次迁移,也有学生离校自谋安舟。医学院学生反对迁宝鸡,但是河南大学校方又致电教育部,以教育部的名义令医学院迁宝鸡。1945年5月23日,教育部批示河南大学医学院迁往宝鸡为宜,不需要迁移南郑(因为南郑的西北医学院已迁兰州),"学校分散两处,管理亦困难,所以迁往宝鸡为宜"②。医学院迁往宝鸡。

河南大学宝鸡校区,分布于渭河两岸十余个村庄,周围十余里,近者三五里,远者十余里,居处多窑洞,院墙俱无。宝鸡办学期间,各院渐复正常教学秩序,难得暂时稳定。对于社会教育,也开办不少,河南大学专门在1945年制定《国立河南大学兼办社教实施计划大纲》,举办不少社会教育(见下表)。

---

① 《河南大学学生给教育部长的信(1945年4月28日)》。见:河南大学校史编纂研究室、河南大学档案馆《河南大学史料长编》(第四卷)。河南大学出版社,2015年,第91页。

② 《教育部批示 河南大学医学院迁往宝鸡为宜(1945年5月23日)》。见:河南大学校史编纂研究室、河南大学档案馆《河南大学史料长编》(第四卷)。河南大学出版社,2015年,第96页。

1945 年河南大学在宝鸡开办社会教育一览表①

社教名称	地 址	开办者	服务对象	备 注
民众阅报处	宝鸡陈宝乡底店及姬家殿	河南大学社教会工友	当地民众	供给该地每日国内外新闻,在底店集上设民众阅报处,订有《通俗日报》、《华北新闻》、《正报》
底店北坡补习学校	底店北坡戏楼,上下辟两个教室,校具从当地停办小学借用	河大学生张梅岭等11人分担各科教员	学生40名,当地7—12岁的失学儿童,其中一部分为河大教职员子女	学生两班,一、二年级一班,三、四年级一班,采用复式教学,科目有国语、算术、常识、唱游
仝家沟补习学校	底店集北4里的仝家沟村(河大男生宿舍所在地)	河大学生易淑恺等13人	学生50名,当地15—18岁失学青少年,其中一部分为河大教职员子女	该地保长协助借用民筑窑洞3处,校具借自当地人家,分高、初级两班,采用复式教学法
宝鸡县教育人员训练班		文学院院长张邃青及嵇文甫、陈仲凡、陈梓北、郭翠轩、郝冠儒、杨震华等7名教授担任各科主讲		是协助县政府办理的,为期1个月
宝鸡实验小学		教育系教授郝冠儒、陈梓北辅导,河大教育系毕业生王雪仙等出任校长,组织有设计委员会,河大教授陈仲凡、杨震华、胡梅邨、郝冠儒、李子纯、马星五担任委员		协助宝鸡县政府创设,开辟为教育系的实习园地,教员的实验场地,1945年9月10日开学
工合复员人员训练班		河大派员担任该班学科,如农学院王鸣岐、刘祝宜,文学院梁祖荫、李子纯、马星五	受训者36名	河南大学协助中国工业合作协会西北区合作辅导委员会办理,训练班时间9月1日至30日

宝鸡还开办有民众图书馆、妇女补习学校、团队补习学校、幼儿园、民众剧社、地方卫生工作服务团、简易民众教育馆、电化教育工作队(包括社教通

---

① 《国立河南大学三十三年度办理社会教育工作报告》(三十三年为1944年,似有误,但原报告如此)。见:河南大学校史编纂研究室、河南大学档案馆《河南大学史料长编》(第四卷)。河南大学出版社,2015年,第198—199页。

讯社)、民众学校、儿童补习学校、妇女卫生训练班等。

从荆紫关到宝鸡频频更换的校长成为责难的对象。一时间,王广庆的请辞、自责、校内教授的指责等交混一起,教育部的迁校令、王广庆坚持的荆紫关办学、校友会的支持与指责等,顿时造成荆紫关办学的无心和无力。甚至即便是离职后,王广庆还面临着学校学生的指责:"其后流离荆关,师生狼狈万状,前部长陈电令河大就近与西北各院校合作,奈前王校长广庆抗命不发,怀封建之顽固思想,遂苟延残喘于荆关。"①张广舆任校长虽则亟谋迁校,也不惜与各方奔走交涉,但是又值中原战事起,再行西迁。河南大学在宝鸡安顿之后,1945年5月22日张广舆向教育部称病辞呈。1945年6月12日,行政院训令田培林先行代理校长。7月23日,田培林到校视事。在任命更换至交接的40余天里,发生教授、学生争抢校款,少数教授因经费问题对张广舆进行攻讦。事实上,张广舆在校时间少,多为筹划经费奔走各方。

上任2个月后的9月30日,田培林向教育部陈述了河南大学亟待解决的问题,最重要就是抗战胜利后迁复开封的问题。"战事结束,即派人返豫察看开封原有校址,故一面在陕提前上课,一面筹备提前东迁。"从2月到宝鸡,仅半年就又拟定迁移。亟待解决的问题还有河南大学法律系已准恢复,拟将经济系从文学院移出,增设政治系或社会系,3系成立法学院。原有的英文系不易聘请教授而取消,拟于1946年入学时招收英文系新生。1946年在理学院增设土木工程系,待其发展后成立工学院。战后不久,河南大学已有院系的扩大计划。

田培林的返汴复校计划时间表是:利用假期增加钟点赶授1945年秋学期的课程,12月上旬赶授完毕,12月中旬开始东迁,预计12月底迁完,1946年1月10日在开封办公,2月10日开学②,2月13至17日注册,2月20日正式上课。1946年2月8日,重庆国民政府训令调整国立专科以上学校设置地点,各校返原址形成大潮,而河南大学则先于此前而行③,成为原址复

---

① 《河南大学学生给教育部长的信(1945年4月28日)》。见:河南大学校史编纂研究室、河南大学档案馆《河南大学史料长编》(第四卷)。河南大学出版社,2015年,第91,92页。

② 《本校于十二月开始东迁(1945年12月12日)》。见:河南大学校史编纂研究室、河南大学档案馆《河南大学史料长编》(第四卷)。河南大学出版社,2015年,第111页。

③ 未等待国民政府发放复员经费,自行返汴复课,"这一点也是与其他国立大学所不同的"。姚从吾:《国立河南大学志》。见:河南大学校史编纂研究室、河南大学档案馆《河南大学史料长编》(第四卷)。河南大学出版社,2015年,第245页。

课较早的高校,也结束了抗战迁播流离的历史。

潭头时期河南大学部分师生的合影(摄于1943年)

(身后的建筑是河南大学校部临时办公处——关帝庙,墙上贴有举办学术讲座和演出话剧的广告。)

3. 从省立到国立

在抗战时期整个高等教育资源的重新调配中,一些新的国立大学出现,特别是此前已经具备国立条件的高校凭借稳定的办学和高质量的教育而成功升格为国立。例如云南大学,原来为省立,1937年行政院就有改为国立的决议,1938年改组为国立;中央国术馆体育专科学校,原为中央国术馆所设立,1938年改组为国立,更名为国立国术体育专科学校,直接隶属教育部。又如一直与河南大学同期流亡办学8年的黄河水利工程专科学校,原为省立,在1942年改为国立①。但是也有一些原来的省立高校,却因为迁移办学的不当而"横遇摧毁,或虽迁移而无法维持,暂告停顿者,为数亦复不少"。例如省立山西大学等校停顿,国立山东大学迁抵万县后因设备既多遂暂行结束,省立安徽大学迁抵沙市后因经费困难停办,共有公立、私立高校16所停顿(大学3、学院4、专科8、不详1),"诚中国教育史上空前之浩劫也"②。抗战期间的中国高等教育洗牌事实上也造成了教育规格的升和降。对于国立的效果,河南省府电请教育部称"湘、蜀、滇、粤各省立大学早经改为国立,收效甚宏",因此建议"河南大学现为华北唯一最高学府,不唯本省

---

① 《黄河水利专校与河南大学合并,该校校友会坚决反对》,《申报》1946年7月16日第5版。该校成立于1929年3月,原为河南省立水利工程专科学校,行政上受教育厅监督指挥,经费及教育计划则依赖河南省建设厅的支援与襄助,特别是建设厅厅长张钫对该校的发展至关重要,校址即设在建设厅的西院,最初第一期的生源来自旧西北军军团长以下被编遣的青年,第二期则招收的是河南省各县政府建设局的现职优秀职员。1942年改为国立,培养的学生质量有专业技术名声。魏仰贤:《河大工学院与黄河水专的关系》。见:陈明章《学府纪闻:国立河南大学》。南京出版社,1981年,第144-146页。

② 《中国高等教育设置现状(二)》,《申报》1939年6月1日第13版。

学生赖以收容,华北各省学生亦多前来就学,维持发展,均属要图,拟请将该校改为国立,由贵部直接管理,以利发展"①。

关于河南大学的国立问题,事实上在抗战前就已有豫籍人士不断地呼吁。在开封中山大学时期,"以时局演变,宁汉分裂,国立之议,迟延难行,河南省政府乃决定改为省立中山大学"②。但是,河南大学在河南的省立地位还是有很大保障的。1929年长校的黄际遇,又兼任教育厅长,"对学校经费及延揽教授,厥功至伟"③,在河南省教育厅的主管行政上十分有助于河南大学的发展。而抗战前夕长校任职教育部的刘季洪,对于由省立到国立尤其有助。1930年河南大学已发展为5个学院,而5个学院的最低限度经费需要60余万元,但是该年度的经费仅35万元,"此项经费若较之其他国内各大学,则相差甚远,以此少数款项,举办五院的大学,实在困难"。在解决经费问题上,"国立"成为校内考量的途径。"但河南教育经费支绌,如欲于最短期间再增许多经费,实属不易。现在本校同学正从事国立运动之进行,或为本校向前发展之途径吧。"④30年代国立的目的便是经费的解决。

全面抗战前,豫籍委员李敬斋等3名委员在参加1935年11月的国民党六中全会之际,在第二次大会分组讨论教育组的讨论中就提出"改河南省立河南大学为国立大学,以发扬中原文化案"。国立河南大学案是教育组中三件提案之一。国民政府行政院认为有"相当理由",行政院饬教育部注意⑤。此次提案,河南大学校长刘季洪也在其中推动。在国民党六中全会和五次代表大会期间,刘季洪在南京10余天。回校后,刘季洪进行报告,详细说明了国立提案的问题,称:"关于教育的议案,其中有将本校改为国立一案,为刘主席(河南省政府主席刘峙)、方特派员(民政厅长方策)、李厅长(李敬斋)所提。就目前本校经费来说,发展不容易,但豫省财政拮据,增加经费亦很困难。如果改为国立,就原有经费、中央再拨给若干,前途发展就很有希望。此事已邀教部赞成,同时大会亦经决议交教部,等五次大会闭幕后,

---

① 《教育部准豫省府电请将河南大学改为国立呈请行政院核示(1942年3月7日)》。见:河南大学校史编纂研究室、河南大学档案馆《河南大学史料长编》(第四卷)。河南大学出版社,2015年,第4页。
② 陈明章:《学府纪闻:国立河南大学》。南京出版社,1981年,第8页。
③ 陈明章:《学府纪闻:国立河南大学》。南京出版社,1981年,第8页。
④ 《河南大学校刊:三周年纪念专号》1930年第45期。见:河南大学校史编纂研究室、河南大学档案馆《河南大学史料长编》(第三卷)。河南大学出版社,2014年,第9页。
⑤ 《六中全会昨开第二次大会》,《申报》1935年11月5日第3版。

当可作进一步的接洽。"但是当时教育提案中还有提议减少国立大学经费,补助私立大学者。如刘季洪认为:"现在国立各大学经费较多,而多在沿海一带,确有重新分配、注重内地大学的必要。"①该提案虽然在五次大会上得到通过,但是到了教育部则不再议。

1942年3月10日的国民党行政院第五五四次会议上,决议河南大学改为国立。而事实上,在该会议之前,王广庆、省教育厅厅长鲁荡平已在推动促成。"此前,校长王广庆、省教育厅厅长鲁荡平于(3月)7日赴渝商洽河大改为国立后的有关事宜。"②刘季洪回忆称是1942年到陕豫视察教育,"盛暑之下,不顾道路艰阻,特往潭头与河大师生相见,患难重逢,悲喜交集!此时河南正遭受空前大旱灾,饿殍遍地,省府财政十分困难。我回部后立向陈部长报告,遂将河大改为国立"。刘季洪提到视察时是盛夏,但事实上3月行政院会议已经通过国立事宜,可见回忆不确③。

抗日战争中,河南大学一个较大的提升是办学上由河南省立升格到国立,完成一个华丽的转变。即便是在战时,教育部1935年核定的高校补助事业仍旧继续。1938年10月,省立河南大学继续获得补助5万元,与国立中央大学、国立中山大学、国立武汉大学、国立浙江大学等国立高校补助额度一样,甚至还超过了国立北京大学的3万元、国立同济大学的3万元、国立北平师范大学的3万元、国立上海医学院的2万元、国立中正医学院的2万元,是省立高校中获得中英庚款补助最多的高校④。因此,在升格为国立之前,河南大学在省财政不足敷用的情况下,"幸赖中央补助费,年发数万,尚可维持进行"⑤。抗战以来,学校的发展中已有来自教育部的拨款支持。

1939年5月,全国高等教育的大格局已经暂时稳定,各高校大规模迁徙也基本完成。教育部根据战时办学特点对高等教育进行整顿。对于私立专科以上学校,教育部对不良私校严加取缔。被取缔的私立学校多集中在北平、上海、南京、广州、苏州等沦陷区,因为无法派员详细视察。而对其他

---

① 河南大学校史编纂研究室、河南大学档案馆:《河南大学史料长编》(第三卷)。河南大学出版社,2014年,第369页。

② 申志诚:《河南抗日战争纪事》。河南人民出版社,1995年,第268页。

③ 刘季洪:《河南大学回忆记略》。见:陈明章《学府纪闻:国立河南大学》。南京出版社,1981年,第80页。

④ 《继续补助事业》,《申报》1938年10月20日第13版。

⑤ 《全国专科以上学校要览:河南省立河南大学》。见:河南大学校史编纂研究室、河南大学档案馆《河南大学史料长编》(第二卷)。河南大学出版社,2014年,第189页。

高校则进行4个方面的处理：裁并院系、充实设备、厉行职教员专任制、培养学生自动研究之精神。在整顿的同时，对优良私校也量予补助，扶植其发展。1937年河南大学所获得的补助也是在整顿时所获资助的。战时，教育部对于这些补助项目，"照章以百分之七十添置学科设备，百分之三十添聘特种科目教席"。但是1939年则根据实际情况，变通调整为"在指定情形之下，得将教席费移用于给付原有教授薪金，设备费移用于建筑校舍、补助学科，照章注重理农工医之发展，支配于上述各学科者，占全部补助费百分之七十以上"①，仍旧是注重实科的思路。

在招生方面，1939年度的招生，河南大学也加入教育部核定的国立各院校的统一招生院系中。在向后方各区考生的统一考试中，教育部为河南大学代招文学院文史、教育、经济3系，理学院数理、化学、生物3系，农学院农学、林学2系，还代招医学院新生，成为当时国立大学统一考试中两所代招的省立学校之一②。当年的代招高校中，国立院校全部列入，代招的有省立高校2校，共计28校77学院301学系。而作为从统考中代招的两所大学之一的河南大学，参加统考的原因是"远在豫西，交通不便"，改变了过去由学校自行招生的情况，由教育部统一试题，这确实是非常时期交通困难地区招生的创举③。此次统招考试中，河南大学录取的有第一志愿6人、第二志愿2人、第三志愿4人，报考志愿人数和录取数均比较小，与中央大学第一志愿17189人（有误，原文如此）、第二志愿601人、第三志愿305人相比差距较大④。而中央大学的总容量为第一志愿830人、第二志愿43人、第三志愿20人，河南大学的总容量为第一志愿6人、第二志愿2人、第三志愿4人、派发44人、分送56人，两校差距也不小⑤。1940年的统一考试招生中，国立、省立大学及独立学院全部由教育部统一办理，但是该年河南大学的学院系中，增加了园艺系招生⑥。在参加全国统一考试之外，河南大学其他学院系则仍旧单独招生。

1940年教育部为鼓励专科以上学校学生学业研究起见，制定全国专科以上学校学生学业竞试办法，并于该年举行第一届竞试。各大学和独立学

---

① 《教部整顿及补助私立专科以上校》，《申报》1939年5月25日第8版。
② 《本届统一招生，增加院系计有十一校》，《申报》1939年8月10日第12版。
③ 《本届大学统一招生考试概况（二）》，《申报》1939年12月12日第7版。
④ 《本届大学统一招生考试概况（九）》，《申报》1939年12月21日第13版。
⑤ 《本届大学统一招生考试概况（十）》，《申报》1939年12月22日第7版。
⑥ 《公立院校统一招生》，《申报》1940年7月22日第8版。

院参加这次竞试。由于河南大学所处之地仅有河南大学一所高校,所以竞试就在校内举行,由部派员监视①,这无疑是一次检验河南大学学生培养质量的机会。在1940年的清寒优秀学生、中正奖学金评选中,全国各高校录取新生与在校生各200名,经过教育部复核,河南大学有3名在校生获得奖学金,而当时所有的省立大学仅有10名学生获得(重庆大学4名,山西大学2名,英士大学1名),也体现出河南大学学生培养质量②。为了招生的便利,河南大学原本在北平、上海、南京等地设有考点,但是由于抗日战争这些城市沦陷,20世纪40年代潭头时期的河南大学招生也就近在省境内设考点。如1943年在临汝招收新生,也是临汝唯一有大学在临汝设立考区的情况。当年报考3000多考生,录取120名③。1942年河南大学成为国立,该届新生,教育部令参加西北区各国立院校联合招考,河南大学与西北大学、西北农学院、西北师范学院、西北医学院等联合招生考试,考区分设城固、西安、武功、洛阳等地。在录取时,似乎地域为优先考虑,很多豫籍学生虽远赴城固、武功应试,志愿填写西北大学等外省大学,而录取时,皆被分入河南大学,造成报到时未报到的情况较多④。

  1942年3月,河南省政府致电教育部,请将河南大学改为国立。教育部向行政院呈请。教育部有两个理由:一是为了豫省及华北招生的便利和河南大学的发展——"为便利豫省及华北各省学生升学,维持发展"建议改为国立;二是教育部还有一个国立措辞是经费方面的原因,"且自三十一年度起,各省预算均改为国家预算,在经费方面已无中央经费与省经费之划分"⑤。而经费国家预算是其中最重要的考虑因素。1942年3月10日,国民政府行政院在重庆召开第五五四次会议,各部部长出席,决议案中有河南

---

① 《全国专科以上生竞试》,《申报》1940年4月28日第7版。
② 《清寒优秀学生中正奖学金名额》,《申报》1940年6月20日第8版。
③ 李守孔:《往事忆犹新:民国三十二年至三十六年河南大学生活琐记》。见:陈明章《学府纪闻:国立河南大学》。南京出版社,1981年,第254—255页。当年招生因旅费太重,除了在潭头校部招生之外,仅在临汝设一招生分处,投考学生为673名,潭头投考200多名,又托安徽教育厅招40名,总体拟招生300名。《王广庆给教育部长的信(1943年7月31日)》。见:河南大学校史编纂研究室、河南大学档案馆《河南大学史料长编》(第四卷)。河南大学出版社,2015年,第29页。
④ 华漫:《潭荆采薇》。见:陈明章《学府纪闻:国立河南大学》。南京出版社,1981年,第340页。
⑤ 《教育部准豫省府电请将河南大学改为国立呈请行政院核示(1942年3月7日)》。见:河南大学校史编纂研究室、河南大学档案馆《河南大学史料长编》(第四卷)。河南大学出版社,2015年,第4页。

大学国立的提案,由教育部呈准河南省政府电请将河南大学改为国立案,最后决议通过①。3月14日,行政院发"顺陆〇四五六六号"训令,颁布河南大学国立,照知教育部、财政部,同时行政院给财政部同序号训令。3月19日,国民政府颁布"渝文字三七五号"令,由国民政府主席林森、行政院长蒋中正、教育部长陈立夫三人联署"准予备案"。3月19日,张钫向教育部推荐仍旧由王广庆长校。20日,毋本敏向陈立夫建议国立河南大学校长人选,建议要"能于部省两方关系均为顾及"的人选为宜。3月31日,王隐三向教育部长陈立夫推荐王广庆为国立河南大学校长。西北工学院教授15人联名向陈立夫推荐"河南大儒"、焦作工学院前院长、国立广西大学训导长张清涟为校长。朱家骅则向陈立夫推荐萧一山长校②。一时间教育部未定人选,直到1942年4月16日,王广庆呈请教育部改为国立后仍准恢复法律系时,仍旧署"河南省立河南大学校长"。1942年7月,行政院"顺人一二九〇六号"训令,任命王广庆为国立河南大学校长,校长人选终于落定。而真正将省立的事情结束并改为国立,则一直到10月底时仍旧没有确定成立国立的日期③。

河南大学在潭头期间,虽然偏寓山区,相对稳定,但是"然以系属省立,全赖省府拨款维持,且抗战局势,益形严重,河南全省精华几为敌人全部占领。1930年后,仅剩豫西及西南各县,尚为我军坚守,省库日绌,支应困难,加之战区学生,增加公费配粮,负担益重。同时河南各县灾情严重,旱灾、虫灾相继而来,饿殍遍地,省府救灾已属心劳力绌,大学需要又不能不勉力维持,困难重重,时感无法为继"④。这是河南省府当局所面临的不能支持办学的客观原因。而国立后,"与前此省立规模不同,人力、财力当可无虞匮竭"⑤。事实上也的确如此,改为国立后,国立河南大学年定经费为百万元,不是"省立时代"所比拟的。改为国立后,不再由河南教育款产管理处拨给

---

① 《行政院会议,决议要案》,《申报》1942年3月11日第2版。
② 萧一山致函朱家骅,有自荐之意,称陈立夫曾与面谈,征询其意见,自己考虑多时,"未尝不可一试"。见:河南大学校史编纂研究室、河南大学档案馆《河南大学史料长编》(第四卷)。河南大学出版社,2015年,第8页。
③ 河南大学校史编纂研究室、河南大学档案馆:《河南大学史料长编》(第四卷)。河南大学出版社,2015年,第20页。
④ 陈明章:《学府纪闻:国立河南大学》。南京出版社,1981年,第15页。
⑤ 河南大学校史编纂研究室、河南大学档案馆:《河南大学史料长编》(第四卷)。河南大学出版社,2015年,第9页。

河南大学经费,"省府不能为力",但是在过渡时期中央拨款较慢①。

在国立过程中,暂寓潭头和嵩县的河南大学,教学、科研以及社会服务工作比较突出。1940年,医学院得到国民政府教育部表彰,被评为全国医学院第三名。全校办学规模甚至有所扩大和发展,增设园艺系和高级护士学校,扩大农艺系为农学系,内设农艺及植物病虫害两组,每年都坚持招生②。在院系设置上,流亡办学途中也出现比较大的变动。流亡之初,河南大学有文、理、农、医、法5院;1939年在镇平,将法学院并入文学院,医学院分为前后两部,前部管一、二、三年级,后部管四、五年级;农学院的畜牧系仅仅有教师路葆清一人,不久并入武功国立西北农学院,农学院仅剩下农艺、森林2系。到潭头后,增设园艺系。第二次大的变动是在潭头时期,根据教育部的裁院并系的命令,河南大学根据需要合并了一些系,文学院有文史、教育、经济3系,理学院有数理、化学、生物3系,农学院有农艺、森林、园艺3系,医学院分为前后两部。各院系教学也根据调整进行正常的教学活动。国立背景下,也在地方产生一些问题,先是河南大学附属的助产、护士2校的升格和经费问题。接着是河南大学的粮食供应问题,原来省立时,省府令县拨购粮食,由乡民分送县城、潭头2处,交给各院购用,"其价较廉"。改为国立后,因为潭头市面太小不能大宗购粮,而省政府不能再给予这样的便利,乡民得到消息后,不送麦面。如果向外地购买麦子,运费昂贵,山路崎岖,雨天农忙,脚运即断,有坐困之虞。因此,国立河南大学有在嵩县城西合村一带建新校区,将潭头三院迁移该地的打算③。但是很快面临的是灾荒之年,粮价飞涨,仅全校师生员工及眷属2000人的月需麦子就合近60万元,而教育部仅仅拨款20万元,师生员工多以包谷煎粥维持生命,校内无款④。而从7月开始,奉令改为国立,省款已停,部款待发,正值河南歉岁,麦价月增倍,无款买粮。8月底财政部国库署汇到20万元,但是此时河南大学的师生员工月需食粮就达40余万元。10月初又汇到30万元,此时市场的粮

---

① 河南大学校史编纂研究室、河南大学档案馆:《河南大学史料长编》(第四卷)。河南大学出版社,2015年,第11页。
② 张综:《抗日战争中的河南大学》。《河南大学学报》1985年第3期。
③ 河南大学校史编纂研究室、河南大学档案馆:《河南大学史料长编》(第四卷)。河南大学出版社,2015年,第12—13页。
④ 河南大学校史编纂研究室、河南大学档案馆:《河南大学史料长编》(第四卷)。河南大学出版社,2015年,第17页。

价稍为稳定,"校务各方并已规复常态,正式授课"①。国立后的经费相对省立充足很多,支出主要是教职员工的薪金,占全部经费的70%,设备费占20%,办公费仅占10%。国立后,师资也较易聘请,1942年就增聘教授12人、讲师6人、助教8人,教授总数达到76人,全校教职员共240人;学生数也达到1019人,首次逾千②。但是由于年荒,直到年底新聘教师中仍有四五人未到校。

在省立改国立的过程中,教育部的人事资源也起到推动作用。河南大学原校长刘季洪1938年辞河南大学校长职,后入教育部任职,出任教育部主任秘书,之后出任社会教育司司长,对于河南大学的国立也作出了重要的决策贡献。1942年,时值大灾荒,河南大学的经费一时短促,时任教育部社会教育司司长的河南大学原校长刘季洪到潭头视察河南大学,对河南大学的困境深表同情,经过多方活动,将河南大学改为国立,学校经费因有了新来源而有所保障。当时"恰逢前校长刘季洪先生,奉教育部命,到陕豫视察教育,目睹河大困难情形,乃返重庆向教育部陈情,将河大改为国立,仍由王校长继续主持校政。从此河大与全国各大学可以共沐中央厚遇,合理循序发展"③。1930年以来,河南大学历任校长充分为国立事多所谋划。

省立到国立时河南大学的校长名录④

姓名	任职时间	到任年月	离职年月
黄际遇	1年零1个月	民国十八年五月	民国十九年六月
张广舆	第一任3个月	民国十九年六月	民国十九年九月
	第二任1年	民国二十二年八月	民国二十三年八月
	第三任8个月	民国三十三年十月	民国三十四年六月
李敬斋	4个月	民国十九年一月	民国二十年五月
许心武	2年零4个月	民国十九年三月	民国二十二年七月
杨震文	6个月	民国二十四年三月	民国二十四年八月
刘季洪	3年	民国二十四年八月	民国二十七年八月
王广庆	6年	民国二十七年九月	民国三十三年十月
田培林	1年零4个月	民国三十四年七月	民国三十五年十一月
姚从吾	2年	民国三十五年十二月	民国三十七年十二月

注:为保持表的原貌,民国纪年没加括号标出公元纪年。

---

① 河南大学校史编纂研究室、河南大学档案馆:《河南大学史料长编》(第四卷)。河南大学出版社,2015年,第23页。
② 《本校校务行政概况》。见:河南大学校史编纂研究室、河南大学档案馆《河南大学史料长编》(第四卷)。河南大学出版社,2015年,第23、24页。
③ 陈明章:《学府纪闻:国立河南大学》。南京出版社,1981年,第15—16页。
④ 《国立河南大学》。见:河南省教育志编辑室《河南教育资料汇编:民国部分》,1984年,第195—196页。

但是，实事求是讲，河南大学的国立之举，并非完全由于此时的教学、科研之佳，而是由于豫省府经济困难，学校发展困难，刘季洪在教育部的推动所致，其中经济解决的因素很重。时人也称："三十一年省政财务支绌，由前校长刘季洪协助，改为国立。"①有人认为1942年河南遭受水、旱、蝗、汤灾害，财政十分困难，省立的因素致使学校经费受到严重影响，"全校师生都希望改为国立"。恰逢教育部次长、原校长刘季洪到校视察，对学校同情，经各方活动，迅速促成改为国立。此时因为国立能够解决经济问题，因此"牵动着全体师生的心"②。与河南大学几乎同时国立的还有当时河南3所高等院校中的黄河水利工程专科学校，1942年改为"国立黄河流域水利工程专科学校"，由此前的五年制专科（招收初中毕业生）改为三年制专科（招收高中毕业生）。该校的国立实因办学经费问题，与河南大学一样迁徙办学，流转于镇平、内乡及陕西宝鸡。1946年夏，国民政府为提高学术水准，节省人力财力，将国立黄河流域水利工程专科学校合并于河南大学工学院水利系。作为从省立到国立河南大学的长校者王广庆，他也指称国立的经济因素。因为战区扩大，河南教款来源减少，大学则照原预算减半拨发，因此河南大学"经费比例，较其他各大学实属望尘莫及"，加之物价飞涨不已，"不特校工及低薪教职员无以维持，即教授负担略重者亦感拮据，且国立各大学或增加生活费，或十足发薪，相形之下，益觉见绌"。虽屡次向省府呈请增款，但是效果有限，"乃于三十年三月复呈奉省府核准，财力有限，即此一再增费已属勉强支持，然仍不能解除物价高涨所引之一切困难，徘徊回顾，似觉非援照湖南、四川、云南、广西各大学之例，吁请改为国立不足以谋发展也"③。又称"战前母校经费五十万元，自抗战军兴，省库支绌，经缩减为十余万元，际此百物昂贵，校政艰难时，河南省政府暨参政员会呈行政院改为国立，常年经费增为百万余元"。而战前的发展，使此时的河南大学仪器、图书等积累在全国也占先，"据教育部调查，母校现有仪器设备占全国大学第一名，图书占全国大学第二位"④。

---

① 刘雨民：《河南大学往事回忆》。见：陈明章《学府纪闻：国立河南大学》。南京出版社，1981年，第86页。
② 姚惜鸣：《河南大学在潭头》。《河南文史资料》1993年第45辑。
③ 王广庆：《抗战以来之河南大学》。见：河南大学校史编纂研究室、河南大学档案馆《河南大学史料长编》（第四卷）。河南大学出版社，2015年，第320页。
④ 《母校点滴》。见：河南大学校史编纂研究室、河南大学档案馆《河南大学史料长编》（第四卷）。河南大学出版社，2015年，第328页。

就河南大学抗战时期的经费而言,战前学校的办学经费为420984元。1938年7月奉河南省政府令缩减,按原预算五成折发,年仅210492元,从1938年2月份开始缩减。而此时的国立浙江大学、武汉大学、湖南大学、广西大学年经费多在百万元以上,少者也达80万元以上,中山大学、中央大学更是经费充足。若教授薪金减半,"专家教授,多以待遇之薄,不肯应聘"。在鸡公山、镇平办学时期,"本校为接近前线唯一大学",因此"以时而论,以地而论,以抗战建国前途而论,均有增加经费、充实内部、发展事业之必要"。王广庆甚至向教育部开列了学校发展的详细计划,事实上多为发展事业的预算,各个学院及校本部预算下来,全年需增经费238668元。而在王广庆的预算中,所举事例多与国立各校相比较,以显示河南大学经费之短绌①。对此河南大学致电教育部,称奉令迁移来武汉待命,但是"前途未能确定,迁移费不敷应用"②。1941年1月,王广庆在向教育部申请医学院附设高级助产职业学校及高级护士职业学校经费时,称两校的经费由省教育款下另支,"现在此两校性质上、人事上势必随同河大改为国立附设之校",预算的高级护士职业学校年需经费79360元,高级助产职业学校年需61800元。此时的王广庆好似已知道河南大学改为国立的趋势③。国立之年入学的学生李广溥也称:"1942年,河南大学由省立改制为国立,经费由国民党政府教育部拨发,始得以减轻学校所面临的困难。"④

毕竟,国立使得河南大学经费有所保障,声誉也渐隆。1943年在川的校友自豪地称:"我们母校,这规模宏大设备完善的中原最高学府,虽因受战争影响,屡次迁徙而不无损失,但最近国家却因需要而将她改为国立,这说明今后她的负荷的责任更重大了。"⑤改为国立后,"员生名额日众,研究志

---

① 《河南大学增加经费充实内部发展事业计划书》。见:河南大学校史编纂研究室、河南大学档案馆《河南大学史料长编》(第二卷)。河南大学出版社,2014年,第32—38页。
② 《河南大学致教育部电》。见:河南大学校史编纂研究室、河南大学档案馆《河南大学史料长编》(第二卷)。河南大学出版社,2014年,第38页。
③ 《申请医学院附设高级助产职业学校及高级护士职业学校经费(1942年1月24日)》。见:河南大学校史编纂研究室、河南大学档案馆《河南大学史料长编》(第二卷)。河南大学出版社,2014年,第61页。
④ 李广溥:《忆抗战时期我在河南大学医学院求学的经历》。《河南文史资料》2008年第107辑。
⑤ 邵松:《怀母校》。见:河南大学校史编纂研究室、河南大学档案馆《河南大学史料长编》(第四卷)。河南大学出版社,2015年,第331页。

趣益增"①,对于学术的提升和招生也有重要的作用。

国立字样很突出的河南大学校徽和学生证

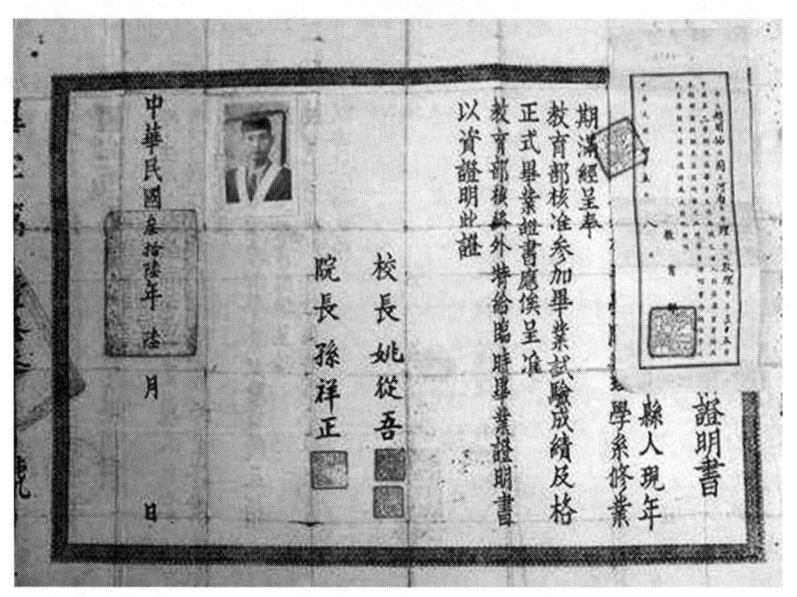

河南大学1947年的毕业证

4. 嵩县、潭头五年

1939年5月,日军进攻新野、唐河,镇平已危,河南大学师生北越伏牛山,经方城、叶县、宝丰、临汝(今汝州)、伊阳(今汝阳)、伊川,行600余里,7月到达嵩县。从镇平到达嵩县县城后,校务委员会议定,医学院留嵩县县城,校本部和文、理、农3个学院择址深山中沙平岸阔的以潭头寨为中心的几个村落中办学。从1939年5月直到1944年5月,在5年的时间里,河南

---

① 王广庆:《国立河南大学学术丛刊发刊词》。见:河南大学校史编纂研究室、河南大学档案馆《河南大学史料长编》(第四卷)。河南大学出版社,2015年,第334页。

大学在潭头山坳办学,潭头成为能够安置一张书桌的庇护所。但是由于日军进犯洛阳,"日寇再度进侵,不得已又迁陕西宝鸡武城寺,古庙茅屋,暂得喘息"①。潭头办学无疑是20世纪30年代之后河南大学办学较为稳定的另一个时期。

潭头为伏牛山脉伊水冲积而成的一个平原,东西长七八里,南北宽约四里,南依大山,北邻洛宁,西通卢氏,东接嵩岳,万山环抱。镇子本身为土寨,仅有东西两门可通出入,居民约500户,村落六七个,散布周围,每村在百户以下,各村小而富庶,实为避寇理想之所。但是当时的潭头,"近数十年来迭遭匪患,居民逃迁顿形萧条"②。由于1938年被土匪攻陷寨子而呈现出破败情形:"庐舍残蔽,居民十室九空,市面萧条,市肆移在寨外,三、六、九日一集,农商交易,过日即行冷落。"虽则市面萧条,但是却具备办学的条件,寨北上神庙是县高小学校,有房43间,周围空地39亩,可以增加校舍;大王庙村,庙房27间,居民200户,房可租用;寨西党村,有柴式民房31间,住户50家;寨南三官庙庙房28间;古城村、蛮子营等也有民房可租用;石门湾村有全神庙房16间,柴式民房21间,及其他零落民房。此外,寨东南岳庙20间,东山村民120户,寨北纸房村70户,寨西北西岳庙25间,居民130户,三村距寨四五里不等,往返较为不便;寨内民房可租用者,多不过50间。上神庙小学愿意让出校址,但需付迁移费。原本医学院也安置在潭头,考察了寨东8里的汤营村,有民房50间可用,"医院在此,极为相宜"。潭头地点适宜,并且安全③。河南大学校舍全部为租赁,在潭头租房476间,在嵩县租房138间,在潭头建教室30间,在嵩县建筑病房16间、门诊5间、实验室12间④。

医学院及其附属医院、高级助产职业学校、高级护士职业学校留驻嵩县县城,校本部及文、理、农学院西行至潭头镇。留嵩县的医学院在老城财神庙前简盖草房5排35间,设病床30张,开设内科、外科、小儿科、妇产科、五

---

① 《国立河南大学》。见:河南省教育志编辑室《河南教育资料汇编:民国部分》,1984年,第195页。
② 《河南大学迁至嵩县潭头以后筹备经过情形及工作概况报告(1939年12月)》。见:河南大学校史编纂研究室、河南大学档案馆《河南大学史料长编》(第二卷)。河南大学出版社,2014年,第48页。
③ 《迁嵩经过及勘察校址情形(1939年6月6日)》。见:河南大学校史编纂研究室、河南大学档案馆《河南大学史料长编》(第二卷)。河南大学出版社,2014年,第46—48页。
④ 《全国专科以上学校要览:河南省立河南大学》。见:河南大学校史编纂研究室、河南大学档案馆《河南大学史料长编》(第二卷)。河南大学出版社,2014年,第189页。

官科、皮肤科、眼科等门诊,面向社会开放。院长阎仲彝及医学院教授都兼职行医,医德医术深得嵩民称赞。此时有留德回国的眼科教授张季平、外科的生景清等,均著名医。医学院还在嵩县招收学生,培养医学人才①。医学院在嵩县开设有六年制的医学班,在嵩县招收学生,每班50人。1942年的第十五届春季班的学生入学,正值河南大学国立,经费也由国民政府教育部拨发,学校面临的困难也减轻。当时医学院在嵩县城内办学,宿舍和教室都是借用嵩县城内和西关一带的民房和庙宇。病理学馆、生理学馆、细菌学馆设在西关老君庙大殿,学院办公处、医学图书馆和信件收发处设在县城"首三图书馆"大院内,学生宿舍大部分在西关城内的一些大宅院内。虽在县城,医学院的教学条件也比较艰苦,上课用的桌凳,都是在土坯砌成的墩上,再铺上长木板。但是"因学校搬迁过程中未遭受重大损失,所以教学设备、图书和师资力量较国内其他内迁的大学并不逊色"②。但是,嵩县办学的医学院因为学科特性,学制长达6年,很多学生无力读完而中途退学,几乎占1/3甚至1/2之多,在校的学生甚至出现不堪忍受生活艰辛而自杀的情况。1942年至1944年间,由于豫西地方暂未受到日军侵扰,嵩县、潭头两地办学相对稳定。

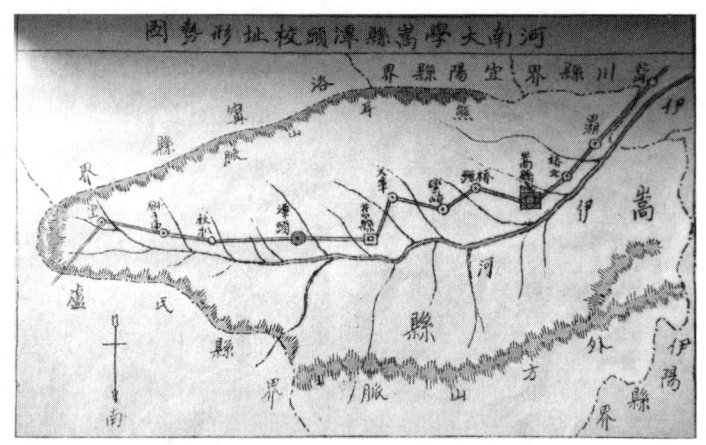

河南大学档案馆藏手绘嵩县潭头校址情形图

30、40年代,全国各高等学校有二三十个医学院,其中大致有两个大的派别:学英文的和学德日文的,各占一半,形成所谓英美派和德日派,两派界

---

① 范章:《国立河南大学迁嵩经过》。《洛阳文史资料》2007年第28辑。
② 李广溥:《忆抗战时期我在河南大学医学院求学的经历》。《河南文史资料》2008年第107辑。

限分明①。20世纪30年代初河南大学医学院的建立,也纠葛于英文和德日文两派的斗争中。河南大学在首任医科主任陈雨亭去职后,校部欲聘留美学医的孙祥正,但是"在汴的德文班毕业同学闻大学欲以孙接陈当医科主任,因派系关系,心中颇不赞成,即函张静吾回汴"。当时张静吾在北平的德国医院工作,无意回汴。在阎仲彝的运动下,张静吾于1929年回汴出任医科主任,"医学院在人员和设备方面的初步基础乃阎仲彝所筹划",至此河南大学医学院成为德系派别,而张静吾成为第一任医学院院长,此后又两度出任院长。而职员中多为同济或留德同学,该院的外文从创科开始就是德文。嵩县的河南大学医学院师资雄厚,教师中大半是留德或德日派医生,院长为留德博士阎仲彝,附属医院院长为留德博士刘蔚同,继任院长张静吾也为留德博士,留德博士内科朱德明为部聘讲座,病理学教师鲁斐然、寄生虫学教师李赋京、细菌学教师褚葆真、眼科学教师张季平、生物化学教师梁之军等均为留德博士,妇产科教师王毓琛(女)留学日本,药理学教师夏一图留学瑞士。人称"医学院教授出身,清一色为留德之医学博士,间有一二人先未留德,后来又到德国得到博士"②。另外还有同济医学院及河南大学医学院多年培养的教师,师资雄厚。由于师资留德教育背景居多,医学院的外语课一直教授德文,由捷克人万·托克讲授,毕业生多能阅读德文书刊。医学院教学中缺乏教科书是学生学习中的主要障碍之一,教师授课,主要是口授辅以挂图、板书,学生则主要依靠笔记,多数教师教学效果良好。医学实体解剖标本、教学仪器等较全。在嵩县的医学院还附设有附属医院、高级护士职业学校、高级助产士职业学校,地址均在城内东北角的财神庙院内。财神庙也成为教学点以及面向社会服务的医疗点。附属医院的门诊病房设在院内,面向嵩县民众举办各种类型的医学科普展览。嵩县医学院学生课余生活也较之于潭头丰富,组织有业余京剧班子、话剧班子。学生则多埋头读书,不问政治。

在嵩县潭头期间,1939年12月时,全校共有教授44人、讲师10人、助教28人、校本部职员56人、助理5人。"授课实属不敷分任",且教职员工的待遇"教之国立各大学规定薪额相差甚巨",最初按照规定五折发放,1939年3月按照七成发放。新聘教员不易,因为待遇低,且接近战区;但是在聘

---

① 史延祚:《河大的点点滴滴》。见:陈明章《学府纪闻:国立河南大学》。南京出版社,1981年,第275页。
② 狄震:《从铁塔牌说起》。见:陈明章《学府纪闻:国立河南大学》。南京出版社,1981年,第358页。

教员"现已到此各教职员,均以校址稳定,生活安适,山水明秀,景物宜人,又以图书仪器之充实,足以资参考而便实验,颇称满意"①。1941年时教师薪金已全额发放。潭头、嵩县办学期间,教师来源较广。体育教师均系从军队抽调的军训教官充任②。陆续来校的教师也较多,保证了河南大学在抗日战争时期的师资阵容,科研也比较突出。樊映川1940年在美国获得博士学位后来校任理学院教授,化学系徐墨也是留美归国来河南大学任教,李俊甫1939年到潭头河南大学讲授物理、化学等课程。教学中因为没有教材,"全赖上课时之随堂笔记,白天通常都是六节课堂,两节化验室实验,晚上温习功课前,大家同学彼此还要互相对照笔记,竭力求其正确无误,所以一天从早到晚都在紧张中度过",所幸各项课程顺利进行。当时"前期部教室在西关老君庙,后期部教室及附设医院均在城内。宿舍则分布在西关、东门里、西门里,及城内各处"③。

初迁潭头的秋季学期,学生虽有减少,但新招却很多。1938年学校各院系有学生461名、借读生56名,共517名。但是1939年时,由于毕业(76名)、转学(38名)、休学(55名)、退学(53名),仅有学生295名;该学期开学又招生216名,续学者15名,借读者6名,共有学生532名,学生来自战区的较少④。在开封办学期间,"校中生活朴实,无奢华风气,像上海一般的西装少爷、摩登小姐,学校里是找不出的"⑤。这方面的原因也是此时河南大学的一点特色:学生年龄偏大,且已婚的较多,"但有一点与南方各大学特别不同,即男女学生十有八九已经组织小家庭,甚至做了人家的父母"⑥。1936年前后的河南大学教学管理比较松弛,"上课一般不点名,有时点名,也不让学生应到,不去上课也没人追查"。学生考试纪律也很松弛,甚至出现学生纪律较差的情况,"有

---

① 《河南大学迁至嵩县潭头以后筹备经过情形及工作概况报告(1939年12月)》。见:河南大学校史编纂研究室、河南大学档案馆《河南大学史料长编》(第二卷)。河南大学出版社,2014年,第50页。

② 李广溥:《忆抗战时期我在河南大学医学院求学的经历》。《河南文史资料》2008年第107辑。本书中口述者刘泉生父亲正是从军队抽调的教官充任河南大学体育教员。

③ 邵志祥:《颠沛流离中的河大医学院》。见:陈明章《学府纪闻:国立河南大学》。南京出版社,1981年,第119页。

④ 《河南大学迁至嵩县潭头以后筹备经过情形及工作概况报告(1939年12月)》。见:河南大学校史编纂研究室、河南大学档案馆《河南大学史料长编》(第二卷)。河南大学出版社,2014年,第50页。

⑤ 李锡珍:《谈谈河南大学》。《华年》1933年第2卷第10期。

⑥ 李锡珍:《谈谈河南大学》。《华年》1933年第2卷第10期。

些学生,平时不上课,到外边逛大街,或者到校外打麻将。河大附近有些住户设有牌摊,专供学生去赌博玩乐,他们抽些'头钱'"①。但是在潭头,学生则衣服饮食极为俭朴,"山地交通不便,学生宿舍散漫,除每日有短途竞走机会外,只有读书一事,一切浮华奢侈之习,早已摒除净尽。对于校章及规定作息时间,均能遵守不违。其起床、上课、饮食、就寝等,尚合农村平民生活"。学生的学费、宿费、杂费及实验费等均一律免缴②。

嵩县、潭头时期,学生无论其家乡是否沦陷,一概被视为流亡学生,享受国家贷金待遇,国家免费供应口粮及伙食,以贷金形式借贷给学生,俟毕业后偿还(事实上毕业后也并未要求偿还),学生的生活还是有保障的。学生贷金由河南省教款下承担2/3,教育部补助1/3,每月8-10元,视当地生活费用及学生实际需要确定。1938年2-10月,按照每月10元发给,11月省政府以教款收入短绌,减为8元。"伙食方面,因为战区同学较多,经济来源断绝,不得不由公家发给伙食代金。随后,非战区同学,亦援例请领代金。一日三餐,稀饭馒头,偶尔午间也吃顿面条。副食方面,平常每人一份,仅小菜一盘而已",较之于当地居民而优越③。当时"凡战区学生均酌给公费,每人每月发给小麦50斤,副食费若干(视物价波动调整),山村朴实,足敷吃穿。学生分组膳团,自办伙食,乡村蔬菜繁多,价廉物美,或师生同伙,围桌共餐,其乐融融"。同时,"由于山居清静,别无牵挂,读书风尚尤为高昂,每当朝日初升,山坡、林边、溪岸、田傍,或低头细读,或高声朗诵,坐、立、行走,声欬相闻,为乡村平添一番新气象"④。即便是1942年、1943年大灾时期,学生补助也照常发放,甚至在河南大学医学院附设产科学校就读的学生,1943年所招的3班150余人,也享有补助,"各生伙食,均系公费,每人每月主食麦子五十五斤,足敷使用,虽在颠沛流离的情况下,尚无断炊之虞"⑤。但是校方规定:沦陷区学生因享受贷金待遇,要以劳动服务相抵偿,不享受贷金的同学,也规定有劳动服务时数,每学期从20小时到40小时不等,主要

---

① 王锡璋:《在河南大学求学时期的回忆》。《河南文史资料》1992年第41辑。

② 《全国专科以上学校要览:河南省立河南大学》。见:河南大学校史编纂研究室、河南大学档案馆《河南大学史料长编》(第二卷)。河南大学出版社,2014年,第192页。

③ 邵志祥:《颠沛流离中的河大医学院》。见:陈明章《学府纪闻:国立河南大学》。南京出版社,1981年,第119-120页。

④ 陈明章:《学府纪闻:国立河南大学》。南京出版社,1981年,第13页。

⑤ 张鹤亭:《忆河南大学附设产科学校》。见:陈明章《学府纪闻:国立河南大学》。南京出版社,1981年,第141页。

是潭头街上市容的维持和通达各村落道路的铺修,筑造伊河堤防。为鼓励学生娱乐,参加演出戏剧一次,可以冲抵劳动服务①。河南大学刚迁入潭头不久,第一战区长官部为体恤师生艰苦,一律供应军麦,雇居民磨成细面食用。刚到潭头未开课之时,学生闲逛,似无事做。当地居民为之谣称:"大学大学吃白馍,不做活。"②但是,1941年3月,学校内部发生讲师、助教罢课,勤务罢工,教授无心上课的情况,要求校方增加待遇③。在潭头当地的联保办公处、乡保等地方政权看来,河南大学是"本省最高学府",应该予以便利,为此嵩县政府还特别指派县自卫团一个分队驻扎寨内,进行武装保障④。1941年冬天在普遍粮食困难的条件下,校内发生粮食问题,校方已有提前放寒假的可能性。1942年7月初,天灾人祸,学生生活颇为困难,学生的各伙委开会,商讨学生茶水供给和粮食标准问题,最后校方酌情增加副食费。

总体言,河南大学师生在潭头的薪水和贷金足敷使用。潭头地僻,迁校以前,寨东原隔三日一市,所买卖的不过是杂粮、食盐、山柴、蔬菜,"俟集俟散无多交易"。河南大学8月迁来之后,人口骤增一倍有余,需用物品较多,改为隔日一市,市面有起色,渐臻繁荣,负贩小商增多,粮油等大宗则无法市易。"地方所产食粮供给地方之用尚属有余,供给增加人口则不足。天晴则赖各方贩运源源接济,自不虑其缺失;一逢雨雪连绵,交通阻滞来路断绝,恐不免发生恐慌"。于是河南大学预备1个月经费先购买小麦数百石存储,洛阳生活用品社商在潭头开设分店,供给日用品。特别是河南大学所需的面粉和麦子购自附近地方,食盐和香油购自洛阳、临汝两处,因交通不便,运输费用几乎占一半,这也是造成物价腾贵的主要原因。河南大学办学所需的课桌凳等,多为临时制作,两三个月间制成方桌459张、长桌178张、长凳1288条、短凳260个、铺板752张、辅凳552双、仪器柜17个、图书仪器架67个、木床160张、黑板24个,不足的多在制造中。到1939年12月,河南大学在潭头和嵩县城已经租用房屋550余间⑤。

---

① 李守孔:《往事忆犹新:民国三十二年至三十六年河南大学生活琐记》。见:陈明章《学府纪闻:国立河南大学》。南京出版社,1981年,第256页。

② 华漫:《潭荆采薇》。见:陈明章《学府纪闻:国立河南大学》。南京出版社,1981年,第340页。

③ 姚惜鸣:《河南大学在潭头》。《河南文史资料》1993年第45辑。

④ 姚惜鸣:《河南大学在潭头》。《河南文史资料》1993年第45辑。

⑤ 《河南大学迁至嵩县潭头以后筹备经过情形及工作概况报告(1939年12月)》。见:河南大学校史编纂研究室、河南大学档案馆《河南大学史料长编》(第二卷)。河南大学出版社,2014年,第49页。

学生自各地投考而来。学生日常娱乐,由于山村别无娱乐,学生则利用课余之暇,提倡劳动服务。学生以习劳为荣,修筑村落之间贯联的小路,为村民修堤、筑桥、栽种树木、插植花草,美化环境。学生还组织有剧团,"因之京剧、话剧、梆子、坠子、越调、南阳调等,色色俱全,偶尔亦邀请外角来潭助演。每逢双十国庆、国父诞辰、校庆、领袖生日、过年、过节,往往数剧杂陈,连演数日,为山村居民等带来无限欢乐"①。体育活动方面,全校仅有篮球场一处,但是学生很少利用,"于是畴边漫步、捕虫豸、觅病株、爬山、涉水、翻土、整地、运石、铺路,代替运动,更促成青年学以致用之新启示"②。学校指导学生成立各种性质的社团,属于自治性的有各系系会、各班班会,属于康乐性的有话剧社、京剧社、歌咏队、地方戏剧研究社(如越调、南阳调、坠子)等,另外还有学术性的文风、新文艺等,属于体育性的有篮球队、排球队、桌球队、足球队等,学生课余活动较多,康乐性社团经常排练戏剧,并配合庆典节日公演及举办登山、游泳、远足等活动。当时在读的学生回忆称最使人回荡的是公演京剧《西厢记》和公演河南梆子《水漫金山》,史萍的红娘形成"史派",米廷珊的白蛇称为"米派"③。潭头师生借纪念日进行娱乐之多,据训导长赵新吾称:"睡觉第一,吃饭第二,纪念周第三。"④1943年在知识青年从军运动号召下,校内各社团张贴海报、标语、漫画,掀起从军热潮。1941年时在读学生则感觉学校的学术空气不足。1942年国立后,校内师生的课外生活也颇具组织性,校内共有各种学术研究会、学会、观摩会等28个,课余活动较多⑤。

图书资料的补给方面,从开封辗转鸡公山、镇平,再赴嵩县、潭头,图书、设备未及带出的较多。七七事变后,即便迁移多地,图书、仪器损失不甚严重。1940年的统计,河南大学图书馆"自七七事变,因交通便利,迁出图书三百五十余箱,计七万余册",又一次性地购置四五万元的中西文图书杂志报章多种⑥。从开封随迁的畜牧系的荷兰种公母牛两头,迁移潭头后死亡,

---

① 陈明章:《学府纪闻:国立河南大学》。南京出版社,1981年,第13页。
② 陈明章:《学府纪闻:国立河南大学》。南京出版社,1981年,第14页。
③ 曹世昌:《母校四年两迁记》。见:陈明章《学府纪闻:国立河南大学》。南京出版社,1981年,第113页。
④ 李福生:《母校四年》。见:陈明章《学府纪闻:国立河南大学》。南京出版社,1981年,第293页。
⑤ 《本校校务行政概况》。见:河南大学校史编纂研究室、河南大学档案馆《河南大学史料长编》(第四卷)。河南大学出版社,2015年,第25页。
⑥ 《各地图书馆动态:嵩县》,《申报》1940年5月6日第8版。

畜牧系随之停办。由系主任路葆清率领仅余的少数学生，归并于陕西武功西北农学院。后来依照大学规程，每个学院至少有3个系，于是增设了园艺学系、森林系，这也是河南大学农学院园艺系的开始。在潭头，学校设有总图书馆（在潭头上神庙）、院图书馆（3处——医学院嵩县城内、农学院大王庙村、理学院党村）、系图书室，"计有中西文图书壹拾万册，每日在各图书馆（室）阅读的师生为数甚多，几乎座无虚席，因之图书之流量甚大"①。"学术讲座特多，为其一大特色。多次专题讲演，尤其客座教授，讲堂多呈爆满，道路行人驻足倾听，乃是司空见惯，盖皆为吸收新知有以致之也。"②

设备方面，"各院有专用教室及实验室，如动植物病理室、昆虫实验室、遗传生理实验室、土壤实验室、林学实验室、蔬菜花卉实验室、显微镜室、农械具修护厂、实习农场、生化实验室、细菌培养室、病理学馆、病理标本阅览室、储藏室、解剖室、挂图室等，其中以农学院设备最为完善"，设备齐全到"据说在校的学生每人可使用一架显微镜，仅此一项则可证明其一斑矣"。即便是在迁移中，图书、仪器多未散失③。

文、理、农学院及校本部均在潭头复课。校本部全部办公室及教职员宿舍、女生宿舍均设于寨内；总办公处设于关帝庙，庙前广场为集会之所。教室、总图书馆设于寨内北门外之上神庙，另建草房以作补充。农学院之图书馆、实验室以及各年级学生宿舍皆在大王庙。理学院之实验室及学生宿舍皆在党村。文学院学生较多，除居住在寨南古城村、寨东石门湾及寨西桥上村外，一部尚散居于附近小村中。由于学生分住各村，管理困难，为了预防意外及照顾学生生活起见，学校规定女生集中居住，并在宿舍中设管理员与学生同住，严禁男宾进入。男生宿舍在各村均设有教官管理，并由生活指导组督率校警随时巡察，或者按时点名。学校总办公处设在寨内关帝庙，图书馆和教室都设在上神庙。在上神庙的左侧增盖简陋教室数十间，土墙茅顶，课桌、坐凳都是泥坯做架，上面加放素面木板。教职员和女生大多赁屋居住潭头寨内，男生则分散寨外村落。文学院一年级分配在寨西桥上村，古城村、石门村、大王庙村、党村等分别住着不同院系年级的学生。

---

① 曹世昌：《母校四年两迁记》。见：陈明章《学府纪闻：国立河南大学》。南京出版社，1981年，第109页。
② 曹世昌：《母校四年两迁记》。见：陈明章《学府纪闻：国立河南大学》。南京出版社，1981年，第111页。
③ 曹世昌：《母校四年两迁记》。见：陈明章《学府纪闻：国立河南大学》。南京出版社，1981年，第109页。

上神庙内有广场,是举行纪念周等活动的地方。关帝庙前广场是师生演出戏剧同乐的地方。学校发给每个同学小木板一方、小木凳一只,作为两处聚会之用。每逢纪念日,京剧、话剧、梆子、越调、坠子、相声纷纷上演,持续几天。

潭头办学的师资,教授中虽然有部分未能随校迁潭头,但大致尚称优良,以后更陆续聘请各方名流学者任教,以资充实阵容。当时的教务长为刘海蓬,训导长为赵新吾,总务长为赵冠吾,农学院长为郝象吾,医学院长为张静吾,文学院长为嵇文甫,理学院长为孙祥正,秘书为杜新吾,"故当时有人戏称河大有五吾当政之说"①。据当时在学的学生回忆:"虽然学校位居僻壤之潭头镇,但从开封、镇平、鸡公山追随学校到此间任教之教师为数仍甚可观,且多为俊彦之士、饱学之儒;况且教育部经常介聘望重一方之教授莅校任教或讲学,以致济济多士,皆为经师人师之选。"各学院教授"均为出类拔萃之学者"②。

1944年日军在河南、湖南、广西三省发动大攻势,在当地的各大学"目下已准备迁移",重庆当局积极措置,收容此项学生。其中分布在豫西南部镇平(误,应该为嵩县)之河南大学、分散于桂林梧州间的广西大学、广东北部省境坪石的中山大学等,"业已决定分别迁往荆紫关(河南、陕西、湖北省境)、融县(桂省北部)、临武(湘省南部)、东坡坪石(粤省北部)等地"③。该年夏,豫战爆发,河南全省学校多集中于河南西南数县境内,而豫战的中心也移至豫西及西南一带,"以致该处所有省校除有特殊情形及时间迫促不及迁移外,余均暂迁陕境","至于国立河南大学复迁荆紫关,去春迁宝鸡,国立黄河水利专科学校亦自开封辗转而到宝鸡,该两校现亦均迁回开封"④。

河南大学在潭头留下的事迹则更多。潭头教育落后,文盲甚多,"河大迁来,由教育系同学先后主办成立有七七中学、伊滨中学、伟志小学、潭头幼稚园等,地方青少年求学者与日俱增,为当地文化开放异彩,俨然成一文化镇矣"⑤,"使当地落后文化放一异彩"⑥。王广庆也称:"自河大迁到后,城

---

① 陈明章:《学府纪闻:国立河南大学》。南京出版社,1981年,第13页。

② 曹世昌:《母校四年两迁记》。见:陈明章《学府纪闻:国立河南大学》。南京出版社,1981年,第108页。

③ 《豫湘桂渝方大学准备迁移》,《申报》1944年10月5日第1版。事实上,河南大学早已于该年5月迁往荆紫关。

④ 《河南大学复校,从宝鸡迁开封》,《申报》1946年2月2日第2版。

⑤ 陈明章:《学府纪闻:国立河南大学》。南京出版社,1981年,第13—14页。

⑥ 李守孔:《往事忆犹新:民国三十二年至三十六年河南大学生活琐记》。见:陈明章《学府纪闻:国立河南大学》。南京出版社,1981年,第256页。

乡竞自设立中小学校,风气一变,城中有嵩英中学、县立师范、省立第一小学、女子中学、德亭一中学、蛮峪、大乐、旧县各中心小学及潭头寨中心小学、私立伟志小学,及河大与地方合办之七七中学,多为河大师生任课之地,战区中学在城内南寺庄,此外各乡小学皆完成,唯师资少耳。"①在社会教育上,河南大学比较重视,1939年暑假,刚迁嵩县,就划定城区为社教活动区域,从7月到8月就举办有暑期补习学校高中部(1班)、初中部(2班)、小学部(2班)、民众学校(3处共8班)、民众救护训练班(分高级、普通、妇女3班),此外还有通俗讲演队、战时民众常识宣传队各1队。为了使宣传教育效果更良,校方还要求民教馆的壁报尽量通俗化,适于当地人阅读。

  1939年刚迁来潭头半年,河南大学就组织潭头社会教育推行委员会进行施教筹划,划定寨内为施教中心,学生宿舍所在村庄为施教分区,计划办民众学校,每期4—6个班,还组织家长训练班,预定目标是"使潭头周围无不识字之人","使潭头为豫西伏牛山脉抗战之中心","以潭头三官庙本校教职员与地方义务合办之七七中学为继承河大战后迁出之文化发动机关"②。按照计划在潭头办社会教育施教区,潭头寨为中心,学生所在地为施教分区,"潭头寨内,每学期拟办民众学校两班:男子一班,由文学院教育系主办,兼作实习;妇女一班,由本校女生负责办理。大王村、桥上村、党村、古城村各办一班,由各该村宿舍所住学生负责办理。其他应行举办事项如民众师资教育、民众读物编辑,由文学院学生负责办理,以教育系主任为导师。电影及播音科学技能传习,由理学院学生负责办理,以物理系主任为导师。农业推广和合作指导,由农学院学生负责办理,以农艺系主任为导师。救护训练公共卫生指导,由医学院学生负责办理,以各科主任、教授为导师。并对原有剧团、歌咏队、壁报组、通俗讲演团、战时民众常识轮回宣传队加强组织,以期推行尽利,均已积极筹办",社会各项教育由河南大学统一组织安排③。1944年时,社会教育专设有民众图书馆(潭头西北街路西一号),有图书2000册。1940年河南大学社会教育情况见下表:

---

① 王广庆:《河南大学在嵩县》。见:河南大学校史编纂研究室、河南大学档案馆《河南大学史料长编》(第四卷)。河南大学出版社,2015年,第324页。
② 《河南大学二十八年度兼办社会教育计划》。见:河南大学校史编纂研究室、河南大学档案馆《河南大学史料长编》(第二卷)。河南大学出版社,2014年,第168页。
③ 《河南大学迁至嵩县潭头以后筹备经过情形及工作概况报告(1939年12月)》。见:河南大学校史编纂研究室、河南大学档案馆《河南大学史料长编》(第二卷)。河南大学出版社,2014年,第52页。

1940年河南大学在潭头社会教育情况①

地点	校名	学生数	主办人
潭头中心施教区	第一民众学校	男子班46名	教育系学生李九耀
潭头	第二民众学校	女子班38名	教育系学生时海棠
大王庙村	第三民众学校	男子班40名	（不详）
潭头	第四民众学校	女子班40名	教育系学生关慕曾
第二施教区党村	第五民众学校	学生39名	化学系学生吴宏志
第三施教区古城村	第六民众学校	学生46名	教育系学生宋福僧

1940年计划在社会教育的实行中，根据当地实际情况开展：建议师范班培养保校师资；筹办合作事业；成立民教馆，提高抗战情绪；成立妇女家事训练班、校工补习班等。其他各学院各根据专业情况进行地方文化和技术服务，如文学院对地方文献之整理和编写调查，理学院辅导民教宣传推广技术，农学院农业、园艺技术改进和服务等。

1942年时推广社教运动，在学校所在地的古城村、党村、桥上村、大王庙村、石门村等地筹办民众补习学校5所，在潭头寨内筹办妇女补习班1所，在上神庙筹办团队补习学校1所。规模、地点如下表：

河南大学在潭头社会教育情况（1942年1月19日）②

地点	校名	人数	负责人
古城村	民众补习学校	54	宋景昌
党村	同上	38	丁玉珍
大王庙村	同上	49	何梦团
桥上村	同上	52	王初复
石门村	同上	44	刘玉善
潭头寨内	妇女补习班	39	吴冰心
上神庙	团队补习学校	85	耿家舒

在嵩县县城也开展社会教育。将城区附近划为社教活动区域，应地方以及战时需要，举办暑期学校，开办有高中部1个班、初中部1个班、小学部2个班，共收学生224人。民众学校分为成年、青年、妇女、儿童等8个班，共收学生309人。开办民众救护班、训练班等6个班，共收学生110名，由教授、讲师、助教等分负指导责。还组织有通俗讲演团，每晚在县府门前集

---

① 《二十九年元月至十二月工作概况》。见：河南大学校史编纂研究室、河南大学档案馆《河南大学史料长编》（第二卷）。河南大学出版社，2014年，第174页。

② 《申请定期刊物与文史壁报之补助（1942年1月19日）》。见：河南大学校史编纂研究室、河南大学档案馆《河南大学史料长编》（第二卷）。河南大学出版社，2014年，第60页。

众讲演。又组织战时民众常识巡回宣传队,每日分赴四乡轮流讲演。壁报组编辑简报,绘制漫画,张贴通报,借以引起民众观感,"虽为期三月,而成效颇著"①。

在农学辅助上,1942年为北方突发小麦黄疸病进行施救,"得以病除丰收"。秋季豫东蝗虫结队西来,洛嵩一带成灾,王鸣岐(病理学博士,时任农艺系主任)率学生协助防治,"致未酿成大害"。每周在教室院前,介绍"一病一虫",说明发生原因与防治方法,展示标本,配合图说,出壁报,介绍虫、病与人生之关系常识,对当地农民与农业增进不少兴趣与科学技术。河南大学在潭头寨南门外设园艺系实习场,森林系在大王庙东隔河山坳间建苗圃,进行试验性教学。嵩县的医学院小儿科教授兼主任单德广,针对当地的幼童多患大肚子症(黑热病现象)的情况,组织河南大学医学院地方病调查团,率领学生20余人,走访各乡村,遇到病患,即予登记,嘱其到院就医。一时间大肚子儿童挤满医院。使用土酒石进行静脉注射,即告痊愈。在潭头期间,河南大学的学术活动多结合当地特点进行,如1943年成立中原文化研究室,组织伏牛山考察团(中路由傅茂萱、王鸣岐教授带队考察老君山,西路由文学院长张邃青带队考察卢氏县)。

1944年4月潭头最后岁月里的师生合影(此处应该为农业试验田)

1940年10月,教育部派员视察省立河南大学办学情形,报告称潭头"环境单纯,学生尚能勤读,教员多为本省人,资望学力,未孚众望,且多为本

---

① 王广庆:《抗战以来之河南大学》。见:河南大学校史编纂研究室、河南大学档案馆《河南大学史料长编》(第四卷)。河南大学出版社,2015年,第322页。

校毕业生及国内各大学毕业者"。教职员的薪水不薄,"较其他国立大学教职员薪金相差不远"。不能邀聘国内著名教授的原因是:守旧,故步自封;道远跋涉不易;无旅费,盘川过巨;当局在学术界相识无多,也未致力礼聘;"河大在学术界,无甚声望,人不欢来";校址地偏,闻者裹足,"河大教授多不良,殆基因于此"。因此建议"自此单纯环境中,既无空袭,又无其他干扰,当养成研究学术浓厚之气氛",也建议"河大如能敦聘名师,厚其薪给,使其领导学生努力从事学术之研究,前途固未可逆料,但限于经费之短绌,只此亦恐未易办"。当时的河南大学全校学生共467人,估计新生200人,共667人;教员约92人、职员45人,教职员共137人。视察人员认为校长王广庆"固为温良恭俭之君子,但素乏教育学识与经验,守成有余,敬望其发展河大似未能也"。1940年河南大学经费共计318492元,经费短绌,阻碍发展。当时学生享受贷金的为197人,每餐每人2个馒头,较拳略小,青菜少许,无小米之小米稀饭一碗,不能果腹则多饮水①。

早在1941年时,河南省政府以下的各机关多迁至豫西的卢氏县。1944年5月河南大学从嵩县、潭头西迁事出仓促。但是事实上,在5月初,日军已攻陷临汝,大有直扑洛阳的趋势,嵩县城也警报一日数次,甚至有敌机警报声,办学已经受到威胁。于是医学院师生将仪器等集拢装箱,准备先迁潭头本部。当时王广庆向教育部报告情况称:豫中战事发生,敌人的目的似乎在于打通平汉一线,"豫西或可无事,故仍安然上课,仅预备提前考试,并先将医学院重要物品迁至潭头"。但是不料日军忽逼近临汝西窜,逼近嵩洛边境,一时间警报时传,于是令医学院全部迁潭头候命,征询教育部可否他迁②。5月8日,日军已经占领许昌、临颍,北窥洛阳,南侵舞阳、叶县,对豫西国民政府河南省政府呈钳形攻势,将国军迫于伏牛山、熊耳山两山之间。5月8日,医学院已部分迁至潭头,全校师生教职员眷属2000余人,坐困山中。王广庆也拟定迁校的准备,"已派员前往西南朱阳关、西坪一带寻觅地址预备,至必要时暂为迁避,以防万一","再三筹划出于万不得已,而应迁地

---

① 《教育部派员视察省立河南大学报告(1940年10月24日)》。见:河南大学校史编纂研究室、河南大学档案馆《河南大学史料长编》(第二卷)。河南大学出版社,2014年,第52—54页。

② 《本校情况报告(1944年5月)》。见:河南大学校史编纂研究室、河南大学档案馆《河南大学史料长编》(第四卷)。河南大学出版社,2015年,第37页。

址亦须早为决定"①,但是仍旧有万不得已再迁校的念头。10日,王广庆致信教育部长请示迁校事宜,称:"此间师生现极一致不至散去,战事稍缓即可筹备下期事宜,如需迁移,校中同人多数认为陕省郿县鳌屋一带为相宜"②。校内师生认为陕省郿县鳌屋一带合适,但是此前校方却派员在省内的豫西朱阳关、西坪一带考察,仍旧是留省办校的思维。此时对于学生的战时准备是拟令近处学生先行回里,沦陷区学生由学校负责维持生活,编成战时服务团与地方联合招待国军借维治安,必要时组织学生军以自卫。但是对于迁校则仍旧没有明确的措施,称"但以人数太多交通不便未敢轻动","前途一切须视形势进展而定",况且迁移也需要经费,而教育部经费迟迟不到③。

1944年5月11日,嵩县的医学院师生接到学校通知,立即迁往潭头,与校本部会合。学生自行赴潭头集合,候期复课。但是此时的仪器尚未完全集拢装箱,仓皇撤离,一时间"西行道上,人如潮涌,途为之塞。有同学、有教授、有眷属、有难民、有军人,形形色色,状极颠沛"④。医学院从嵩县赴潭头途中,集合学生于大章,临时住宿大章西门外的大章小学,晚饭由大章镇民供给。次日继续西行,中午前后到达潭头。医学院新来潭头的学生散居校本部各学院的党村、桥上、古城、大王庙、石门湾各宿舍中,女生集中住宿镇内女生宿舍中,虽则暂时安定,但是日军侵略的警声风声鹤唳,师生日趋紧张。5月中旬某日,学校当局命令校工传谕各宿舍,明天一律南渡伊河,于大青沟集合。次日清晨,学生各自编组,约一日到达大青沟。由于大雨山洪,日军未渡伊河追击。大青沟停留数日,向荆紫关西进,部分学生取道庙子、太平镇、西峡口的路线,多数学生整队经栾川、陶湾、西坪镇,到达荆紫关,途中历时半月。在从潭头撤出时,校方给每个学生发放小麦10斤,途中夜宿败庙或三家店,全靠自烤半熟麦饼、地瓜充饥。

5月12日,国民党汤恩伯部溃兵从潭头经过,向西部山区逃窜。校方通知师生避战。涉镇南的伊河,翻山至大青沟躲避。晚间开始大雨,三天未

---

① 《请先汇六百万元应付非常特殊情况(1944年5月8日)》。见:河南大学校史编纂研究室、河南大学档案馆《河南大学史料长编》(第四卷)。河南大学出版社,2015年,第38页。

② 《王广庆给教育部长的信(1944年5月10日)》。见:河南大学校史编纂研究室、河南大学档案馆《河南大学史料长编》(第四卷)。河南大学出版社,2015年,第38—39页。

③ 《王广庆给教育部长的信(1944年5月10日)》。见:河南大学校史编纂研究室、河南大学档案馆《河南大学史料长编》(第四卷)。河南大学出版社,2015年,第38—39页。

④ 邵志祥:《颠沛流离中的河大医学院》。见:陈明章《学府纪闻:国立河南大学》。南京出版社,1981年,第120页。

停。农学院农学系学生李德瀛家(当地大户)开仓放粮食,接济师生麦子。之后翻越伏牛山向荆紫关奔赴,历时一个多月跋涉,经庙子、栾川、西坪等地,师生陆续到达淅川县荆紫关。但是,"校方对战局的迅速恶化估计不足,缺乏应变的准备,致使一部分师生滞留在潭头,未能及时撤出",最终酿成潭头五一五惨案①。5月15日,数百日军分两路侵入潭头镇,尚未及时撤离的河南大学师生四散奔逃。时值大雨,部分教师家属和数十名学生向北山转移,途中遭遇从北山迂回的日军骑兵,致使多人身亡。5月25日,国民政府教育部电汇50万元给训导长赵新吾,并对此次事变率领员工生抵西坪"甚慰"。7月上旬,王广庆在向教育部呈报公私损失时称:"深愧事前措置未周,临时仓皇出走,自维职责,咎何敢辞?唯当时所遇意外障碍情实特殊,至今思之诚不无遗憾也。"原本拟定将嵩县县城医学院图书、仪器、药品、卷宗以及各种应用物品包装待运潭头,但是日军长驱西进,嵩县竟告失守,原雇民夫骡马等被退军所抓星散,以至于嵩县医学院"职员被殴重伤,校警被架失踪,粮库被其撞开,家居被其烧毁,居民惊惶遁避一空,一时顿成混乱之局,抢运工作竟致无法进行"。日军骑兵临近,于是河南大学师生挥泪长叹,放弃一切,仓皇出走,公物损失较多。在潭头,退兵时常抢掠,抢粮觅物,被称为"刷坡",躲避山中的教职员工私物损失较多。嵩县县城被陷次日,校方通知全校师生随身带行李集合编队,由训导长率领入南山武胜沟,越狮子岭,直到栾川待命。在大青沟遇雨,饥寒交加,至陶湾当地民人传言敌骑至,喘息未定,又仓促出走,驰200里到达西坪,学生私物失于途。于是王广庆称:"此次本校所有公物大概失之于敌人者十分之二三,失之于退军者十分之三四,失之于当地奸民者十分之四五。"而教职员工及学生私物"大概失之于敌人者十分之一二,失之于退军及当地奸民者各十分之四五"②。但是,对于校内师生的遇害,王广庆则谓"学生方面,大部安全逃出,其遇害者均不随大队而与教职员同行者也",这无法解释当时遇祸的还有医学院院长、教职员等情况。事实上当时撤退时并无严密的"编队"行走,而是学生自助以同班、同乡等各种情况临时组合一起西撤,校方并无统一编队。对于教职员

---

① 李广溥:《忆抗战时期我在河南大学医学院求学的经历》。《河南文史资料》2008年第107辑。

② 《呈报公私损失经过详情(1944年7月8日)》。见:河南大学校史编纂研究室、河南大学档案馆《河南大学史料长编》(第四卷)。河南大学出版社,2015年,第55—56页。王广庆所述与当时师生的回忆基本相符,但是师生个人多从个人经历描述,王广庆能够从整体描述。

的遇难,王广庆称:"职教员与眷属方面,因候款及责任关系,致缓出发,十五日敌至,向南逃者皆幸免于难,向北行者遇敌于大坪。"一民舍中被掳十数人,医学院院长逃回,但是"其夫人走不动出言不屈,上中下刺三刀而死";农学院院长被刺伤头部,幸运逃出;张院长亲戚3人,皆医学院学生,均遇害,其侄在治疗中;"另有陈廷(国)杰等九人遇害,其余部分皆逃出"①。对于校址已经稳定在荆紫关的河南大学"经多方斟酌考虑现决定在荆关"。

对于潭头和嵩县校产丧失、职员学生被害等等情况的责任,也是推动事后王广庆辞职的一个原因。"广庆奉职无状,自应负其重责,一切处分,所不敢辞。"7月11日,王广庆电教育部请辞称:"不意事变猝临,措置未周,致令公私损失不可胜计,员工眷工流离死亡,自惟职负疚良多,清夜扪心,实觉无以对国家,无以对钧部,无以对全校师生,并无以对我河南父老子弟。"在图书、仪器、药品、卷宗等物品已运至内乡蛇尾沟、全体教职员及大部分学生齐集荆紫关之际,自感"精神已疲,方寸多乱,实不克肩此重任,恐再误于将来",恳请辞职,"闭门思过,瞻依正切"②。对于王广庆校长的失职,河南大学留荆紫关的教授等83人致信教育部称:"盖嵩县潭头敌人之窜扰,王广庆校长之无计划,竟致河大公私等损失奇重,师生及眷属被难死亡,弃子舍女,举目令人胆破心碎,惨不忍闻。"③

5月16日,潭头的河南大学校园成为日军的兵营。被俘的师生被关押做苦役,其中有农学院院长王直清、教授段再丕等20余名农学院师生。一些籍近潭头的学生则回乡避祸,如农学院学生王太俊,回到卢氏县家中。教师也四处避祸。潭头遇险之后的医学院院长张静吾临时居住在西峡口,之后也去西安。"其他主要教授亦多已他去,个别有门路的同学们正忙于办理转学事宜,还有部分同学回了家。因此,各年级在荆紫关者不足半数。"经济系教授王毅斋、外科学教授生景清、细菌学教授褚葆真、皮花科教授刘蔚同等在西安④。教育学系学生王泳等四五人,直奔卢氏,走武关,经蓝田,至长

---

① 《王广庆条陈河大情形》。见:河南大学校史编纂研究室、河南大学档案馆《河南大学史料长编》(第四卷)。河南大学出版社,2015年,第57页。

② 《王广庆请准辞职呈(1944年7月11日)》。见:河南大学校史编纂研究室、河南大学档案馆《河南大学史料长编》(第四卷)。河南大学出版社,2015年,第58页。

③ 《河大留荆紫关教授等八十三人给教育部的信(1944年7月20日)》。见:河南大学校史编纂研究室、河南大学档案馆《河南大学史料长编》(第四卷)。河南大学出版社,2015年,第60页。

④ 李广溥:《忆抗战时期我在河南大学医学院求学的经历》。《河南文史资料》2008年第107辑。

安,到达后方①。师生逃至更远的后方的也较多,如徒步跋涉至陕甘各地者有之,至重庆者有之(如陈训等10名余同学),流散省外其他地方的有之(教育部电饬各地战区招训机关先予以收容,暂谋救济),但是大部分仍旧集结豫省境内,如内乡、西峡口等地,还有师生"三四十人横遭奸杀"②。面对一无教师、二无设备、三无教室、四无实习医院的情况,医学院师生多次向校长王广庆要求将河南大学迁出河南。校长王广庆无奈,只得同意医学院学生单独行动,前往西安。1944年10月27日,滞留荆紫关5个半月的医学院学生50多名徒步奔赴西安。"此后,驻河南荆紫关的河南大学校本部竟然不再管这部分学生了。"③医学院的师生早在嵩县撤出时已经流散很多,从潭头至西坪的河南大学学生共300余人,因为学校无款无粮,一部分学生留在西坪,一部分学生前往西安,人数是全体学生的1/5之多。截至6月7日统计,在西安的学生共有147人,43人住招待站,其余住宿陕西商业专科学校、西北中学、景龙小学以及各饭铺,生活则由河南战区学生救济委员会救济每日每人40元。而6月初时,学生滞留之地非常分散,流散西安、集结西坪、集结西峡口、集结荆紫关者颇多④。

潭头校区农学院的图书、仪器等,虽然遭受破坏,但是因当地群众及时抢救并代为保管,其损失较文、理、医3个学院为轻。日军撤离潭头后,河南大学教职员工回潭头整理,大王庙村村民将保存下来的图书、仪器全部运至荆紫关。嵩县县城医学院的图书、设备多散失民众家中,后经校方寻访,也保存下来。到达荆紫关后,抢救出来的图书有71125册,还有部分仪器。在化学系主任李俊甫的主持下,理学院在荆紫关借用民房、利用抢救回来的仪器,组建12个实验室,得以率先复课。其他院系则未能复课。1944年12月,教育部派督学沈亦珍视察河南大学,目的是抚慰员生,协助校长迅速复课,并调查图书、仪器"损失真相"。沈的报告称:"敌人于五月四日距嵩县仅

---

① 王泳:《潭头往事忆难忘》。见:陈明章《学府纪闻:国立河南大学》。南京出版社,1981年,第337页。

② 《河南旅碚同乡会给陈立夫的快邮代电(1944年7月14日)》。见:河南大学校史编纂研究室、河南大学档案馆《河南大学史料长编》(第四卷)。河南大学出版社,2015年,第59页。

③ 李广溥:《忆抗战时期我在河南大学医学院求学的经历》。《河南文史资料》2008年第107辑。

④ 《国立河南大学逃难略述(1944年6月7日晚于西安青年招待站)》。见:河南大学校史编纂研究室、河南大学档案馆《河南大学史料长编》(第四卷)。河南大学出版社,2015年,第129—131页。

约百里,医学院乃于五日先往校本部集中,图书、仪器由校本部负责迁运。王前校长始终误认敌人不致占领嵩县潭头,四周多山更可安全,乃命总务处尽先使用交通工具赴嵩县搬运生活必需品,反置图书、仪器于不顾,结果仅将一小部分仪器运至校本部。"①

荆紫关校本部最初设在马家庙,学生则散居镇内民房和附近村落。由于流亡事出突然,毫无准备,师生食宿极为困难。4个月后,校方组织伙食团,借用荆紫关一所小学并稍微扩建,住宿条件得到初步的改善。最初由于镇公所供应大饼馒头,先送办事处,由学生分组派人领取,学校加发一点菜金,自己料理饮食。如此4个月,才分别迁到指定房舍,组织伙食团,生活才安定下来。但是正值暑假,无课可上。

因为大部分仪器、图书未能运到,因此不能复课,致使学生有肄业、转学等事情发生。师生也失散较多,"由于潭头逃难,自成组别,到荆紫关后,以事先无所准备,各生散处民间,男生、女生、同乡、同学,自由组合,各起炉灶,既乏组织管理,又无照顾,散漫无章,荒废数月。为河大历史上最自由,亦最散漫之时日"②。王广庆也在此时辞职,张广舆三度长河大,"期以借重其在豫多年主持建设之潜力,重振河大声誉"。张广舆曾出任过河南省建设厅长。张广舆接手河大后,虽然积极筹备复课,"但大学四院十余系,师生千余人,散居各村庄。且一时设备无法添置,教职员气氛低落、贫病交迫,名教授黄以仁先生即于此地返归道山,卜葬荒野,一代学人长埋于此地矣"③。学校在此复课,教学因陋就简,无桌椅,学生一人一凳,随身携带,教授无资料,空口说教。课外活动一无所有,教室、教具、图书均极缺乏,既无经费,亦不购置,"这是河大最艰苦,亦是最悲惨的一段"。此时的校长王广庆,在集中学生训话时,有些学生抱怨学校照料不周,王广庆限于财力环境,有苦难言,"老泪纵横,泣不成声",10月辞职④。"先生遭此巨变,心情凝重,经详细考虑后,毅然引退,每谈及必自责,其负责公忠之心有如是者!"于是将图书、仪

---

① 《教育部督学视察国立河南大学报告(1944年12月29日)》。见:河南大学校史编纂研究室、河南大学档案馆《河南大学史料长编》(第四卷)。河南大学出版社,2015年,第193页。

② 陈明章:《学府纪闻:国立河南大学》。南京出版社,1981年,第17页。

③ 陈明章:《学府纪闻:国立河南大学》。南京出版社,1981年,第17页。

④ 李守孔:《往事忆犹新:民国三十二年至三十六年河南大学生活琐记》。见:陈明章《学府纪闻:国立河南大学》。南京出版社,1981年,第258页。

器运出,设校已毕,王广庆"乃退居西安家中,旅居多暇,益专心著述"①。王广庆的请辞可能更加重了荆紫关河南大学师生的困境,前途更难瞻望②。张广舆长校后,学校筹备开课,因为开课太晚,学生也受到青年从军运动的影响,从军学生达数十人。

西迁宝鸡之可能性之一就是,此时的河南大学为国立大学,不在豫省境内办学也能得到教育部的经费,择地办校。于是西迁陕西,师生徒步,经商南、龙驹寨、越秦岭、过蓝田奔西安。学生之间相助逃难,女生宿舍前往往有男同学张贴的帮助驮物的帖子:"日寇追来莫惊慌,小姐衣物细包装。若嫌累赘拿不动,交托在下驮子行。"但也有女生张贴回词拒绝:"日寇追来不要紧,小妹长有两条腿。阁下虽然驮子壮,我不需要急死你。"沿途虽苦,但苦中有乐。但是此时的流亡纪律性不足,校方已经无法约束学生,学生多有私自回乡或自谋职业的③。

时人记载在宝鸡办学的河南大学,"受日人侵扰,已遇难四次之多。该校于宝鸡二村庄寺院中授课,教授与学生则蔽居于附近农家或山洞中。该校曾由苦力徒步数百里,搬来数箱仪器,然乏场地开辟实验室。藏书中,无一本科学书籍,因所有科学藏书均已毁于日人之手。师生衣物,亦已牺牲一空,故均衣服夏度冬,各人盼望能得一件棉衣之救济"④。石羊庙在宝鸡东约25里处,为黄土高原冲蚀而成的平台,房屋为土墙草房,间有少数瓦房,有石羊庙、武城寺两大庙宇,学校即以此公产为校中心办公处,教授、学生多

---

① 侯传勋:《王校长广庆先生传略》。见:陈明章《学府纪闻:国立河南大学》。南京出版社,1981年,第191页。

② 可能的原因还有校内的矛盾。王广庆上任后,原教务长刘海蓬一直反对,他很快被解除教务长职务,以郝象吾代之。这种校内的人事纠葛可能也是造成王广庆荆紫关辞职的一个潜在因素。甚至1941年11月时王广庆到西安见监察院院长于右任,"王有出任豫陕监察使的可能,将来校长由谁继任还难预料"。王去西安,由郝象吾代校长,在读学生则认为"倘若新校长任命得人,河大的前途是光明的",明显带有反王的情绪。潭头时期校内还存在着对进步人士压制的现象,嵇文甫辞去文学院院长职离开潭头、学生军训罢课等就有这方面的原因。见:姚惜鸣《河南大学在潭头》。《河南文史资料》1993年第45辑。

③ 李守孔:《往事忆犹新:民国三十二年至三十六年河南大学生活琐记》。见:陈明章《学府纪闻:国立河南大学》。南京出版社,1981年,第259页。途中,李守孔甚至经商县时独自脱队,想谋一中学教员职位,甚至即便是到了西安还报名空军官校。流亡办学致使学生向学之意稍减。

④ 《英国女科学家尼德汉夫人》,《申报》1946年3月20日第5版。尼德汉夫人作为英国女科学家,在中英科学合作馆服务2年。尼德汉夫妇与2位中国青年科学家曾从重庆北上数千公里,到达陕甘两省,观察到了在宝鸡办学的河南大学情形。

借住民间。张广舆办公及住宿在石羊庙山坡后的一大户人家,教务长郝象吾住在坡下房屋,校本部设在武城寺,其他院部则在石羊庙,师生则散住于附近关帝庙、火神庙、陈娘娘庙和民宅窑洞中。安定之后,以这些庙宇为中心,分别办理伙食团。文学院长张邃青借住一家厨房为临时寓所,农学院长王直清借住一家牛屋为寓所,其他教授多居无遮天顶盖之所,1个月后才在庙前、屋后、空地、廊檐下布置一桌一凳开课。当时在石羊的文、理、农3个学院的学生有1000多人,教职员及其眷属约500人。医学院在渭河南岸的姬家店复课,学校4院虽隔渭河,但中间有渡船往来。迁至石羊后不久,张广舆辞校长职,田培林接任。"由于田校长之热心任事,对外关系良好,经费充裕,分缓急轻重,作应兴应革之举,致校务突飞猛进,全校趋向安定上课。"①学生待遇也相对稳定,仍有贷金公费待遇。田培林到任后,教职员待遇增加,学生公费提高,很快恢复上课,仍旧是每人小木板一方、小木凳一只。1945年暑假未放假,日本投降后,星期天照常上课,赶课提前回开封。

经过潭头至荆紫关的大迁移,"学校经此浩劫,元气大伤,大不如从前矣"②。荆紫关时期,最为轰动的事情是冯友兰举办"哲学讲座",主讲人生哲学,"此次应邀莅学讲座,听众之多,实属空前"③。

潭头日期省立河南大学农学院农学系学生杨海涵的毕业证书

---

① 陈明章:《学府纪闻:国立河南大学》。南京出版社,1981年,第19页。
② 陈明章:《学府纪闻:国立河南大学》。南京出版社,1981年,第16页。
③ 曹世昌:《母校四年两迁记》。见:陈明章《学府纪闻:国立河南大学》。南京出版社,1981年,第111页。

潭头时期国立河南大学文学院经济学系学生汪洋的毕业证书

5. 战后复校

1946年是迁移后方各地高校复校的大潮之年,多在1946年秋季学期复课,但抗战迁徙的影响仍存。南开大学恢复文、理、商3院16系,筹备工学院3系。但是"该院图书仪器,几全部损失",于是筹美金28万元添置设备,仅1946年就购置10万美元的理化仪器。南开的复课费8亿元用尽,另欠债5亿元,虽则困难,但是使得800名学生复课。在复校大潮中,教育部规定战时停办或归并的国立大学经过行政院核准后恢复,一律仍名国立,各校纷纷筹备复校委员会。同时,大潮中较大的一潮是各校的回迁,在教育部与运输管理机关的商洽下,从1946年5月开始,水陆空三方面的运输量,每月约3万人,让渡给学校及教育机关的占1/3,大后方向原沦陷区回迁。而河南大学、黄河水利专科学校则先于此潮之前已经迁回开封①。1945年12月,河南大学回迁开封复校。原设的文、理、法、农、医学院回原址复课。1946年秋季学期增设工学院②。1947年时的河南大学已经是拥有文、法、

---

① 《全国复员声中高等教育动态》,《申报》1946年4月29日第6版。

② 战后,国立黄河流域水利工程专科学校,合并入河南大学工学院,"实为国立河南大学工学院之前身"。该校原为六年制专科学校,招收初中毕业生入校,前3年为中等水利科,后3年为高等水利科。并入河南大学工学院之后,四年级以上(包括四年级)学生均编入工学院水利系,依照学生志愿可申请转入新成立的土木系;三年级以下(包括三年级)学生均编入工学院附设的中等水利科,至解放时,水利系及附设中等水利科各有两届毕业生。见:陈明章《学府纪闻:国立河南大学》。南京出版社,1981年,第144页。

理、工、农、医6院14系及医科的综合性大学,此时才体现出国立的优势:在全国国立29所大学中,中央大学设7院36系,规模最大;其他设6院以上者仅有北京大学(6院26系)、中山大学(7院27系)、武汉大学(6院16系)、浙江大学(7院28系)、长春大学(6院20系)、台湾大学(6院21系及医科)①。当时国立大学中设立4个学院的有6所,5个学院的有8所,6个学院的有4所,7个学院的有2所②。在1947年教育部对国立各大学院系积极调整的工作下,1948年河南大学又将文史系分为中国文学与历史学2个系,并增设机械工程学系③。

1945年12月中旬河南大学举行考试,结束学期课程,立即派员接洽车辆,准备返汴,"借用部拨设备费,作东归汴垣之打算",师生则自行各自东归,马车、汽车、火车等各种交通方式均有。校长田培林也向教育部"请求专款",部分校园建筑和设施先行修缮,添置教室课桌、椅及宿舍床铺、膳堂等设施。3月初开学时,一切准备完成。开封铁塔校区仍为本部,南关繁塔寺为农学院,鼓楼街的助产与护理学校旧址等均收回,并接收了南关外乾河沿日本人增建的新兵营北区(原为农学院实习农场),整理增建,分为第二、第三院。文、理、医学院以及后来恢复的法学院在校本部,农学院在乾河沿校区。之后又增设工学院,设水利、机械、土木3个系,也在乾河沿校区,构成南关外的新校区。学校还在新校区设立分校办事处,以资管理财产,主持行政。两个校区之间每天有交通车两班,往返于二、三校区与校本部之间。鼓楼街的第三院改为第四校区。

战后复校不久,1946年12月份统计显示:河南大学的教员人数有教授91人、副教授31人、讲师55人、助教45人,教员人数多达222人,另外还有职员108人。1947年第一学期时,教员达276人、职员有163人。学生1946年时有2155人,1947年度第一学期有2256人④。

复迁开封后,河南大学的生源一时间不足,1946年武汉临时大学补习班结业考试,参加学生计513人,成绩及格者予以分发,其中小部分豫籍学

---

① 《国立大学现设院系》,《申报》1947年3月7日第5版。
② 《浙大继续罢课,之江学潮亦未平息》,《申报》1947年5月19日第5版。
③ 《调整国立大学院系》,《申报》1948年2月7日第6版。
④ 《国立河南大学》。见:河南省教育志编辑室《河南教育资料汇编:民国部分》,1984年,第196-197页。又记为2157名学生。见:河南省统计学会、河南省统计局《统计志》编纂办公室、《河南统计》编辑部《民国时期河南省统计资料》(下册),1986年,第265页。

生请求分发入河南大学就读,其余则就近分发①。1946年9月河南大学也接收上海临时大学分发的一名先修生②。这部分学生也成为复校后河南大学的补充生源。

复校后的几年里,由于国立地位,河南大学在生源、学校规模、教员数量、办公经费等各个方面都比战时有很大增长。1937年河南大学有12个系,1946年时达16个;学生数量1937年为727人,1946年达2157人,增加1430人;教职员数1937年时为168人,1946年为381人,增加213人;经费数1937年为402985元,1946年为87086600元,增加86683615元③。复校后的河南大学发展迅速,有文学院、理学院、法学院、医学院、农学院、工学院6个学院15个学系,学生2155人,还不包括护理、助产、工业等附属学校学生,"几成为华北学院最多,校园最大之大学"④。

1947年学校达到鼎盛时期,各院教授中专家学者甚众,确属集一时俊彦于一堂,是开河南文化史上最光辉灿烂之一章。

下表中所列仅为各院教员,此外还有普通职员171人、技工46人,一共453人。

1946年11月,田培林奉令调教育部常务次长,姚从吾继之长校。

1947年至1948年(1948年度)各院系教员分配表

院别＼等别	教授	副教授	讲师	助教	合计
文学院	31	8	16	10	65
理学院	11	6	9	10	36
法学院	12	2	2	5	21
农学院	15	4	5	9	33
工学院	15	9	8	10	42
医学院	9	4	8	18	39
总计	93	33	48	62	236

---

① 《汉临大补习班结业试昨完毕》,《申报》1946年7月12日第6版。事实上,当时国民政府急促地在各地多设有临时大学,收容流亡学生,经过先修班等教育后,供给各校。如苏北临时大学、上海临时大学、南京临时大学等,多设有先修班,保送免试升学学生。

② 《京沪临大先修班学生分发各校免试升学》,《申报》1946年9月2日第6版。

③ 河南省统计学会、河南省统计局《统计志》编纂办公室、《河南统计》编辑部:《民国时期河南省统计资料》(下册),1986年,第265页。

④ 陈明章:《学府纪闻:国立河南大学》。南京出版社,1981年,第22页。

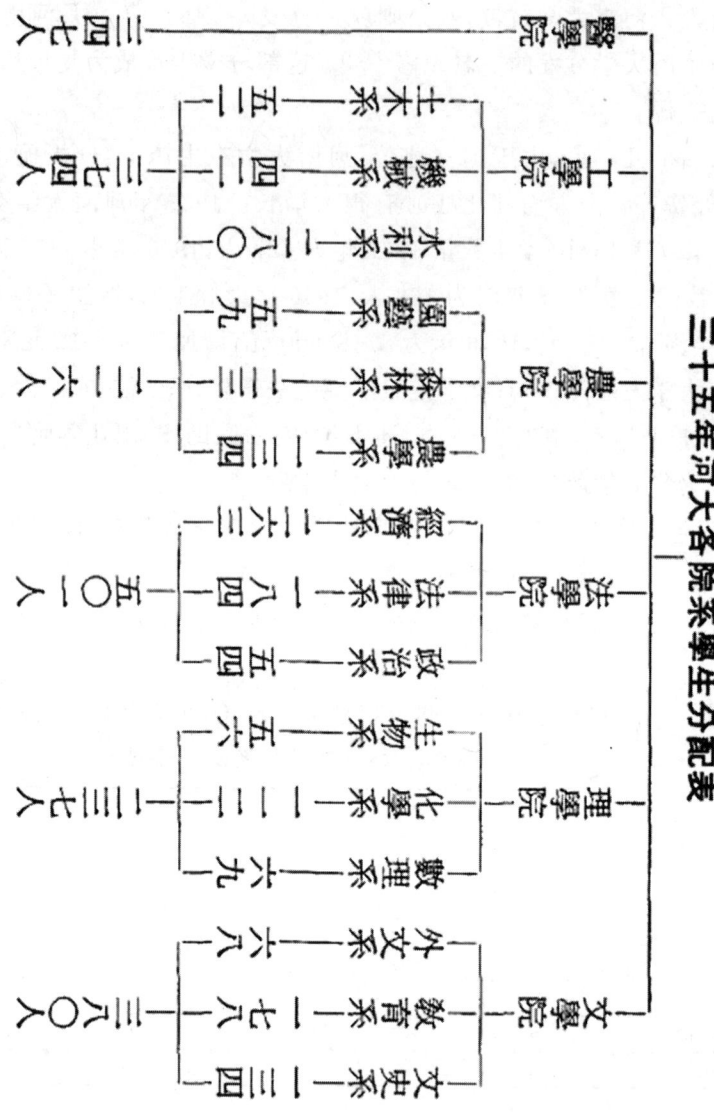

1935年河南大学各院系学生分配情况

（见：陈明章《学府纪闻：国立河南大学》。南京出版社，1981年，第22页。）

1946年国立河南大学校门(邵慎之摄)

(见:《申报》1946年10月25日第9版。被在台校友誉为"进入大学门,油然增加民族国家使命感的气派"。)

1946年国立河南大学大礼堂(邵慎之摄)

(见:《申报》1946年10月25日第9版。被在台校友称呼为"全国各大学中建筑最雄伟之礼堂"①。)

抗日战争的非常态办学体现出国民政府战时的应对性。国民政府也借此推行各级教育政策并施行整理,颁布《战时各级教育实施方案纲要》等,结合国家社会急迫需要,进行教育、国防、生产建设等事业的沟通与合作,实行建教合作办法,甚至对于各地学校的迁移与设置,都制定有通盘计划——"务与政治经济实施方针相呼应,每一学校之设立,及每一科系之设置,均应规定其明确目标与研究对象",以发挥其教育的最大效用②。河南大学的省

---

① 周恒:《河大校园简介》。见:陈明章《学府纪闻:国立河南大学》。南京出版社,1981年,第248页。

② 《战时各级教育积极实施教部订整理改善方案以作今后实施之准备》,《申报》1938年11月5日第7版。

立到国立也是其战时教育整理和改善的一个环节。

五、结语

1. 使命成就大学

河南大学先自作为省立高校,所承担的使命就已经出脱了地方主义的限制,而表达出社会的、民族的使命感,这种使命感在抗日战争时期尤其能够以实际行动表现出来。河南大学的创建,是进入民国之后,"豫人本其'教育建国'的幻梦"所屡创大学的最终结果,直到民国十年(1921年)河南省议会提出"创办大学建议及计划简明书"①,才在省立留学欧美预备学校的基础上改其为大学本科。成立之初的资金来源就具有反军阀的民主色彩——1922年8月成立的筹备会呈准中央,将前豫督赵倜遗产作为大学基金。1923年3月成立了中州大学,"这是河南第一个成立的最高学府"②。之后,北伐胜利收复河南之后,"议决将中州大学及省立农法两专门学校,归并为中山大学"③,仍旧体现出革命影响下的色彩。但是更难得的是长校的诸多校长多有使命感,致使河南大学的办学本身也具有明确的社会的、民族的、地方的多重使命。1933年张广舆第二次长校,有意整顿,发表《本大学的使命与整顿》④,先称大学就应该具有社会的、民族的、本地的使命,并称"本大学虽说是省立,但是我们需要把责任扩大,把眼光放远,立定志向,去负起这重大的使命",同时也应该对地方上的文化负起使命,"本校既系河南最高学府,所以我们自今以后要力自奋勉,以期恢复河南在文化史上固有的位置"⑤。张广舆作为河南大学的最高管理者,对于学校的定位和使命成为20世纪30年代河南大学发展努力的一个方向,已经不独局限于地域主义而更具宏大的关注视野。因此被人称:"自张校长莅校以来,虽为期甚短,而已有多方面之建树,对于学校发展前途,夙夜规划,领导本校,趋入新的境界,造成新的生命,由此新的生命,肩荷未来新的使命,使本校发扬光大,此可纪念者二。"张广舆也提出本校养成之学生,"应用学校中所得之学问,发扬而光大之,使整体社会文化日益提高","以学问同化社会","以本校为文化之中心,为将来领导社会、改进文化之准备",最后期许"则自今而后,本校将成为

---

① 李锡珍:《谈谈河南大学》。《华年》1933年第2卷第10期。
② 李锡珍:《谈谈河南大学》。《华年》1933年第2卷第10期。
③ 李锡珍:《谈谈河南大学》。《华年》1933年第2卷第10期。
④ 事实上是在1933年度开学典礼上的讲话稿。见:河南大学校史编纂研究室、河南大学档案馆《河南大学史料长编》(第三卷)。河南大学出版社,2014年,第206—208页。
⑤ 《张广舆校长讲演本〈大学的使命与整顿〉》,《河南大学校刊》1933年第3期。

河南文化之中心,为中原文化之中心,更扩大而为全国文化之中心,庶乎复兴古代中世文化之光荣"①。

1935年已经退职的河南大学校长许心武在演讲《本校之两种使命》中称"河大真正的使命"有二:河大应该负起处于前线的河南的抗日,组织起来,团结起来,"拿知识去抗敌","河大应做领导者","河大在河南为全民的领导者,河南地处前线,河大又负有重大责任";河大也应负起开发西北文化上的责任,"河南地当西北门户,因此又站在开发西北前线,而河大对于开发西北的领导责任,又属责无旁贷"。许心武指出了抗日救亡日亟的政治环境下河南大学应承担的具体的使命,并认为"各位能本着抗敌和开发西北两种使命去做,数十年后,各位都有光彩。河大地位一定增高,一定能在历史上占一页"②。在全面抗战前夕的"非常时期教育"的意见中,刘季洪称在异族入侵的非常时期,"非常时期的教育是能培养国力,挽救艰危,复兴国家及养成抗敌作战能力之教育,简言之即能养成抗战能力之教育"③。河南大学的立校使命在抗日时局中具体化、实践化,成为河南大学学生救亡、学校流亡办学的信念基础。战前,河南大学拟定《非常时期教育方案》,组织新生军训,校内普通的演讲也一律改为非常的、国防的、军事的学术讲演,各种学会及各种研究会,谈论的也都是"以能复兴民族、巩固国防、消弭国难者为前提",唤起爱国精神、民族意识④。《修正河南大学组织大纲》(1935年)则称河南大学的宗旨是"以研究高深学术,培养专门人才,推广高等教育为宗旨"⑤。

1937年七七事变后的河南大学校长刘季洪在演讲中就指出:"我们现在可以说是一个气压较低的地方,各方的压力都有随时压迫的可能。在这期间我们更是极需要民族意识的培养和御侮实力的充实。对于这方面,受高等教育的人要负倡导的责任,我们是不能不注意的。"具体来讲,"我们注意国家建设人才和地方改进人才的供给,我们也要注意领导民主政治和领

---

① 《葛定华先生讲演〈河南大学之使命〉》,《河南大学校刊》1933年第13、14期合刊。这是葛定华教授在1933年12月18日河南大学六周年纪念会上的演讲。
② 《许心武先生讲演〈本校之两种使命〉》,《河南大学校刊》1935年第88期。
③ 《刘校长报告对非常时期教育意见》,《河南大学校刊》1936年第99期。
④ 《生活指委会拟定非常时期生活指导原则》,《河南大学校刊》1936年第102期。
⑤ 河南大学校史编纂研究室、河南大学档案馆:《河南大学史料长编》(第三卷)。河南大学出版社,2014年,第350页。

导民族复兴"①。国家和地方是河南大学服务的双重目标。"培才为国用",20年代末校长邓萃英在对学生训话中就提出"备为国用"的培才目标②。邓长校时正值战乱之余,邓萃英则推行人格教育,培养学生感情意志,循光明正大之途径发展,免入歧途③。

河南大学长校者的使命感,使得入校师生也有同样的践行感。有学生回忆:"'大学'之义,予青年以发扬学术,恢宏文化之至大至要至刚之启示。入其门者,对国家民族油然而生无上责任感。教育家处理校务,提纲挈领,寓意深远,殊堪钦敬。"④结合河南大学自大学命名以来的发展,在校庆六周年纪念会上,张广舆称"本大学之有今日,实系积年累月,从艰难困苦中奋斗挣扎得来",希望"从今而以后,要能够奋然兴起,愈加努力,以保持本大学现在已获得的地位与荣誉,并发扬而光大之"⑤,倡导培养使命感。

民国时期的河南大学一如此时国内的其他大学,在校内的权力机关的设置上,校务会议为全校最高议决机关,校务会议由校长,校务、教务、事务各主任,各学院院长及各学院教授代表(每学院一人)组织而成,每月开会一次。此外,各院各设有院务会议。"其他职员,大都服务勤慎,尚能称职。各项章则,计有组织大纲、各学院规程、校务会议规程"⑥,校内事务井然有序。在战前,河南大学经费较为充足,经费有保障,"收支之数,尚足相抵,少有盈亏"⑦。河南大学所形成的使命感在等待一个展现的机会,抗战流徙而不辍的办学正体现了30年代以来所形成的使命感。

2. 抗战时期播迁办学对河南大学的影响

抗战迁播时期,河南大学生员减少,"二十七年以后,学校迭经播迁,学

---

① 刘季洪:《本校教学研究和训导应适应事实需要》。《河南大学演讲集》(第一集),1937年8月。

② 王果正:《回忆河大预科片断》。见:陈明章《学府纪闻:国立河南大学》。南京出版社,1981年,第82页。

③ 刘雨民:《河南大学往事回忆》。见:陈明章《学府纪闻:国立河南大学》。南京出版社,1981年,第85页。

④ 周恒:《河大校园简介》。见:陈明章《学府纪闻:国立河南大学》。南京出版社,1981年,第247—248页。

⑤ 河南大学校史编纂研究室、河南大学档案馆:《河南大学史料长编》(第三卷)。河南大学出版社,2014年,第265页。

⑥ 戴夏:《河南省立河南大学视察报告》。见:河南省教育志编辑室《河南教育资料汇编:民国部分》,1984年,第193页。

⑦ 戴夏:《河南省立河南大学视察报告》。见:河南省教育志编辑室《河南教育资料汇编:民国部分》,1984年,第193页。

生感于国难之严重,颇有请假服务战地工作者,除近招新生人数尚充实外,各系各年级则均较战前减少"①。战前学校在校生已达近 900 人,战时则多在五六百人。学科发展受限,战前经过教育部裁并,设 4 院 10 系。整个抗战期间的高等教育多有减少系而不见新增设院系的情况。教学器材渐失,1944 年春,"豫西告警,师生仓猝出走,越伏牛山抵淅川荆紫关,继续开课,另派员返潭头,抢运设备,除文学院图书大部尚存外,理医两院图书仪器,悉遭兵燹"②。"该校图书,毁于并燹甚多,现全校存书七三四九九册",而"仪器几全部毁于战时"③。而战前的 1934 年时,河南大学的图书为 68192 册,有各种设备 27914 件④。王广庆在 1943 年称河南大学虽然"随军事状况之演变,由鸡公山而镇平而嵩县潭头,辗转迁移,更张频数",但是"其后二十八年以降,敌势渐颓,中原战局日趋有利,本校虽僻处伏牛熊耳之间,而环境安定,员生心志不纷,研究学气与日俱增,各种学会相继成立"。特别是国立之后,"员生名额日众,研究志趣益增"⑤。河南大学在流亡办学中学校研究却因员生心志不纷而更加突出,办学规格也上升。

抗战胜利后,河南大学仍属国立,同时合并开封的另外一所国立学校——黄河流域水利工程专科学校。1946 年国民政府返都南京后,新制定的教育政策规定:全国各省省会,不得同时设立两所以上国立专科以上院校,凡已设立者,均应予以合并。1947 年初,国立黄河水专乃奉命合并于国立河南大学工学院,校长姚从吾聘当时黄河复堤工程局工务处长阎振兴为工学院院长兼水利系主任。阎制定了工学院的远程、中程、近程三期发展计划,但未及实施即南迁⑥。抗日战争及其胜利后的屡次迁校,对于河南大学而言,虽屡遭战火逼仄,甚至深受战火荼害,但是学校却能够在战时逐步发

---

① 《抗战期间河南中等以上学校简况》。见:河南省教育志编辑室《河南教育资料汇编:民国部分》,1984 年,第 58、201 页。
② 《国立河南大学》。见:河南省教育志编辑室《河南教育资料汇编:民国部分》,1984 年,第 195 页。
③ 《国立河南大学》。见:河南省教育志编辑室《河南教育资料汇编:民国部分》,1984 年,第 198 页。
④ 河南省统计学会、河南省统计局《统计志》编纂办公室、《河南统计》编辑部:《民国时期河南省统计资料》(下册),1986 年,第 155 页。
⑤ 王广庆:《〈国立河南大学学术丛刊〉发刊词》。《国立河南大学学术丛刊》1943 年第 1 期。
⑥ 魏仰贤:《河大工学院与黄河水专的关系》。见:陈明章《学府纪闻:国立河南大学》。南京出版社,1981 年,第 144 页。

展,成为国内著名学府,构建起独特的河南大学精神。有亲历迁移的校友回忆称:"因由田校长伯苍先生的规复擘画,争取充裕经费,积极扩充设备,添设院系,礼聘名教授,在设备、师资和学术水准,已跻于名大学之林。"学生也能够潜心向学,"校誉正在欣欣向荣之际"[1]。1948年6月中下旬,在解放军攻城与城内固守的国民党激战中,河南大学是主要的据点之一。在激战中,所幸河南大学校舍损失甚微,但是不幸的是河南大学所藏书籍、仪器、标本被破坏无数。河南大学大部分师生南迁,滞留城内的有3名学生身亡。开封战役后,国民政府行政院拨发河南大学特别救济费70亿元,主要救济南逃南京的学生。

河南大学声誉日升的一个重要原因是师资之雄厚。三四十年代河南大学师资多为河南大学主动邀聘、敦聘,聘请多为国内学界名流。但是所聘人员流动太频繁,知名学者的就聘时间都较短。师资中最为稳定的部分,是早年的预备留学欧美学校的学生留洋归来后出任教职、行政的人员,由于乡梓观念或校谊等,在校服务时间最为连续,贡献最巨。张鸿烈留美归国,回省供职,1919年出任预校校长。后预校改为省立中州大学,学校发展具备大学规模。预校毕业又留学德国返校任教的阎仲彝,多次长医学院,成为医学院的德系师资的中心人物,"延聘留德同学及同济毕业好友,共同担负豫省培养医术人才之重任"[2]。但是当时中州大学面临的最大的困难有二:"一是教育经费的不足,二是物色教授的不易。幸而留美学生回国,他们多回母校来任教,也解除一大部分的困难"[3]。邀聘而来的学者多有盛名,甚至在短时期内能够影响带动一个学科的发展。如黄际遇系国内著名数学家,任教于校甚至长校,"一时数学系名震全国,许多数学家闻名来归。当时河大数学系有八大博士,皆俊杰也"[4]。豫籍汝南县的李敬斋,是民国元年(1912年)河南省遣派的公费留学生,赴美国密歇根大学,1918年返豫任河南留学欧美预备学校校长,苦于教职员索薪之苦,首倡教育经费独立之议,对预校

---

[1] 孙斌:《河大迁校苏州简述》。见:陈明章《学府纪闻:国立河南大学》。南京出版社,1981年,第147页。

[2] 庄良田:《河大精神》。见:陈明章《学府纪闻:国立河南大学》。南京出版社,1981年,第316页。

[3] 祝毓:《张故校长鸿烈传》。见:陈明章《学府纪闻:国立河南大学》。南京出版社,1981年,第163页。

[4] 《黄故校长际遇传》。见:陈明章《学府纪闻:国立河南大学》。南京出版社,1981年,第181页。

贡献较大,后出任中州大学教务长。王广庆长校,更以乡梓为重,敦请豫籍学人来校任职。1930年的教职员的籍贯中显示,本省籍贯最多(见下表)。

1930年河南大学教职员籍贯统计表①

籍贯	豫	冀	晋	陕	苏	浙	赣	鄂	湘	川	闽	粤	德意志	奥地利	总计
人数	63	7	2	1	3	4	2	2	4	4	3	1	1	1	98

三四十年代河南大学各院系师资留学背景呈现出趋同的特征,如上述医学院的德国留学背景,之外还有农学院的美国留学背景,森林系的日本留学背景明显。九一八事变后,国民政府定洛阳为行都,开封河南大学成为学人趋向的地方。1932年2月由稻作权威、豫籍罗山人赵连芳介绍李先闻到农学院任教。赵连芳回河南大学农学院,先后约了同是清华出身的留学欧美的涂治(美国明里苏达大学)、彭谦(美国威斯康辛大学博士)、李先闻、林世泽(美国爱阿华州立大学)等来农学院任教,一时间名家鼎盛,将农学院带入了黄金时代。当时的农学院院长万康民也是留美出身,农艺学系系主任是美国康奈尔大学硕士陈显国,农场主任栗显倬毕业于美国爱阿华州立大学,河南第一农业改良场技师、河南大学兼职教书的许振英是美国康奈尔大学畜牧硕士,1933年美国乔治亚大学硕士王直清来农学院任教。农学院年经费5万元,师资经费稳定。但是很快,农学院也因此批美国留学归国人员的离开而实力受损。1935年,李先闻、涂治应武汉大学教职,许振英、林世泽应中央大学教职②。之后农学院的发展也得益于河南大学农学院毕业生赴美明尼苏达大学攻读植物病理得博士学位后,于抗战初期回校任教。先后出任系主任、院长的王鸣岐等是"河大农院在播迁以至复员时期的台柱"③。森林系的师资留日背景明显。1933年森林系留学日本东京帝国大学的李达才(系主任)到任后,增聘知名教授,聘请有黄以仁、万康民、陶翼圣,后来礼聘而来的还有林渭访(德国塔林廊林业大学、柏林植物博物馆研习)、黄希周(日本留学归国)等多位,"于是人才济济,学术研究风气为之丕

---

① 《河南省教育年鉴(1930年)》。见:河南大学校史编纂研究室、河南大学档案馆《河南大学史料长编》(第二卷)。河南大学出版社,2014年,第68页。

② 李铁声:《清华精华李先闻》。见:陈明章《学府纪闻:国立河南大学》。南京出版社,1981年,第225页。

③ 李铁声:《清华精华李先闻》。见:陈明章《学府纪闻:国立河南大学》。南京出版社,1981年,第229页。

变,成为森林系的鼎盛时期"①。

但是在抗战时期,各系趋同的学缘结构在其他学院较少。教育学系,刘海蓬为留德柏林大学博士,杨震华为法国巴黎大学博士,陈仲凡留学德国,陈梓北留学日本,李子纯留学美国,学缘复杂,这是因为田培林称"世界教育以英美德法日最为有名,教育系的师资,应以有以上各国通的专家学者才算完备"。所幸,此时的河南大学教育系多为留学归国人员,一时间"美法德日教育思想各有所本,坐坛说法"②。师资的短聘造成在校服务持续时间都不长,使得发挥不出其学术的影响力和教学上的后续。1943年教育部奖励连续在聘职位上工作7年以上的教授进行休假进修,河南大学仅有郝象吾、张邃青、霍树楷3名教授获奖励。

从办学经费言,自20世纪20年代逐渐形成的河南省教育经费独立制度,奠定了河南省教育经费的基础,即使在1937年之后的流亡办学期间也有经费保障。在1942年河南省经费极度困难的情况下,及时升格国立,由教育部拨款,更是解决经费的大决策。僻寓潭头、嵩县期间,流亡学生的贷学金制度成为比较重要的招徕生源的一个政策,虽在山区,却能邀聘名师,师生生活有所保障,良性的教学秩序使得河南大学在高等教育中构建起独特的精神品质和学术声誉。

从30年代开始的各种制度建设,特别是刘季洪长校期间的制度建设,在1935年达到了一个完善的阶段③,很快出现成效,"当时的教师阵容在河大历史上可说是空前强大,教学和研究活动按部就班进行"④。河南大学30年代已具有国内大学的声誉,甚至一些学科建设达到了河南大学的黄金时代或顶峰。抗日战争中的流亡办学,学科发展不如战前,但是在各地办学,"教学认真,维持着战前的教学水准,坚毅保持着河大精神"。庄良田所总结

---

① 黄甲臣、张庆思:《记河大森林系三位老师》。见:陈明章《学府纪闻:国立河南大学》。南京出版社,1981年,第242页。

② 王泳:《潭头往事忆难忘》。见:陈明章《学府纪闻:国立河南大学》。南京出版社,1981年,第328页。

③ 该年编辑有《河南省立河南大学现行章则汇编》一书,从行政组织、会议规范、委员会增设、办事通则、教职员规则、学生学则守则等各个方面进行规程建设。见:河南大学校史编纂研究室、河南大学档案馆《河南大学史料长编》(第二卷)。河南大学出版社,2014年,第380—445页。

④ 孟志昊:《河南大学旧事漫录》。《河南文史资料》1992年第43辑。

的"河大精神"为"笃实务本"①。潭头 5 年,僻处深山,因陋就简,土阶茅次,所期不外是不辍弦诵。经费在物价腾贵的情况下反而减半或七成发放,学生贷金也由 10 元减至 8 元,再复增至 10 元,再增至 12 元,又另增加特别贷金、零用贷金等,但仍旧不敷用。学生也仅每餐蔬一味,豆腐、粉条等类尚不敢登诸盘皿,遑云食肉。待遇低,环境僻,聘请名家较难,相对于各国立大学的足薪,只能瞠目其后,但正常的学校运转则未稍停息。

抗日战争期间河南大学秉持建校以来的河南大学使命,在抗日战争中又赋予其新的时代使命,不独为中原文化服务,更增加了国立后抗日使命。从开封到镇平和鸡公山、从鸡公山到镇平、从镇平到嵩县和潭头、从潭头到荆紫关、从荆紫关到汉中和宝鸡、从宝鸡回到开封的战时办学历程,使河南大学成为国内高校中播迁次数较多的高校,也逐渐构建起河南大学精神底色:弘毅不屈,使命感强。

---

① 庄良田:《河大精神》。见:陈明章《学府纪闻:国立河南大学》。南京出版社,1981年,第 312 页。

石门村梁帅卿

采访地点：梁帅卿家中（河南大学黄品荣①教授和文学院男生旧居处）
采访时间：2015年7月14日
采访人：赵广军、贾茜贝、徐园欣、安依林、多杰卓玛、张晓俐、吕俊杰
整理人：赵广军、胡志彬
采访简况：梁帅卿，1937年生，潭头镇石门村人，当初河南大学文学院在石门村居住期间，他们家中接待了黄品荣教授和文学院男生。从梁帅卿的描述来看，当时普通的老百姓与河南大学师生的来往并不多，所以他对河南大学师生的情况也不是很了解，他所知道的是河南大学来到潭头，对潭头教育和文化方面产生了深刻影响。这可以从另一个侧面反映河南大学在潭头办学期间对潭头的意义。

我父母没有讲过河南大学的事，他们只知道当年这里有河南大学的人住过。当时的农村人跟他们是互不来往的，农村人去种地，不参与外界事情。我下面讲的有关日本人的事，不是我亲眼所见的，只是听说而已。

日本鬼子在汤营杀了不少人。当时我年纪小，具体杀的谁我也说不清楚。日本人来了那就跑嘛，他们一来我们就跑到山上去，他们走了我们再回来。他们不杀老百姓，只杀学生和知识分子。他们听说这里有大学生，所以就追来了。河南大学的男学生都穿中山服啊什么的，女学生都留着学生头（剪短发），农村姑娘留的是长发辫子，所以日本人很容易分辨出来哪些人是学生、哪些不是。河南大学在这里待的时间不短，但是没有影响到潭头当地的穿衣风格。

这里住的是河南大学黄品荣教授，也有河南大学文学院的男生。当时这里就相当于男生宿舍，也算是办公地点，老师们有时候会在这里集中开

---

① 黄品荣并非教授。据张石章先生回忆，当时黄品荣是张石章在石门村小学上学时任教的老师，但其实是河南大学的学生。

会,吃饭的时候他们去伙房。

我听说当初河南大学张静吾①的老婆被日本人杀了,他孩子(应为侄子)后来被村民用白面糊糊救活了。日本鬼子投降以后,他孩子(应为侄子)在郑州医大神经科当主任,因为我们村是他的救命恩人,所以我们这儿的人有啥特殊的病,都经他介绍到郑州看病。总的来说,河南大学人在潭头与群众感情很好。河南大学的名声也很好,河南大学学生走了以后也没有听说过不好的事情。当时社会虽然乱,但是知识人他是不胡来的。

我们这个村总的来说不算大村,但是受河南大学影响很深,经(根据)我所知道的情况,新中国成立以后全县(栾川县)的中、小学教师,我们潭头占80%,校长90%是潭头人,这都是受河南大学的影响。特别是在文化方面受河南大学影响更大,自从河南大学来了以后,这边的教育大变样,不管再穷,也得让娃子上学。这里人都说河南大学要是晚走5年,这潭头能更不一样。

---

① 张静吾(1900—1998),原名张凝,河南巩县人,二级教授,医学教育家。1943年受豫人吁请,张静吾再次任教河南大学医学院。此时河南大学已迁至嵩县,张静吾整理图书,添置器材,使医疗和教学工作得以发展。次年5月,日军西犯洛阳,医学院由县城紧急迁往潭头校部。日本投降后,张静吾随校迁返开封。1946年春正式复课和开诊。次年,他辞去医学院院长职务而以医学院教授兼任河南省卫生处长。1948年他随校迁至苏州。国民党政府撤离大陆前夕,他拒绝亲友邀其赴台的要求,于1949年夏随校返回开封。

石门村闫尊儒

采访地点：石门村

采访时间：2015 年 7 月 14 日

采访人：王占西、赵静文、王丹、吕潘婷、唐洪浪

整理人：李恒、贾茜贝

采访简况：闫尊儒，1933 年生，潭头镇石门村人。他对当时河南大学学生所住的宿舍，以及存放教学器具的地点记忆比较清楚。他老母亲一百多岁，由于身体原因，不能接受采访，所以只采访了闫尊儒老先生。从闫老先生的描述来看，普通的老百姓与河南大学师生的来往并不多，所以对当时河南大学师生的具体情况了解很少。另外，日军来犯时，他们一家人都躲到了对面的吴成沟里，所以并没有目睹河南大学学生在此惨遭日军杀害的场景，对此没有留下直接记忆。

我住的这个房子大概有 50 多年了。这个房里没有住过河南大学的学生，当年这里是一大片空地，学生的宿舍都在梁帅卿的住宅。

我六七岁时就开始去上学了，就在村里的石门村小学上的。同学大概有几十个人，从一年级到五年级都有。原来这里教我们的老师，只能讲清楚比较简单的白话课文，有些高深的课文就讲不下来了。河南大学的学生当我们的老师之后，原来的这几个老师就不再教我们了。

我五年级和六年级上学期都是河南大学学生教的，那时候小，印象不深，河南大学具体是哪一年来的记不清了。大概在十一二岁的时候，我上到小学五年级，这时候河南大学师生来了，在我们村里住。当时上学不要钱，都是自愿、免费上课①。我的女同学不多，大概只有两三个。我记得一个女同学姓李，还有张姓的姊妹俩。姓李的同学家就在这后面，只不过现在她不在这里了，她参加工作以后就在信阳那儿居住了。

---

① 综合调研的情况来看，村民子女免费上学是非常少的。因为河南大学师生在潭头需要生存，创办中、小学既是服务乡里，也是经济来源之一。

大概有三四十个河南大学的学生在这儿教学。上课的时候在旁边的房子里办公,晚上回住的地方,他们集中住在3间房子里。教我们算术的是一个姓王的老师,教语文的是一个姓刘的老师,个子都不高,黑黑瘦瘦的。他们一般是在下课之后(课余时间)来教我们。当时还有教一、二年级小孩子的老师。我一共在石门村上了四五年学。我对于教我语文的老师印象深刻,记得姓刘。因为他经常给我们上课,而且当时五年级就我们几个学生,相互之间比较熟悉。当时他们课讲得很好,毕竟那时的课也比较简单,主要有语文、数学、自然、地理,还有公民。公民课就是政治课,书的名字就叫《公民》。当时在旁边那个院子有一个姓肖的男老师,经常教我画画。现在我家西边的那个院,也有学生住,而且住的比这个院多(老人给我们指了指地图)。当时的那个伙房现在还保留着。

　　河南大学的女学生到底穿什么样的衣服记不清楚了,因为我们这个村里不住女生,不过她们应该是穿旗袍。男生跟咱们这里当地的老百姓穿得不一样,一般在我们这穿的都是便服,河南大学学生的衣服看起来很上档次。

　　那时候五年级上学期还没上完,日本鬼子就来了,大概是麦子将要熟的时候。当时小学的学生都不去上学了,河南大学的学生也跑了。

　　其实是国民党的军队先来潭头的,他们人太多,肯定会对老百姓有骚扰。当时我们家就在吴成沟那边的大东沟里住,那天早上已经吃过早饭了,突然就听见了枪响,然后我们就跑到那里去了。我跑得很慌张,所以当时河南大学的学生们到底走完没有,我也不确定。我们在山上还能看见汤恩伯的军队被日本鬼子打死了几十个人。我还记得这个村有2个河南大学的学生投笔从戎去打日本鬼子了,当时村里在全福宫附近搞的有欢送仪式,村民有很多人都去看了,打着横幅欢送那2个大学生。

　　日本鬼子来之前的几天我们已经不上课了。因为那时候国民党的部队退下来很多,十三军、八十五军那时候都在这住,我们没地方上课了。

　　我记得我们村里有人被日本鬼子打死在那河滩上。因为是听人说的,只知道他姓张,名字记不清了,过河的时候被日本人看到了,就开枪杀了他。当时我还小,才十来岁,胆子小,早早就跑到深山里去了。但是,总有些人还在家里没有跑,他们胆子大,比较勇敢。

　　有的人到第二年才回来,有的人几个月就回家了。日本鬼子离开以后,老百姓还要种地养家啊,所以大人就带着孩子跑回来了。那时候我们都叫"跑反",一方面是躲日本人,再一方面就是躲避国民党部队来骚扰。当时的情况就是断断续续地跑反,不会一直躲在山里,家中总是有人的。我们家躲的时间比较长,很久才回来。

石门村张石章

采访地点：潭头石门村张石章家

采访时间：2015 年 7 月 14 日

采访人：杨润华、王赛赛、任东阳、张娟

整理人：王占西、王丹

采访简况：张石章，1935 年生，潭头镇石门村人，河南大学来时正在潭头县立中心小学上学，家中有几名河南大学学生（男生）借住。通过他的讲述，我们了解到河南大学在潭头办学期间住在老人家里的学生的基本情况、河南大学在潭头承办的七七中学的一些情况以及七七中学训育主任苗叔陶的一些事迹等。我们还针对五一五潭头惨案群众及师生逃亡情况进行了口述调研，张老先生为我们回忆了当时一家人逃亡重渡沟以及在重渡沟遇见住在家里的河南大学学生张本立的具体情况。张石章老先生给我们带来了一张马振堂先生的照片。马振堂，潭头镇人，与王广庆校长是洛阳师范的同学，河南大学当初落户潭头镇与他有很大关系。张石章老人的讲述给我们还原了当初河南大学落户潭头的原委。

我是 1935 年生的，我家当时是 4 口人，我、奶奶、父亲、母亲。

1939 年 5 月河南大学师生来到潭头。先头部队到来之后，他们分批先找住处和上课的地方。教师都在潭头街住，如王广庆[①]住在潭头街，还有嵇文甫[②]也在潭头街住。理学院是在党村，农学院是在大王庙，文学院是在石门和大王庙。

河南大学能来潭头避难，多亏了马振堂[③]等人。原来只知道他俩（马振堂与王广庆）是同学，我以为是河南大学的同学，其实他俩都是洛阳师范的。

[①] 时任河南大学校长。

[②] 时任河南大学文学院院长。

[③] 潭头人士，时任潭头小学校长。

马振堂跟王广庆校长在嵩县县城见了面后,王广庆校长立马就将河南大学医学院在嵩县县城安排下来。马振堂跟王校长说:"你们的文学院、农学院、理学院迁到潭头的话,有几个优势条件:第一,潭头离嵩县 100 华里,又要翻过大山,山高路远,有利于避免日寇袭击;第二,潭头有个温泉,师生可以洗澡,有利于身体健康;第三,这几个学院到了潭头,食宿和教室,我都可以负责。"

马振堂是本地人,那个时候在洛阳师范毕业,是很稀少的人才了,所以他在地方上很有影响。王欣丛①是地方上的大财主、绅士,土地非常多,非常富有,伟志小学就是他私立的;还有一个人是胡均屏,他也是地方上的大绅士。(马振堂)跟他俩协商怎么去解决校舍、住宿的问题。地方上的村长过去叫作保长,他们和(潭头)4 个村的保长联系或商讨,最终解决了师生的宿舍和教室问题。上神庙原来是中心小学的校址,河南大学一来,他们几个绅士和保长就把上神庙的地方给腾出来了,中心小学移到了北街的民房。曹方苑原来种的都是庄稼,由于住宿和教学的房子不够用,他们就协商把那里盖成房子给河南大学师生用了。

我一、二年级是在潭头街上的,小学的名字叫潭头县立中心小学。教我的老师我都还记得,一个叫周葆慧,一个叫孔爱莲,他们两个都是河南大学的学生。周葆慧老师还给我们拉手风琴,拉得很好听,那也是我第一次见手风琴。周葆慧老师可能也带过数学。孔爱莲孔老师主要是教语文的。因为河南大学的到来,我从那时候就开始接受爱国主义教育了,到了二年级,开始学抗日的歌曲,现在只记得歌词了,曲子不记得了,词是:"日本鬼子的大炮摧毁了我们的家,杀死了爸爸又抢走了亲爱的妈妈。"所以,我在很小的年龄就受着抗日爱国的教育了。我在街里面读完了一年级和二年级,后来因为从这村里去街上太远了,三年级就在村里上。我三年级的老师是黄品荣和刘相邻,同他们一起教课的还有几个老师,记得一个姓杜、一个姓肖,但不记得具体叫什么了,他们都不教我。黄品荣教我们语文,刘相邻是教数学的。当时每天在家里吃过饭后就去学校上学,三年级我又学了一首新歌——《义勇军进行曲》,就是现在的国歌,还有一首叫《大刀向鬼子们的头上砍去》。

当时我们家是两进院子,被征用成了学生宿舍,我家住的都是男学生,女学生都集中在潭头南街。当时上大学的女生也不是那么多,应该不会超

---

① 据闻为当时潭头首富。

过 100 个。西撒子住的大学生都是文学院的,具体是什么专业的,因为当时我年龄还小,所以不是太清楚,只听说有个教育系的,但具体到哪一个人是什么系的就不知道了。我还记得有个学生家在洛阳,叫张本立;有个家在偃师的,叫徐中和;有个家在洛宁的,叫段青山;还有个叫储金栋。就记得这4个了,其他的不记得了。还有个汝州的姓"man"①,但不记得是哪个"man"了,只记得大家喊他"老 man,老 man",全院子就数他岁数大,30 多了还在上大学。那时候他们上课的规律是:有一个司铃的工友,人们叫他老郑,每天早上他一走到我们家这儿,就开始摇铃,通知大学生该去上课了。上完课回来,伙房已经给他们做好饭了。饭还没到桌上的时候,他们说说闹闹的,很是欢乐。中午吃完饭后再去街上上学。晚饭后,有学习任务的就学习,他们一般学到很晚,有的人做作业,有的人看书,没人管他们晚上什么时候熄灯。我们那个时候是小孩子,人家学习我们就不去打扰,不能耽误人家学习。没学习任务的时候,他们就开始唱戏,那时候我家里有张八仙桌,就放在现在这个位置。他们围坐在八仙桌旁边,点着灯(那种小灯是用铁皮焊的,外形像一个船,下面有盛油的东西,高处有掂的把手,用的是桐油),然后就开始唱戏剧,如二黄、豫剧、曲剧什么的,又拉又唱的,非常热闹。我就在旁边听,觉得非常有意思,一直到现在还有印象。

那时候他们不仅在宿舍唱戏,有时候也在街上演大戏,点着大汽灯。汽灯只有河南大学来了以后演节目、过新年、搞文艺比赛的时候才用,平时都不用。光是蓝色的,很亮很亮。演戏的时候挂着汽灯,学生、老师什么的在上面演,其他河南大学的师生,还有潭头的村民就在下面看,很是热闹。

那个时候我也在上学,所以不知道他们上课具体多长时间。有时候中午我回来得早,有时候中午他们回来得早。那个时候学校可能都没有钟表,一般在农村的老师,时间可能都没那么精确,课一讲完就下课了。

我见过有怀表和手表的学生很少,用钢笔的好像也不多,那时候叫水笔,还有蘸水笔,将笔尖在墨水里蘸蘸写出几个字。他们穿的衣服都是棉质的,不是我们现在说的平布,也没有现在的化学纤维。他们具体是买的成衣还是买布做的衣服,这个我不清楚。女学生是穿旗袍,教我们的那两个女老师穿的就是旗袍。男学生说不清,不过我见过有穿西装的。

河南大学的学生,有的家里很贫苦。我知道有一个姓段的,他家是洛宁的,农民家庭的娃娃,交不起学费,上一学期休学一学期,回去在当地的学校

---

① 受访者发音时同"曼"音。

里教教课挣些钱,有钱了再回来上大学。

过去的大学生跟现在不一样,他们的活动范围很小,吃住都在这里。他们早上有的在院子里早读,或者去后坡野外读书,有的读英语,有的背古文。因为我是这个院子的小孩,他们还教我英语,教我 26 个英文字母,所以我上小学的时候就会背 26 个英文字母了。有个"s"我记不住发音,在我们院前面里屋那个被烤火熏得很黑的石头墙下面,我用火柴写了个"爱思",用汉语记住了"s"。那时候我 26 个英文字母都会背了,我们这附近同龄人就我一个,所以也是特别自豪。

学校用的面粉,是去潭头街买麦子,然后去农家雇磨户磨面。磨 100 斤麦子,交 75 斤面,剩下的面是磨户的工钱,或者是另外给工钱。他们偶尔会吃大米,主要是吃小麦,他们吃的都是白面馍。他们吃的菜,主要是汤营供应的。汤营有温泉,村里的地都是水浇地。河南大学有个园艺系,他们有个菜园,叫作南菜园,所以他们吃的菜有一部分是自己供应的,还有大部分都是汤营供应的。河南大学又把一些新品种菜带来了,番茄、菠菜、笋菜、芹菜等,这些原先潭头都没有,这些都是引进来的,所以群众又管番茄叫洋柿子。看人家河南大学的人去买菜,我们也跟着买,只不过农村人生活水平太低,太穷,我们买得少,我们平时都吃些萝卜白菜比较简单的。在我印象里,都没吃过那些菜。河南大学农学院的苹果园在甘露寺,甘露寺这个地方现在盖了庙。听说还有葡萄,可能还有梨,但我都没有见过,也没有吃过。

河南大学的到来对我们潭头的影响非常大。河南大学来之前,我们按农历逢三六九有集市,河南大学一来市场就繁荣了,每天都有集市。我们村的小学原来只有一、二、三这 3 个年级,河南大学的学生来了以后在小学代课,就有了高年级,高年级还有历史、地理、音乐,英语是在初中。我们村里还有夜校。我母亲说河南大学对她的影响很大,她以前不识字,裹的小脚。我上小学一年级的时候,她才开始放足,跟着我学认字,在木板上写几个字放在纺车前面,一边纺一边识字。后来新中国成立后她识字就多了,我上初中是在栾川县城,她已经可以给我写信了。那时候家里还没有钢笔,写信都是毛笔字,她的小毛笔字写得很好看。"文化大革命"的时候要求背语录,不会背语录,不让走,我妈因为识字所以就会背。有人就说这老婆子还识字还会背,不简单啊,这都是受河南大学的影响啊。

七七中学对我影响非常大。七七中学是河南大学来到以后,为了解决教师子女上学问题而建的私立中学,有人上小学,有人上初中。实际上,它的教师完全都是河南大学的教师。我一个表亲三舅就是七七中学的学生。

七七中学的训育主任就是我上大学的老师——苗叔陶,他是河南大学的助教。当时七七中学的校长是王广庆,但王广庆那么忙,实际上七七中学是苗叔陶在负责。苗叔陶在潭头影响很大,为什么呢?他的思想作风、工作作风、生活作风都是非常受人称赞的。他思想非常进步,对学生要求也非常严格,跟学生一起劳动、一起住。他要求学生在三官庙下面的河滩搞一个操场,大家去河滩背石头,一周一立方,要求学生必须完成,而且他自己还带头完成。七七中学一个司铃的叫张榜的工友说要替他背石头,他说不行,我要求学生做到,我也必须做到。苗叔陶管理学生也很有特点,他没有点名册,大门那里有个走廊,走廊里挂着一个牌子,牌子的两面颜色不同,一面是红的,另一面是什么色不记得了。上课时你到了,就把你的牌子翻过来,走的时候再翻一下,就这样点名字。所以他不点名,而是去看牌子,看谁没来。要是有谁替别人翻牌子就开除谁,所以是没人敢替翻的。你要是敢外宿,他发现开除你。像潭头恶霸的儿子张海岳,他吸烟,苗叔陶要逮他吸烟,不捉现行不算数。苗叔陶穿着衣服,钻到三官庙后面的灌木丛里面,隐蔽在那。张海岳有烟瘾,一下课,就跑到后坡,扒个坑,趴在那吸烟,正在抽,苗叔陶出来了,让他把烟头吃了,他就得吃了。吃了之后,再逮到你吸烟就把你开除。他不怕那些大恶霸,但这也使他得罪了地方上有权有势的大恶霸,没有把校长干到底。还有教授家的孩子,要是不听话,也是开除,他不管你是谁,只要你违反了校纪,就开除你。他严到什么程度呢?夜里男同学出来小解,尿不到尿桶里面。他想抓到人,夜里穿着灰色长袍,站在尿桶边墙角里,学生夜里起来眼睛都不睁,尿到他衣服上他都不吭声,之后跟着学生到宿舍,给学生指指他的衣服,学生都吓坏了。但他第一次不开除你,你再不尿到尿桶里他就开除你。他考试非常严格,纪律非常严明,七七中学培养了一大批人,就是他的功劳。还有在教学上,他全拿(精通),他是农学院毕业的,物理、化学、生物他都可以过问。但他不教课,主要是管理。还有个学生叫王太俊,非常穷,家是白土的,苗叔陶就生个办法,资助他,你初二就教初一的外语,你初三就教初二的外语,你教这课,我就可以给你发钱。他把贫困的学生和富家学生同等看待,所以他在学生中威信很高。他还建了一个图书室,发动学生读书,读一些社会上非常先进的图书。他还经常在学校里搞一些宣传爱国抗日的活动,像七七中学的校名就是为牢记七七事变,开学日期定在9月18号来牢记九一八。苗叔陶喂了条狗,给它取名叫希特勒。他还让学生抵制日货,不能买日本的东西。他厉行节俭,要求学生穿土布衣裳,他自己也穿土布衣裳。土布就是染成河滩红土的颜色的布。他去学校的时候穿上西装,回来的时候就和学生一起穿土布衣裳。中学的房子不太够用了,他就和学生一样上山砍树盖房。这些都是七七中学的学生们说的。在对学生的日常训练方面,他经常训练学生夜间集合。有一次他在乱葬坟放个东西,让同学去那个地方找,拿回来就授奖,这是在训练勇气。他还组织了七七戏剧社,他们的节目还和河南大学的学生比赛过。他们演的抗日街头剧,听说是叫《放下你的鞭子》。继河南大学嵇文甫被国民党逮捕后,苗叔陶是第三批被逮捕的人,有人说他是共产党,其实他不是,他只是有进步思想,他是青帮的,是国民党的外围组织。这是后来"文化大革命"结束以后,1984年我去学校问他的。苗叔陶对七七中学的学生影响非常大,在社会上的影响也非常大。他爱学生如同自己的孩子,贫富同等看待,校纪非常严明。当时他带了两批学生,有一批最后跟着国民党去了台湾,后来又去了其他国家;留在大陆上的也不少。七七中学对我们县的影响最大,教师、干部都是潭头人最多。说到这儿,河南大学对我们的影响也非常大,把共产党带来了,第一个就是河南大学的支部书记王锡章。河南大学那个时候已经有地下党,图书馆也有毛主席《论持久战》的书,油印版的,所以说河南大学带来了政治上的进步思想。

4月或5月的时候开封已经沦陷了,这都是我后来才知道的。河南大学离开的时间大概是5月十几号。这段时间河南大学的学生,他们拿着报纸在我们家大门口看,边看边痛哭,家沦陷了,被日本人占了。情况这么紧急的时候,学生们还是照常上课。突然,国民党第十三军,从洛阳那边退过来,我们村里面到处都是军队。大概是第二天,河南大学就决定撤离。我们家就先走了,夜里过河,渡过了南面的伊河,然后进了山沟。住在山沟里的好多都是我们村的群众,大人们都互相认得,我当时才9岁。第二天我们就去重渡沟了。到重渡沟的第二天还是第几天就遇到了在我们家住过的河南大学学生张本立,他带着他的妈妈和爱人、孩子,男孩儿叫万年,女孩儿叫如意。我们家到底是本地人,我父亲做的还有生意——卖竹子,把竹子编成木筏,从伊河运到洛阳,在重渡沟认识的有人。我们住在张生家,都是草房,很小的一间草房,结果我父亲碰见张本立了,他说没有落脚的地方。当时重渡沟是很小的一条街,我父亲只能去找我们住的那家,跟他说情,能不能找个地方让张本立家住下。张本立家最终住在张生家后院的一个磨坊里,里面有个磨子,把里面的粪便清扫了之后,他们一家就住在那里。几天之后,有一天夜里听见打枪了。半夜里谁也顾不上谁了。我二舅是个国民党的逃兵,当时国民党征兵,谁家男孩多,让谁家当兵,当时都怕去当兵,因为要打仗。我二舅怕当兵,躲到我们家。我二舅家里4口人和我们家里4口人,一共8口人夜里听到打枪就逃走了,顾不上张本立了。什么也没带,只带上了烙的馍,带个床单,跑到玉杂沟,受了很多的苦。我们家也算比较富裕,带着一匹小白马,因为国民党追得太紧,当天夜里就丢了。夜里住的地方都是哪里没有人往哪里住,哪里山陡往哪里住。后来又回到重渡沟,碰见张本立,他什么打扮呢?他原来留的学生头,现在剪了,长短不齐,脸上抹着灰,漆黑漆黑的,穿的衣服也不知道哪儿借的老百姓的衣服,走路一瘸一瘸的。后来我父亲问他怎么了。原来当天夜里逃难时,他不知道路,被国民党抓住了,让当苦力。国民党溃退,枪支弹药都找年轻人给他们担。他是怎么跑回来的呢?听说他的母亲很能干,临走的时候他母亲给了他2块现洋,暗示他用这2块现洋脱身。听说是担不动了就往后边落,落到最后有国民党的兵,他把这2块现洋给了国民党的兵,向他们求救,于是国民党的兵就把他放了。河南大学走大青沟向荆紫关去。有一个学生生的孩子叫李重庵①,是他妈跑到重渡沟一个草庵里生的。我再见张本立是在我上高中的时候。我在陕县上高中,我曾去他家过,他母亲已经不在了。他跟着河南大学,后来到南京,再后来到台湾了,再也没见过。

日本人就在我们这儿,没过河,没进山。国民党为什么进山呢?一个是逃避,躲避日本人;再一个是因为山里面有群众,向群众要吃的,找苦力。我本家的大伯张镕当年逃到了大东沟,张本立全家也在大东沟停脚,但是没有东西吃,遇到我大伯张镕了。张本立认得我大伯张镕,向我大伯要吃的,我大伯说咱都是逃难的,你别嫌这饭瞎,窝窝头、麦糁汤,端出来给他吃,吃完以后他要给我大伯掏钱,我大伯不要。这是我后来(大概九几年吧)听我大伯他孙子给我说的。

我在八几年参加了《潭头岁月》的编写,这本书就是七七中学校友写的回忆录,当时村里王振拔也参与了编写。书里的地图是任金锋②画出来的,是大致画的一个示意图。获取资料是问当时的一些老人,那些老人现在都不在了。我和任自忠老师一起去访问了逯古栾③,他就是汤池那边的。那份资料是很宝贵的,也是属于抢救性的,现在比我大的七七中学的学生都不在人世了。当时参与编书的一些人,也大多不在了。

---

① 实为教授的孩子,是教授李秉德的孩子。
② 潭头村民。
③ 潭头村民。

大王庙村孙士东

采访地点:大王庙村
采访时间:2015 年 7 月 15 日
采访人:赵静文、任东阳、田若玉
整理人:田若玉、贾茜贝
采访简况:孙士东,潭头镇大王庙村人。孙士东所在的大王庙村当年是河南大学农学院所在地,除河南大学学生基本衣食住行外,孙士东重点为我们讲述了他记忆中的农学院师生在当地培养新型农林作物、驯养牲畜的事情。关于"潭头惨案"的相关事情,老人由于没有亲眼看见,了解并不多。

当时农学院实验田的 30 亩地是孙明乾家的,他是地主,他孩子现在还活着。林场的地在甘露寺,加上林坡的地一共有上百亩。农学院在我们村培育种子,收获之后,挂到墙上,干了以后,怕搅混,让农村人拿着簸箕撮一撮、抖一抖。缝的小布袋,一样装一袋,从这里面再培育种子。我记得刚解放的时候,我还去弄了一把这种麦种,麦种的名字叫九头鸟,麦秆大概有五六尺高。麦穗很粗,长出来之后,旁边还生杈,产量也很高。但是大田不能种,因为麦秆太长容易倒伏。这种麦子是试验品,没有推广。

他们喂了两头骡子,一头配一套车,种地的时候犁地、打场,都是让骡子干。那时候的饲养员拿着很长的鞭子,不是现在的短鞭子。这里有个场,大田里面的东西拿到这里,把骡子套上,人在场里拿着鞭子就能指挥。他们还喂了两头牛,一头公牛一头母牛,公牛特别大,母牛比它小一点,但是都比现在的牛大,好像奶牛,白黑相间,花色的,印象中说是从美国①引进回来的。当时咱们本地没有这种牛,因为气候不同都得病死了②。

农学院的实验室也在这里。实验室的地基现在已经不存在了,没有一

---

① 据孙士全老人说奶牛是从荷兰引进的。
② 这两头奶牛在河南大学师生仓促逃离潭头后,无人照看,据说饿死了。

间房子。原来这个村叫大王庙村①,村后面有一个庙叫大王庙,有3间房子,里面有神仙塑像,外面有个廊坊也有神仙塑像。后来这个地方就变成了这个村子里的学校,我们都在这里教过书。当时河南大学在这里的时候,庙里面还供奉着神仙。

三官庙当时也是实验室和存放仪器、农药、设备的地方。日本人来了以后很乱,群众都随便拿。当时玻璃瓶很缺,群众不懂得,他们把玻璃瓶拿了以后,把药随便倒在外面。可是那些药有些是毒药,丁昌如②(读音)家有好几个人都是吃那个中毒了。还有的是洒到地上,有些人挖野菜,吃后就中毒了。咱们这里解放的时候,我记得好像是谁的家里还有显微镜呢③!至于说谁拿了,那都说不清楚了。理学院的仪器都在党村,新中国成立后还有不少,有些被收走了,有些已经不存在了。后面的实验室里有一个院子,房子里面满满都是实验的东西。新中国成立后这里变成了学校,现在这些房子已经不存在了。新的学校已经挪到了前面,这里的房子也旧了,就被拆了,就没有了。这是农学院在这里的情况。

河南大学的男学生一般都是穿长衫;女学生穿旗袍,一般是短头发。

学生不在农民家里吃饭,这里他们立(建)的有伙房。

另外,他们闲的时候也会拉京胡、唱戏,就像现在闲的时候搞娱乐。那时候咱们这里没见过。他们拉的京胡,咱们这里叫二鸣。他们就是这样拉着唱唱,唱二黄戏。咱们潭头靠山黄拉的也是京胡。豫剧是咱们豫西这边的老戏。这唱戏就属于娱乐,这也不是他们的本行。印象之中,他们好多人

---

① 现在也叫大王庙村。据村里的老人讲,明朝末年,有一朱姓亲王,为躲避满族骑兵,带着家眷逃亡到现在的大王庙村。一年端午,这个朱大王不幸被雷电击中身亡,附近的老百姓就近盖起了一座庙宇纪念朱大王,就叫"大王庙",在此聚居的人逐渐多了起来,形成了后来的大王庙村。河南大学在此办学期间还存在,大王庙用做了河南大学学生上课的地方。后来老的建筑被损毁,重建成现在的样子。2017年7月11日,我们重返大王庙村,拜祭了大王庙。听村民说为了搞好古村落保护项目,政府正在筹资恢复大王庙的原貌。

② 据大王庙村的孙士全老人讲,这个丁昌如(读音)是河南大学的后勤人员,一家三代人都借住在大王庙村里,因为家里没有吃的,岳母到地里挖灰灰菜,不想这是洒过农药的,结果一家4口人,包括岳母、2个孩子和他自己都被毒死了,只有他的老婆因为回家晚,仅吃了半碗,被抢救过来。

③ 据现在河南大学潭头附中的杨保民老师讲,河南大学农学院师生为了躲避日本人,仓促间离开潭头,忘记了带上显微镜等重要实验器材。这些当时都是从国外进口的设备,于是托大王庙村的人送到荆紫关去。村里派了几个年轻力壮的人把显微镜送过去,一共是9台,途中损坏了1台。他们回来时河南大学为了感谢村里人,给了他们8块现大洋作为报酬。他们往返潭头与荆紫关之间,耗时1个多月,回来时还少了1人。

都是穿长衫,和咱们这里很多都不一样。

当时河南大学在汤池那里专门盖了澡堂①,一半是男生用的,一半是女生用的。盖了一溜(排)房子,都是用青砖铺的,供男女同学洗澡。群众不去,群众洗澡在外面还有一个池子。后来,河南大学走了以后群众就去洗了。

河南大学在街上办的有学校。我上小学的时候,就是在这里上的,后来才到了县小。今天咱们去看的那个陈立白,是当时县立小学的校长。这个学校在潭头街的北街,我五年级的时候到那儿上的,要求很严。当时的老师基本上都是河南大学的中层干部(主任一类的),河南大学的学生基本上没去教课,连小学也是中层干部去教的。另外,在南店也办了一所私立小学,叫伟志小学,也是河南大学的老师在那里教课。这2所学校在当时是相对比较好的小学。紧接着他们又办初中,开始是在三官庙办,也就是现在的古城村,现在那个庙还在。当时的校长是河南大学的老师,他叫苗叔陶②。苗叔陶办校确实是治校有方,对学生很严格,谁说情都不行。如果学生犯了错,该开除就直接开除,该惩罚就惩罚,再大的官来说情都不行。他也很热爱劳动,在前面的河滩边他自己栽柳树,长得很粗,治河、背石头、打堰都是他领着学生去干的。后来,日本人来了以后这个学校就挪到了街里面,不在这里了。后来河南大学又在这里办高中、初中,办了很多年。具体情况我也不是很清楚,我就初中在那里上了3年,后来我考上高中,高一的时候,学校就不在了。

那时候上小学不要钱,交的是粮食。交多少说不清楚,反正是要交。那时候好多人没钱,交钱可以,交粮食也可以。当时一学期要交2斗麦子,2斗麦子80斤,现在说来也不贵,当时很贵。1亩地1年才能收2斗麦子。当时粮食的产量很低,现在一亩地一季能打(收获)2000斤左右,而那时候一亩地也就是七八十斤。

我在七七中学上了不到一年,家里拿不出来粮食交学费,所以我就失学了。因为一学期是2斗麦子,上了半年,后半年家里没有粮食给学校了。我们村只有明华在那里上,他上到快毕业,他们家比较富裕,能供得起。

上学期间还经历过一次蚂蚱事件。过蚂蚱那时候我在三官庙上学,我还到拨云岭打蚂蚱了,老师组织学生去的。那蚂蚱多得很,飞起来以后,天

---

① 被称为"河大池"。
② 苗叔陶应为训育主任。

上的太阳就只能看到阴影了。蝗虫从地里过一下，就吃得什么都没有了。那时候没有农药，都是敲着锣去地里撵。咱这个村里还支过大锅，煮蚂蚱①。这些办法基本上没什么用，蚂蚱只要到你的地，等不到你去撵，庄稼就给吃完了，真的是遮天蔽日。

日本人是白天来的，他们从王庄过来到子房后面，从石圳村后面的白果树岭下来的。子房有一个人，不知道叫什么，趴在边上看，日本人把他打死了。

我只记得从石圳村走的事，从子房村上到后面，子房村里几个人被打死了。日本人来了以后村里人都跑了，很乱。他（日本人）拉着群众的手一看，凡是手上有戴手表的印，并且没有茧子的人，抓到就把他们杀了。

学生从西面走，往南阳、卢氏一带跑了。有些学生跑不及就被打死了，我知道对面的坡上死的有人。在潭头街上他们把2个学生捆在一起丢到井里面，那2个学生死得很惨。石圳村也有人被打死了，但是我记不清楚了，听说是有一个被埋在这里了，打死那个是子房村的。

我跑到了后山。一般我们逃跑都是跑到北岭去躲难，因为我们家在那里有2间房子。另外，我没亲眼见过，但是回来之后听群众有这样的说法：河南大学当时的学生一般都留头发，当时被日本人见了是要被抓住打死的，所以那些学生都要剃头。当时不是和现在一样用推子推一推、剃头刀剃一剃，那时候的剃头刀很钝，头发怎么刮也刮不下来。学生着急了，就直接剪一剪，看起来和拔的鸡毛一样，头发弄成乱糟糟的样子，恐怕被日本人见到了。这个当时我没见，但是有群众见过，这是一种说法。当时日本人抓到学生后，一个是看他剪头发了没，再一个是看手上有没有茧子，通过这两点判断是不是农村人，不是的话抓到了就杀。

日本人过去以后，我们就回来了。回来后河南大学的学生都走了，后来这个学校就迁走了。

这些不是我亲眼见的，但都是事实。栾川县的中原文化馆编了两本故事书，这几件事情——死人、日本人从这里过里面都有记载。看着是故事，那是实际的，有些是有人亲眼见过。我刚才说的这事情书上没有，但这些都经常有人传，那些岁数大的人他们都知道。

---

① 有的老人说，支锅煮蚂蚱这件事情是河南大学老师们想出来的办法，他们为了鼓励村民捕杀蚂蚱，避免来年发生类似的蝗灾，以每只蚂蚱5分钱的价格收购，收购后扔到大锅里面煮。

大王庙村孙士全

采访地点：孙士全家中
采访时间：2015年7月15日
采访人：李恒、杨润华、王赛赛、张娟、吕俊杰
整理人：李恒、贾茜贝、田若玉
采访简况：孙士全，潭头镇大王庙村人，其父为孙明信，曾担任过伟志小学的教导主任，后来被日本人抓走，虽然侥幸逃回家，但是惊吓过度，不久病逝，享年35岁。孙士全在河南大学办的潭头小学读一、二年级，后来他在潭头中学当老师，教语文。根据老人的口述，我们了解到河南大学在潭头办学时期对潭头中小学教育的贡献，河南大学农学院师生在大王庙村学习、生活、实验的基本区域划分，当时河南大学农学院学生的日常起居、饮食情况、衣着情况和个别老师的生活轶事，以及日军来前后河南大学师生和当地群众的转移与遭遇。

我当时五六岁，在村里的小学上学，校址就在孙家祠堂。河南大学来了之后办的夜校也是利用那个校址。小学所在的旧房子已经被卖掉了，但是现在还住着人，还保持着原貌。娃娃桥上来往北走那一带，就是孙家祠堂。祠堂对面，就是伊滨中学。后来由于学生烤火没有熄灭，导致伊滨中学失火了，学校就迁到潭头街了。伊滨中学是私人办的，七七中学属于政府办的。

潭头有两个小学，一个是私人办的，叫伟志小学；我们上的小学是公办的，叫公立小学，也就是潭头小学。那时候小学没有学费，学校的开支是地方财政支出的，上初中、高中才有学费。我初中的教师是从外面聘请的，所以要收学费。上初中的时候家里条件不好，因为一学期要交4斗麦子，所以就没有上。当时中学老师的工资，主要是靠学费收来的粮食卖了后发放的。

伟志小学是私人办的，学校的老师是聘请的大学生，地方聘请几个人当

辅导员管理学生。伟志小学的校长是个大地主①,家里有将近1000亩地。学校的房子是他在自己的地上盖的,自己出资把教师的工资也给包了。这个人新中国成立后没有被枪毙,后来逃难到开封了。他死了之后学生又把他的骨灰从开封移过来,埋到了坟里边。在埋的时候,形势已经变了,不是毛主席那个时候了。学生给他立碑,又把他的骨灰安葬。

我是1944年开始上七七中学的,我的老师大多数是河南大学在当地培养的学生。我记得抗日战争即将胜利的那一年春天,有3个大学生响应抗战救国的号召,叫"投笔从戎"。当时那3个学生都戴着大红花,我们这些五六年级的学生就去送人家。这3个是河南大学的大学生,但是我不记得名字了。

苗叔陶是当时的训育主任,治学非常严谨,纪律很严,不允许学生迟到。他在潭头威信相当高,他晚年90多岁的时候,这些在七七中学上过学的学生,每年在他生日的时候都会去给他祝寿。当年他对学生要求很严,很诚恳。他领着学生修操场,绿化校园周围,在河边栽柳树。他带学生参加劳动,从河滩里边背石头,为通往学校的那个堰铺路。他对学生很严厉,从不让学生迟到,更不用说旷课。栾川县文化底子比较厚的乡镇,就数潭头。举个例子来说,栾川8个乡镇,新中国成立后栾川8个中校的校长,有6个都是潭头的。栾川县1952年才有130多个教师,这130多个教师有60%是潭头人。潭头的教师最多,这都充分说明了受河南大学文化的影响,识字的人就相对比较多。

七七中学在三官庙,那个时候中学只有3个班的学生,初一、初二、初三。刚开始一个年级只有一个班,后来一个班一个班地慢慢扩大了规模。学校刚创办的时候我才上小学,我叔叔他们那一代人都在那上学。有一个叫张书文的人,是河南大学到潭头以后的第一届毕业生,他后来从事教育(工作)。等到我们上学的时候,河南大学已经走了,他担任这个学校的教导主任。还有一个叫贾文超的,这个人也是河南大学第一届毕业的学生,新中国成立后任栾川中学的教育主任。这个人后来不知道因为啥事被枪毙了。

还有一个毕业生叫任宗鲁,他家庭很贫寒,上不起学。他在姓任的一户人家住,是那家人供他上的大学。他学业成绩非常好,所以他毕业以后,潭头街的群众就推荐他当了潭头镇的镇长。那个时候他刚30岁,既是大学生,又是高才生,在解放初期,当了一年多镇长,属于潭头第一任镇长。

---

① 这个人是潭头第一富商王欣丛,是地方绅士,出资兴办学校,造福乡里。

这些人都当过我们的老师。解放初期,大概就是1951年、1952年,他们就被镇压了。贾文超教过我们,张书文当过我们的教导主任。那个任宗鲁的孩子当时也跟着他背黑锅了,不过他的孙子现在也当镇长了。

河南大学来的头一年就是1938年,七七事变后的第二年。开封沦陷以后,河南大学迁到伏牛山里,当时医学院就在嵩县县城。我的那个叔叔就是高中毕业以后,到嵩县上的医学院。他1948年医学院毕业之后随着解放军过长江,打到贵州。后来我叔叔就在贵州工作了,他的单位刚开始的时候叫军区医院,后来就变成贵阳市人民医院。大王庙这边整体来说就是农学院与林学院的主要基地。还听说文学院的学生也有在大王庙住宿的。这个大王庙主要就是男生宿舍,女学生没有在这住的。

那时候我才上一二年级,小学有一个教数学的老师叫张荣含,后来去台湾了。还有王凤吾,在文学方面很有才华,他上过黄埔军校,在我们上初中的时候教我们读文学。那时候有一个女老师,我记得很清楚,她叫徐玉美。这个老师很好,很会唱歌。她是大学生,但不是从河南大学毕业的。我们的老师都会进行爱国主义的教育。我记得她那时候教我们唱歌,有"日本鬼子的大炮,摧毁了我们的家",还有"我的家在东北松花江上",后来我才知道这些歌都是当时东北那边传过来的爱国歌曲呀!那时候这些老师呀,都是非常爱国。九一八事变以后,开纪念会的时候,好多人唱着歌都哭了。唱的是那个"日本鬼子的大炮,摧毁了我们的家,杀死了爸爸,又抢走了亲爱的妈妈"那些歌曲。那时候从街上来了好多合唱队,宣传爱国思想,支持抗日战争。

当时还成立了夜校,只要你不识字,不管男、女、老、少,都让你去学习认字。特别是老年妇女,那时候像我妈妈,都去上夜校,学习如何教育孩子的知识。那个时候是利用学校的教室,白天是学生在这上课,晚上是大学生利用晚上时间来给夜校学生讲知识。我觉得这对潭头人的精神文明有很大影响,这样一来(群众)受教育的时间就多了。

除了办夜校,河南大学还举办运动会。河南大学办的运动会也是很漂亮。

农学院的农业基地有2个,一共30多亩地。那时候他们有2头灰骡子,用来拉磨、犁地、碾场、碾麦子。在地里做实验的都是学生,那些教授可能就是只负责培育品种。麦子的种类很多,最典型的就是黑芒麦,那个芒黢黑黢黑的。最奇怪的麦子叫九头鸟,那麦子不止一个穗,那麦高产,麦穗还没有芒。

农学院的林场里还有2个奶牛,是荷兰奶牛,大得很。河南大学来的时候是1个公牛、1个母牛,河南大学走的时候这2个牛没有走。林业基地那全是果树,而且还都是培育中的新品种。那时候潭头中学也建有林业基地,高中还成立过一个林业班,配了2个教师,也做实验。

咱这儿的葡萄、梨,都是河南大学带来的,以前都很少知道的。还有苹果,过去我们这根本没有苹果,只有奈果,就是苹果的野生种,吃着也酸酸的、甜甜的。这棵"河大梨"①是河南大学师生栽的,是他们自己培育的,当时叫夏梨,夏天的夏。

当时有位黄教授吃饭很讲究,经常督促伙夫赵银娃打扫卫生,挑剔伙食。有一天赵银娃刚打扫完伙房,水缸里没有水了,可黄教授却过来说要吃饭,赵银娃就急中生智。他生了个啥智呢?他一看,桌子底下有淘菜水,也挺干净的。他就拿个盆,舀了一盆水,赶紧放到桌上。赵银娃就问黄教授,你吃啥哩?黄教授说:下碗肉丝面就可以。他(伙夫)就唰唰做出来了。黄教授吃完以后大力表扬他,说今天你不但屋子地面打扫得干净,你给我做的饭也特别好吃。哈哈,他说他是第一次受到黄教授的表扬,卫生搞得好,饭也做得好。

这件事是我听赵银娃后来说的。他开馆子的地方就在我姨家后面,下雨串门的时候说起过这个事,我就听到了。我就觉得,第一个说明,赵银娃急中生智;再二个说明,那个时候啊,在高级知识分子与农民中间有一定的思想隔阂。为啥说新中国成立后让知识分子上山下乡,接触劳动人民,要三同——同吃、同住、同劳动,毛主席提倡的上山下乡要一腿泥巴,这是很有道理的。大学生在这儿的时候,群众磨的白面都让他们吃了,群众吃的都是麸子面②。可是后来日本人来的时候,学生也遭难了,也跟老百姓一样。因为他们逃到山里边了,饿得没办法了,只能吃粗面了。人家在山里边蒸的那个

---

① 老人指着他家隔壁院子里的一棵梨树,这棵梨树是当年河南大学师生培育的新品种,至今仍开花结果。

② 关于这个情况必须澄清。我们在调研时少数潭头群众持上面的说法,河南大学师生挑剔饮食,吃好的,潭头群众吃得很差。但是,更多的群众是这样说的:河南大学师生在潭头街上购买了麦子,委托村里的农户帮忙碾磨,这是需要付加工费的。这个加工费有两种给付办法:第一是直接给钱,这种很少;第二是给加工成品,即面粉,一般是河南大学提供给农户100斤麦子,收回75—80斤面粉,至于麦麸什么的就根本不要了,留给了加工的农户。因为当时潭头地区生活水平普遍低下,农民很少能够吃到白面馍馍,所以农户很高兴替河南大学加工麦子什么的,加工后的副产品也是不错的口粮,并不是说河南大学的师生全部吃白面馍,农民们就吃麦麸子,这些本就是河南大学自己购买的。

菜窝窝,用麸皮、粗面和菜叶做的。那个时候人也都饿急了,学生就问人家要着吃。学生这个时候啥也不嫌弃了,只要能充饥,不饿死就行,也是很可怜呀!

我知道学生生活非常活跃(应该是学习生活丰富多彩)。举个例子,比如说那些学生清早起来就去对着河岸读书,特别是读那个英语呀。还有下午,他们大概就是6点吃饭。吃完饭以后,他们就去唱歌。再一个就是那个时候时兴唱京剧,那个时候听说就是唱二黄,那就是娱乐。有时候他们也违反群众纪律。举个例子吧,他们出去玩,把人家的麦都给压倒了。

女学生大部分都是穿旗袍,里边穿短裤,穿袜子,跟现在的女孩子穿得差不多。男学生穿中山装,也有穿大褂子的,就是长衫。

当时有不少男学生和当地姑娘结婚了①。比如当地有一个姑娘跟河南大学学生结婚了,学生家可能是资本家,很有钱,浪荡子,不好好读书,总是拿钱雇穷困家的好学生替他作弊考试。他也是河南大学的学生,他家有钱,他单独去人家家里租的房子。他后来就跟那个女的结婚了,然后就不上学了。等到日本人走了以后,他就把那个女的带到他家了。再到后来土改的时候,那个人被共产党镇压了,那个女的就带着孩子回来了,后来又嫁人了,婆家就在庙子那儿。

大概就是1944年的4月,麦子快熟的时候。那个时候我们在潭头街小学上学,听说日本打过来了,东北沦陷了,之后很快学校老师就说,明天不要来学校了,因为当天下午,街上的难民多得很。大都是逃荒的难民,也有政府人员,都是来逃难的,老百姓家没法藏,都到学校来了。

由于停课了,我们都背着书包回来了。就三两天光景,国民党军队也不打仗了,都来逃难了,这大学也停止上课了。然后没有几天,日本人突然间就来了,到潭头了。我们是从沟里边跑的,大学生和群众一起逃难,我当时是跟着我的那个大爷。日本人有汉奸带路,走山岭。逃难的人,走得早的都往陕西去了,走得晚的连衣裳都来不及换,都往石坷去了。日本兵骑着大马,挎着大刀。老百姓和大学生的穿衣打扮很不一样啊,大学生最起码都是穿着皮鞋,中山装,平头。日本人看见老百姓一般不理你,看见大学生,就直接用刺刀杀死,这一路听说死了3个学生。现在还有几个人的坟在潭头。

那一天下午,人就全都躲到沟里去了。日本兵抢这抢那,但是他不敢抢

---

① 此说并不完全属实,在整个采访中仅有孙士全老先生一人提及河南大学学生与潭头本地姑娘结婚,其他受访者没有说起。因此此类现象即使有,也应该极少。

这些熟东西。他光杀你的鸡啊、兔子啊、猪啊,像面在这放着他都不敢吃,他怕你下毒毒他。

印象最深的就是我在后山碰见一个女学生,她刚开始穿的就是旗袍,后来她怕日本人抓她,就换上人家给的布衫,她用锅底的锅灰把脸给抹黑,把头发也给揉乱,穿上那个老太太的衣服,弄得不像人样。听说还有 2 个女学生,当时逃难的时候渡过了七七中学对面的那个大河,跑到了那个山上的小庙里,周围没有人住。她们俩过去之后就涨大水了,回不来了,2 个女学生拿着行李,活活饿死在那个庙里边了。几个月以后有人去放牛才发现庙里有死人。

逃难就是不要留在村里边,躲到沟里就行。还有的就是白天逃出去,晚上还得偷偷回来,还得收庄稼,还得干活儿,晚上回来还多少弄点吃的。日本人大概在这有半个月时间,他们一走老百姓就回来了,回来之后我也就复学了。

听说在潭头街的西井里边,日本人逮住了一个教授的孩子和媳妇儿,逮住以后把他们娘俩用铁丝捆起来,扔到那个井里边。

我在逃难的时候见过一个女大学生,那时候我们这一家也跑到后山了。学生都大批地往沟里去了,日本人就一路追杀,在这一路上杀了十几个大学生,日本人用刺刀把那个学生①的肚子给刺破,肠子都拉出来好长一段。那个学生爬出门槛以后,流血以后口渴,就让那个老太婆给他舀点儿水喝,那个时候是不能喝水的。舀点儿水一喝,死了。这是我亲眼见的,我记得。这个人死的时候,他的孩子还没有出生,现在他的孙子年年来给他上坟。这个高中的学生也年年来给他扫墓。

学校都觉得河南不行了,要往西迁,往陕西去。学校的一些贵重物品,能搬迁的,都是找的民夫,都挑走了。就走我们栾川,到三川,到蛟河,到荆紫关,就到陕西去了。到陕西实际就没有咋停吧,以后这学校就迁到南京了②。到 1945 年,日本投降以后,就又恢复了。搬迁这个事儿是当时都知道的。那些民工去帮他们搬东西,他们说的。学生的东西都是自己搬。

---

① 河南大学学生朱绍先。
② 其实并未迁到南京。

大王庙村赵明亮

访问地点：大王庙村赵明亮家
采访时间：2015 年 7 月 15 日
采访人：赵静文、田若玉、任东阳
整理人：徐园欣、安依林
采访简况：赵明亮，1932 年生，潭头镇大王庙村人。河南大学流亡办学潭头期间他还在上小学，经常能碰到河南大学的师生。老人也言及他们学校的老师就是河南大学的学生。从老人的讲述中我们能感觉到，老人亲眼看到的河南大学的情况有限，更多的是老一辈告诉他的。当问及日寇来犯潭头这一事件的时候，老人说没有亲眼看见，了解不多。

我那时候是个小孩子，在重渡沟上学。七七中学校址刚开始在东场，有3 间房子，后来挪到了三官庙。我们四年级学生就是在孙家祠堂那个院子里上的小学。我没有躲过日本人，但是十三军来的时候，和隔壁一个姓岳的跑到山头上面一个棚子里面躲过。下面这是一些我知道的河南大学在潭头的情况。

农学院他们当时养的有骡子，种了 20 多亩地，上面那口井就是他们打的。河南大学的试验田用的是红娃家的地，每年给他家一点钱。他们只是研究和培育种子，并不在当地种植①。

我知道有一个黄教授②是林业专家，和街上那个张家林都是咱们这里的大人物。张家林备一个桌子，摆上吃的喝的，然后弄了一块脚茧子放在那里，想考考黄教授的学问，因为黄教授曾经说他把木头皮放到嘴里面嚼一嚼

---

① 据王宏中述："而由农学院的教授刘葆庆培育出的系列小麦优良品种，则为当地小麦带来了15％左右的增产。"见：王宏中《百年光影》。河南大学出版社，2013 年 5 月第 43 页。与老人所述"并不在当地种植"有出入。

② 此黄教授应指当时著名的植物学专家、河南大学农学院黄以仁教授。

就能说出它是什么木材。后来,张家林把脚茧子给了黄教授,黄教授嚼了很长时间说:"这个不像木材啊!"别人都是在咯咯地笑,他继续说:"这不像木材啊!这根本就不是木材。"大家都哈哈大笑:"你真可以啊!这是脚茧子。"他也不恼:"我说怎么嚼着没有木材的气(味)。"

河南大学当时在这里培育梨树,种了一大片"河南大学梨"。那些梨树都是甘老师管理的。常发娃是在那里面打梨的,他清早起来,上课、吃饭的时候,拿一个梨子咔嚓咔嚓地吃。他娶的媳妇儿是秀琴,她姐叫咏。他家院里栽的梨树就是从河南大学的基地里面移过去的。他已经死了十几年了。当时山上种的是落花生,下面种的是吃的粮食。

学生吃饭的时候有人打铃①,然后大家到伙房吃饭。院里搁的圆桌子,是给学生吃饭用的。我那时候十来岁,因为好奇去看过。桌子上面揭了一桌子白生生的馍皮,有的剩半碗菜,有的剩得更多都没有吃。好多馍和菜都浪费了,收拾收拾就倒了。那些学生家里有钱,差的伙食都不吃。做饭的可能是雇的当地的人。

---

① 据大王庙村孙士全老人回忆,河南大学专门雇人打铃,一天三次,大概是早上 7 点、中午 12 点、晚上 6 点。

大王庙村孙长有

采访地点:大王庙村村委会

采访时间:2015年7月15日

采访人:贾茜贝、张晓俐、徐园欣、安依林

整理人:王赛赛、李京亚

采访简况:7月15日大王庙村天降大雨,山里气温陡降,加上大雨倾盆,随身携带的雨伞根本没用,采访人员全身湿透,在狂风暴雨中,部分同学被困在一个狭窄的屋檐下,虽然正值7月酷暑的季节,同学们仍是瑟瑟发抖。大雨过后,我们找到孙长有老人。孙长有,1937年生,当年河南大学师生在潭头生活时,有一个勤务人员曾借住在他家,与他们共同度过长达5年的时光。老人年幼时常与河南大学学生玩耍,其家人也时常向孩童时代的他讲起河南大学旧事。孙老先生亲身经历了当时的事情,也耳闻了很多有关河南大学师生的故事。他逻辑清晰,表达清楚。

当时咱这村里面住的有教授、有老师。村里有几个宿舍、几个食堂,开的有好几个饭店,还有他们的地和试验田。我很清楚地记得这里还有一个球场,就在刚刚你们见到我时的那口古井那里。当时他们还在那个球场上逗我们玩,他们不是玩篮球嘛,就让我们两个小孩把篮球顶在头上,从这头到那头,看谁先到。有的小孩不会顶,他们就用脚蹬我们要我们站稳。我们在那儿顶,他们就在旁边笑,那是在逗我们玩。他们打球的时候我们也去看,附近的村民也都会围在一起去看他们比赛,觉得还挺有意思的。总之,当时咱这村民和那些学生处得是顶(挺)好的。①

河南大学在这儿的时候,俺们村住的是他们的农林院,他们到这儿之后在那边女神庙后面还盖了3间楼房,用来上课。我记得盖的那房子有2层,

---

① 村民有些不解,在他们眼里,河南大学的师生经济富裕,他们肯定不差钱多买几个篮球,为什么十来个人总是追着一个球呢?

它那上面有一个地方专门是搁药品、食盐和种子什么的。不过,可惜的是那房子现在扒掉了。

我记得他们那时候上课有时是在我们这儿上,有时候是在上神庙上。他们的课分为大堂课和小堂课。上大课就是大学生集中到上神庙上,到后来也有去三官庙的,不过上大课的次数不多,集体上课都是一星期一两次。他们上大课的时候得早起,要早起来赶到上神庙或三官庙上课。他们系里的那种小堂课一般都在我们这儿上,就在那边女神庙后边的3间楼房里上小课,不过上课不多,一般来说都是自修课。

我记得他们当时在甘露寺搞试验,学生去进行嫁接,不过他们也只是做研究,不推广,所以我们也就只能看看。我们这底下是他们的试验田,里面种着各种各样的庄稼。我们这边是山窝窝,土地连不成片,但他们种地都是一样品种种成一片。东西种得都可细致,地里都不能有土块。他们种地的时候还用人工授粉,当时老百姓虽然不懂啥是人工授粉,但也学着他们一起给庄稼人工授粉。当时他们还雇人养着2头牛、2头大骡子,他们犁地、种地都是靠它们。当时我们这儿还没有别的生产工具,我又是小孩子,当时经常去看稀奇。

河南大学的学生早上经常在河滩、路边、地头读书,老百姓看到都感到可稀奇。我虽然不知道他们读的是啥,但也记得一些,现在他要是说,我也能懂!他们除了读英语,有时还会唱歌什么的,我们小孩子嘛,有时候也模仿他们唱。

我们村那边的党村当时也有学生住,当时他们还在那儿弄过一个展览,展览的有娃娃鱼、乌龟啊这些动物,我们这里的老百姓都没有见过。他们弄好了展览,让老百姓去看,不过也没有人讲解。用栅栏围着,我们就围着看。我记得最清楚的就是娃娃鱼,那娃娃鱼可长了,爪子就像小孩子的手手一样,抓着跳着,活蹦乱跳地,还乱叫唤,看着可稀奇。

那时候沦陷区这些大学生,也有在这教学代课的。虽然那时候上大学的都不会很穷,不过也有家里比较困难的。记得当时村里头有村办小学,叫大王庙小学,我小时候就在那上学,那时候就是河南大学的学生代课。在大王庙小学的时候,老师带你识字,带你读读课文,教那个国音(现在都是叫拼音,那时候都是叫国音),教唱歌,教画画,他啥都给我们教。

不过也有些大学生是阔家子弟,我们这开的有3个饭店,有些学生不去大学食堂吃饭,都是去饭店吃,有钱嘛!那些有钱的学生,他们有的还爱跟人家打麻将,赌博嘛,赢钱。我们这里有些人是老赌徒,用一些方法来赢他们的钱。这些大学生后来知道吃亏上当了,就用英语报牌。记得有一次他们打牌,我还去看过,2个是大学生,有2个是我们这儿的赌徒。这些大学生就用英语报牌,他们俩用英语说就跟明说一样,问你出啥出啥,那俩赌徒听不懂,结果他们就把村里那俩赌徒赢了!还记得当时有些学生为了保护自己还带着手枪,用没用过我不知道,只知道他们带的有。

河南大学在我们这待的那几年,给我们当地也是带来了很大影响。他们来之前,我们这里人穿的都是个人织的粗棉布衣。河南大学学生来了以后,那时候的大学生男的都留平头,穿个大布衫;女学生一般夏天都是上头短衫,下头是黑裙子,穿着那鞋是带带鞋,白袜子。我们这里老百姓就跟着学,把孩子也打扮成那样。我们这人穷嘛,就用白布把它给染黑,给孩子做个裙子。

自从河南大学来了之后,老百姓开始对文化重视起来。从那之后,各家就是再困难、再费事,都要叫孩子上学。还记得当时咱这还有个夜校,那时候上夜校的都是壮年人。原来都不识字,后来都会认字了,这就是河南大学对我们的影响啊!那时候我们潭头属于我们栾川县的文化中心,就因为河南大学在我们这实行了教育,所以后来栾川县参加革命工作这些人,大部分都是潭头出去的。

不过再后来也听说,大学生在这里也挺浪费的。他们吃馍的时候老剥皮扔掉。这周围的农民就拾起来,拿到太阳底下晒晒。就把它攒上,积攒上一布袋,跑日本人的时候,又把它背着,背着吃嘛。遇着学生们,也给他们抓点,说这都是你们的东西。

那个时候,在我们家还住了一个勤务,他的名字叫刘金玉,他一家4口人,他老婆和2个孩子。大孩子是个男孩,叫刘花常;小孩子是个女儿,叫刘花花。从开始来就住在我们这,一住就是5年。日本人来到我们潭头这儿的时候,他们往山上跑,和大学生失散了,我还听说他那孩子半路上被狼咬了一下。日本人走了以后,他还来过信,住的时间长了,都有感情了嘛!不过那封信,时间长了,都没有留下来。只记得说是他回到老家了,不过可惜的是以后也都没有再联系了。

后来日本鬼子就来了。当时我们听说日本人来了很害怕。我们都往那个石坷沟跑。但谁也没想到日本人正好从那儿过来。当时我们跟学生们都一起跑,那慌不择路嘛,人都吓慌了,各跑各的,最后人都是往那个沟里跑。那时候我姐姐正上小学,还带了两本书,一个是《同习练盘》,另一个是什么我不记得了,不过我都见过。我妈领着我跑到那沟里的时候都看见日本人来了,有2个人骑马。那马老(很)大了,那时候都没有见过那么大的马。我妈搂着我跟我姐,搂在怀里,不敢出声,就看见那些步兵从那路上过。一看日本人都从这过,我们都不敢往前跑了,又往回返到我们住的那地方。

日本人当时来的时候不咋杀老百姓,但大学生杀了很多。当时我们这有一个老太婆被日本人拿刀从头上砍了一下。这个老太婆,她有一个孙女,留了一个短发头,一般我们这里那时候都不留短发,她是受学生影响,也留了短发。日本人见她,当她是大学生,但实际上她是个哑巴,不会说话。日本人要杀她,这个老太太就替她孙女挡刀,没想到那个日本一刀就砍到她头上,因为这头发垫着,没有砍老深,溅了她孙女一脸血,这个老太婆最后死了。不过这个哑巴倒是活下来了,她孩子到现在都还活着。

日本人走了以后,就在石坷,现在配电室这地方埋了十几个大学生。是后来村民把他们集中埋在那儿的,当时说要给立个碑,上面写上姓名,写上年龄,写上住址。我那时候小,对这不懂,只知道是在那里头埋着人。河南大学现在弄的那个碑啊,其实离原来埋人的地方可远了。

后来还听说我们这有个马疙瘩的事。说有个学生跑到马疙瘩那个地方,那是个山,也没啥吃的。有个老农民,蒸了荞麦花蒸馍,到那去看他,他给他敬了个礼。当时这个农民还害怕他是要打他,吓得赶紧就跑。其实那不是要打他,那是感谢啊!那老农民不懂啊,他当时还想着是打他哩。

古城村姜晋森

采访地点:古城村姜晋森老人家
采访时间:2015 年 7 月 16 日
采访人:赵广军
整理人:王占西、吕潘婷
采访简况:姜晋森,1937 年生,潭头镇古城村人。河南大学走后,姜曾任七七中学校长,长期致力于河南大学在潭头办学历史的保存,为促进河南大学与潭头的交往作了很大贡献。河南大学在潭头期间,老人尚小,姜家曾是河南大学的磨户。姜晋森的父亲和文学院朱绍先的关系很好,所以姜老从父辈处亦了解了不少河南大学在潭头的往事。此次我们对其进行口述专访,请求他能排除以往文献的干扰,多给我们讲述一些父辈告诉他的河南大学记忆。通过老人的讲述,我们了解到当时他们一家与朱绍先的来往情况,老人的一个叔辈,跟时任七七中学教导主任的苗叔陶是好朋友,所以老人对苗叔陶的事情知晓较多。

我的父亲叫姜德基。文学院的朱绍先与我父亲相识,他是盂县人,家里边是开药店的,很有钱。他家收山里的药材,跟当地群众关系很好。我家里是河南大学的磨户,磨的白面送到河南大学,留的麸子和黑面自己吃。我父亲和朱绍先的关系很好,他经常来我家。朱先生走的时候留了一个军用箱子,现在在河南大学校史馆呢!上边写了"汉中"(老人记不太清了),我估计是经过四川留下来的。朱先生的衣服该洗了,就放在军用箱子里送到我家。我妈和我婶就给他洗洗浆浆。那时候光洗干净不行,还要给它漂白——就是浆浆。后来河南大学附中说弄纪念馆,我就把箱子拿了出来,后来带到了河南大学校史馆。日本人来的时候,他跑到了大王庙村农学院,然后跟吴鹏、辛万龄去石坷村,这时候日本人已经进了石坷沟。后来听说他死在了石坷。村民找到李忠贵的爹,才知道埋在了哪里。解放初期,朱绍先家人从嵩县到这里来找他,首先来到我家,我父亲给他们说朱绍先死在石坷村,然后我父亲把他们领到石圿村。

我认识一个唱曲子的——关向林,唱得很好,跟苗叔陶的关系也很好。我的同学关向卿叫他叔。关于苗叔陶的事,我好多都是听他讲的,我小时候也喜欢跟着他唱戏。苗叔陶带着学生演戏,他就拉着关向林做指导。河南大学走了以后,七七中学留在这里,嵩县的县长叫李富祥(读音),他就兼任七七中学的校长,当时的政府对七七中学还是很重视的!后来国民党十三军来了,他们军纪松散,十三军跑到山里边,还来抢钱。怕他们干扰到七七中学,嵩县县长李富祥和地方绅士邀请十三军的军长吴绍珠兼任七七中学校长。他做了七七中学校长后,就没人敢抢七七中学的人了,七七中学坚持到 1948 年才停办。

当时的河南大学学生吃白面馒头,把皮剥了扔掉。馍皮不卫生,不好消化,群众都感到可惜。我大哥、二哥当时要上山拾柴火,带的晌午干粮,都是黑面馍。他们从河南大学的食堂过,河南大学的学生没有吃过黑馍,感觉很新鲜,争着用白馍换黑馍。我大哥、二哥,就到河南大学的食堂,换了白馍再上山拾柴火。不过当时学生学习很刻苦,条件不好,就在墙上挖个洞,晚上借着月光看书,快赶上凿壁偷光了①。

一般男生就穿蓝色的斜襟大衫,我们叫它袍子。胸部那里,挂个水笔,别个证章(校徽)②,也有西装革履的。比如说苗叔陶,他带着学生背石头打水堰的时候,就穿着对襟粗布衣服,出去开会的时候就穿西装或者大布衫——就是长袍。

女生就穿黑裙子、洋袜子、松紧带儿,有穿小皮鞋的,也有穿高跟鞋的,有蓝色或者黑色的上衣;还有烫头发的,不过大部分都是剪成短发头(学生头)。后来日本人来的时候,怎么判断是河南大学的人呢?一个就是看他们的手腕,有没有手表印子;另一个就是看是不是大背头。女生的特征就是剪发头(学生头)。过去农村的女子,都是挽着圆辫子的盘发头。日本人来的时候就认这些特征杀人。

河南大学的经费都存放在嵩县,那个时候和现在不一样,经费都是银

---

① 确实如此!我们在潭头实地调研中发现,土墙的后面有的被凿了一个洞。村里的老人说村里盖房子不会在墙上面打洞,这是河南大学的学生为了看书方便打凿的。不过据我们了解开洞应该不是为了晚上看书,而是为了白天屋里有些光线射进来,增加采光,也可以透气,不然屋里实在太黑、太闷。河南大学的学生晚上看书有油灯。

② 这种穿戴习惯保留至今。我们在采访的时候,见到一些有知识的老人,出席正式的场合时,还是会在上衣口袋处别上一个标志,比如团徽。

圆,就要选一个可靠的人搬运经费,最后选了一个从开封跟过来的做饭的人。满雨(读音)岭那里有强人劫路,那里往西,有五里河坊,人烟稀少,强人经常出没。有一条人行道,群众担油、担粮食,都从那里过。搬运经费,担银圆,怕被人劫,就想了个办法,伪装成担油的,把银圆放在油罐里。

日本人来的时候,我当时也就七八岁。我们一家人跑过河,跑到了拨云岭,在那个岭上可以看到潭头全景。我们在那里没吃的,我和我爸就偷偷跑下来,到我家的地里割麦子,割成一捆,再背到岭上去吃。后来一直到日本人走了我们才回来。

日本人在这里待了多少天具体也不知道,我们都躲出去了。年轻人都跑了,当时有一个老太太留在村里。日本人给她要鸡蛋,她听不懂。日本人摸摸屁股表示要鸡蛋,老太太以为他要上厕所,就把他领到厕所。日本人到了厕所,找不到鸡蛋,就把老太太刺死了。河南大学也死了很多人,医学院院长张静吾的夫人,就死在了阳坡梁,他的侄子,食管被刺断。还听说有3个学生被用铁丝捆了扔在井里淹死了。

李忠贵老人不在了,他们家三代人守墓。李忠贵他爹是李永信。李忠贵原来被国民党抓走当兵了,等他回来,他爹已经死了,他就继续守墓。李忠贵死得比较晚,河南大学90年校庆的时候,我和李忠贵,还有黎世阁(读音)校长,还一起去看了。校庆回来没多久,李忠贵就去世了。他把这个任务又给了他侄子李宏泰(读音)。这个所谓的守墓是什么意思呢?首先是在他们的墓里埋了砖头,刻上他们的身份,河南大学来的时候能确定他们的身份。其次就是每年都去上坟,每年清明节祭拜,农历十月初一——寒衣节,也去烧纸。再次,就是看护坟。朱绍先他们3个是从沟底往石坷村走。商绍汤,他是吃着馍就顺着沟岭走,直接被日本人用枪打中了。他捂着伤口没有死,去找人。到人家家门口,人家门前的石台阶比较高,人家家里人都跑了,他用他的血手在门上留了几道印子,他就死了。死后又从台阶上摔了下去。这家人姓石,老三,石云秀(读音)和我是同学,他年龄比我大,他们兄弟3个回来以后,看见河南大学的校服,就知道他是河南大学的学生,就把他埋在那3个人的山跟前……

古城村闫岫岷

采访地点：潭头镇古城村

采访时间：2015 年 7 月 16 日

采访人：赵静文、王丹、田若玉、李恒

整理人：田若玉、刘晓航

采访简况：闫岫岷，1935 年生，潭头镇古城村人，是对当年河南大学在古城村生活记忆清晰的老人之一。通过他的讲述，我们了解到当时黄以仁教授的一些情况，了解到村民的文化水平以及河南大学在古城村办夜校的情况，还有当年日本人进入潭头的一些情况，等等。这次的口述十分有价值，让我们深切地感受到了当时的情景，还原到了当时的状态。河南大学人当时的潭头精神也让我们为之动容。

我那个时候小，大概十来岁，没有上学。当时国民党的队伍跑到河南来了，日本人也快来了。河南大学的学生和老百姓的关系挺好，他们和队伍不一样，他们不惹老百姓。

国民党队伍来的时候，来到黄教授①屋子里面，把好的东西带走，差的东西扔得到处都是，都不要了。他的身体也不是很好，吃的也是做什么就吃什么，他也去刨山药，好的卖掉，坏的留着吃。他那个时候都七八十了。

日本人来了，很多教授的孩子带不走，就放在当地农家里养着了。这个教授的孩子四五岁，留下了。长大后嫁给了一个姓王的。当初收养她的姓何的那个人叫何财娃，他家还在这，姓王的那家人不在了。日本人走后，他们再没有回来找过孩子。

河南坡，是因为中间有条河，河的南边就叫河南坡。我听说在河南坡打死的有河南大学的女学生。咱这个村的南边是伊河，平时看着水不大，但涨水的时候就涨到上面了，能把大房子冲塌。

---

① 根据《河南大学抗日流亡办学纪实》记载，此处应该是农学院教授黄以仁。

我是 1935 年生,1942 年的时候我是 7 岁。我在河南坡救了黄教授。他当时和老百姓跑反了,他跑到一个偏僻的地方,他没有受伤,只是避难去了,没吃的。他没伤,就是一直在我们家里住了大概 1 个月。他已经七八十了,还有他老婆、孩子,孩子都四五十了。他还送我一本书,被你们河南大学人拿走了①。

---

① 河南大学 90 周年校庆时,学校曾派人到潭头探访过当时流亡办学的见证者,看到与办学有关的物证,就收回存放到校史馆了。

古城村杨粉英[①]

采访地点:潭头镇古城村杨粉英家的院子里
采访时间:2015 年 7 月 16 日
采访人:杨润华、王赛赛、任东阳、张娟
整理人:田若玉、段婷婷

采访简况:杨粉英,女,1934 年生,潭头镇古城村人,河南大学在潭头时期她家中住有几名河南大学学生(男生)。根据老人的口述,我们了解到当时河南大学潭头时期学生的风貌与日常生活,以及日军到来时河南大学师生与群众的逃亡情况。

我是 1934 年生,当时我 10 岁。那时候我没上学,河南大学来之后我也没有上学。过去的旧社会,女的都不叫上学,我是新中国成立以后 50 年代才上的学,上到六年级毕业。河南大学来这儿后,可能 2 年以后日本人也来了。跑日本那年我才 12 岁[②]。

跟河南大学接触的人这时候都 90 来岁了,这个岁数的人大多去世了。80 多岁的都是那时候不记事的。十来岁啥都不懂,不知道!我们这村还有一个,他在栾川敬老院,90 来岁,他上过七七中学。七七中学原来在我们那儿三官庙,后来不兴牛鬼蛇神,破四旧,就把那庙给扒了,神像都给扒了。

[①] 据老人自己讲,她的名字原来叫"杨芬英",后来登记身份证时,不知何故变更为现在的"杨粉英"。

[②] 据《潭头岁月:抗日战争中的河南大学》(张放涛主编,河南大学出版社,1996 年)记载:"1944 年 5 月 15 日至 5 月下旬,日军进至潭头一带,烧杀抢掠,无恶不作,河南大学惨遭洗劫。如理学院仪器室 15 间房被日军放火烧掉,医学院院长张静君的妻子等人被杀害,女学生李先知、李先觉姐妹不堪被辱,投井自尽……"1939 年 5 月,河南大学由镇平抵达嵩县,而日寇进犯潭头是在 1944 年,很明显不是河南大学到达嵩县 2 年之后日军就到了潭头,所以躲避日本人那年,老人应该是 10 岁。这里老人的记忆出现了偏差,这种现象在口述史中比较普遍,需要核对文献资料。

古城村杨粉英

  我有2个爷爷,我大爷爷是在这个房子,我二爷爷是在那个房子,俺在那个院住,这个房子都有大学生住过。记得这个屋住了2个男生,都不说话。外边这间他俩没住,就住了里边那一间。他们穿着长袍大布衫,戴着礼帽,拄个文明棍。

  河南大学的女生在潭头南街住。大学女生就跟现在的时装模特一样,穿着旗袍,可漂亮了。我当时跟那个老太太①去过,那个老太太给他们洗衣服,一件衣服5分钱。就是在这个大河,洗洗,给她们叠叠,给她们送去。

  跑日本的前2年,那俩学生就在这村住着。他们一清早起来,戴个礼帽,戴个眼镜,拄个文明棍,去那河滩边读书。那屋是个厨房,河南大学的学生都在那吃饭。有个老太太在潭头街住,早起拎个篮子来这卖茶鸡蛋,叫着"五香茶鸡蛋"。我们那时候没有跟人家学生说过话,不敢跟人家说话,他们说的话咱们听不懂,人家也不跟咱说话。

  他们的饭是由人送过来的,有白馍、大肉片子、红烧肉等,在伙房吃,群众都吃糠咽菜。只记得他们吃肉吃茶鸡蛋了,门口有个垃圾桶,那肉片子、馍皮,他们不吃都扔里头,别的都没印象了②。

  那时候我们用铁灯,他们用的也是铁灯。过去用铁打的,也叫油灯,用棉油、桐油。我见过汽灯,唱戏时用的,公用的,一般人不用,都是在新中国成立后见的。

  我听说日本来侵略中国的时候,有仨学生③被杀了。有俩孩子带不走,俩小女孩子,现在都80多了,有个已经不在世了。那仨大学女生可惨了,她们跑不及,穿着那高跟鞋都不会走,叫日本人看见了,就把她们强奸了,给阴道削了,在刺刀上穿着。这都是后来听人说的,桑屏那都有人知道。翻山她们穿高跟鞋,不会走,把鞋脱了,光着脚,往那山里头去逃命。

  我们那时候都藏在山里面,就那一座山,我们全家都跑那儿了,全村都跑那儿了。大学生他们不知道跑,不会跑。他们只是说躲命,保住他那个命。群众都跑了,跑到拨云岭,跑过去之后,大河水涨了,日本人不会过河,山大、水大,算是安全了。那时候又没有桥,都是蹚河过。有时候蹚水都那

---

  ① 老人一个小学女同学的母亲,家住在潭头街上,经常给河南大学的女生洗衣服。

  ② 经过进一步询问,老人说没有亲眼见过学生的饭食,也没有见过他们吃红烧肉等等菜肴,只是在门口的泔水桶里见到了"馍皮"和"大肉片子"。这里的"大肉片子"应该是肥肉。当时潭头普通农户家里的生活还算可以,不至于"吃糠咽菜"。

  ③ 河南大学学生李先识与李先觉姐妹,及刘祖望。

么深了,我们都蹚着水过去,因此才保着我们命了。

日本人杀学生,也杀群众,还强奸妇女。我听说,日本过来那座桥,就是从洛阳过来那座桥,先杀"二道毛",就是剪那种齐头发的人。我那个时候才12岁,我奶奶就把我的头发用过去那种绑腿布绑着。散着头发的,日本人过来看见都杀。

党村白红军

采访地点：潭头镇党村十字路口
采访时间：2015年7月17日
采访人：赵静文、王赛赛、吕潘婷
整理人：刘晓航
采访简况：白红军，1949年生，潭头镇党村人，他奶奶在河南大学在潭头办学期间帮助过河南大学人，所以，经常会听到奶奶讲述关于河南大学在党村的事情，特别是河南大学理学院的事情。通过老人的讲述，我们了解到河南大学理学院当时可以在这里的原因等相关的情况。河南大学在这里与当地村民相处融洽，带给了当地较为先进的思想和技术，提高了当地的教育水平，促进了当地的发展。

理学院实验室那个房子原来是柴老八家，以后柴老八给了大学。当时是柴老八把房子卖给大学了，我还记得我奶奶说，当时是用粮食交换的①。

咱都是听人家说的这些。我说这个是听我奶说的，别的人我还没听说过。

日本鬼子来的时候把房子都烧了。日本人把房子烧了，大学就走了。而且那些老年人都不知道，所以我也不知道，只知道大学在三官庙。

---

① 老人所说的柴家大院情况与我们调查的有出入。原户主名为柴云升；现户主名为党新闻，但已去世，房屋由其兄党红发管理，现租给党建伟用作蜗牛养殖基地。柴云升故居建于何时，村里人也说不清楚。不过从现存宅院可以看出，应是在柴云升做官之后。民国时期，官高位显者，大多选择在家乡大兴土木，盖房置地。柴云升病故3年之后的1939年5月，河南大学迁至潭头镇办学，河南大学理学院在柴云升故居设立理化仪器实验室。后来柴家前院被毁，只留后院房舍保留至今。柴云升故居为三进院落，坐西朝东。一进院（前院）已毁，仅留地基。地基内空地上种有蔬菜，绿意盎然。二进院有木雕门楼，屋顶砖瓦多有破损。

党村党金永

采访地点：党村河南大学实验室旧址（原柴云升旧宅）
采访时间：2015年7月17日
采访人：任东阳、田若玉、王占西
整理人：王丹、李田田
采访简况：党金永，1929年生，潭头镇党村人。党家当年是河南大学的磨户，老人曾给河南大学师生送过面，家又离河南大学理学院实验室很近，所以与河南大学师生来往频繁，能挖掘到的口述资料十分丰富。通过他的讲述，我们了解到当时河南大学理学院师生在党村生活和学习的种种细节。

我家是开磨坊的，专门给河南大学送面，送到河南大学学生的伙房。他们的伙房做饭的是我们当地人，学生轮流管理伙房。这个村里有好几家都是大学磨坊，我们收100斤麦子，送60斤面，剩余的东西就充当工钱。我家大概10来天送一次面，送面这个活儿也是各家轮流的。我记得我就赤着脚在院子里推磨，后来才有了水磨。河南大学的学生也去过我们家，这实验室没有厕所，学生要到我们家去上厕所。但是我家房子少，没能让河南大学学生住在我家。水也是有人到水井担的，担到学生宿舍张狗黑（读音）家烧水。他家住的都是男生，女生都住在镇上。

河南大学的学生吃饭就是在这儿起了一个火（厨房），在这儿住两三夏（两三个夏天）。张狗黑家住的有人，在那里生火做饭，上屋住着学生。我们党村有五六十人，这里是实验室，没有住学生①，只住着一个勤务。党造家、张狗黑家住着学生，还有一个叫李石命的家里也住着学生，住得还挺多，有一二十人。不过现在这些房子都毁了，原来这些给老师、学生住的房子都好着嘞！

女生一般穿的都是旗袍，或者大布衫儿（配裙子的学生装）；男生就是长

---

① 党村住的有学生。

衫,披着大衣。

我记得当时河南大学的东西都是牛车拉过来的。生物系带的有显微镜,就放在这实验室。生物系有学生在白涛成家(现户主是白小民)住过。这里原来是个小学,河南大学来后,就改成了河南大学的实验室。这边除了生物系,还有物理系、化学系……

我看见过学生点酒精灯做实验,每天都有来,一次有几十个人。据说生物系的也做实验,研究出过许多成果,比如说新肥料,但都没有推广。有一位林学系的院长姓孙,经常带学生来做实验。还有一位黄教授在这里上课,后来死在荆紫关。嵇文甫教授教课有时也从这里经过,还给我们打招呼,一点儿架子都没有。这里还有个一人高的大钟表,发出"当当当"的声音。

河南大学当时的人大多都不在了,现在大概只有张宏中①还在,应该是医学院的。他爹叫张静吾,是医学院院长。他娘被打死在阳坡岭,张宏中的脖子上被刺了几刀,喉咙被戳断了,戳断没有死,别人把他抬到犁沟,然后就给他灌稀米汤,被救了。

党金福家也住着学生,他爹叫党造。党造家住一个河南大学的学生,叫秋仲康。那时候俺家是大学磨坊(给大学专门磨面的地方),给大学送面,住的先生(河南大学的老师)的家都通好(非常好)。还有一个学生叫吴锡璋,也是我送面的时候认识的。

我有时候也找河南大学的学生玩,河南大学的学生对我们也挺好。他们在这里也玩,我们这里每年的二月二的集会上,他们办的故事(演的话剧、戏曲)通好着嘞,有《二鬼扔爹》、《撑(划)旱船》等等好多。

我当时还用过河南大学弄的转街票。牛皮纸裁好,盖上河南大学的印章,只能在潭头使用,出了潭头就不能用了。刚开始,大家也不敢收,后来河南大学的人宣传,大家慢慢儿地也就用了。河南大学走的时候,又统一回收,给大家换了当时通用的国民党的钱,一点儿都没坑咱老百姓。

当时河南大学人和群众关系比较好,卖给他们柴火——有多少收多少,卖给他们菜,做些小生意。

河南大学办的有夜校,我就上过河南大学办的免费夜校。一人发一个本、一本书,发个铅笔和毛笔,主要是教我们识字。学生也就二三十个人,一个村的。

---

① 张宏中,是河南大学医学院院长张静吾的侄子,张静吾是他叔叔而非下文老人所说的张宏中的爹。

我们也学书法、音乐、美术。有一首歌:"七月七,日本人打过了延西……"不记得歌名了。教我们唱歌的是聂先生,不记得他的全名了。

我们的老师大部分都是河南大学的学生。一个姓聂的老师,不记得名字了;还有一个老师叫吴西张,河南大学的学生,这是教我的老师;还有一个是河南大学学生的老师,叫徐美庚(读音)。其他也不记得了。当时的老师是几个学生轮流做的,不是一直不变的。学校也是在奶奶庙办的。我在夜校也就上了不久,日本人就来了。当时河南大学为潭头办了七七中学,河南大学的学生苗叔陶,是七七中学的校长①。

我们都是晚上上课,一次也就一个钟头儿,也用汽灯,灯很明。我们家人口多,劳动力不够,我也就上了一个夜校,其他都没有上。

当时河南大学在这里又办小学,又办中学,这里的学生在河南大学办的小学、中学上完,有的直接又去了河南大学,也有去复旦大学的。七七中学的学生出来,有的在郑州(政府机关),有的在开封(政府机关),都通厉害嘞!很厉害!

我没上过七七中学,但我二哥党金学上过学。七七中学是交学费的,交粮食,一季(学期)交3斗麦子,一年就是6斗。那时候我们群众家一亩地一年也就收5—7斗麦子,也不是所有人都能上学的。一年能招七八十个学生。

后来国民党的军队先逃来了,他们装备不好,打不过日本人,都逃到了南北二山。我哥哥党金鼎,他当时穿了国民军特有的黄色衣服,准备翻墙逃走,结果被发现,被日本人开枪打死了。

当时日本人一来,人都跑了,有的没跑掉,留下的就有那些勤务。当时在这儿有几个勤务,比如狄通海和段仁斌。那个段仁斌,是开封人,在这十几年。当时他们被堵在屋子里,日本人就撞门,段仁斌会说几句日本话,他们就没有被杀。后来日本人就点火把这里都烧着了,把前院都烧完了,当时的仪器都放在前院。我们这些小孩子在街上,他们并没有杀我们。

当时村头儿的奶奶庙里还安过发电机,给实验室都通上电,还安了四五个路灯。但是,没用几天,日本人就来了,都给砸了。村头(那个庙)原来是奶奶庙,后来河南大学来的时候征用,就打碎了神像,改成夜校,后来又改成发电站。(改做发电站)中间大家一起,群众和学校一起整修了奶奶庙。

---

① 此处老人口述错误较多,苗叔陶是河南大学助教而非学生,且非校长,而是训育主任,王广庆是名誉校长。

学生和教授都是往石坝下、南北二山跑,后来河南大学的人又集合在西峡——南阳西峡县。日本人又继续撵过去了。咱们河南大学的师生最初都往山里逃,山里也有一些中央军,日本人不敢进山。中央军也是躲在山中,还到老百姓家中找吃的。一直到(局势)稳定下来,日本人投降,那些队伍才下山来。那些队伍的军长是汤恩伯,副军长是张角。中央军在一定程度上保护了学生,不敢为难学生。他们也不为难老百姓,但是会抢一些吃的,见到鞋子也拿走。他们都没有供应补给,没办法,就抢老百姓的。国民党十三军、八十五军都来过。后来日本人走了,他们就下山了。

潭头镇王文杰

采访地点:潭头镇河南大学潭头附中
采访时间:2015年7月17日
采访人:杨润华、王赛赛、任东阳、张娟
整理人:田若玉、赵静文

采访简况:王文杰,潭头镇人,现任栾川二高——河南大学潭头附中校长(原七七中学)。根据王校长的口述,我们了解到河南大学在潭头时期的一些事情、河南大学学生遭遇日军的惨境、河南大学对潭头教育的贡献,以及河南大学与潭头的情谊。

我是2014年10月份才回到这所学校当校长的,这所学校是我的高中母校。我是土生土长的潭头人,我家是秋林村的。关于我的成长经历,我想用一句话来概述就是:我是听着河南大学的故事长大的①。在我很小的时候我父亲就给我讲过很多河南大学的逸闻趣事。我在我们村里边上小学的时候,我们的老师在上课的中间,也多次给我们讲到河南大学在潭头办学期间发生的一些事情。下面我就把几件我印象很深的事情,给大家讲述出来。

第一件事情,就是河南大学刚到潭头的时候,在非常困难的情况下,住没有地方住,吃饭也不能解决,在四周的山民家寻找住宿的地方。但是来了仅仅3天,便在潭头的庙里正式开课。当时对我父辈们这些人来说,印象最深刻的事,就是来到校园里,去捡一些粉笔头。

还有一件事情,在我们这个地方也被传为佳话,就是张村有一个姓张的②,他的女儿在七七中学当教师。这个姓张的是一名土医生,当时是救了一名河南大学的学生③。这个河南大学的学生当时是被日本人把他颈部脖子这一块给割断了,这个土医生用一个竹管子把他(颈部)给接起来,让他吃

---

① 可惜现在能讲河南大学潭头办学故事的老人越来越少了。
② 张村村民张荣宣。
③ 河南大学医学院院长张静吾教授的侄子张宏中。

饭,在这养活了他两三年的时间。80年代以后呀,这个学生好像是在咱们河南省医院工作,在当时农村看病很艰难的情况下,村里边的人去省里边看病,都让这个姓张的老人给写一封信,然后拿着信到省里边找这个人。

我三伯叫王书周,那时候有五六岁,经常给我讲他那时候见过的一件事情。河南大学学生①被日本人追赶往西边逃难的过程中,曾经到我家的院子里边要东西吃,当时是我的五爷王五常把家里的一些红薯拿出来招待他们。由于日本人来了,老百姓去逃难,逃难3天回来之后,发现我们村的井水里边,有人的头发。日本人用铁丝捆住这2个大学生的手,用辘轳给放到井里面去了。村民把这2名大学生的尸体打捞上来之后,就把这2名大学生的尸体埋在我们村的地里边。现在还有很多老年人都能找到这个地方。这2个学生我觉得他们肯定是掉队了,他们没有和河南大学学生集体逃走。那条路当时是日本人在那边经过,是山里边的主干道。河南大学学生都是跑到周围的山上。包括五一五惨案那几个学生也是掉队了,大部队都到重渡沟了。

这2个学生我觉得应该在失踪名单当中。这2个学生的遭遇在我们村里边自始至终口口相传,我相信是真的。这件事我三伯讲过;我上学时在课堂上我们的语文老师也讲过,那个时候我才七八岁,她也不过才30多岁。

我很小的时候在床上躺着的时候,我父亲就给我讲这件事。这件事发生在潭头街上,关于我父亲的姑奶奶和她的儿子——也就是我的表爷。讲的就是河南大学的一个女生,在日本人来了之后,没有及时撤退,又害怕被日本人追杀,就逃到了我这个表爷家,就和我表爷假结婚,我表爷智力不算太好。和我表爷假结婚3年之后,这个女同学才走。小时候我也很好奇,这个假结婚是怎样假结婚的。我父亲就说,就是在一个屋子里放2张床,中间用帘子隔开。这个女同学就这样在这生活了3年时间。我想说明一点就是,即便是不知道名字,这件事也是千真万确的。因为我很小的时候我父亲就给我讲,这是他小时候印象最深的。嗯,我姓王,但我表爷姓什么我就不清楚了,我记得名字是2个字。他是在潭头村,就在这潭头街上。

当时河南大学来的时候,学生是非常富裕的。带来的东西都非常新奇,比如说粉笔,我们以前都没见过。当时这个地方是非常偏僻的,河南大学走之后留下了很多东西。比如这些汽灯就是1994年恢复七七中学的时候,村民捐献出来的,还有一部分是我们当时扒旧房子的时候扒出来的②。我听

---

① 河南大学文学院学生孔繁韬和一名女生。
② 王校长带我们来到潭头附中的校史陈列馆,其中就摆放了2盏当时使用过的汽灯。

老年人说汽灯是河南大学在这晚上演出的时候,在舞台上挂起来的。现在我也说不清了,据说是扒出来好多关于河南大学的方方面面的东西。听说村民家还保存有其他很多的旧东西,但是现在都找不到了。前一段时间我在街上碰到一个人,他说他保存的有当时河南大学学生穿的衣服。我就说你能不能捎过来,他说他现在找不到了。

河南大学在潭头办学这4年①,特别是创办七七中学,为潭头培养了大量的人才。在新中国成立以后,栾川县的干部、教师,大部分都来自潭头镇。当时有人把潭头镇比作栾川教师的"粮仓",也就是任何一个地方需要教师,都来潭头找。因此来说,潭头因为河南大学,在建国初期,为栾川县的方方面面作出巨大贡献,这也是潭头镇最辉煌的时期。最近这几年,潭头的经济以及方方面面不如以往,人才出现断层。在这种背景下,政府、学校就有了这种设想:就是想加强与河南大学的联系,想重新找回与河南大学在文化这方面的纽带,也就是想让潭头出更多人才。

七七中学的精神,首先爱国是不用说的了。我觉得服务于乡民、服务于三农,是它最重要的精神。再者我觉得就是传播文化。因为河南大学当时来,没觉得自己会在这停留多长时间,但是它在这办学可不止是办了一所。我觉得它办这么多学校,它的目的还是传播文化。这个目的是达到了,确实是把文化传播到了潭头,然后又把文化传到全县。这个咱没有统计,我觉得20世纪七八十年代的时候,栾川县的教师应该有一半来自潭头,栾川县的领导有一半来自潭头。

河南大学最早创办七七中学,也是为了解决随着河南大学而来的一些教师子弟的入学问题。后来就和我们地方合作办学,但受益最大的还是潭头人。我刚才已经说过,河南大学通过七七中学培养出来的学生,高中生、初中生出来就可以当老师,当时给潭头镇留下大量人才。刚解放的时候识字的人很少,凡是找老师、找会计、找读书人,都是来潭头找。刚才提到的我的三伯,他上的就是七七中学。因为他给我讲得很清楚,就是在国民党和共产党进行拉锯战的时候他还可以上学,然后彻底解放之后他回家种地。一两年之后又有老师去叫他,让他坚持完成了学业。我三伯退休的时候是从县农业局局长位置上退下来的,但是刚参加工作的时候都二十七八岁了,当时还在家种地。后来人家有一个地方缺"采粮",应该就是会计一类的。因为他读过书,有知识,然后就一步一步工作,走到今天了。像这样的例子,潭头镇非常多。当时比如说找代课老师,都是来这个地方找。因此我说河南

---

① 应该是5年,从1939年5月到1944年5月。

大学在潭头办学的影响,一直持续到2000年以前,潭头一直都是栾川县的人才"粮仓"。那个时候也是潭头镇在栾川县最辉煌的时期。

村里面像我三伯这样从潭头中学毕业的至少有二三十人,像我的堂、表兄弟姐妹都在外边参加工作。我大伯是标准的七七中学毕业的,他上的应该是初中部。我大伯曾经给这个学校捐过一个校徽。后来他一直在镇上当老师,可以说是德高望重。

我二伯也是在这个学校毕业。当时这个学校实行的是奖励制度,这也是个逸闻趣事。我二伯非常聪明,但是当时家里边有弟兄2个,认为有一个上学就可以了,就不想让我二伯读书。当时我的六爷,也就是我二伯的小叔,在镇公所里面工作。七七中学收学费是交粮食,我六爷在街上赊了一点粮食,就让我二伯拿着交到学校。交到学校之后,第二年我二伯考的成绩非常好,然后这粮食就退给我二伯了,我六爷又原封不动地还给人家了。这件事情也是作为鼓励我们学习的一个例子,在我们家族里边流传,从小就讲。

其他村的类似情况我就不是太清楚了,但是我觉得像这样的情况还有很多。因为像我们家带上我伯家兄弟姊妹五六个,家里边非常困难。当时农村肯定有很多家庭对孩子上学不是很重视,就包括现在还有很多。当时在那么困难的情况下,我的父亲就强迫着我们学习。我父亲就在家把活给干了,让我们兄弟姊妹在学校里边学习,好多孩子都得边干活边学习。我后来就在想,我父亲应该也是受到了河南大学带来的这种知识氛围的影响。当时上学的时候我们的老师就说,我们的出路就是上学。

河南大学走了之后呢,七七中学就全部由本地人来管理了,当然还有国民党这些军官们。

河南大学培养出来的学生当时就在这个地方当老师,七七中学的第一批老师全都是河南大学培养出来的。

河南大学对潭头的影响也有意无意地传到了在校学生身上。我们对学生的教育,一个是在重大节日,组织学生去祭扫烈士陵园和惨案纪念碑。再一个就是,我们找这些老教师,就是你们今天见到的这些老教师,几乎每个学期都要回来给学生们讲一讲当年的事情。关于河南大学这段历史,讲得是最多的。我就觉得关于爱国主义教育,很多地方都是很空洞的,但是咱这个学校有厚重的历史。学校下一步要想发展壮大,就要依靠河南大学的这个爱国主义教育基地。

河南大学附中这个学校就是河南大学创建的,没有河南大学就肯定没有这所学校。这个学校的经历很坎坷,当这个学校办不下去的时候,从1994年开始寻求河南大学的帮助。河南大学虽然离去了六七十年了,但是我们去,只要提出要求,河南大学都是千方百计地满足我们。我想下一步就是实质性地扩大河南大学对这个学校的影响。现在政府对这所学校非常重视,如果地方政府非常关注,同时把与河南大学的这种亲戚给结好,我想这个学校是能发展壮大的。等将来你们大学毕业之后,三五年之后再回来看,我的想法就是把这个学校建得很好,能够跟县上最好的高中媲美。

听说我们这个学校的校歌跟河南大学的校歌的作词作曲都是同一个人①,河南大学之所以把七七中学的校歌旋律设计得跟河南大学的非常像,我觉得是河南大学虽然搬走了,但想把河南大学的办学精神、办学理念留在这个地方。这个歌的歌词让我非常感动,透过歌词我都能想象得到,当时河南大学刚来的时候,潭头镇这个地方的山民的生活是一个什么样的状态,河南大学的学生到这来就是一种使命,就是要移风易俗。现在这个歌依然是我们学校的校歌②。我们对学生进行各种教育,我觉得最重要的就是传承河南大学的这种文化,让这些学生毕业之后,积极参加家乡的建设。这几年潭头经济缺乏活力,文化也比较滞后,由原来比较先进的栾川县龙头变成现在这种相对落后的局面。

这儿的学生收来的时候分数不高,但是思想素质并不低。就像这几天组织学生去河南大学培训,老师打电话反映说学生到那里非常兴奋,反映很好。我觉得对这些东西的学习能够激发他们的上进心。

名字变化对学校的影响,主要是外在名声上的影响,就是说我们学校是河南大学在潭头的附中。就像那天河南大学宣传部刘波部长给我说的,既然是亲戚,就要多走动,越走动才越亲——这是刘部长的原话。我是想通过你们往这儿来,我们往河南大学去,进一步加强交往,探索一些合作模式,把这些形式影响变成合作影响。像今年选拔了30名学生去河南大学培训,就是迈出的实质性一步、很可喜的一步。

对咱河南大学,我设想着建一个河南大学文化园——潭头园区,包括初中,包括高中,建立一个大的文化园区。把有些遗址的东西,该修补修补,能迁来迁来。改善生源,提高升学率,最终把这个地方打造成一个非常强势的、与教学有关的文化园区,同时也对潭头周边经济起到一定的带动作用。

---

① 潭头附中的校歌歌词作者是嵇文甫先生,曲作者是陈梓北先生,与河南大学校歌的作者相同。

② 歌词如下:玉阳峨峨,伊水荡荡,吾校位其旁。我辈之心,要清似伊水;我辈之志,要高似玉阳。一方风俗赖我辈移易,一方民气待我辈发扬。愿大家齐努力,齐努力,莫彷徨,莫彷徨。我辈之心,要清似伊水;我辈之志,要高似玉阳。使我校成绩为国之冠,使我校历史与国无疆。愿大家齐努力,齐努力,莫彷徨,莫彷徨。

当时这个地方的房子 2 次被拆。第 1 次是刚解放的时候,因为山神庙是在潭头镇的最高点,很多炮楼就建在这上边。出于安全考虑和军事需要,拆了一部分。后来剩下的一部分作为校舍。第 2 次在 20 世纪 80 年代初期,当时人的观念意识不行,光觉得这些东西比较旧,就全部给拆了。当时也有人说这个不能拆呀,这是河南大学在这留下的东西,最典型的就是那 2 棵柏树。当时没有一个人意识到这 2 棵柏树的重要性,有人去砍这 2 棵柏树,当时这个学校的老校长就说不让砍。老校长说河南大学走之后啥都没有了,就剩下这 2 棵柏树了。当时发生了很大冲突,这 2 棵柏树算是留下来了。这 2 棵柏树上还有被砍过之后留下的痕迹。

河南大学刚来的时候,就是在这个山神庙院里面上课。这里面占完之后,又在前面盖了 2 座草房,在那里面读书。再往前边去有 2 棵柏树,就是现在的"河南大学柏"。当时河南大学由省立升为国立的时候作为一种纪念,由河南大学学生在那栽了 2 棵柏树。这 2 棵柏树已经 70 多年了,潭头人把它们保护得非常好。"河南大学梨"这里没有,应该是在村里边。我觉得是在我们四周村里边都有这种梨。这个我不是太清楚,这些名词是不是他们后来讲的。以前河南大学回来一个教授,我记得那个教授曾经写过一封信。他说他曾在这儿上过学,他说他永远忘不了张村的梨、东山的柿子。后来这个教授回来过。那时候我在这上高中,也就是 1994 年前后。当时是去请河南大学一些文学院的教授在这讲学,我听他讲过这个。我不记得这个教授的名字了,大概五六十岁。当时我印象非常深刻的就是,那个教授背出来大段大段的文言文。

这 2 块碑,这边这一块是当时恢复七七中学的时候,由当时的河南大学靳校长在这揭牌见证的。这块碑主要讲的就是,七七中学与河南大学的渊源以及历史沿革。另外一块碑是捐资助教碑。这个是在 90 年代,当时学校非常困难,由潭头附近的村民捐款建校,就把他们的名字刻在上面。当然这里面还有很大一部分捐款者就是河南大学的老校友,包括七七中学的老校友。那个牌楼,是今天你见的姜校长[①],1999 年仿照咱河南大学那个校门建的。

---

① 姜晋森,曾两度任河南大河潭头附属中学校长。

党村曹顺卿

采访地点：曹顺卿家
采访时间：2015年7月18日
采访人：田若玉、任东阳
整理人：胡志彬、唐洪浪
采访简况：曹顺卿，1927年生，潭头镇党村人。河南大学流亡潭头办学期间，曹已经十几岁了，当时他家里贫穷，只上过几天学，不过老人对河南大学师生当时生活学习情况尚有一些清晰记忆，他为我们讲述了他眼中的河南大学：河南大学学生的衣着、学习，河南大学师生帮助村民灭蚂蚱，并且经常给穷人放饭，兴办夜校，表演戏剧，促进了当地文化的发展。河南大学师生的到来使山间小镇——潭头镇的经济快速繁荣，给当地人民带来很多益处。关于"潭头惨案"的事情老人了解并不多，但清楚地表述了日本人来犯潭头，只残害河南大学师生的意图。

我今年88岁了。我没上过学，也没上过夜校。当时他们办的扫盲班我也没有上几天，写字没地方写，是在地上画的。夜校是王世卿办的，在关爷庙，不用掏钱。学校没有名字，是民办学校，雇的何村的一个叫闫亭云的在这里教学。还有一个老师叫任润。

我不记得河南大学来的时候是哪一年了，那一年我们在潭头东街住着。我是逃荒过来的，原来是山东。河南大学过到这里后，我们没地方住了，就到人家菜园住。那时候河南大学的师生住的也都是盖的草房，都在中学附近。

我只知道嵇文甫，他被国民党抓走的时候我见过一次。他就在东街住着，当时学校是国民党办的，嵇文甫是地下党，被带走了，后来又回来了。

学生和教授穿的都是一般（普通）衣裳。女生穿旗袍，男生穿长衫。

河南大学来了以后，这里的经济等各方面都发展了，比如卖菜的多了。河南大学在南地也开了一个菜园子，种番茄、洋白菜自己用。菜园是王世卿家的地,学生自己去种,开的菜园。

过去我们这里唱戏用的是油灯,河南大学在这里的时候唱戏是用汽灯,照得很远。他们在关爷庙搞宣传唱戏。那时候老虎台唱戏很灵,现在老虎台拆了。当时我们用的是转街票①,就在潭头街能花,出了村子就花不了。

过蚂蚱时大概是民国二十一年(1932年)②吧,那时候蝗虫很多,把太阳都遮住了。我们和学生一起打蚂蚱,从这头打到那头,那头打到这头。后来把蚂蚱炒一炒吃了,河南大学的人也吃蚂蚱肉。过蚂蚱的那一年没收成,群众没有饭吃,河南大学就在上神庙那里放饭。平常放饭,经常放。有的人提一个罐子到那里打点饭就走了。

日本人进攻到东北的时候,河南大学就已经挪到潭头了,住在这里。日本人打过来的时候,河南大学一些学生就被日本人杀了。战争结束以后,河南大学就又迁回去了。河南大学在这里留了一个附属中学,就是现在的潭头附中。

日本人打到潭头以后河南大学的学生才迁走。当时打到洛阳,以为他不会打到潭头,谁知道一下就打到了潭头,住在了潭头街。他们在西街住着,把各家各户的家具拿出来堵住街口。

学生往山上跑,藏到灌木丛里,就看不见了。南山北山都有,四北八下(四面八方)。

我自己也跑到了南山上面住了,没和学生一起。我没有见过日本人,只是听说过杀大学生,男生、女生都有被杀了。他们很恨大学,你只要留一个平头,或者手上没有茧子,他看见就杀。劳动人民手上都有茧子。

---

① 转街票为当时河南大学鉴于潭头镇经济落后,流通纸币不够而发行的只可在潭头镇流通的特殊票子,等同于纸币性质。

② 此处老人口误,应为民国三十一年(1942年)。

潭头镇马来学

采访地点：马来学家中
采访时间：2015年7月18日
采访人：王占西、赵静文、王丹
整理人：贾茜贝、赵静文
采访简况：马来学，1941年生，潭头镇人，河南大学潭头办学时期出生。通过老先生的讲述，我们了解到河南大学在潭头时期的住房情况及房子保存现状，以及河南大学潭头办学对潭头的影响。

我姓马，叫马来学。我今年74了，虚岁75了。我那时候还是小娃子，没听说过什么事，现在也记不起来什么了，只听说河南大学是潭头的文化摇篮，潭头在栾川影响很大，我们栾川这儿好多干部都是从潭头出去的。听老年人说我父亲就是七七中学毕业的，他一直在外边教学，回来的时候就已经生病了，我六七岁的时候他去世了。

我家是潭头七组，西街，秦家巷那一片。我听老年人说过河南大学的一些情况。当时张星乾①他是三队，俺是七队。他老宅那的炮楼印象中还在，好像在后街。马长河②他家的老房子现在没有了。马疙瘩③这个人我不知道。马春宣他家没有人了，老房也没有了，都扒了，又在原址上盖的新房子。有一家搬迁了。谢万臣④他家老房也没有了，扒了，又盖的楼房。我家和谢万臣家是近邻，一墙之隔，原来我们就是一个院。董杰他家老房子好像也没有了，我们不是一个队的。原来最大的院子在土改的时候拆了，最大的就是姓马家的院子，那这个（住没住过河南大学学生）我就不清楚了。我们那秦

---

① 河南大学校长王广庆当时住在张星乾家中。
② 河南大学教授孙祥正当时住在马长河家中。
③ 河南大学教授黄敦慈当时住在马疙瘩家中。
④ 河南大学教授熊伯履当时住在谢万臣家中。

家巷小名叫后水沟。秦家胡同还是原来那个胡同,跟过去差别不大。土改的时候分房子换房主人的情况不多。马家大院土改之后第一批是分给刘继春了,后来刘继春又把房子给卖了。刘继春是贫农,没房子,土改的时候就先分给他了。马家大院现在是朱建设家在那住的,后来他也不住了,到别的地方去了。咱这一片儿老房子就一家没扒。还有就是郭汉卿,郭汉卿也不在了,现在是他娃子(孩子)住着这房子。他这老房子都是大四合院,分上院、下院,好几家在一块儿住。刘继春家分的是上院,郭汉卿家分的是下院,就等于是分成俩院子了。

我原来是在石门小学上学,一个班大概有二三十个人吧,一个年级就这一个班,是在庙里上学。当时给我上课的老师有许自贤;还有张宏勋,他不是河南大学的毕业生。庙里有好几棵柏树,就是忘了庙叫啥名儿了①。庙朝南,原来里面有好多神像,后来都被当牛鬼蛇神打了。我父亲过世后母亲改嫁,嫁到了石门,把我也带到了那里。我在那长大,上到了四年级,然后又回来了。后来我上的是潭头伟志小学。那当时上课都是在关爷庙里,现在关爷庙没有了。具体多少间房,我也说不清了,反正有好多间房。那时候有一个吉老师,叫吉俊卿,他还是校长。还有一个任玉瑞,如果让任玉瑞来,他能给你说好多,他现在80多岁了。你要去找他,那就能了解很多小学的事。

当时分有甲、乙、丙、丁4个班。我是乙班的,大概有四五十个人吧。当时的学生来自周围这4个乡,一毕业就都来这儿了。村里大队的小学只上到四年级,之后就都来这儿了。那时候小学学的就是语文、数学、体育、唱歌,唱歌好像就是那个任玉瑞教的。好多老师都是外头来的,调过来的。本地的教师有一个叫马克风,他教的是数学,他没教过我,教的是别人。他跟俺是一个大队的,他是八队,俺是七队。那个时候我都已经上中学了,就是河南大学那个学校。那个学校是1956年才建立的。1956年是首届,我们是第二届。学校的房子是河南大学附中这个学校重新盖的房子,原来的庙都给扒完了,扒完之后又重新盖的房子。程历昌,他是我们的班主任,好像教的是数学。那个时候学的有几何、代数、物理,还有化学和英语。

---

① 现在翻修后叫作"全福宫"。

潭头镇秦家祺

采访地点：潭头镇路口
采访时间：2015 年 7 月 18 日
采访人：王占西、赵静文、王丹、李恒
整理人：李田田、任东阳、李恒
采访简况：秦家祺,1925 年生,潭头镇人,受到河南大学在这里的教育,七七中学毕业。秦家祺先生思路清晰,已经 90 岁,也给了我们很多有价值的口述材料。他用沙哑的声音回忆了当时河南大学在潭头办学的情况,包括小学和中学,而且还回忆了当时河南大学在这里的教学设施以及当时河南大学具体的人物。通过他的描述,我们可以看出来当年河南大学艰苦但是又坚持的办学精神,值得我们当代人学习。

河南大学是 1939 年来潭头的,一直到 1944 年,一共 5 年时间。当时这里的文化比较落后。我上五年级之后,正好河南大学来到这里,搞教育办初中,叫七七中学①。七七中学主要是纪念抗战的,在三官庙,校长是王广庆,他是兼校长的。那时候我毕业之后也就考上了,考上之后上了 3 年初中。学校的负责人是苗叔陶和赵敏证,赵敏证是教育系的。学校在的地方是个庙,不是很大。后来在庙那边盖了几个草房,上课就是在那个庙里。有木板什么的就抬回寝室里头,很简陋。

我们当时在这儿上学的时候,河南大学很下劲。在潭头街的南面有一个关爷庙,关爷庙那边盖了 5 间草房,成立了高中。然后我又考上了高中,考上高中以后上到第一年还没有完,日寇来了就停课了。然后我们就跑了,

---

① 河南大学潭头附属中学,又名七七中学、栾川二高,位于河南省栾川县潭头镇玉阳脚下、伊河之畔。抗日战争期间,河南大学师生迁至潭头（1939 年）后,为解决当地青少年及本校职工子弟就读中学难的问题,于 1939 年在潭头创办初级中学——七七初中,之后又创办了七七高中。

河南大学的人也跑了,财产受到很大的损失,后来河南大学就迁走了。河南大学在这里上课的时候,老百姓都很支持,腾开房子,让教授住。除了潭头镇住的,党村也有,张村也有,大王庙也有,古城村也有。教授穿着大袍子,每天上课在上神庙,有2个房子不漏雨,用来当教室。医学院不在这,医学院是在嵩县。这有文学院、理学院、农学院、林学院4个院。北边有一个甘露寺,后来河南大学把那边开辟了,种了很多东西,是园艺系。

关帝庙是在南门那边,东西门儿经常出入,南门北门儿人流很少,战乱时候有土匪,南门不开。东西门儿也严禁,白天站岗,有证才让进,没证就不让进,就是这种情况。南门有关帝庙,关帝庙后边是篮球场,篮球场再往东边,挨着水渠。过去水渠那边是排球场,地方也不大。

当时院长和教授们都住在街上,赵兴武在东街住,音乐教授陈梓北在东街住,郝象吾在北街一个姓何的大院住,吉北付在中街住,张邃青在当街住。

三官庙那好像是足球场。有的时候知名人士还会编些抗日剧,用来演出,宣传抗日。河南大学也有一些进步人士,是地下党,比如文学院院长嵇文甫①。这5年中我们上学的时候师资是十分优越的,有助教,还有教授,像是留过洋的嵇文甫也给我们讲过课,还有郝象吾②也教过课,林瑞年教我文学。当时教的课都很少,有时候也作报告。

国民党的八十五军不抵抗,他们过去之后的2天,日本人就过来了。日本人在后面追着,他(八十五军)在前面跑着③。日军追得慢,他们走得也慢。国民党军队乱七八糟带家属,快到狮子庙,那平时的路很少走,交通很不方便,车子上不去。那没办法,用牛车拉。日本人到这山上开枪了,打死了几个大人。

日本人到了那个丘陵,把人杀死以后,捆人的铁丝都勒进了脚里面,很残忍。张宏中脖子被戳一刀,后来他没有死又活过来。医院院长把这个张宏中救下来了,从外面把他抬到屋里面治疗。

那年我去开封,听说张宏中、庄红处在河南大学了。那时候潭头惨案已经过去一年了,张宏中去上班,肉切碎搁火上炖肉汤,用管子喝,后来经过几年治疗慢慢好了。张宏中写了一篇文章,要控诉日本,让我去改一下,我说我就看看,我记得大概是在《河南日报》上发表的。

---

① 当时在这5年中,嵇文甫先生担任文学院院长。
② 郝象吾,担任农学院院长。
③ 很多潭头的村民谈到日本人入侵潭头,是为了捕杀河南大学的师生。从秦家祺先生的讲述来看,这里面另有隐情。

潭头镇任玉瑞

采访地点：任玉瑞家中

采访时间：2015年7月18日

采访人：杨润华、王赛赛、张娟、吕俊杰

整理人：李恒、王赛赛、刘晓航

采访简况：任玉瑞，女，1931年生，潭头镇人，河南大学师生来潭头时8岁，德化女校学生，家中住了一位河南大学教授（马辑吾）。7月18日，通过老人的讲述我们了解到河南大学初到潭头的境况、河南大学在潭头办学的影响，以及日军到来时校方与群众的反应。19日，老人给我们讲述了当时住在自己家中的马辑吾①教授一家的情况和当时河南大学在潭头教育上作的贡献。

我记得大概是1938年，日本人要打到开封了，所以河南大学就搬到这里来了。他们骑着马，骡子驮着行李。来到这儿没地方住，建立河南大学附中之前的那所学校就搬到了寨里面，把校舍让出来给河南大学。那个时候生活很艰苦，学校盖的都是草房。各乡群众上山割竹子割稻草来支援河南大学盖房子和实验室。学生和教授都是住在群众家里。据我所知，潭头东街每一家都腾出来的有房子，让教授和学生住。我们家隔墙的那个伯伯，他家住的是王广庆校长②。我们家也腾出了3间房子，让马辑吾先生住在我们家里，还有他太太和2个女儿。她大女儿马尚玲当时十七八岁，比我大，小女儿和我差不多大，我们玩得还不错，后来到这里又添了一个小孩子。他们来的时候还带着一个做饭的老太太，专门给他们做饭的。

我们那个时候烧柴火，马先生他们烧的是炭。我不清楚那时候他们薪水多少，但是他们家人生活很好。一次性买很多炭，做完饭也不让炭火灭，

---

① 未查询到相关资料。

② 王广庆，于1938年10月至1944年10月任河南大学校长。

一烧就烧一天。老太太很会做饭,蒸馒头蒸3层,每一层都不一样。汤饭是大米汤,炒菜用香油,一顿炒好几个菜。老太太做完饭就给他们端上去,他们家十几岁的小姑娘,都不端饭,老太太给他们端齐了他们才吃,他们吃完一碗还想吃的时候就喊老太太。马先生称老太太为花嫂,他们家孩子也称老太太为花嫂。老太太自己坐在外面吃饭,他们喊老太太盛饭的时候,老太太就赶紧把自己的饭放下,给他们盛。我妈问老太太一直跟着他们家吗?自己也没孩子吗?老太太说她有孩子,但是日本人来的时候走散了。老太太后来病死在潭头了。马先生他们家天天都不断肉,他每次割十来斤肉,搁那慢慢吃。特别是他们家小闺女,饭吃得少,又很挑食,哪一顿没有肉就不吃饭。马太太也说过,她一顿没有肉就不吃饭。他们割的肉,有时候也会给我们送点。我们家吃饭,我妈都是从外面拽的野菜,蒸着吃,拌点玉米糁。我在外面吃,然后让他家大姑娘马尚玲尝尝,她说不好吃没有油。那时候生活困难,蒸的菜都没有放油。她说我回去把我们的油给你放点,端着我的碗,到他们厨房里拿大铁勺放一勺油,油太多了就没办法吃了。我跟我妈一说,我妈把我的饭又倒进我们一盆菜里面搅了搅,这才能吃。他们平常穿得也很好。那个时候群众不穿毛衣,六月六晒衣服,他们都晒很多,毛衣、皮袄,那个老太太也有皮袄在外面晒。他们来了以后我们也跟着学织毛衣,可是我们买不起毛线,是自己纺的棉花线。

　　我不经常去他们的屋。他们屋里有一张八仙桌是我们给的,没有什么家具。门上挂着竹帘,床上有个蚊帐。马太太很会剪发,我也让她给我剪过。后来添了小孩子她就在家照顾小孩子,她也没工作,她就在家打扫打扫卫生、织毛衣。大闺女上的七七中学;小闺女比我大一岁,好像没上初中,上的小学,应该是五年级吧。反正没上完学日本人就来了。她比我高一级,不一班。我们也一起玩,她也跟我玩,但是也没什么玩的。在门外边用粉笔画的格子,踢格子,踢石头。

　　马先生有3个孩子,我隔壁伯伯家住的王鸣岐教授,我记得超过3个,四五个吧,但他们生活不如马先生家,吃得不是太好。东面那边,我兄弟任景硕他家住的是学生。

　　老师之间也会串门。星期天闲了,在马先生家,凑一桌打牌。有时候打到很晚,有时候关着门,冬天弄些炭火放在桌下,点的是煤油灯,有个玻璃罩子,我立在门外看见过。不过,来的那些教授我都不认识。

　　大学来了以后,我们这儿文化开放,社会风气都改变了很多。在旧社会,7岁以前都不让女孩上学,看不起妇女,重男轻女。我们这儿有个叫张根坡①的老师,他思想比较先进,倡导成立了一个德化女校,让妇女上学,让女孩子上学。我在德化女校上了3年,河南大学就来了。伟志小学是王欣丛②办的私立小学,为了给大学腾教室,我们德化女校和伟志小学合并了。我们学校的房子腾出来给大学,伟志小学原来是只让男生上,不让女生上,大学来了以后男生女生一起上学,这是我上四年级时候的事情。老师也和伟志小学的老师合并了。

河南大学来了以后,我们学校聘请河南大学的学生给我们上课。过去本地老师封建意识比较重,他们打学生,风气不是太好。河南大学学生教我们的态度很好,不打我们,我们都很喜欢他们。我记得我有一个老师叫周葆慧③,教我们音乐,我们都喜欢让她来上。出了校门向南街去,那边有个宿舍,她就在那里住。那个时候他们思想也进步,教我们唱《白毛女》,也教我们抗日歌曲。我上一、二年级的时候也学过抗日歌曲,还去旧县表演,表演《大刀向鬼子们的头上砍去》。我们老师还让街上的木匠做大刀,我们唱着,舞着刀。还唱"七月初七日本鬼子到延西,用飞机大炮向我袭击"。河南大学在我们这儿住了5年,群众的生活也有提高。大学在这儿买菜买什么,来的人多学生也多,经济比较活跃;特别是文化方面,进步更大,男女都让上学,男女平等,实行三民主义,妇女放足、剪发……我记得老师还领着我们去查脚。我们那有个戏台,唱戏的时候很多人在那里看,老师领着我们查到谁有小脚,就把她的裹脚布给剪了不让她缠。大学来了以后妇女们放足、上学都比较普遍了。大学在这几年,我们这文化提高比较大,人的思想也解放了。

我们那时候学国语、算数、常识、音乐、体育。体育也叫童学,每个人有一根棍,叫作童子杠,还有一根绳叫童子军绳。上体育课称为童训。用童子军绳和童子军杠,连起来,上面铺了木板做了一座桥。还有对应的童子军歌。上通讯课要穿规定的服装,戴上帽子,还要带上童子军杠和童子军绳。草帽是自己买的,服装也是。

学校合并后我觉得人很多,可能有300来人吧。我们班有四五十个人,女生坐第一排,一排有六七个女生,那时候还不是很开化,女生比较少。教我的老师我还有印象,不教我的都不记得了。数学老师经常换,记不住,张

---

① 当地乡绅。
② 当地有名望的大地主。
③ 当时为河南大学学生。

根坡教过我语文。我记得我们家附近还有一个嵇院长①,他孩子我们都叫嵇小四,一块上下学,都是在伟志小学。

我没上过七七中学,家里太穷,我妈不让上。上中学得交学费,学费是3斗麦。小学一年级1升麦,二年级2升,三年级3升,到初中交3斗麦,高中交6斗麦。我上完小学就没再上了。

我还记得河南大学有个女学生(石亭梅)年龄很大了,很胖,可能有40多了,平头,穿工人服,穿皮鞋,老被认为是男的。

那时候我见过幻灯机,对门叔叔家见的,机器投影到墙上,窗户都用黑布遮住,就见一个小老鼠在那一跳一跳的,很有趣,这是河南大学学生弄的。

转街票是中央军溃退的时候开始用的。只能在街里用,出了潭头街就不能用了。那时候物价不稳,这头买的东西,那头都不一定能买到。转街票到手里都赶紧给花出去,它不值钱。转街票数量很大,有的写的1000元,但买不住东西,写得大,没啥用。还有济南票。卖东西的收到这钱都赶紧花,这边收那边花,用的人不多。

大学女生来的时候穿的旗袍、短裤。有些比较封建的老人看到之后说,看这大学女生穿的这叫啥,裤子这么短,露着腿。后来慢慢地就都习惯了,也有人开始穿了。大学在这里,我们这里也繁华了,文化水平也提高了。新中国成立后参加工作,很多人报名。最后不管哪个部门,都有潭头人。潭头人受河南大学的影响非常大。我父亲去世早,我母亲领着我们姐弟3个人,我妈说不让我上学,少上几天算了。住在我家的马先生就劝她,趁着现在村里面有大学,机会难得,更应该让上学。我妈最后咬牙坚持让我上完了学。因为河南大学的影响,潭头人早期参加工作的人多,所以现在有很多退休老干部。其他镇的退休老干部加起来也就10个20个,我们潭头各部门退休的老干部都有200多个。总的来说,大学对我们的影响非常大。

河南大学走的时候也是很可怜。日本人来的时候,我虚岁才13岁。我只记得当时学生们哭得很乱,在王广庆校长的院里,有几个女生哭喊着问王校长怎么办,哭得很痛心,我站在我家门口看的。我们家也跑,我妈领着我和我2个弟弟,跑到了拨云岭。我妈给我包了一个小包袱,包2双鞋、一堆小衣服。我妈背着粮饭,背点儿面,抱着我的小弟弟。有几个大学生跑到那儿和我们一起住着,在群众家里。在那儿停了一天,就听到大炮声响,又赶紧跑,那天日本人没有来。第二天我妈说,她得再回去一趟,背点吃的东西。

---

① 嵇文甫,文学院院长。

大学里有个学生,是个男学生,叫朱绍先①,跟我们跑到一起了。他也要回,我伯父说他不能回,日本人见学生就杀,叫他不要回。朱绍先说,他还有很多书没拿,趁现在日本人没有来,他要回去拿书。我伯父劝他他不听,他非要回。他回的那一天,日本人来了。日本人从东街过来,他向大王庙那边跑,听说是和4个男同学一起,跑到石坷,日本人都到了,在后面端着枪追赶他们。在后石坷有个小学,小学门开着,他们钻进学校,向后门跑,到院子以后他们发现没有后门。朱绍先跑到教室里面,日本人赶上了就把他打死了。他的肠子肚子都露出来了。另外几个人一看见日本人过来了就想翻墙,听说是还没翻过去,就被日本人打死了。朱绍先肠子肚子都露出来了,可是还没有死。日本人在村里待了一天,第二天就向西去了。群众就都回去了,看到朱绍先,在那里躺着还能说话,还没死,但肠子肚子都在外边,群众就赶紧救他。那时候群众能怎么救他,都是赶紧回去烧点米汤,用米汤乳给他喝,可是救不活,肠子肚子都在外面,没有医生,也没有医药,救不活,过了两天他就死了。朱绍先死前留有话:他死了,在砖上面刻写上他的名字,他爸爸妈妈来找了能有个地方。群众按照他的遗愿,给他埋了。后来群众回来以后,有被打死的学生也都埋在了坡上,是李忠贵他父亲李永信②领着群众把遇难大学生给埋了。李忠贵后来和我一起教学,他跟我讲的。多年以后,他家人来这里把他给带回去了。河南大学领导们也来看过几回。

我们家当时跑到拨云岭,我妈第二天又回来了,在山里没什么吃的,要回来背粮饭。我妈回来时看见日本人了。她正在家拾掇,听见外面有马蹄声,是日本人骑着马来了,她赶紧把门锁上。还有我隔壁的一个嫂子带着孩子也没来得及走,她见我家有人,也来我家了。我家上屋有间闲房子住着邮局两口子,也没孩子,他俩也在,锁着门,用东西堵着,从门缝里能看见日本人骑马经过,下马,敲门要求开门。我妈他们都不敢开,让邮局那个男人去开门。他媳妇在屋里盖着被子吓得哆嗦,我妈抱着我弟在灶火台边上躲着,吓得乱颤,担心日本人进了院子要住,害怕日本人杀她。她和我嫂子商量给日本人烧点茶,让他们喝,别让他们杀我们。我妈给日本人端茶,被日本人一脚蹬翻在地,我妈赶紧跑到灶火边,和我嫂子她俩吓得乱颤。日本人追过去,枪口对着我妈,吓唬了一顿,但没有开枪。日本人还在家做饭吃。直到夜里,日本人睡了,我妈和嫂子带着孩子跑到东头草房,把孩子塞到草垛里,

---

① 当时为河南大学法律系学生,后被日寇刺死。
② 一家三代为死难的学生守墓60余载。

里面有个大柜子,她俩藏在角里。一直到第二天中午,才敢偷偷出来,看看情况,赶紧带着孩子跑了。跑到麦地,把孩子藏在那里,俩人见日本人走了,才又回去背些粮食。院里日本人没吃完的米饭还在那里剩着,她俩一人端了一碗。

大学在这里对潭头的影响非常大,可是日本人来的时候,大学受了太多苦。我们院住的马先生,他的行李非常多,多是书,找群众给他们担的,担子担着给他们往山上送,在南山里住着,在山上停了几天。日本人在这待了一天,就走了。群众听说日本人走了,都又回来了。马先生家的小闺女,比我大一岁,他爸爸和妈妈都在山里面,她跟着群众跑回来了。她很爱学习,回来就先去整她的书了,把书整了一大包。我们家我妈我婶也都回来了。日本人把家里弄得乱七八糟,也没什么吃的。我妈淘的几升麦子在那里放着,日本人没动,赶紧把麦子拿出来在磨上推推,推出麦糁拿回去煮饭,要马尚斌——就是马先生的小女儿赶紧吃了回去找爸妈。我婶婶说:尚斌,今天中午的饭有点瞎啊,你爸爸妈妈都不在,我们家里也没什么好的可以做,家里粮饭也都没有,只能吃这个了,你看你能吃吗?她说能吃,在山里饿了两天什么都没得吃,挺好吃的。吃完了让她赶紧走,赶紧去找她爸妈。她收拾了一包书背着又走了。

还有个梁教授,具体叫啥不清楚了。他有一对双生孩,是两个闺女,他自己跑不快,最后孩子留给街里群众邵平娃了,现在还在。

学校当时停课了,给学生们说了到哪里集合,然后就散着走了,学校没有集体组织。

教授都是一家一家走的。找人给他们挑行李,给人钱。谁给他们挑过行李我就不知道了,那时候我还太小,不知道。挑行李的给他们送到山里就又回来了。群众都是听到日本人快来了才走。

后来跑到了荆紫关,我们家住的马先生还给我们写过信,说了说他们在荆紫关。那信已经没有了,那是给我伯伯写的信。

潭头镇王甲臣

采访地点:王甲臣老人家
采访时间:2015年7月18日
采访人:安依林、贾茜贝、张晓俐、胡志彬
整理人:吕潘婷、李京亚

采访简况:王甲臣,1928年生,潭头镇人,河南大学在潭头期间他正在读县立小学。通过他的讲述,我们了解到河南大学在潭头期间发动学生铺路,与村民一同看戏,给受灾群众捐衣捐物以及"民国假小子"石亭梅等相关事迹,但提到的河南大学人在潭头中的日常饮食与校史记录中有所冲突,生活条件要比校史记录中好许多。总之,河南大学在潭头期间与村民相处和谐,不仅对潭头当地人民进行了文化教育,而且通过戏剧丰富当地人民的生活,深受潭头人民称赞。

我当时是在上县立小学①。当时河南大学来没有教室,我们学校就迁移到一个民房,(把学校)腾给河南大学了。

河南大学到这里以后我们对他们很好。河南大学的师生看潭头人民对他们很好,就成立了一个中学,叫七七中学。河南大学在这儿办了好多事,原来从这儿(上神庙)去街上没有路,后来河南大学发动学生搬石头修路。每周星期日都排演一个关于抗战宣传的节目,在各大街宣传。每周星期日还唱戏,唱一些教育群众、发动群众抗日的进步的戏。七七事变之后有一首歌,歌名叫《七月初七》。我给你唱唱,你听听:"七月初七,日本鬼子打练习,用机枪大炮向我袭击。同胞们,然何起,今日要出口气。有钱没钱上火线,组织起来打游击。"

大学来了以后,农忙的时候他们帮群众割麦。他们不会割,都留下了很

---

① 抗战期间河南大学租用嵩县潭头镇寨北上神庙原县立小学作为教室和图书馆。1995年4月,在其旧址上创办的潭头高中改名为河南大学潭头附中。

潭头镇王甲臣

高的茬子。有一年有蝗虫,河南大学组织放饭。这里有3个系,分别是物理系、农业系和林业系,嵩县留的也有,河南大学还办了3个学校。新中国成立以后吴芝圃是河南省委书记,嵇文甫是省长。

七七中学有个苗叔陶,在他的管理下,七七中学的校风好,对学生要求严,不管你家庭再好、职位再高,如果犯错误,坚决要处罚,校风严得很。还有一个当初上学不交钱,要交粮食,它(河南大学)有2个仓库,西头王勇家有一个仓库(还有一个老人未说明)。过去的学费都论粮食,不论钱。

河南大学的女生穿旗袍,男生是一般的衣裳。吃饭有两种,一种是教授生活,一种是学生生活。学生是在村西头16号的王勇家院子里,现在已经不在了。一日三餐大学教授吃的都是蒸馍、肉啊、鱼啊啥的,一般学生就是大火饭——白蒸馍、肉菜①。还有个叫石亭梅的大学生,她跟一般学生不一样,她有点特殊化,她留个偏分头,穿的是中山服、高级鞋。说起来还挺笑话,她到街上买东西,也不搞价钱,后来一次买东西,有点嫌贵,但也没说嫌贵,说我暂时不要。卖东西的把她当成男子了,就跟她说:"老哥,你不在乎这点钱。"她就捂着嘴笑,只管把东西买下,走的时候说:"我是女的,你叫我老哥!"(还有就是)日本人来的时候(河南大学学生)自己的衣裳就不敢穿了,他们跟当地老百姓换换,找老百姓的衣裳穿,他们知道日本来光杀大学生。

(河南大学)来到当地他们没有蔬菜吃,后来在汤营,让马四福弄了2亩地种菜,专门供应大学。在那儿又盖一座大学池,供河南大学的学生洗澡。群众很懂规矩,大学池一般老百姓不进。

河南大学的师生跟百姓关系很好。当地遭灾,河南大学的师生,包括教授,都来帮忙,捐衣裳、被子、单子。大学校领导也关心群众。你像我那时候小,去看戏,天冷了,(河南大学学生)就拉着我手暖暖。开始看戏,从中间划开,一边是老百姓,一边是大学生。我看过《红楼梦》、《胡二姐开店》。一般都是学生演,你像那《红楼梦》,就是教授们演。

河南大学的师生来对咱这的生活没啥影响。你像穿衣裳,河南大学学生穿那旗袍,当地人看不习惯。后来影响到当地的年轻人,但那很个别,是富豪家子弟(才会学着穿),一般农民人家不会穿,也穿不起。

当初日本人来,河南大学受不小损失。那一天下着大雨,原来学生没有准备要走,后来校长突然通知要走,好多学生不想走,想着山区他们不会来,

---

① 实际生活水平没有那么高,一般学生的日常生活比当地农民稍好点。

后来突然有一天他们(日本人)就来了。河南大学的学生在伊河南坡死了俩女生①。为啥死到那里头,她隔着河,没啥吃的,河水涨大了过不了河,她们俩就吞金戒指、金坠子死了。还有个黄教授,他是日本留学回来的,他懂日本语,他就写了些(日本标语)。

　　七七中学这个学校来得很不容易,是河南大学给潭头留下的一个纪念。当初县里要把七七中学砍掉,我们去理论,我说:"县长,你砍学校你不如砍人头,你砍人头到省里能立个大功,你砍人头你先砍我的头!也不能砍学校!"大会好多人都鼓掌欢迎,说我说得好。好多年轻人他们不知道,他们不知道其中的历史,它来得不容易。"它是河南大学为了发展潭头的文化成立的高中,我们应竭力保护,你这次要砍,你得给群众宣传宣传,你为啥要砍,砍了群众能得啥好处,你这是越权,你滥用职权降低党的威信。"我就这样给县长说的。成立这个学校以后,国民党派了2个宪兵来抓走了2个教授,一个叫吴芝圃,一个叫嵇文甫②;新中国成立以后一个是河南省委书记,一个是省长。

---

　　① 1944年5月16日,日军从嵩县大章、旧县向栾川、潭头进犯。时值大雨滂沱,山洪暴发,迁往潭头而未来得及转移的部分河南大学师生顿陷困境。无奈暂向北山躲避,正遇来袭的日军,当即有5人遭枪击身亡。助教商绍汤、关鹏等惨死于日军刺刀之下。大学生孔繁韬和一女生同时被捕,被日军用铁丝串在一起,投入秋林村西一口水井。医学院院长张静吾的妻子在阳坡岭被残杀。女学生李先识、李先觉和李先识之夫刘祖望不甘受辱,共投一井自尽。设在党村的河南大学理学院仪器室15间房被日军放火烧毁,书籍、仪器化为灰烬,师生死亡、失踪40余人。

　　② 1941年10月26日,嵇文甫被捕,经过师生的奋力营救,于1942年3月6日回到潭头,前后4个多月时。见:姚惜鸣《河南大学在潭头》。《河南文史资料》1993年第45辑。

潭头镇李报

采访地点：潭头镇李报家中
采访时间：2015年7月18日
采访人：胡志彬、赵静文、王丹、田若玉、李恒
整理人：安依林、张娟
采访简况：李报，1931年生，潭头镇人，是河南大学在潭头办学期间的见证者，他向我们讲述了很多鲜为人知的师生情况。当时河南大学女师生吃饭的地方在南街的院子里，旧社会时是张海航家，现为王三帅家。当地有3个饭庄，但李先生只记得有四海楼、大小饭庄2个。周末学生不上课，大都去饭庄吃饭，能坐一二十桌。下坎地有篮球场、足球场。篮球场在现幼儿园旁边。男生大多穿大布衫，女生穿旗袍，和老百姓关系好，讲文明。当时有个名字叫广广（不确定是这两个字）的女孩，其父母都是河南大学的教授，特别讲礼貌、讲卫生，经常和村里的人打招呼。当时有个实验室，名为"玻璃房"，河南大学的师生在里面种花以及油菜、番茄、大葱、黄瓜等蔬菜。黄瓜长得较大。种的含羞草，群众都很好奇。过年时教授一般吃实验室里的蔬菜。当时用的钱币有蒋介石时的中央票、转街票、铜圆。河南大学的转街票运行两三个月，主要用于在集上买东西。他还讲了日寇到潭头的情况：当时日军把一个女学生赶往西井里，李报亲眼看见村民将女生从井里捞上来。日本人在此不吃米面，只吃鸡牛羊。日军不只杀学生，也杀百姓。

我叫李报，今年84岁。河南大学在这办学的时候我大概十一二岁。当时学校在上神庙，也就是现在的二中。他们是分散住的，吃饭的地方也是零星分布的。只有一个女生的宿舍，在南街的一个院子里，现在那个院子还在，原来是属于张海航家，现在是王三帅家。这有3个饭店，（老人指着远处）那边那个是大小饭庄，这边的饭店叫四海楼。学生周六经常会在饭庄里吃饭，人很多，一般都是一二十桌。当时学生主要是开封、郑州的，咱们这学生少。

河南大学有一个实验室（试验田）在农场那边，大概4亩地，种的有花、番茄、黄瓜好多东西。他们盖了3间房子，全都是玻璃材质的，里边种的是一些植物。那时候的房子也是玻璃的，玻璃透光，到冬天的时候能照着阳光。天黑的时候，有一个卷帘子，把它放下，到清早起来，就再卷上来。他们还会给小孩一些东西吃，他们也让看，就是不让摸。他们那院里有一种草，一摸它就枯萎了，俺们都叫瞌睡花。实验室有番茄，河南大学学生让小孩吃，我们不吃，因为没见过。人家那黄瓜，冬天还能吃。人家那菜，是老教授过年的时候吃的。

买菜的钱是中华民国银行的中央票。当时也有转街票，一般都是在集市上流通，当时的钱很坑人，很多都是花着花着就不能用了。铜圆还实行过一段时间。

当时潭头村有4个寨门。寨门旁边就是老百姓的房子。寨门是自己建的，保护的就是里面的潭头街。后水沟就是那一条河，就在后边，所以叫后水沟。当时有一个篮球场，在这下边，幼儿园旁边，现在都盖成房了。还有排球场、足球场，都还在。

河南大学学生的穿着很普通。男生的发型和现在我们的发型很像，平头；衣服不一样，都是大布衫。女生也是大布衫，冬天穿的是袍子，不过里边好像还是大布衫。学生和我们吃的差不多，主要是面食，不过比我们会好点。

河南大学的学生很讲文明道德。记得当时我们家生活很困难。当时河南大学有一家人，好像是教授家。他们家女儿叫广广（读音），广广吃饭喜欢吃这种普通老百姓家的饭。有一次看到我们家做的饭要吃，我妈妈要给她盛一碗，她妈妈不让她吃，说："他们母子一家太可怜了。"后来她们还给我拿了好多好吃的让我吃。他们是我邻居，就在我们家旁边，现在房子没有了。

我还记得当时河南大学还在这里表演过戏剧，就是在关爷庙那里，我记得演过《胡二姐开店》，去看戏的还很多。

日本人来的时候，他们对河南大学学生很残忍。你看这个井，日本人就把那个河南大学女生逼着跳井里了，那不跳也是一死，抓住也是死，还不如跳井呢。后来把那女生从井里捞出来，真是惨哪！当时男生没有多少被他们捞住过（被抓住杀害），都是女生。

日本人不吃咱这东西，这个鸡蛋、牛、羊、猪、鸡、鸭他们吃，不吃咱这米面，他们怕给他们下毒，通（很）狡猾了。老百姓一般都躲在深山里边，都不出来。

党村党建伟

采访地点:党建伟家中
采访时间:2015 年 7 月 19 日
采访人:李恒、安依林、贾茜贝、徐园欣、张晓俐
整理人:徐园欣、吕俊杰

采访简况:党建伟的父亲党进福,是训育主任苗叔陶的学生。党进福1933 年出生,2004 年去世。党建伟关于河南大学的记忆大都是从父亲那里听来的。河南大学迁到党村之后,这里文化生活各方面都有提高。逢年过节,河南大学的学生就和当地的群众联谊,一起搞一些文化活动。在科技上,当时河南大学培育出来的柏树至今仍在村中屹立,当地人称为"河南大学柏"。大王庙设置有试验田,研究出来的良种就近推广,让周围的百姓得到实惠。文化上,创办了七七中学,七七中学的老校址就在三官庙,当时党进福就在三官庙七七中学上学,德育主任就是苗叔陶。

我是潭头高中九一年毕业的。我爸是七七中学的学生,苗叔陶①是他的老师,河南大学的事情我都是听他说的。河南大学来了之后,潭头文化生活各方面都有提高。逢年过节,河南大学的学生就和当地的群众联谊,一起搞一些文化活动,像小鬼摔跤之类的戏剧或者小品。在科技上呢,比如树种,听我爸说,当时河南大学培育出来的树种有柏树,后来河南大学走了之后我们就叫它"河南大学柏"。粮食上呢,当时大王庙那里搞的有试验田,研究出来的良种就近推广,让周围的百姓得到实惠。文化上,河南大学来了之后就在这里办了七七中学,七七中学的老校址就在三官庙,当时我爸他们就在那里上学,他们的训育主任就是苗叔陶。

当时苗教授的治学非常严谨。三官庙的学生校舍都是自己后来盖的。比如劳动课,他带领学生背石头盖房子,再者想增强学生的体质。大早上一

---

① 1939 年,河南大学校长王广庆兼任七七中学校长,助教苗叔陶为训育主任。

吹集合哨子，就爬山，到了终点才可以回来上课。因为那个时候上学和生活都非常困难，要走十几里地以外才会有学校，学生生活条件也都非常不好，苗教授就经常拿着自己的钱接济和帮助学生。

一般都是比较贫困的孩子去那里上学。那时候很多学生都只吃两顿饭，早上半晌一顿，中午不吃，晚上吃一顿。有的带干粮，放的时间长干了之后，就泡点水吃了。苗教授时常接济和帮助他们，就像那时候有住的比较远的学生，上学或者下晚自习，自己来回上学比较孤单，苗教授有时候还亲自送他们上下学。七七中学培养了很多的老师，像栾川县的老师，尤其在七几年到八几年这中间，大部分的老师都是来自我们潭头七七中学。潭头被称为教师的"仓库"嘛，就是因为七七中学在潭头，使得很多学生可以就近上学。

在七七中学任教的，大部分是河南大学的学生，甚至有时候是河南大学的教授，所以说教学质量一直不错。

刚来的时候，河南大学学生的生活还比较好，但到后来吃饭住宿也十分艰苦。我们这里有一个人，叫崔铁秀，就是专门给河南大学磨面的。我还记得当时河南大学利用水在这里搞了一个水力发电站，虽然说灯还不是特别亮，但对我们来说已经很新奇了。

当时收的学费非常便宜，个别特别困难的还免费，学校办学主要对准上不起学的学生。后来七七中学和河南大学的学生还经常一起做游戏，打篮球比赛什么的。而且给农民办的有夜校，就在水电站旁边，老房子还在。白天农民就干农活，晚上了就来上文化课，所以在那个时候简单的字都认识，简单的运算也都会做，给我们当地的文化带来很大的进步。

当时河南大学有很多的仪器，但是日本人来得很突然，仪器都转移不走，有的是就地埋了，有的是托付给老百姓。庄青山帮忙保护仪器，谁问仪器的下落都不说。后来河南大学安顿好之后，又来了人把仪器拿走了。日本人来的时候，河南大学有一部分人没能走了。日本人是从北山的那个方向来的，东面也来的有人，没走的河南大学的人就留在村里。当时谁都不知道日本人到底是从哪个方向过来的，只知道学校有组织，是向南山也就是重渡沟那个方向跑，没走的那些人就往北山那儿跑。有2个女学生被日本人抓住了，为了避免受到侮辱就跳井死了。老教授被抓住之后被日本人杀害了①。当地村民把他们的尸体收起来埋葬了，后来还给他守墓，清明还上坟烧纸。而且日本人，就是为了河南大学才来潭头的，他们就是来抓学生和老师的，逮住一个人，先看你的手，如果你手上有老茧的话，你就是老农民，没老茧光溜溜的，你就是学生。就是通过这样一个来分辨学生和老农民的。其中一个事情就是，当时农民穿的衣服都比较旧比较烂，而学生穿的都是长马褂。当时学生比较聪明，就说我们换换衣服穿，农民想你衣服那么新，换换就换换。于是日本人来了之后，看见穿学生衣服的就开枪打，很多农民就被打死了……

---

① 1944年5月16日，日军从嵩县大章、旧县向栾川、潭头进犯。时值大雨滂沱，山洪暴发，迁往潭头而未来得及转移的部分河南大学师生顿陷困境。无奈暂向北山躲避，正遇来袭的日军，当即有5人遭枪击身亡。女学生李先识、李先觉和李先识之夫刘祖望不甘受辱，共投一井自尽。

嵩县财神庙李嵩龄

采访地点：嵩县财神庙（河南大学医学院旧址）
采访时间：2015 年 7 月 19 日
采访人：赵广军、吴建设、贾茜贝、胡志彬、徐园欣
整理人：徐园欣、刘晓航
采访简况：李嵩龄，1921 年生，洛阳嵩县人。河南大学医学院流亡办学于嵩县时，李嵩龄正在当地嵩英中学读高中，并于 1946 年考进河南大学，属河南大学校友。当时李嵩龄与河南大学多有来往，并与当时刘为同教授比邻。他带领我们参观了河南大学医学院旧址嵩县财神庙及其他处所，并告诉了我们很多他亲眼所见的河南大学医学院的师生学习和生活的事迹。老人精神矍铄，记忆清晰，其记忆可信度较高。

当时河南大学来的时候我还在上小学，他们不给我们小学上课。过了一两年，省立一小迁来了，他们河南大学的学生有在里面教课的。后来我在嵩山中学上了5年。嵩山中学是个完中，有初中有高中。高中基本上都是河南大学的教授、讲师、高才生在那儿代课，质量比较高。他们的工资是学校给，学校是私立的。有一个教授教我们生物，还有一个教英语的（都是河南大学的老师），教数学的是大同大学毕业的老师，叫刘子玉。

他们虽然放暑假、寒假，但回不成家（沦陷了），就留在这儿的学校，这时候他们就办补习班等。他们还跟俺学校举办比赛，比赛足球，比赛篮球，比赛的地方就在我们学校，俺学校有一个大操场。他们经常组织表演活动，不只是河南大学，当时洛阳的豫西保安司令部，都在这表演，演得可好，都是新剧，如《黑影》啊、《放下你的鞭子》啊。这儿群众晚上都来看，人再多，都没有多过这石牌坊。

当时河南大学的男生穿的都是大褂子，就那种蓝褂子，到膝盖，女的穿旗袍，都很朴素。穿的鞋有的是自己做的，有的是买的，也有的穿高底鞋。女学生很多戴帽子，热天戴的是那种大帽子、大草帽，大部分都是女的戴，那

时候都还很时髦。

河南大学当时吃得可不错,起码有白馍、有菜。在咱这他们没有揭馍皮,回到开封有。河南大学在开封的时候,条件就好了,我也揭过馍皮。把馍皮揭了,把馍芯揉碎了炒炒,搁些葱啊姜啊炒炒,那揭掉的馍皮就扔了。

当时河南大学有个学生,叫朱秀玉,是校花,她在路上走的时候,路上做生意的都停下来了。她是开封的,学校迁到开封的时候,我和她还见过一面,她认得我,当时她就住离我家不远的地方。当地还传说,有一回汤恩伯(当时是绥靖区总司令)来慰问学校,朱秀玉代表学校去献花,结果汤恩伯还相中了想娶她,结果人家不同意。朱秀玉长得不是特别漂亮嘛,当时嵩县有一个八旗举子,来追朱秀玉,他给朱秀玉写了一封信,是个对联,让朱秀玉对,上联是"霜降降霜孀复孀",她对的是"谷雨雨谷孤叠孤"。这个人叫陈路,他是个拐子。

有一个教授住我们家错对门,叫刘为同,他好吸烟。我也见过刘为同的老婆,她也吸烟,那脸也黄,身体也弱。那时候教授们的家,都是草房,没有瓦房。

我听说因为刘为同好吸烟,所以跟王鹤生①在一起关系好。王鹤生他是个大地主,让出来房子叫河南大学师生住。刘为同和王鹤生有这么个交情,所以王鹤生就把房子腾出来给(河南大学师生住)。还有一个生教授②在这儿附近住,是教医学的。学生刚来的时候没地方住,我们(小学生)就回家住了,宿舍腾出来给女学生住。后来学生就住到王鹤生家,人家那儿房子很多。教授就住这儿附近,住群众家。学生实习在这儿(财神庙),上课还在西关③王鹤生家。他们护校实习、产校实习都在这儿。

河南大学来了之后把原来的嵩县财神庙修了修。这儿原来是敬神的,后来财神就不要了。记得那时候河南大学要来,就(由相关部门)带着群众,把神搬出去了,那(神像)都是迷信那一套的。财神庙腾给河南大学用了后,就改成了河南大学医学院各科室,看病就到这里来。我没来看过病,但我到这里面来过。医学院在这建立后,可给当地带来了老多好处。一个就是,这儿卫校办起来,产校办起来,整个带动了当地卫校、产校的发展,当地人受益

---

① 王鹤生,为嵩县区长。医学院在潭头办学时将一、二、三年级的教室设立在东关外王区长家的一幢房屋中,其后院和另在西关外的两幢房子为男生宿舍。见:陈宁宁《河南大学抗日流亡办学纪实》。河南大学出版社,2012年。

② 老人记忆错误,尚未查到此人。

③ 应为东关。

可多,接生都讲卫生了。过去孩子生下来,很多都死了,这附近、城外面(死小孩)很多。河南大学来了以后,这种现象没有了,接生的成活率都可高,当地老百姓思想上有很大的改进。再一个,它经常展览,在小学前面的广场上大桌子上摆着,展览医学常识,都是拿瓶装的,有那什么卵巢等人体器官,群众去看,(有人给他们)去讲解,办过好几次,光我记的,都有四五次。我们上学的时候,教我们咋用显微镜,别的学校就没这条件。很多标本啊,像草履虫啊啥的,都带去(我们学校了)。我们外语作业,就是你写写、他改改,我们再上去讲演。这我得到的好处太大了,因为河南大学来,我吃了偏食。到西安以后高中毕业了,学校不管饭了,我参加了个夏令营,拿着高中毕业证,登记一下进入夏令营。进入以后,他们掀开一本英语杂志,让你念,念完翻译,进入了大学前奏班,这都是因为在这儿,受河南大学教英语的这个小灶补贴了。

河南大学在这办了产校、护校后,附近好几个县的人都来这里考产校、护校。当时来这看病的大部分都是嵩县的,外地的也有,比如县长,都是有钱的来,没钱的来不了。河南大学在这儿,收手术费、医药费都比较便宜,但是路费比较贵。

日本人来的时候河南大学就迁走了,迁到潭头去了。当时我也跑了,不过我是往北跑了,他们往西跑了。我记得比这个时间(7月份)稍微早一点,对,是5月中旬,麦口的时候。

潭头村安福森

采访地点:潭头村安福森家
采访时间:2015年7月19日
采访人:贾茜贝、张晓俐、徐园欣、安依林、赵静文
整理人:张晓俐、刘晓航
采访简况:安福森,1926年生,潭头镇潭头村人。河南大学迁潭头期间他住在潭头镇石坷村①,先后就读于村立小学、大王庙伊滨中学。1944年日寇来犯潭头残杀河南大学师生时,有3个河南大学人惨死于安家屋后,安是事件的见证人。针对这段历史我们来老人家中对其进行口述采访。通过老人的讲述,我们了解到当时河南大学3名师生被杀害的具体情况,并了解到当时日本人强奸了河南大学的一个女学生。这股日寇主要针对河南大学师生而来,并不杀害当地百姓。老人跟我们介绍了当时河南大学的师生在当地中小学任教,以及改编并演出《红楼梦》的相关情况,还给我们唱起了他们的老师王志明所编的中心小学校歌。

我当时在大王庙上的伊滨中学。我的老师都是河南大学的学生,老师的名字忘了,郝象吾担任校长。当时一个叫王志明的河南大学的学生编的中心小学的校歌我还记得:"薄云山中伊水滨,潭头学校居中心,读书为建国,生活日日新。"王志明当时还改编《红楼梦》在这里演。他们当时还在潭头街南面的台子上面唱戏,唱的回数不多。

1944年麦黄的时候,一天上午,日本人从东面过来的,在马坪②房后打死了人。过来杀了3个人,日本人用刺刀捅的。当时死在我家房后,分别是

---

① 石坷村,位于潭头镇南面,1944年5月15日日军来犯潭头期间,河南大学4名学生在石坷村惨死在日军枪下。
② 马坪,位于石坷村南面,被日军杀害的4名河南大学的学生埋葬于此处。

吴鹏、朱绍先、辛万龄①。那两个人死了，朱绍先当时还没死，我母亲还给他喝了半碗面汤②。他跟我说他们几个叫什么，埋的时候我把刻有名字的砖埋到他的脚前面。朱绍先家人来找他，从他脚前面一锄头把砖头给锄出来了。砖上的字是我刻的，我们那一群人就我识字。现在还在墓里，埋得很浅。石全成、李进宝他们埋的，我也在场。日本人还杀了个商绍汤，他死在马坪前坡石根宝家门口，石根宝发现了他的尸体，埋的时候把他们4个埋到一起了。还有个李永信，埋到马坪前岭了。医学院院长张静吾的侄子张宏中在马窑村受伤了，没有死。

日本人来的时候还强奸了女学生。日本人（把她）强奸了以后，我听说石才把她背回去了。从马坪背回去之后石才想收留她，他家里人不叫（让）留她。你要是留了，日本人来了知道咱家藏了个大学生，怕家里遭殃。然后他就从他家背到白果树岭，让她走了。

日本人只杀学生，一般老百姓他不惹。当时日本人过来的时候，我就在我家门口，我们家那一片邻居也都没有逃走。日本人看衣服判断，当时河南大学的学生主要穿大布衫，剪的学生头。

后来不记得哪一年了，朱绍先的儿子过来了。朱绍先在古城村的姜晋森老师家住过，朱绍先家的儿子找到他，然后又找到了我，来打听。我不记得他叫啥。我把他领去，一挖把砖挖出来了。他们3具尸体上都有河南大学的校徽。

商绍汤家的孩子的名字我记得，叫商午，商午的儿子也来了，叫商白羽。朱绍先家的孩子先过来找，后来商绍汤家的孩子才过来。吴鹏、辛万龄家没人来找。商绍汤家的孩子过来的时候是2005年，阴历二月，来上坟。在街上碰见了，给了我100块钱，让我领他来。我不要，非要给我。

---

① 吴鹏是当时河南大学农学院的助教，朱绍先、辛万龄都是当时河南大学文学院的学生，还有一个理学院的助教商绍汤，他们都死在了石坷村。

② 据说，救起朱绍先的是李永信及其儿子李忠贵，3日后朱绍先死去。见：陈宁宁《河南大学抗日流亡办学纪实》，河南大学出版社，2012年，第151页。经笔者考证，此处安福森所述非实，李永信只是参与了掩埋4人的工作，救起朱绍先的应为安福森的母亲，且朱绍先过一会就死了而非3日后，李忠贵未参与掩埋4人的工作。

潭头村布青山

采访地点：潭头村布青山老人家
采访时间：2015 年 7 月 19 日
采访人：赵广军、胡志彬、唐洪浪
整理人：任东阳、徐园欣、刘晓航
采访简况：布青山，1942 年生，潭头镇潭头村人。1944 年日寇侵犯潭头期间，布青山的父亲曾帮助当时著名的曲艺家、河南大学文学院教授张长弓逃亡，张长弓送一方砚台以作留念。我们此次专门就这段历史进行访问。老人还告诉了我们关于七七中学原教导主任遗留在潭头的两个女儿的命运，以及震惊一时的强奸事件。

我 1942 年出生，他们（张长弓教授家庭）逃走是在 1944 年。当时下着大雨，我父亲把张长弓的两个孩子放在筐里，他担着担送他们一家人，送了 30 多里地。然后张长弓教授就将这个砚台赠给我父亲。你们看这个砚台，它长得一点都不景人（不讨人喜欢），但它上边刻的有字！我父亲不懂这些东西，把它当磨石，磨刀、磨镰用了一段时间。砚台长 18.9 厘米左右，宽 15 厘米左右，厚 2 厘米左右。陶制，四面侧面来看，有一面是磨平了，一面记着"永和九年八月"，宽侧面记着"大吉阳"，正面"质如铁，重如石……"，共 28 个字；有一个小篆的章，已经模糊。

我还听说，苗叔陶先生留了两个女儿在这里，她俩被人收养了。其中一个收养的男人品行不端，与收养的女儿发生了关系，生了孩子。另一个女儿，比较幸运，顺利长大成人。当时我们村头住着女学生，宿舍也比较简陋。发生了一件不太好的事情：有几个女学生被强奸了。因为宿舍窗户挨着小路，所以有几个流氓跳窗进去了。其中一个作案者是一位冯团长的侄子，当时政府也不能允许这种事情发生，那个侄子就被冯团长活活打死了。后来这位冯团长也参加了解放战争、抗美援朝战争，我记得好像叫冯刻功（读音）。

大概 10 年前,张长弓的儿子张一弓回到潭头寻找父亲居住旧址。我就拿出砚台,告诉张一弓这是你父亲留下的东西,我的意思就是物归原主了。但是他看了看,说留给我作一个念想,留给我保存。他和我一起吃了顿饭,就回去了。他们和我哥哥年龄差不多,但我哥哥双目失明了,不记得什么了,我当时一岁多,还被抱在怀里。除了张一弓,还有他的一个姐妹,叫张淑华(读音),他和张一弓是一起来的,后来去了北京。当年他们说盖一个博物馆,给我 2000 块钱,让我把砚台卖给他们,我没同意。张一弓先生说了,留作一个念想送给我,我怎么能卖掉呢! 这是宝贵的记忆啊! 这不是钱的问题。

党家村马献瑞

采访地点：马献瑞家中
采访时间：2015年7月19日
采访人：赵广军、王占西、赵静文、田若玉
整理人：王赛赛、段婷婷

采访简况：马献瑞，1937年生，祖籍潭头镇党家村（党村），现住河南省洛阳市栾川县城关镇。他主要回忆了潭头村的建筑布局，河南大学来了之后教室和学生宿舍的分布情况，以及河南大学学生的生活、学习情况，最后对日本的侵略进行了详细回忆。

  日本人来潭头之前，河南大学的师生住在潭头党家村。党家村是南北长，分村北头和村南头，有一个大十字路口。村北头交通不便，能够通往北山；村南头交通便利，是通往村外的主要大路。大路边有3个2丈多高的大碑楼。大路是通往洛阳的交通要道，但那时不能通车，只能以牲口为主要交通工具，也有人挑着担子出行，每天的人马络绎不绝，像丝绸之路那样繁荣。生意在那时看来也很兴隆，像清明上河图所描绘的那样，旱路靠驮运，水路靠放筏，伊河两岸的竹木上至栾川续小筏，到大青沟，再到潭头续大筏，直至嵩县、洛阳。放筏也有个顺口溜："过来龙王洞，大人娃子都会放。"可见通过大青沟龙王洞的艰难。

  党家村靠大路北，共有70余户人家。村北头有一座大宅院，分3节院落，有几十间房子。房子非常壮观，全部是砖墙，屋脊六兽，每节都有硬壁墙，是由有山水图案的砖组成的硬壁墙。

  这所大宅院是柴老八家的，他小名柴狗娃，是山西省的一个军长。柴老八也是拉杆子起家，开始是打富济贫，拉起队伍，逐渐壮大，后被中央军收编。柴军长还有一段佳话：有一次柴军长回到党家村，护兵从潭头街站到党家村，得有一里长，很威风。柴军长家房前屋后都是岗哨。由于柴军长长期不回家，听说狗娃当了军长，村里有位七八十岁的老太太拄着拐杖去看望，走到院子里喊:"听说狗娃回来了,多年没见。"护兵听说"狗娃"就大声吆喝:"你怎么敢说我们军长小名!"柴军长在上房听见有人喊狗娃,赶紧走出门来:"谁叫我狗娃,真新鲜,快来屋。哎呀,多年没人叫我狗娃,快来屋坐下说话。"《栾川县志》记载柴军长也是一位进步人士。听说柴军长在洛阳去世,他的坟墓修了半年,从洛阳往潭头镇拉水泥、钢材。那时交通不便,不知是怎么运来潭头。光他的坟堆都有1亩地大,墓内有5个小套间,我亲自看过。他有4个老婆,还有个新中国成立后还活着,洛阳有他的门面房。五八年"大跃进"的时候,炼油厂把他的坟墓挖开了。由于柴老八拉杆子、扩队伍,长期漂泊在外,家里无人居住,所以就成了河南大学躲避日寇迁移到潭头党家村的落脚点之一。村北头大宅院是生活区和化验室;村南头是奶奶庙,房中放的是发电机。

奶奶庙是村南头的3间大房子,全部都是砖盖起来的老庙,历经多少年了,全村老少没人能说清楚。有个小方石碑还在,上面刻着重修奶奶庙名册,有张三李四对修庙出的钱粮木料记载。庙门前有3棵两三搂粗的大柏树,门前还有一个大方石墩,门前风景很是壮观。庙的周围是老年人冬天晒太阳的去处。奶奶庙内没有奶奶神像,原来是河南大学安装发电机的地方。

因为我家离奶奶庙很近,不足80步,庙里安装发电机的时候我就跑去围观了。当时年幼也不知道是干什么用的,只是看热闹。进到庙内看来看去,我看到机器前面挖了个坑,机器的外面看着像铁疙瘩,前面有个圆洞,旁边有个大的铁轮子,铁轮上有个把,工作起来,有时一个人搅有时两个人搅,咕咚咕咚就是搅不着,有时三四个人搅也搅不着,气得大学生手叉着腰说:"日他娘呀!不知是怎么回事,就是搅不着!不弄球了,不知道哪个地方有毛病!"

村北头是大学生的住处,前面大厅是化验室。从我记事起就经常去化验室看。化验室在靠路边进去第一道门的大厅里,室内最多的是高高低低的博古架,桌子上面放着大玻璃瓶、小玻璃瓶、长的玻璃管、短的玻璃管、弯弯曲曲的玻璃管。管子大多安着红橡胶管,长的短的都有,看起来眼花缭乱。玻璃仪器好看,令人感到稀奇。有时他们会说:"小孩能看懂吗?早点回去吃饭吧。"然后我就赶紧出来跑回家。

大学生的生活是每天早晨起来散步,有一二十个的学生排成一队,有的戴着礼帽,有的是平头,也有的挂着文明棍、戴着眼镜,他们大都穿着大布衫,哼着小调,前头一人牵着一个小洋狗,小狗头前走,他们在后面跟着。那时小洋狗很稀少,也是大学生的宠物,大学生就爱逗着玩。河南大学的学生除了星期天,几乎每天早晨都要散步。我每天早上最爱看的就是大学生散步。大学生对孩子们非常友好,从没有听说过与村民不好的事,村民也尊重大学生,因为大学生是有文化的人。人非草木,风流小事不必多说。

党家村有个大学,村民们都很自豪,别村的人也很羡慕说:"你村有个大学,识字人多哩!"潭头街有个上神庙中学;也有一所小学,叫完小,我就是完小毕业的。

党家村当时有个姓刘的叫刘斌,是一个大高个子,很干净,脚很大,据说全栾川县都没有比他的脚大的,他的妻子一个月才能给他做成一双鞋。刘斌个子大,也很能吃苦,专为大学磨面。磨面也很讲究,磨几遍都是有讲究的,要细面,不要粗面。有的学生吃白馍揭馍皮,村里人说:"哎呀,大学生吃白馍揭馍皮!馍皮都揭掉,真是太可惜了!"

刘斌给大学磨面,起早贪黑的,也很辛苦,新中国成立后他上台说快板说磨磨的辛苦:"清早起来走到外,胡子上冻些冬凌子,到磨道赶紧箩,箩两遍,箩不行,指头肚冻得憋着疼。"又说:"吃罢早饭去赶集,到了街上买东西。延我赶集回来转,你都不知我见那啥?你都不知我见那啥?你都不知我见那啥?"台下观众竖耳倾听。"我见那鸡叼架!"台下观众哄堂大笑。又说:"赌博赌到半夜多,黑灯瞎火往家摸。到家肚子老是饿,偷偷摸摸到灶火。想叫老婆热热喝,老婆气得嘴撅着。只得拔凉就着喝,喝喝肚子不受活。"

大学生为了躲避日寇,从开封迁移到潭头党家村,但也不平静。日本过了卢沟桥,先杀中国"耳朵毛"。"耳朵毛"指的就是大学生,日本人最恨的就是大学生。日本侵略中国,首先就要杀的是有文化的大学生,因为大学生反对日本,不当亡国奴!有一天下午,具体是哪一天说我不清了,日落西山,忽然听到潭头街"啪啪"两声枪响,村里人惊慌说:"赶紧跑吧,老日来了!"因为党家村离潭头街不足一里,枪响听着很近,心里都很害怕,赶紧去灶火拿了点糁子出门就跑。这一夜真是不平静,一晚上只听嘈杂声、哭喊声,第二天天明才知道跑到红萝卜沟了。在红萝卜沟住了4天,听说日本人走了,第5天我们就回家了,到家一看家里一片狼藉!那年麦子很好,日本人把门外的麦地里挖了个大坑,用石头围了一圈搁锅做饭,锅里还有剩下的大米饭,麦地里到处都有马蹄印子、大皮鞋脚印,还有挖坑用的钢锨、镰刀。大门外青灰 堆,用手一抓,里面都是箱子搭门搭什么的。老百姓家里的木制家具除了做饭用的,其他的都架火烧了!麦地被踏成了平地,铁锨、镰刀到现在我还收藏着,听说还有个农民拾了一个马蹄钟,不知是什么东西,拿起来一听嗒嗒响,惊恐地喊叫:"炸弹!"吓得赶紧扔掉!

听说村北头大学的房子烧了,我就赶紧去看。到北头一看,前边的房子,也就是河南大学的化验室已经没有了,只剩下个空壳廊子。进去一看,惊呆了:大玻璃瓶烧成半截,玻璃仪器都烧了,红橡胶管、长短玻璃管、橡皮管都烧粘在了一起,成了分不开的红白橡胶疙瘩,拿起来一看像柴火头,看得人想哭。日本人真是鬼呀!大学占的房子尽都烧光,只剩下老后院的3间上房、2对撒子和1个小院子,别的都烧没有了。大王庙有个疯子老婆天天去党家村唱着:"柴狗娃的房子,烧得一鸡蛋壳朝上。"日本来得突然,老百姓乱七八糟连夜跑进山里,也不知道大学生当时是怎么跑的,当时天色已晚,谁也顾不得谁,只有各自逃命。女大学生更是可怜,惨遭迫害,人数不一。听说有2个女的跑进山里,世道太乱就和山里农民成亲了,还有了孩子。不过,新中国成立后就都走了。

党村有一个男的叫党金丁,他被日本人打死在庄外的河滩里。还有党村的一个富户,也是当地的保长,他的名字叫党超。他年纪大了,是个大烟鬼,日本人来的时候他大烟瘾犯了没有跑脱,日本人就把他用绳子捆住了前半身,捆在了马鞍子上,拖到了大路上,拖死了!唉!大烟真是害死人!

日本投降后,抗战结束,3年内战开始,世道动乱,关于河南大学的事也只是道听途说,大学生后来的事我也就不清楚了。

但是新中国成立后大学生在奶奶庙里安的那个发电机还在。奶奶庙没有烧,机器也没有被破坏。当时潭头上神庙中学的校长,名叫贾文超,是个地主,这个人很好,也是个文人。他怕人破坏机器,叫人把发电机抬到他的大门外保护起来了。我和村里的小伙伴也经常去上发电机上玩,扣扣这,看看那,所以电机的外形我现在还记得非常清楚。

因为贾文超是个教书先生,又是中学校长,大学生的电机并非一般东西,所以他就叫人抬到他家大门口。后来我不在家,机器啥时候弄走了、怎么弄走的,我一概不知道,听说是河南大学弄走了。多亏弄走得早,要到五八年大炼钢铁的时候那就不好说了。

河南大学在潭头党家村是有名望的,对潭头文化起了很大的影响,新中国成立后党家村有70余户人家,平均每户都有一个参加工作的人,全县都说潭头净出些文人干部。我想这跟大学生的住址在党家村、生活在党家村、化验室也在党家村有关系。说到这里我有个想法:河南大学当时的校舍是很不错的,我参观过陕西阎锡山的旧居,柴老八的房子和阎锡山的房子差不多,都是军长一级,房子看起来很壮观。大学放发电机的地方也是在党家村南头的3间高大的奶奶庙。当时的奶奶庙十分壮观,庙门前还有3棵3搂粗的高大柏树,村民都说3棵大柏树上都住有神仙谁也不敢动。五八年的时候被食堂的人砍掉烧了,真是可惜了好风景!但是潭头在你们的努力下现在又成立了附属学校,河南大学又为党家村大学的老房子添砖加瓦进行了修缮,党家村人很是感动。只有奶奶庙,庙内虽然已经没有了机器,但房子也是很壮观,地方也很宽敞,只是现在没有人居住,也没有人修缮,庙内杂草丛生,就这样被埋没了挺可惜了。我想能不能把奶奶庙修缮一下,把机器重拉来放进庙里,门外按原来的地方栽上几棵大柏树,在进村的地方盖上个大门楼,这样来看也真是个美的好风景。这样也能突出河南大学在潭头的声望。

河南大学旧址在潭头党家村,还有9间房子和1个砖镶成的山壁背墙,都进行了修缮和保护,只有奶奶庙这个放机器的地方被人遗忘,没有人管,真是可惜这段历史了。

阎锡山的旧居和徐向前的旧居现在都成了旅游纪念的地方,唯有当年党家村的河南大学的校址被日本人烧了,现在没有人管问,河南大学在党家村的光辉历史就被埋没了,没有一点可以被纪念的地方。党家村人都盼望修缮奶奶庙,把河南大学在潭头的名声搞起来,供人们参观游览。

潭头村任振军

采访地点：任振军家中
采访时间：2015年7月19日
采访人：田若玉、任东阳、张娟、唐洪浪
整理人：唐洪浪、王占西
采访摘要：任振军当时年纪较小，对河南大学的情况多是听父亲讲的。他简单介绍了河南大学的办学情况和潭头惨案。

我是河南大学来的第二年出生的。我母亲老了（去世）以后，那时候也没有奶粉之类的，我就跟着河南大学有小孩子的人家吃奶，这家吃完了吃那家。

我记得有个叫秦将喜的，后来是咱们二中教导处的人。当时咱们这里不是有一个七七中学嘛，那时候他就想上这个中学，但是学费太贵，他掏不起。我父亲介绍他去的，让他掏了半价，因此他才上起了学。

河南大学在这里办学的地方就是现在小学所在的那一片地方，不过现在原来的建筑已经拆得不成样子，但是大概位置没有差错，就是那一片地方。主要校区是在那里，别的地方也有校区。家庭条件困难的学生可以在本村上学，那就是上的夜校了，可以星期天的时候去上一两节课的那种，党村、石门、古城都有这种学校。河南大学积极办学这一点，群众深得好处，对此反映都比较好。

河南大学教师在这里吃饭方面做得不好，那白馒头把皮揭了才吃，不揭掉的话就不吃，他们说是不卫生。后来日本人来的时候，别说吃馍了，就是汤他们也喝不到。后来到群众家里，群众说：我们家这馍可没揭皮啊。他们笑笑，不说话了。

日本人来的时候，杀了很多学生和教授，这就是"潭头惨案"。我父亲他们提前一两个月就走了，日本人之后才到。当时我才一两岁，带着我是累赘，我太小了，就没有带我，他是和他的同事一起走的，去了南阳淅川荆紫关。幸亏他们提前就走了,没有逃走的人,被杀了很多。他们(日本人)都是先看看你的手,有茧子的是农民,没茧子的是学生,学生就要杀掉。在西边那里杀了不少,有些没跑掉的学生。在南边的那坡上也杀了不少。杀了多少人不清楚,反正杀了不少。日本人不杀老百姓,专门杀识字的人。

大概玉米快熟的时候,日本人来了,我们就全都跑了,跑到北边的一个地方,说了你们也不清楚,也就不说了。日本人在西寨坪的两边都站着岗,人们不敢从路上走,都是从玉米地里过去,回到家看看。到家了以后,门都已经被砸坏了,只能把剩下的东西收拾收拾拿走了,虽然也没有什么好东西。当时我家里住的有个妇女,她是和我父亲一起工作的一个邓教授的太太,我们都叫她邓太太,我有个弟弟就跟着她了。后来听说不知道走到哪个岭的时候,天太热,邓太太死了,真死假死就不知道了。

日本人走了以后,我父亲他们就都逃去了陕州,那时候陕州还是很荒乱。陕州过去了就是陕西省的省会。我父亲先到了荆紫关,又到了陕州,后来又到了洛阳。到洛阳的时候是解放初期,已经调单位(换单位)了,他后来就再没回来过,因为家里当时比较贫困。直到新中国成立以后他才回来,回到潭头。他回来以后就已经调单位了,在关林桥头面朝北的407厂工作。我昨天不是跟你们说了嘛,我父亲和他们当时在一起的老师、校长那时候有合影的照相(照片),"文化大革命"的时候说这是"四旧"给没收了。这些照相(照片)我都见过,可惜已经不在了。

我父亲去世的日子,据今年已经17年了。因为当时在洛阳病得很重,我兄弟任振生就给我打电话说:你过来吧,咱爹病很重!后来我就去了洛阳医院,我父亲输着氧气,心里面知道,但是不会说话了。后来我兄弟问我说怎么办,我说让他回去,前几年他就打算想回老家。我兄弟说你想让他回去,行啊,那咱两个配合着。然后我们俩配合着把我父亲给带回来了。我兄弟本身是瀍河回族区的区委书记。

潭头村石云秀

采访地点：潭头镇潭头村安福森家
采访时间：2015年7月19日
采访人：贾茜贝、张晓俐、徐园欣、安依林、吕俊杰
整理人：吕俊杰、段婷婷
采访简况：石云秀，1933年生，家住潭头镇。老人是"潭头惨案"的亲历者，他所知道的日军前后共杀死了5名河南大学的学生。在他的印象中认为，河南大学的学生与村民交往并不太多。

    我是十三四岁的时候才上学的。那时候很荒乱，有时候中央军来，有时八十五军来，有时候半月都不上课，上课都是稀稀落落的。上课是在大王庙。那时候河南大学在上神庙那，大学生在咱这个村里住着，早上七八点的时候刚吃过饭就去上学。大王庙那也住了好多学生，大王庙那还喂一些牲口，种了好多的麦。

    当时的学生是分着科的。学啥就专学啥，喂牲口啊种地种麦的，他们种的麦子和我们种的小麦都一样，就是人家的样数多，有的还是黑麦穗。那时候他们那试验田里都种满了麦，五颜六色的。我还记得河南大学的学生那时候穿的衣服，都穿着大布衫，留着平头。那时候一般人家上不起大学，上得起的大部分都是有钱人。那时候大王庙上大学的只有2个人，潭头在这上的也不多。

    我没见过学生的伙食，就是听人家说吃饭有剥馍皮的情况。也听人说还有好些河南大学的学生去七七中学给那些孩子上课呢，那肯定是请人家大学生去上课的。我是听我哥说的，他在七七中学上过学。

    大学生和这里老百姓都不一样，他们穿着大衫子，穿着皮鞋，戴着礼帽，看起来可牛气了。那女生都穿着旗袍，走起路来一扭一扭的。在路上有时就会碰到，她们也穿着皮鞋。

    老百姓过自己的日子，大学生上他们的课，接触也不多。那时候我和河

南大学的学生也没有什么接触,就光看看人家,也不知道他们玩什么,就只是在路上看他们来来回回的,穿着大衫子,戴着礼帽。

日本人来的时候,(河南大学的学生)他们到那大王庙把旗子一拿就走,走的时候刚好碰着了日本人。他们那天要是不走的话,那就碰不到了。我那时候是跟我哥哥嫂嫂长大的,我爸妈都老(去世)了。我就在我嫂子家待着,日本人从大门外头过,我就在大门里头看,那时候我也不害怕,小孩子他们也不惹。我也记得当时日本鬼子长啥样,反正我从那门口看,日本人都是那高个子,他们说话我也听不懂。

我记得当时看见有的日本人跑到人家院子里抓鸡,看那场景和电视里真像,他逮着鸡,抓抓抓,抓住了提着就走,那腰里别着个刺刀明闪闪的。当时下的雨可大,那河滩涨起了很大的水。日本人来的时候,人那都是(往河滩)跑。日本人走了以后,出去的人就都回来了。回来以后,听人说,日本人在这里打死人了。我是小娃子家,就跟着人家大人去看。那个地方离这里很远,叫马坪处,是个村子,我们就是到那儿去看,有2个人是被刺刀从后面刺的,还有1个肠子都出来了,血森森的,村里人把他救下,不过那天晚上他就死了。有个中刺刀的学生当时没死,因为没死才知道他叫啥,后来埋在那儿,那牌子上写的还有名字,所以后来他家里人来的时候,才能分辨出来,他仨都埋在一块。当时埋葬他们仨的时候,我还给大人背着个锄头,撵着看。他们仨就埋在现在马坪处那个纪念碑那儿,最中间的那个我还听人家说好像是叫朱绍先①。

当时我亲眼看到5个人被打死了。村里有一个爷爷他记着谁是谁,他比我大八九岁,那个时候我没上学,他都上小学了。估计他们就是厮跟(一块)的5个人,这3个学生死了,那2个老师跑了,一个跑到这河滩让枪打死了,一个跑到前头里沟让刺刀刺死了。村里人也把他们一块埋在了那儿。后来他家里人还来找他,那个人叫商绍汤,还是个教师。

为被打死的学生建起来的墓碑没多少年。建这碑之前那就是个小土堆,也没有人祭拜,河南大学的学生也没有。就是家里人知道以后,年年都来上坟。那一年开封河南大学还来了好多人、好些车,这都过去好多年了。

---

① 据潭头当地史料记载,1944年5月15日,当时共有200名左右日本人进入了潭头镇。留下来的师生就遭遇了侵略者的突袭进攻。当时奋起反抗的是青年助教吴鹏,他为了保护一架学校的经纬仪而和俘虏他的日本兵发生了厮打,被乱枪打死。青年教师商绍汤和学生辛万龄也试图反抗,结果一人被枪杀,另一人被刺刀挑出了肠子。

有一个姓李①的一直在那儿,说是有他一个兄弟也在那儿埋着呢。每年在那上坟,每年都给他们烧烧纸。我也不记得是啥时候来的,反正是上过坟的时候才立碑的。来的时候就住在那个李家,因为就在李家的地头埋着呢。

---

① 村民李红太的伯父李忠贵,是河南大学在潭头镇时期办的七七中学的一期毕业生,他从抗战结束后就义务担起了照顾这座不为人知的墓地的责任。青山处处埋忠骨,万花岭上的这个小小墓地,在几十年的风吹日晒中却完好地保留了下来。

潭头村张翠玲

采访地点：张翠玲家中

采访时间：2015年7月19日

采访人：田若玉、任东阳、杨润华

整理人：李京亚、李田田、刘晓航

采访简况：张翠玲，女，1934年生，潭头镇潭头村人。河南大学流亡办学潭头期间张只有几岁，正值上学的年龄，她在河南大学学生的发动下去上了河南大学在大王庙办的免费夜校。张小时候聪慧好学，很得老师喜欢。老人至今仍清楚地记得他们当初学的课本知识，及上学期间发生的一些趣事。她讲述了河南大学师生的衣食住行，以及关于转街票、"河南大学梨"、蝗灾、"河南大学的脚印"等。在1944年日寇来犯潭头期间，老人与家中大人亲见一片树林里死了一片女生，但因为年龄尚小，不敢靠近看。

河南大学来的时候我5岁了。当时河南大学来的学生和教授，有的人是住在张西庚家院子上屋，住在你（被访者的儿子）舅家院的学生是住在南面撒子（侧房）。上屋和撒子（侧房）都腾出来了，他们弄的新桌子、凳子，他们走的时候桌子、凳子都留下来了。有一个学生叫牛永清，她吃饭不在这儿，只在这儿住。她上课在现在那个高中（指七七中学）。沟那边住的也有人，在海家那边的那个院住着。咱们这边住的可不止20个人。

大学来这里，建立了一个学校，让没有上学的孩子都去上学。和民办学校一样，一天只上一上午课。那时候小孩子放牛娃干活的，上午去学校，下午去干活。

老师有一个姓方，有一个姓杨，都是男的。我那时候叫张玲，我的同学有刘发、刘新维、刘全、张银汝、刘兰、吴珍娃、刘捞子、刘翠兰……当时大王庙的夜校校址在下磨道刘家的3间房子。魏仁宽老师当时在大王庙住，和你姥爷关系比较好，他也是学生。刚才说的方老师、杨老师也是河南大学的学生。下面是我们上课的情况。

第一课是：我是中国人，你是中国人，他是中国人，我们都是中国人，我们都要爱中国。

第二课是：国旗、党旗都很美丽，爱国的人都爱国旗、党旗，让我们对国旗、党旗行个敬礼。

第三课是：我中华，在东亚，人民多，土地大，我们拼命保护她。

第四课是：孙中山先生是国民党的总理，他操持中华民国，他发明三民主义，他是中国的国父，他是革命的导师。

第五课是：我们家里，有男有女，有老有小，男男女女，老老小小，读书做事，个个勤劳，人人快乐，一家和气。夫妻和好，敬婆爱媳，姑嫂相帮助，妯娌不生气。

后面的课我就记不清了。我上了一两季，日本人就来了。

老师他问：谁会背第一课？我们都不敢吭声。后来他在黑板上压了5块钱（国民党的5块票子），说谁学会了就给他5块钱。小孩子那时候要钱很高兴，我说我会背。我背了背，他就给了我5块钱。

河南大学的学生穿的衣服式样都一样，但是布不一样。穿的是皮鞋，那时候老百姓是穿自己做的鞋。他们的鞋印有花纹，老百姓不穿这个鞋，我喜欢穿自己做的鞋。女生当时穿旗袍，不穿对襟。男生夏天穿学生服，冬天穿袍子。他们当时在庚家院子里吃饭，他们吃的饭比老百姓的好。

当时我们种的不是河南大学的麦子，但是老师领着我们去石坪和大王庙看过，他们的麦芒长，和咱们现在的麦不一样。

那梨树是河南大学运上来的，送到大王庙堡下。我妹夫当时是保长，他往后坡拿了两棵，庚家院栽了一棵，我弟弟家栽了一棵。庚家盖房子的时候把它砍了。我表弟张广友家还有一棵，现在还结着梨。

我当时还小，不知道具体是哪一天了，只知道日本人来了，那个时候外面的年轻人已经跑光了。我的奶奶、一个大娘、我妈，还有大娘家的一个童养媳妇，当时才5岁，她是鄢陵县人，还有我和我妹妹，我们3个老人3个闺女一起逃跑。

当时在秋林村，我亲眼见了女生被捅死了一片[①]。我们在破房子睡觉，碰上了中央军队伍，3个老人藏起来了，我们3个闺女还在那睡着。他们的队伍说：小孩子，起来，让我们歇一歇。然后我们3个小孩就跑了。头一天说是往西岭——我另一个妹妹家那里跑，我想着她们（大人）是去那里了。

[①] 这种说法过于夸张，与文献的记载出入较大。

潭头村张翠玲

那时候麦子已经黄了,我们来这里的时候,他们站着岗,不让我们过去。我们又拐回去了,他们站着岗也不让去。3个老人藏在厕所,又被抓出来,让她们烧纸花(棉花)烙馍做饭。吃完之后中央军就走了。我们跑回去之后,饭跟芝麻糊一样还没喝完。后来不知道去哪,也没人拿主意,我们就又回石坪了。日本人有马队,当官的人骑马,往石坪去的路上马蹄子印很大。

日本人先来,国民党是日本人走了之后才来的①。咱们那时候还没人吃米饭。去石坷的时候,有一个大学生没有跑掉,靠在墙上小肚子被日本人捅了几刀,在那"哎哟哎哟"地叫。一个老婆婆(老人),弄了一点面汤给他端去喂他。我们那时候小,不认识那老婆婆(老人)。

方老师临走时给我一个箱子,也不知道里面装的什么,他让我给他保存。我姥爷不知道那是什么,他说"那太重了,你拿不动不拿吧",不让我拿。

魏仁宽给了一件黑色大衣。我儿子盖房子的时候把它扔了。

---

① 此处老人口述有误,应是国民党军队先来,而后日本人才来。

刘泉生口述河南大学流亡办学记忆

采访地点:刘泉生家中(开封)

采访时间:2017年5月5日下午4点(第一次)

2017年5月11日下午3点55分(第二次)

采访人:王赛赛、吕潘婷、陈慧

整理人:吕潘婷、王赛赛

采访简况:刘泉生①,1934年4月生,1943—1944年随在河南大学任教的父母在嵩县就读小学,1944年全家随河南大学迁至荆紫关、陕西宝鸡,1945年随河南大学迁回开封。他先后在开封五小、开封初中、开封高中就读,1957年中山大学中文系毕业,在邢台从事教育工作。1980年返汴在开封七中任教,直至退休。他有随笔《棂星门拾杂》等著作出版。

关于河南大学在潭头办学,因为我父亲母亲都曾在河南大学工作过,我就从他们开始讲吧。我母亲叫杨秀英,我父亲叫刘立亭,都是从上海东亚体专毕业的。上海东亚体专就是现在的上海体育学院。这个学校是中国最早的一所体育专科学校,当时和清华、北大齐名,后来发展成了艺术院校——上海艺专。上海艺专就是后来的中国美术学院。我母亲在学校时主修田径、游泳,还有土风舞。土风舞就是现在说的民族舞,那个时候不叫民族舞,叫作土风舞。她和我父亲在20世纪30年代末就到河南大学教体育,40年代初因战乱离校一段时间。1941、1942年我母亲在洛阳和平小学,后来是在和平中学教体育,兼任着洛阳西工游泳池的教练。

1942年夏天,我母亲还在和平小学、和平中学工作,在西工兼任游泳池教练。我在那时候刚8岁。那时候因为游泳不普及,好多人是因为战争愿意学游泳,求生存的一种手段吧。那时候很有意思,比赛的时候更有意思,不分年龄段,也不分组别,就那样比赛。我记得那一年夏天,洛阳市有一个

---

① 刘泉生先生是现任河南大学宣传部副部长、新闻中心主任刘波教授的父亲。

游泳比赛,我就参加了50米的蛙泳比赛,和大人一块比赛,结果我还得了第二名,报纸上就把我写成了游泳童星。

我父亲擅长中长跑。当年他在洛阳的时候是在国民党196师里当副官。在196师当副官时他军事上什么也不懂,主要是帮助军官训练。那个师长特别喜欢打网球。我父亲网球打得非常好,在上海就有名,他就是每天下午教师长打网球,叫作"打网球的副官"。最早的时候,我父亲从196师下来,当时洛阳形势吃紧,因为当时在196师他也学了一些枪法,会打枪,1942年就去孟津组织游击队抗日。我四弟就是在孟津出生的,所以叫刘津生。抗日游击队被打散以后,我父亲和我母亲才跑到潭头,到河南大学正式上班。

1943年我母亲正式在河南大学工作。河南大学当时在山坳里,她是怎么进河南大学的呢?因为当时聘任的都属于稍微有点名气的,她在东亚体专学习时《上海画报》登过她,她在上海获得过田径200米短跑的冠军,游泳游得也是很好的,当时的中国美人鱼叫杨秀清,她俩不是亲姐妹,但是名字像是亲姐妹,她是游泳,她是短跑,当时称为体坛姊妹花。1985年我带她去上海看病,还在上海图书馆看到当年的《上海画报》登的有。有名气的老师在社会上都容易联系到,她就进河南大学了。当时在学校她是讲师,一入校就是讲师级别,属于体育系。当时就是助教、讲师、教授这样的职称评级。在河南大学的时候她主要教两门课,一门是体育,一门是舞蹈,能发挥她的特长,她就在这一直教体育和舞蹈。虽然是体育系的老师,但是艺术系的舞蹈课也是她教的。当时像我母亲那样的艺术老师或是体育老师不太多,河南大学那时候这种有特长的老师不多,一般体育老师都是兼职的,本身没有什么专长的。所以那时候我母亲在河南大学还属于比较吃香的老师,教体育、舞蹈和游泳。那个时候就已经有游泳课了,因为那时候正是抗日逃难的时候,跋山涉水的,当时逃难不会游泳的话很危险,所以学生们都愿意学。但是这个游泳课不是特设的课,就是业余的,是临时性的,平时没有。教学的地方就是在河里面,在池塘里面。那怎么保障学生的安全呢,当时就是老师下水以后先测水温、水的深浅,一般都画好区域。

我父亲也是1943年进河南大学的,因为他跟当时医学院的院长张静吾挺好的,张静吾把他聘去①。他是和我母亲一起到了河南大学任教,也是隶

---

① 当时在嵩县的河南大学医学院的体育教师均由从军队抽调的军训教官充任。见:李广溥《忆抗战时期我在河南大学医学院求学的经历》,《河南文史资料》2008年第107辑。

属体育系。当时他们这些体育系的老师每个人划分不同的院系教学,我父母主要是张静吾聘去的,所以主要教医学院。我父亲在体育系主要教田径跟篮球、网球。当时比较普遍的还是田径、跑步什么的,一般早操都训练。篮球都没什么条件,当时在潭头很苦,没有条件。我父亲做了两件有益的事。一是因陋就简地完善体育设施和器材。当时学生多,篮球场不够用。父亲就借用老乡的打麦场,在场的两头栽上两根废弃的电线杆,再把篮圈按标准高度固定在杆子上,这样,就可以进行篮球训练了。后来,他和教研室的同人又创制了一种移动篮球架,只要有块空地,篮球架可以随意转移,画个场子就可以打篮球了。最好玩的莫过于画线的滚筒,我最喜欢帮助父亲画场地,只要紧握把手,就可以像滚铁环一样画出直线和弧线。父亲练就了一手修补篮球的技术。那年头,他知道添置个新球不容易,所以,平时球队练球或课外活动时,只借旧球使用,比赛时才用新球。二是他为推广网球运动尽了绵薄之力。当年,网球被称为贵族球。学校银根紧缩,连个篮球都舍不得买,更别说买网球了。不过,父亲倒存有几幅网球拍和十几桶网球,这都是他当年在196师当副官时积攒起来的,是他在196师时的一些存货和当时淘汰的网球。当时师长啊及其他当官的,他们把网球外面这一层毛打掉以后就不再用了,我父亲就用这些废弃的网球来教学生。学生很喜欢,特别是当时家里面稍微富裕的,他们知道一点,喜欢打,但没有场地,没有场地怎么办,就对着墙壁打,弹回来这么打。体育系里也有一些其他的老师,当时体育系里聘请的最老的就是宋廊萱,是男的,当时都是教球类的多。上课都是借助村里打麦子的场地,学生他们当时都是在村里面分散的,就在不同的村里面教学,上课主要是在潭头。在潭头几个不同的村里面办学,教课就是在这个村里教完,去下一个村里教。我父亲主要教医学院,他业余时间常常跟医学院的院长张静吾打网球,还有解剖教研室主任李赋京,他们是他当年的球友,他喜欢和他们一起打球。我上学的时候那上课的课程设置,有国语课,就是现在的语文课,但是叫国语课。那小学里面主要有两门,一门是国语,一门是算术嘛。算术里面夹的还有珠算。不过珠算在抗日战争时期就很少了。为啥呢?因为你买不着算盘儿。平时都有珠算课。现在那都不开了,现在算术里面像那个珠算课,还有大字课、小字课,都不开了。河南大学里面的课程设置,我就不了解了。

他们医学院比较分散,本部是在嵩县城里,有一部分在潭头。我父亲、母亲在潭头的时间长,因为场地啊啥主要都是自己弄。潭头有好几个村,那个最大的算是它的中心村吧。因为它场多,除了打麦的时候村民用,平常其他时间都可以用。它能给体育课提供场地，别的小村就不行。我记得潭头村住得最近、来往最多的就是医学院的张静吾和李赋京，其他的就来往不多了。因为当时战乱的时候，互相认识的人很少，除非在一块。教师啊、学生啊，也是特别亲近的才认识，别的一般可能姓名都叫不上来。学生上课就是跑到潭头集中上课，因为场地是固定的，潭头的体育场地比较多，学生就集中跑到潭头上体育课，其他村的都跑到潭头，因为别的村比较小，没有场地。集中上的那些课，我知道的，就是一个体育课、一个解剖课，都在潭头上。他们就一个解剖教研室，而且还是封闭的。我记得很清楚，那个解剖教研室，一些器材跟一些停尸的设施，都在地下。挖的是那种半阴半阳的地窖，不在地面上边儿，在上边它不好保存，光靠药物福尔马林保存不了，还要有固定的温度，就挖的地窖。当时学生不多，我记得上课的时候，一个班也就是二三十个人。但我不记得医学院大概有几个班了。

解剖教研室在村边儿上，他们专门建的。建地窖什么，都是师生他们共同挖的。这个教研室就是停尸的那个，我去那个屋，在门边看，里面停了四五具尸体。里面小孩一般不让进，怕被吓着了，而且那个气味也顶不了。门一开开，福尔马林的气味冲鼻子。一般人不让进，因为我和李主任的儿子李昂是同学，有的时候跑解剖室去看那个。

我父亲跟解剖教研室主任李赋京关系好主要是因为我父亲会打枪，还有就是他经历过战争，比较胆大。当时医学院最缺乏的，一个是器材，一个是人体标本——就是尸体。我父亲就带着李主任，还有学生，到荒郊里帮他找尸体。因为潭头那里有个习俗，人死了之后不马上埋葬，要停尸好些天后才埋葬，停尸是为了等到亲戚朋友都来了，等到吉日才下葬。他经常带着李主任和学生去找尸体。当时学生都害怕啊，给他起个外号叫"刘大胆"。当时村民还非常迷信，要是弄人家尸体那会骂你八辈的，所以他们都是晚上偷偷摸摸地去。有一回，因为受我父亲影响，我也跟着去了，在潭头南边有二三里路的古庙里，停的有几具尸体。结果我们进去后下雨了，雷雨交加，正准备弄尸体时，一个炸雷下来，有个尸体就坐了起来，民间叫诈尸。我父亲拿了棒子照尸体头上打了一棒子，尸体就又躺下了。所以，李主任跟我父亲关系好就是因为这个，不然他们自己去的话，一个是他们找不着，一个是他们害怕。特别是带的学生，他们都没见过这个场面，不知道怎么处理。

我父亲、母亲主要是教医学院的体育，住的就离医学院挺近的。我们当时在潭头就住在民房，就是老百姓家里边。不记得住在哪一家了，也不记得户主的名了，反正那时候住宿的情况就是，安排好一点的，能安排一间瓦房那就不错了。好多都是住土房、茅草房,学生大部分都是住在那种拿黏土夯起来土墙,然后上边搭着茅草的屋子里。一般学生、老师都是住那样的房子。当时住在那些民户家里面,吃饭就简单得很,不像现在很正规。一般就是饥一顿饱一顿的,你赶上什么就吃什么,一般有个汤菜什么,就算好饭了。我记得我上小学就是拿个干馍就上学去了,啃干馍。水也没有自来水,学校里边有一个大水缸,拿着瓢从大水缸里搲水,就这样直接喝。其他同学也都是这样的。吃饭一般就是在民户那儿搭伙,到时候再给人家钱。那一带农家饭比较简单,一般都是杂面窝窝,晚上就是杂面菜汤,就这样。也没有菜,一般晚上的饭都没有菜,面汤里面下点汤菜。存的比较多的就是红薯叶,红薯叶等晒干了以后,存起来吃。常年都是这样,在面条汤里下点红薯叶。所以山里边,一般豫西山区那一带,见面不像现在这样客气,打招呼说:"你吃饭了没有?"那边见面是:"你喝汤了没有?"

当时那些学生吃饭也都是这样,有的是富家子弟,他也没办法。要是房东好点呢,过年过节时候就给你吃一顿白面,就是好面。平常一般都是杂面、玉米面、高粱面,都是这个。这都是好点的主食。春天青黄不接的时候,主要吃红薯。我们自己做饭很少,一般都是房东做。因为我们自己没有粮食啊,当时给大学师生吃的粮食都是农民自己种的。国民党不给拨粮食,部队上的给养都供不上,还管你学校?经费都经常拖欠。潭头那一带还是属于比较富裕的。因为当时吃饭也比较简单,到青黄不接的时候,大部分吃红薯、吃野菜什么的,学生自己也上山采。不然的话,你吃不饱肚皮。采购也没有菜,啥都没有,主要就是依靠房东。我们那几年住宿基本上很稳定,没有什么大的变动。在潭头的时候发行河南大学票①,主要是用到食堂的,跟食堂的饭票差不多,最后兑现的还是银圆,在村民家,跟房东搞得好的最后兑现还是给银圆。你想人家都保不住本儿,谁管你饭呢?

当时潭头的学生住得也很分散,有一些家庭式的小饭馆,都简陋得很。除了有钱的富家子弟,一般学生很少在外边吃。富家子弟占的比例也不是特别大。我印象中,潭头那条街的中间,最宽那条街,我从那儿过,大概就是有三四家小饭馆,它们集中在一条街。除了饭馆,我记得村头有个戏楼,其他的还有一些小杂货店,我记得我住的旁边没多远就有。除了杂货店,比较多的是货郎,担担子的货郎一般都是固定的,比如说他一个月来上五六次,他就是固定的,他们一般都是快逢集市的时候来。再有一种就是专门卖小

---

① 转街票。

商品的，针啊线啊，农家常用的那些。都是推着独轮车来卖，当地都叫小车，是独轮的，木头的，轮子也是木头的。货郎就这两种，一种担担子的，一种推小车的。当时的集市一般都是初一、十五。那个戏楼，农村叫戏台，就是过年过节的时候唱大戏。唱戏也都是唱豫剧的多。咱们学生也有去表演的，我记得当时医学院有个学生，叫什么我忘了，他是京剧票友，表演反串。他唱《苏三起解》，我印象很深，就在那个戏台上唱。戏台那儿就是过年过节的时候热闹得很，平时先凑合。过年过节的时候有一些专门的戏班子，也有一些就像现在那个乌兰牧骑那一类，是流动的，到处游动那一类。

咱们的学生就是玩票的，跟着一块唱。学生去表演没有固定的时间，一般是个人的兴趣爱好。他们就是自己去找老师或者什么，自己弄，然后就是去村里的戏台上表演。村里人也可以去看。唱戏的学生就那么几个，都是玩票的，富家子弟。我认识的就那么两三个，印象最深的就是唱苏三的那个，因为他反串。我记得他上大三，姓什么我想不起来了。当时村民也有人去看，当时像玩票呀、上体育课呀、教游泳呀、打网球的训练呀，村民都有围观，因为他们没见过。我父亲说，本来在城市里不算什么，在这儿都像耍猴一样，都来看。村民只能围观，不能参与。学生票友主要是唱京剧，当地就主要是豫剧。还有就是曲子，当时叫南阳曲，当时没见到学生表演南阳曲的。南阳曲当时在河南最流行。当时河南大学有个老师叫张长弓，他专门研究这个南阳曲。张长弓老师也在潭头，当时我们住得不远。他儿子就是后来著名的作家张一弓，很有名的。附近经常来往的、我能记起来的就是张静吾、李赋京，还有就是张长弓，别的都很少。因为当时他们都是忙于各自的教学业务，平常都很少来往。当时张静吾家就是跟我家横着一排，中间隔了三四家，李赋京他家跟我们离得也不远，不过离解剖教研室比较远。

当时那穷学生很少去赶集，集市一般都是附近村里去的比较多。还有，当时潭头是大集，大部分就是以物易物，我拿鸡蛋换你什么，我拿羊换你什么，就是这样，不是钱物交易，都是以物换物，拿东西换东西。

不因为习俗，是因为纸币当时不太兴，因为当时物价不稳定，纸币也就不稳定，一般以物易物比较多。人们最相信的就是银圆。在潭头时的工资每个月大概有多少我都不记得了。那个时候，国民党发行的纸币不值钱，发了工资就跑到交易市场去换银圆。我跟我大哥有一个任务，就是一发工资就去换银圆，不然的话就贬值了。我一直最清楚的，就是从那儿跑回来之后。我对开封的大相国寺最清楚，相国寺有一个交易市场，是专门换银圆。之后跑到苏州，苏州的玄妙观是专门换银圆的，就是纸币换银圆的。反正那时候具体多少说不清楚,但是换完银圆就够维持一个月的生活;你要不换,到下半月就没饭吃,贬值很快。我印象最深的是到苏州以后,因为纸币贬值,原来家里边儿有时候存一些零用钱,存了好多金圆券,不值钱了,就拿来糊墙什么的。在潭头时,当时银圆主要有两种,一种是大头,一种是小头。大头就是袁大头,袁世凯的像,小头就是孙中山的像,大部分就是用这两种。家家户户存得也比较多。我记得我们家,我母亲是管财的,我看见她翻箱子底儿,金镏子就有七八个,金镯子也有好几个,这些东西价钱比较固定。银圆就是压箱底的宝贝。

  自从洛阳沦陷以后,就每天都听到炮声。潭头沦陷就是因为洛阳守军败了。洛阳守军那时候是十三军,老百姓给十三军当官的起外号叫飞将军,兵败如山倒,他们跑得飞快。潭头吃紧的时候,不仅是炮弹,机枪声啥的都能听到。逃难的时候是怎么样呢?就是十三军这些败兵他们跑在前面,老百姓在中间,后边儿是日本鬼子。所以当时是很惨的,跑得最近的时候,我记得是爬到那个山丘上,都能看到那日本军队,看到他们那个马车炮车,狼烟滚滚,都能看见。所以老百姓,包括河南大学的师生,都是自由结合跑的。当时没有想到日本兵过来得那么快。就像平时说的,兵败如山倒,这个十三军跑得比老百姓还快,老百姓都来不及。当时逃难的时候,我们家逃走的时间比较靠后。那些走得早的,比我家能早一天。

  当时都已经看到日本军队了,我们在远处看,前面是步兵,后面有骑兵,还有炮兵,反正是模模糊糊,也不是十分清楚。因为那个路是大路,是土路,当时日军从哪个方向过来的我现在都弄不清楚。潭头镇上有一条很宽的路,是东西方向的,从那个大路过来的,狼烟动地的,看得不是特别清楚。炮都是随时随刻从头上飞过去,那大炮啊,经常从头上飞过去。而且,因为我父亲他不是在部队待过嘛,他都能判断出来哪是山炮哪是野炮,他听这个声音就能判断出来。怎么躲,一般山炮打过来威力比较大,他就指挥我们趴到路边的沟里面。他们那时候可以说,日本鬼子从洛阳下来势如破竹。要不然说,老百姓跟河南大学的师生都来不及组织怎么逃呢,都是自己组合地跑,都来不及。在那两天前面的一两天,我就频繁地看到炮弹。

  逃难时呢,前面有最早的,先头的得到消息以后,校本部的一些师生就提前走,一方面是探路,一方面是去荆紫关联系。逃难的都是走山路、小路,都是潭头这些村民做向导,要是不走小路,这些人都活不了。逃难那是1944年的夏天,这个有印象,因为那个时候下大雨,过河的时候我记得穿的还是单衣。那个时候,麦子已经收过了。当时学校的同学有的走得早,有的走得晚。比较晚的因为啥比较晚呢,比如这个医学院器械啊比较多,它的设备比别的系要多。最后跑得晚的就会遭殃,像张静吾的侄女就死了。他侄子是被日本人用刺刀扎伤了,胸口这儿,在脖子这儿,扎了两刀。张静吾出面,当时留学生的风度都不一样,一下子把日本兵镇住了,日本兵一听他一口流利的日语,就问他情况。一问他是医学院的院长,马上态度就不一样了。当时都是他自己救治的。当时他那个侄女呢,被日本人追,跳井自杀了。这都是逃出来比较晚的。不过我没有听过张静吾跟日本人的具体沟通,这也是听说的。他是不愿意为日本人服务的,你想啊,他从德国留学回来,当时留学生都有个信念,那都是为祖国服务。当时,当汉奸绝对没有好下场。当时中国逃难的难民也好,居民也好,对汉奸都是恨之入骨,比恨日本人还要仇恨。因为啥呢?汉奸他有时候比日本人还坏。日本人把他放了以后,张静吾就跟他的侄子跑了,跑出潭头,他才给他侄子做手术。

从潭头到荆紫关,因为跟潭头的村民关系都很好,医学院的器材搬运主要是两种,一个是挑夫,一个是雇毛驴。器材一部分是让村民给他们保管,一部分自己带走。我印象最深的就是那里有些挑夫是职业的,专业的一样。那挑夫挑得很多,比如我们从潭头出来的时候,两个大箱子,这边还挑着小孩儿,起码就得有一二百斤。他们挑上比平常的人走得还快。村民保管的那些器材是什么时候运回到潭头的,把它们给取走的,我就不太清楚了,因为有一些就是属于比较隐蔽的。日本兵从那儿扫一下过去了,有好多他们是不知道的。比如隐蔽的地方就是解剖教研室,他们挖的地窖,保存实验的尸体啊什么的,别人根本都找不到的,非常隐蔽的地方。他们怎么弄走的我都不知道。地窖下面有一个是恒温室,一个就是用福尔马林保存的。

当时我们家跟李赋京两家,亲戚朋友啊一起逃难,没有跟学校一起,当时学校是指定要迁到荆紫关。老师就是分拨儿,你想跟谁在一块儿,就在一块儿。学生,组织得好的话,就是班级、组别,他们组织这样逃的。我们家跟李赋京两家,一共十几口人,他带的还有他的儿女、他的侄子,十几口人。

我记得当时从潭头逃难出来,当时要爬山,就是从潭头到荆紫关,要过一个最高的山叫摩天岭。摩天岭这个山比较高,那个潭头的向导就说,爬上去半天,下来半天,一上一下是一天,所以你必须得攒够干粮。这路上没有吃的不行啊,水你可以带个壶,干粮必须得自己带。我记得我父亲就在摩天岭下边儿那个村里,一块银圆换了五六个窝头。当时当地的村民就光认金银,这个它不会贬值。

我们跑的时候,因为跟潭头的老百姓关系都比较好,专门有一个向导给我们引着。沿着一条山路，跑到快中午的时候下大雨，结果山洪下来了，一下就把路整个给隔断了。向导说一般在山里遇到山洪的时候都是摆着木筏过去，不然都过不去。山洪很大，浪一般都有一米来高。那时候我们家会游泳的就是我母亲、我父亲跟我。怎么办呢？这个向导就指挥着，用从山上漂下来的树木，摽成一个木筏。但是摽成木筏怎么过去呢，得有一个人先过去。之后就说让我先过去，我母亲不放心。我父亲说，不过去的话，马上日本兵追过来了，谁也活不了。最后确定我先过去，把一根绳子一头拴在我腰上，一头留在河这边儿。到河中间的时候有两次，我都被那个卷着砂石的大浪打到河底下，然后那边又把我拽出来。等到第三次的时候才渡过河，然后我把绳子穿到对面的树上。这样一趟一趟用木筏把人把行李给拉过去。当时，那些潭头的老百姓都是比较实在的，有向导，有挑夫，帮你挑行李啊啥的。我记得最清楚的是我们家用了3个挑夫，担着箱子行李。还有一个就是，三弟四弟都小，一头是箱子，一头是筐，小孩儿坐到筐里头，这样挑着走。

逃难向荆紫关走的主要是两条小路，我记得，逃的时候我记得，走摩天岭的大部分都是老师，这条路还比较好走。还有一条山路就比较难走，那时学生走这条路的比较多。最后见着的那个学生，他说爬山有那个险要的地方，两个小山头爬了一天半。它不如摩天岭那儿，摩天岭那儿除了摩天岭这个山比较高，别的地方都比较平。这条小路基本上是沿着山的峡谷。当时村民也跑，附近的村民有的投亲靠友，有的上山里边。山上的路他们比较熟悉。有个挑夫身体比较壮，挑了我家4个箱子。这个挑夫他是经常在那一路跑的，他路比较熟。前面的李赋京主任跟他说，你别跑那么快，我们都跟不上。他说，那怎么办？就这一条小路。结果到午后，他跑得没影儿了，他挑着4个箱子跑得没影儿了。到傍晚的时候，李主任说，刘教授你不担心啊？现在兵荒马乱的，有人发国难财。他说：我也担心，不过我跑不过他。结果我父亲自己就追他，追到傍晚的时候看见山脚底下有灯火，就奔着那边去了。走到一个小独木桥旁边的时候，听到有人在沟底呻吟。我父亲从旁边爬下去一看，就是那个挑夫。挑夫他从那儿摔下去了。李主任他自己带的有药箱什么的，就给他治治伤，晚上就休息了，结果第二天早上他跑了。我父亲说，他跑他心虚。之后我们就在山脚下那小村里雇了个驴，把4个箱子驮上。这是山路上遇到的一次险。上回校报来问：你们当时逃难用的什么交通工具？我当时给他们开玩笑，我说我父亲有句名言，当时就是靠11号汽车。他们不明白什么是11号汽车。我说，11号汽车就是两条腿。那你为了求生，你不跑也不行，都是拼命跑，看谁跑得快。你想，当时后面是日本机械化的部队,前面是逃难的民众,还有河南大学的师生,都是日夜兼程拼命地跑。我记得最多的时候,一天一夜能跑200多里。跑不过他(日本兵),你要么当亡国奴,要么被打死打伤,都是这样跑。

还有一次险,就是快到荆紫关的时候。有一个村,那个村很小,也是在山脚下,看起来也就几十户人家吧,边上有个小学。那个小学校长一听我们是河南大学的,是河南大学逃难的老师,很热情地腾出来一个教室让我们住。因为天热,李主任他的侄子嫌热,就跑到操场上,搭课桌,在课桌上睡,操场凉快点儿。结果晚上一只狼从墙头上跳过来,一下掐着他的脖子。听到他叫,我父亲和李主任拿着棒子出来,就把那个狼打跑了。打跑以后,李主任给他做手术,给他缝合了,给他敷了药弄好了,绷带扎好了才又走,耽误了半天。

这是从潭头逃到荆紫关,路上遇到的两次险吧,一个是山洪,一个就是狼。当时那个山里边狼很多。到荆紫关以后,我们上学,房东还专门交代说,你们上学的时候,如果有人在后边儿拍你们的肩膀,千万不要回头。狼很狡猾,它们一般跟在小孩儿后面走,它不是一下子扑过去。它把那个爪子搭到你肩上,然后你一扭头,它就掐住你的脖子。所以通过这个事儿可以看出来,当地狼很多。村民交给我们一招来防狼,有时候放学回去晚了,学校给准备有棍子,有一两尺长的棍子,拎着棍子。怎么打狼,他都教的有招儿,你别打头,打头不行,打它的腿,一打腿它就完了,打头制服不了它。荆紫关有很多狼,刚开始在潭头的时候也有狼,但是潭头的狼不敢进村,因为人多,人聚集得多。在荆紫关我印象最深的就是狼很多,那一带的狼特别多。但学生在荆紫关受到狼的袭击的事情倒不多。因为啥,因荆紫关那儿靠半山坡,我们上学的时候一般都沿着小路,河南大学的学生一般都在荆紫关里边儿,他们不出这个村儿。

当时在荆紫关办学的除了医学院,还有文学院,别的我都不大记得了。因为来往比较多的,李赋京啊、张静吾啊都是医学院的,张长弓是文学院的,别的很少有来往。荆紫关主要就是医学院和文学院。去荆紫关的路上我们这两家大概走了有5天。到达荆紫关之后,是过了多少天开始正式上课我不记得了,但是我们附小是到了之后不到半个月就开课了。因为附小比较简单,都是借用当地的小学的教室啊什么的,老师都是河南大学的学生兼任的。我对老师的印象都不太深,因为老师不是固定的,都是学生兼任的,在潭头就有。河南大学附小专职老师很少很少,都是兼任的。

我父母在荆紫关安顿下来。荆紫关的条件要比潭头好一些,那边的房子属于比较宽敞的,往往就是这些老师们几家共住在一个院。吃饭也都很简单,几家住在一个院,人多,请个大师傅,就是咱们现在说的炊事员,做的也都是简单饭,几户合起来给人家钱。那时候,那儿就是属于交通要道,比潭头开放得多。当时河南大学也是刚到那儿,我母亲觉得这个环境适合教游泳,她当时都已经怀孕五六个月了,肚子都很明显了。我母亲第一次下水,她下去游泳,蛙泳、仰泳、自由泳什么都会游。当地的村民也就只会狗刨式,平时也就是在水边戏水、玩玩。他们都惊奇,当时在河边聚集了起码得有上千人,说:"你看还有女的会凫水呢!"她每天除了游泳就是教学生游泳,那时候丹江边上大概就是靠河边两三米的地方淹不着人,再往里面就深了。当时的水质不像现在,非常好,水清得很。荆紫关的人吃水、用水都是丹江口的水,因为当时也没有自来水。当时当地人女的一般都不会水,包括河南大学的体育老师。在我的印象中,从1943年起到新中国成立后,这一二十年里,河南大学女体育老师就我母亲一个人,没有第二个人。当时学生还是属于比较封建的,我父亲教他们游泳课,就教男生,我母亲就教女生。他们积极性很高,因为经历逃难的过程,跋山涉水的,你要是一点不会水,那你最后连求生的希望都没有。所以说当时在荆紫关,我父母亲在教游泳课上还是发挥了作用,学生积极性很高。

  从荆紫关往宝鸡石羊庙逃的时候,有一关,河南大学师生死伤最多的,就是快到西安那儿的潼关。潼关过河那儿有个渡口,当时国民党征收渡船渡河,民船征得多了,渡口的船就少了。逃难的师生都拥挤在渡口,被日寇侦察机侦察到以后就进行轰炸,这就死伤很多;然后就是炮兵,够着阵地就打,所以说那时候河南大学逃难的师生在潼关牺牲比较多。这时候医学院的师生就发挥了作用。张静吾在医学院的教学理念还是非常先进的、非常好的,他是留学德国的,他的理念跟当时中国的不太一样,他重临床、重实践,对医学院来说,就是重解剖。他这样来,学生接受很直观,对人体的结构哪出现异常,都可以在解剖学里见到了。当时我父亲跟李主任去荒郊野外或者古庙里找尸首主要是为解剖教学服务。这个服务的效果不会说立竿见影,见效那一段就是在潭头这一段的学院教学。一直逃到荆紫关,然后又逃到宝鸡石羊庙,这一段时间,好多师生都发挥了作用。可见张静吾的教学理念还是很先进的。在潼关他们组织了临时的战地救护队,救治了好多伤员,学校的师生不用说,还有没有渡过河去的伤兵。所以这点上就是潭头的医学教学实践在这段战争路上用到了。而且这个影响又一代代传下去。不仅是在抗日战争时期,而且张静吾和我父亲一样,都是活到95岁,他们一直都很要好，一直都在医学院工作。张静吾这个教学理念一直到新中国成立后都起到了很大的作用。现在你有什么大的疑难杂症都是往北京跑。解放初期，就是新中国刚建立初期，那时候刚好相反，有什么大的疑难杂症都往河南跑，都找河南大学医学院。1952年院系调整，医学院搬到郑州了，算是正式跟河南大学分离了，实际上它还是河南大学这个体系，真正从开封搬到郑州是1956年。在张静吾的教学理念的影响下，河南大学的外科在全国还是非常出名的。比如当时在外科最著名的心脏手术，咱们国家刚解放时都是从背后开刀，然后取两根肋骨才能做心脏手术。河南大学医学院创新的是首先使用体外循环，你本身的心脏停止了，他可以给你做手术，增加体外循环。再有一个就是从前面开胸做心脏手术，就不用再取肋骨了。所以说，从潭头医学院一直发展几十年，张静吾的教学理念还是非常先进的，在全国是属于领先地位的。我说潭头这一段主要是为了说他把河南大学医学院带到了一个世界的先进水平，这一点是非常可贵的。这是医学院这一段。

到了淅川荆紫关，我主要想讲的是，我父亲跟苏金伞。学文史的都知道，苏金伞是全国有名的诗人。苏金伞当时不仅在抗日时期，而且在抗日之前就已是一位很出名的诗人。他是开封人，当时他的诗受到创造社以及鲁迅的肯定，非常有名。苏金伞跟我父亲刚开始在开封工作时关系就非常好，为什么呢，那个诗人也是教体育的。他教体育，他正经工作是共产党地下党员，当时在领导开封的学运，后来被抓起来了，国民党的审讯中没有抓到什么实质性问题。当时国民党有这么一个政策，重要人物、知名教授你可以保，没有什么问题的话，你可以联保，从监狱里联保把他保出来。苏金伞第一次在开封被抓就是我父亲把他保出来的，保出来后大家都公开了他是个共产党，所以他原来的朋友都不跟他来往了。但是他在我们家里就跟在自己家里一样非常随便，跟我父亲关系很好。我父亲觉得反正他是个好人，是个老实人，也不介意。就这样，两个人从刚工作时就有了交情。因为战乱，我父亲就从开封到了百泉，就是新乡，我就出生在百泉。

这一段就是在抗战前，共产党的地下活动就是搞统一战线，组织全民抗战，卢沟桥事变那时候已经有苗头了。苏金伞跑到百泉去找我父亲，我父亲那时候就我和我大哥2个孩子，还有我母亲，当时拖家带口的，就没办法带上他，苏金伞就投奔延安了。到了抗战时因战乱就失去了联系，一直到1944年，我们家在荆紫关刚安顿下来，苏金伞就跑来了，我印象很深。他就像个叫花子一样，衣服很破烂，面黄肌瘦的，他原来五大三粗的，是教体育的。我父亲因为老关系就接纳了他，他就在我们家吃。住的地方，我们家到荆紫关后,安排得比较好,我们到得算是比较早,住在饮马桥附近一个两进院子。房东住在后院,我们住在前院,前院小东屋3间房子。苏金伞去了后,跟房东说说,两进院中间有个过厅,东面有间放农具的屋子,因为在房东家住,关系还不错,就跟房东说了说,房东人也好,就把东厢房收了收让苏金伞住。他住着,我们家也养活不了他,苏金伞就找我父亲给他设法找个工作。当时找工作很困难,特别是在战争时期。新中国成立前有个口号:毕业就是失业。毕业的学生你再有能耐,若没有人事关系,你根本就找不到工作。我父亲因为跟他关系好,就和学校领导说了。我父亲在河南大学属于元老级人物了,好些领导都跟他关系好,不仅是张静吾。那时候的领导,说难听点,那时候逃难谁都想体质好点,所以跟体育老师打交道比较多,打打网球、篮球,搞田径啊、跑跑步啊,这些都能增强体质,所以和我父亲关系很好。我父亲就给苏金伞求情,说能不能让他在河南大学工作。领导就问:他有什么能耐?我父亲说他的运动在开封时就很出名,他是"三铁"冠军——铁饼、标枪、铅球三项,外号"大铁锤",他那时候长得五大三粗。就给学校领导讲了这段经历,学校领导就同意了。不过说现在实行就业连保制,你得出具一个证明,你自己证明后得按手印,你担保这个人没问题。结果我父亲就担保他,他就在河南大学当上了体育老师。他当上体育老师后,因为他的那个身份,你让他安分也安分不了,他从解放区来也有他的任务,所以在这就是暗地里策划学运。他不能公开搞,他公开的身份是体育老师,他在那儿组织了诗社,就是通过抗日爱国诗歌鼓舞学生,团结了好多进步学生参加他的诗社,就这样在河南大学掀起了救亡图存的爱国运动。

　　当时共产党就是全民抗战,毛泽东的思想也是持久战,不靠全民抗战根本就打不败日本。我刚才一开头就说这个电视剧,不是光我自己的意见,咱国家有一个百岁的老作家马士图。马士图当年与巴金齐名,两个老作家都有一个特点,就是说真话,不说假话。去年全国座谈会的时候,他有一个发言,登在《文艺报》上,说咱们现在的电视剧太假,误导青年人——抗日的学生不就是游游行、唱唱爱国歌曲,最后不行了就是根据地游击队八路军一出动就把日本打败了,如果都这么简单,那还会有8年(实际应为14年)抗战吗?苏金伞在当时呢,这是他的一项。再有一个就是他有一股凝聚力,因为他的书法很好。当时一些大学生不像现在,现在大学生写字实在不敢恭维,当时大学生从小学一直上国语课上到大学,都有书法课,都在练。苏金伞毛笔行书写得特别好,他就以这个又建立了一个类似我们现在的书法协会的组织,好多学生也都跑来求教。他的绝招是什么,他的大脑很好使,左脑右脑都很好,当地的农民,都来找他写对联,一个是因为他写得好,另一个是来看他的绝招:俩手写不同的字,一手下来,双手同时写一副对联。我记得1944年春节时,我们很多小朋友一起去他那儿玩,因为都是从开封跑过去的,他喜欢讲开封的典故,讲开封的民间故事,像岳飞的故事、杨家将的故事。小孩喜欢听他讲故事,小孩也很多,春节时都去给他帮忙。纸是他自己买的,有谁求他,他就记下来,然后小孩帮他把纸裁成对联。那个过厅很大,裁好以后都铺在地上,他也不用桌子,就蹲在地上写。一晚上他能写百十副对联,字当时可以说是他的一绝。他就因为这三点,吸引了很多人,当时在河南大学抗日爱国的潮流蓬勃发展,所以后来学运就兴起了。我记得有两三次游行,最后那结局是学生有被抓的,也有被打伤的,具体的名字我不知道。这时候国民党通缉学运幕后人,苏金伞因为有人给他通消息他知道了,提前一两天就跑了。跑了以后,我父亲就被国民党党部审起来了。我父亲在国民党党部被审了好几次,国民党也抓不住什么真凭实据,我父亲说他也不知道啊,我就是介绍他教体育,我也不知道他搞学运。我知道来人跟他学作诗的、学写字的,小孩围着他听他讲故事,别的什么我都不知道。最后国民党也抓不住什么真凭实据,就不了了之。但是苏金伞在这一段儿搞的学运和爱国抗日运动还是非常有成效的。在什么地方呢?河南大学一直跑到宝鸡石羊庙,当时抗战实际到了最后的胜利关头,都看到了,国民党也看到了这一点。当时就从学生中间征召青年军、远征军,还有年轻点的就进航空学校,十五六岁可以去考。当时河南大学很多学生就投笔从戎了。所以苏金伞这一段在荆紫关的活动,对河南大学师生的爱国抗日运动起到很大作用。

苏金伞特别喜欢小孩。有一件事我记得特别清楚,当时在荆紫关体育器材添置的有单杠、双杠、鞍马。当时还小嘛,我就领着我三弟、四弟看他们上体育课,挺稀奇的,倒是没有见过,乡村那就更没有见过。单杠还是见过,双杠和鞍马都没有见过,都挺稀奇。小孩都够不着,那太高了。回到家我就带着俩弟弟,拿长板凳当鞍马,咱也试试这鞍马能不能跳过去。结果有一回呢,我的三弟跟着我跳,一跳,结果长条凳子就一下子翻了砸头上,一下子砸个大口子。正好苏金伞在家,他什么都会,就给我三弟包扎好。我父亲当时孩子又多,工作也忙,他脾气不太好。一发脾气,就拿着网球拍子打小孩。我呢,就比较幸运,脸皮儿薄,一看不太妙,我就跑了,我大哥和三弟挨打最多。我三弟头砸破了,不敢说,害怕挨打。后来苏金伞就给他编了个谎,给他包扎。我三弟叫汝生,小名叫小汝。苏金伞就说,小汝他放学路上不小心摔了一跤,我给他包的。我们算是逃过一顿打。帮着小孩撒谎,他还是挺喜欢小孩的。这就是苏金伞。

荆紫关有两三次大的游行,主要就是在那条街,就是饮马桥。石桥两端就是那条街。那儿类似市中心,他们都是在那儿游行。我们从家里边,开开大门就能看见。游行的时候一般看的人比游行的人还多,就是街两边看的人多,后来一打起来,小孩儿也不敢看了。学校当时还是站在国民党的一边,要不然我父亲也不会被审起来。那两三次游行,结果都很不好,都被打散了。那在当时,我知道都是国民党党部和民团联合起来去打的。有被抓起来的,有被打伤的。因为我当时小,具体的都不记得了。苏金伞,是第三次游行之后被通缉的,当时是通缉学运的幕后人,苏金伞就跑了。

苏先生的影响呢,当时不仅是在荆紫关,逃到石羊庙的时候,影响还是很大的。当时考上大学很不容易,家里一般是不会让你去当兵的。但是国民党也不好,现在看起来也是不怎么地道的,共产党认为这是反动的口号,叫:"好铁不打钉,好人不当兵。"所以当时学生当兵的,家里都很反对。由于苏金伞的鼓动,当时学生的爱国热情高涨,参加青年军的、远征军的,好多都走了,当时在成都,从石羊庙到成都。这是苏金伞的一个影响。

再有一个影响呢,当时国民党教材审核的人,可能也有些进步思想,我记得当时我读小学,小学国语课本上就选有苏金伞的诗。印象最深的是叫《拨浪鼓的故事》,写得可有味道。小孩嘛,当时没有什么玩具,拨浪鼓就是货郎用的那些东西,我觉得很新奇。我发的新课本,看了以后很有意思。回家以后,我就对爸爸说,你看这苏金伞写的诗,风情看都是开封味儿的。他说你不知道呀,苏金伞就是你的大铁锤叔叔。因为当时就喊他叔叔,亲近点,就在前面加个大铁锤,大铁锤叔叔。一直到这个时候,我才把大铁锤叔叔和苏金伞连成一体。这就是苏金伞在抗日爱国运动中,在河南大学这一段,他所起的作用。

在潼关的时候,死了多少人我不太清楚,当时死伤非常多。在渡口边儿上,光河南大学医学院组织的战地救护队,起码得有五六个。后来有好多没有渡过河的学生,直接参加了他们的战地救护队。我觉得这也是受苏金伞的影响,那种爱国激情。当时那些救护队都是由学生组成的,他们后来都参军了嘛,主要是由学生组成的。为什么?因为当时河大医学院有一个传统就是外科特别好。当时救护队里边,需要的就是外科人才。

在石羊庙,我还说漏了一件事儿。除了接受当地的居民的孩子入学,还有就是改变当地的一些落后的风俗。我来举一件事儿,可能你们听了就会当笑谈。刚去石羊庙的时候,我们家住得离石羊庙不太远。当时当地的人家里面没有厕所,都是公厕。当时家里边儿居住的院落比较小,一般都不太愿意把厕所放在家里边儿,都是用公厕。公厕大概就是直径有一米多的一个大圆坑。用砖或者土坯垒起来一个圆坑,旁边儿就撒点碎砖头啊什么的。不仅是这样,它是男女同厕。我刚去的时候跟张一弓说,咱们干脆找个高粱地里去解手吧;不然解不出来。因为啥呢?因为它那儿就是那个习惯,比如说女的在里面解手,当地的风俗是你不能看人家。你蹲那儿解手,你解你的手,谁也不管谁,解完手提上裤子出来就走了。当时那是一个圆坑,周围蹲的有男的有女的,就这样解手。河南大学去了以后才改变他们男女分厕这种风俗。当时宝鸡市石羊庙是相当落后的,比潭头啊、荆紫关啊,都落后得多。当时在中国来说,也是绝无仅有的地方。当时是我们去给他们盖公厕,还是跟镇公所他们联合的。河南大学那时候也给他们出人力、出物力,就把厕所给它分开了。当时他们肯定都不习惯,包括小孩儿也是。从潭头到荆紫关这一路都是分厕,那到这儿来个男女混厕,受不了。

当时在石羊庙的时候,就是从国民党那条线下来的,青年军和远征军都是国民党征收的。但是因为形成全民抗战的路线到最后关头了,学生投笔从戎的还是相当多。河南大学去的不少,河南大学子弟,那些十五六岁比我大点的,都有人跑到成都去考航空学校。地下党的活动我除了了解苏金伞的,别的我都不太了解。回到开封以后,跟我父母联系比较多的学运的那些人中共产党人就王怀让,到后来那些搞学运的人都被抓起来了。搞学运游行的时候被抓起来,河南大学好多知名的教授联名把他们保出来。王怀让从河南大学毕业以后就到汉口,就是后来的财经学院,当时叫财经专科学校吧,他当了书记,新中国成立以后当了书记,他是地下党。我父母跟地下党联系得最密切的就是这两个人,一个是苏金伞,一个是王怀让。他俩是河南大学有名的学运领袖,别的情况我就不大知道了。

在石羊庙,河南大学实际上没有进宝鸡,就是在宝鸡旁边的石羊庙。石羊庙因为很空旷,房子也多,当时河南大学搬进去以后都有地方住。有很多空地方,石羊庙就当校址,庙改动当教室。生活,一般吃杂粮多,而且也没有什么菜,当时当地卖的腌的萝卜缨、芥菜缨啊什么。咸菜,吃咸菜比较多。当地农民吃饭更简单,拿个窝窝头呀拿根葱,一顿饭就完了。所以那时候吃饭非常紧张。

有件事我记得最清楚,当时我和张一弓是同学,都在河南大学附小上学。为啥非常要好,都喜欢游泳。他还不如我,我游泳的动作很正规,他光会狗刨。我俩非常要好,一直就是,在荆紫关,临着丹江,在丹江游泳。我教他蛙泳,因为游泳我俩才比较要好。当时在石羊庙,生活很艰苦,小孩就无所顾忌,想干什么就干什么。石羊庙那个旁边有条河,一般农民菜地什么都在河对面,而且搭的都有庵子,看菜的庵子,就是草庵,就怕小孩什么祸害他的菜。我和张一弓游泳的时候,游过河去,就经常去偷人家的黄瓜吃,还有茄子。就那小茄包,还没有长好,就比核桃大一点,就那样。回来还和小朋友学说小茄包可好吃,甜的。这个事小时候记得最清楚。后来张一弓2002年出第一部长篇小说——《远去的一代》的时候,他电话中说:哎,那时候,小的时候,咱们没给弟弟妹妹带好头啊。主要说这事,偷菜吃。另外,张一弓从小性格就比较倔,河南话就叫犟劲,犟得很。他游泳技术不如我,有时候在河里还要和我比赛。有一回,他游在我后头,他想,踩着河底是不是能游得快点,他就踩着那碎的碗片,脚上被划了一个一寸的口子,结果就把衬衣撕下来缠缠。也不敢跟家里说,过几天就好了。后来在医学院我问和他住一块的那个学生,我说他这没有治也没有擦药怎么好了?那个学生给我解释,他说你爸爸还是医学院的教授,你连一些常识都不知道。我说没有包扎过没有弄过,我给他说这情况。他说:你想,当时河里水非常干净,所以说不容易感染,另外你弄完之后立马拿布给它缠紧,缠紧了以后,他那个血小板凝结以后,有自愈能力。所以只要不感染,过几天就好了。这些事我记得清楚,张一弓也记得,直到他出长篇小说,电话里还说。

当时我们家可有意思,因为跟他们家是世交,孩子们起的名字几乎都一样。我四弟的小名叫小毛,他们家老四的名字也叫小毛。那时放学之后在一块玩,叫的时候怕叫混了,就叫刘小毛、张小毛。可见我们两家是比较好的。好的就是,当时从一个小孩的角度来看,我觉得河南大学这一路上它所贡献的,主要是给当地农民提高了知识和智慧。因为啥呢?当时河南大学不管是附小、附中,都接受当地的小孩,让他们入学,和我们一块上学。

我最好的同学就是张一弓和李昂,因为从小学到中学,我们一直是同学,记得比较清楚,别的名字都记不清楚了。后来有说约着一起去潭头看一看住过的地方、上课的地方,有这想法。但一个是生活都很紧张,再一个是生活都很坎坷,一直未能如愿。我跟张一弓曾经约过,后来张一弓让人给弄起来了,就是"说清楚",当时的一种行政处罚吧,弄了两三年,后来又把他下放到登封——登封文化馆。

我父母被河南大学聘任的时候是以讲师聘任的,那么从潭头到荆紫关再到宝鸡再回到开封,我父亲成了教授了,我母亲还是六级讲师,我母亲一直是讲师。当时讲师一共六级,六级是最高的。六级的工资跟副教授一样,当时也有副教授。抗战胜利以后,我父亲1946年在开封晋升为教授(应该是副教授)了。具体时间我记不太清,因为我父母也不太计较这个,每次晋级什么的,我母亲都让给别人。因为当时女老师就她自己,她都是让给别人,我母亲在晋级问题上、住房问题上都属于高风亮节。在这方面,最明显的就是住房问题。1980年,她就病重了。当时河南大学的党委书记是李林。李林是她教了两届的学生,李林在乡师的时候就是她的学生,后来还是她的学生,所以李林跟她关系挺好的。李林,河南大学老一点儿的人都知道,他在这儿待了好几年,河南大学的党委书记。他在这儿,河南大学也搞得不错。他是徐向前的女婿。我印象可深,他来这儿以后,首先关心我母亲的住房问题,看我母亲住房在哪儿,在现在那个体育馆,体育馆那儿原来是排房,在排房那儿住了一间。因为她有病,需要人照顾,李林上家里跑了好几趟,看她的情况。"戴帽"分给她一套房子,就是西门那儿盖的两三层的小楼,但她不要,结果还是退掉了。"戴帽"就是署名这个房子给谁的。当时福利分房嘛,结果我母亲没有要。所以一直到她不在,她都是六级讲师,她一直都没有怎么动。我父亲呢,从1946年评上教授,从苏州回来,就是开封第二次解放以后,当时工资啊维持原来的水平,职称都没有变。我父亲一直到1986年才评上正教授。最初共产党的政策,就是吃大锅饭,一般都不怎么评职称的,维持你原来的工资。那我父亲的工资呢,还是一直拿副教授的工资。在新中国成立以后,他那是相当于行政十三级,就是属于高干了,每个月工资143元。

国家记忆与民间记忆
——抗战时期河南大学潭头办学口述历史调研纪实

河南大学历史文化学院　赵广军

2015年7月,天气溽热,烈阳如火,是一个红色缅怀之月,更是我们走向社会、了解社会的一个契机。在河南大学校宣传部、校团委的组织下,历史文化学院从该院口述史调研组中选拔16名本科生、2位指导教师、1位研究生,共19人组成"河南大学潭头办学历史调研团",从7月13日至22日,在栾川县潭头镇、嵩县城关进行口述历史的采集和整理。身与其事,我们很愿意分享我们的记录和收获,期望在反法西斯战争胜利的70年后,借助此次调研观察民间记忆中的抗战和河南大学的历史。8天的时间里,1个古镇,5个自然村落,数千户农户,近2万人口,我们记录下他们对战时河南大学的记忆。

国家记忆:我们的大学

2015年7月13日上午8点半,我们乘车赴潭头,用时4个小时。而抗战时期流亡途中,从1937年12月日寇侵占豫东、豫北,开封城沦陷在即开始流亡办学,辗转迁徙,这段路,河南大学人整整走了17个月。在鸡公山、镇平短暂办学后,1939年5月,经地方士绅马振堂的力邀,校长王广庆带领疲惫的河南大学人来到了豫西伏牛山区的嵩县,医学院暂留县城,校本部和文、理、农3个学院来到潭头镇,方才安顿下喘息的步伐。这一驻达5年之久,直到1944年5月日寇血洗潭头镇,才被迫重新踏上流亡办学的征程。

潭头寨地处豫西深山区,北靠熊耳山,伊河南绕,西傍伏牛山,东通石门峰,三山一水,寨周围散布十几个村落,分布于盆地中,一处自给自足的世外桃源。战时的潭头,是一个理想的避乱、建校、求知、育人的好地方,当地民风淳朴,地方绅士热心教育。但是当地经济、文化落后于平原地区,识字率不足2%,地方社会渴望教育之普设,更希望这所流亡此地的高等院校能够播撒知识之甘露。河南大学千余名师生员工的到来,徒然使得潭头寨欢庆一番,乡绅民众腾出住房接纳,周围村落送粮、肉、蛋、柴等生计之需,还征集到教学办公所需的桌椅凳、生产工具等物资。一时间县立潭头中心小学等原有教学地方成为河南大学的教室,关帝庙、上神庙、三官庙、火神庙等公共拜祭场所也成为教学点,奶奶庙、地方士绅大户的大院等成为发电站、实验室等。河南大学在潭头时期,当地民众共腾让出22个院落,另占40余间民房。关帝庙改设为校本部办公用房,县立潭头中心小学改为教室和图书馆,3个学院分别在古城村、大王庙村、党村等村落中办学和试验。到潭头仅仅5天,就开始上课,土坯、砖头就着膝盖,因陋就简,很快恢复起教学秩序,枵腹讲学与苦读。3个学院教师有117人,学生千余人。到1944年5月仓促离开之时,河南大学在潭头共培养毕业生634名,另有800余名学生修完一、二、三年级学业。在潭头,河南大学甚至还招新生,扩大培养规模,报考学生必须参加国立高校统一联合招生考试,生源充足,1943年计划招生120名,报考者竟达3000余人。

口碑调研中,很多老人对于1944年5月惨案的发生,朴素地认为日军来潭头主要是尾随河南大学而来,专门烧杀河南大学人,集中表现出日寇对于中国高等教育所凝聚起的国脉的破坏。对此,我们记录下河南大学这所在抗战时期宁愿流亡也不屈服的高等院校留在民间的记忆。当地民众眼中河南大学的形象,可从细节中反映出战时整个中国内迁高校师生、员工、家属共约77万人大迁徙的情形。

迁徙办学,是抗战时期高等教育史上悲壮的时代特征。抗战中,战区、沦陷区的高校多迁往后方8省或内迁国统区,继续办学。1937年,33所高等学校分迁各地,另组成长沙临时大学和西安临时大学等6所院校;1938年,包括河南大学在内的39所高校迁移,新建9所,调整7所,中国高等教育格局震荡,教育重心从中东部偏转西南大后方,从城市转移至农村。中东部迁移高校达106所,搬迁达300多次,许多学校如河南大学一样一迁再迁,河南大学是迁校4次以上的8所高校之一,也因地处华中,受战争影响,是第一拨迁徙高校,之后播迁5次之多。这些内迁高校为抗战时期高等教育的恢复和发展奠定了基础,同时也对迁入地社会经济和文化教育事业的发展起到了促进作用。在这场浩劫中,中国的高等教育非但未被摧毁,反而有所发展,中国高校数量反比战前增加33所,在校学生是战前的2倍,为中国教育保存了国脉。在这场空前绝后的高教事业和知识精英战略大转移中,徙驻豫西的河南大学发挥了民主和科学的启蒙作用,也保存了河南大学的文脉。

1944年5月,日军卢氏挺进队向豫西山区发动进攻,洛阳失陷、嵩县失陷,15日两路日军突袭潭头寨,羁留的师生慌乱出逃,寨中河南大学校园、寨外石坷村等昔日施教之地,竟成日军杀人之场,师生及家属被杀9人,失踪25人，图书馆典籍文献被劫掠一空，试验仪器被毁，是为河南大学"潭头惨案"。在调研中，老人们仍旧能够记起当地谁如何施救河南大学师生，谁亲自掩埋了死难的河南大学人，谁又帮助收藏河南大学的仪器。惨难中，百余名河南大学人分散藏于周围十几个村落的群众家中，他们得到当地人以鲜血甚或生命的庇护。

在国家遭遇外敌侵略的国难之时，高等教育流亡办学的大势中，1942年3月河南大学完成了从省立到国立的华丽升级，流亡期间办学不辍，铸就了河南大学自强不息的精神。抗战8年（中国抗日战争实际为14年），河南大学5迁（鸡公山、镇平、嵩县、潭头、荆紫关和陕西宝鸡），在嵩县和潭头最久，留在当地人记忆中的事和物也最多，由于地缘等原因，潭头镇的社会变迁明显小于城市，具备口述历史的采集条件。

民间记忆：我们在记录

在潭头5个村落的口述调研中，我们需要进村寻找遗迹进行影像采集和寻找80岁以上的老人进行口述历史采集，随着犬吠，村民们从门口探出头，方言问："谁？弄啥？"眼尖的看出我们统一着装上河南大学的Logo和校名，会自语道："是河南大学的娃娃们。"一声斥狗"别叫了，自家人"之后，再加上一句"娃们，来屋，来屋"，这场景接续起他们70多年前接待流亡河南大学人的热情。

所遇老人又频频向我们表达："你们再不来了解，就晚了。"他们朴素地道出了口述历史时不待人的紧迫感。是啊，70多年了，他们还能等多久？我们不来进行口述记录，他们还能等吗？见到我们，老人们不等坐下来，也不顾蹒跚的腿脚，执意带我们寻找村中河南大学遗迹，直到烈阳当头、气息频急，才领我们回家，这几乎成为我们口述采集老人的共举。坐定之后的第一句话往往是："您还记得当年河南大学在潭头的事情不？""咦，那咋不记得！"此后我们调整了这句唐突的开场白，直接询问当年的人、事、物。

河南大学人没有遗忘你们，特别想听你们的讲述，这，是你们的记忆，也是河南大学的历史。这些老人多为30后，我们的调研团除了3位带队教师（其中一位是研究生）外，清一色的90后，面对这些爷爷、奶奶（不乏90岁以上者，也属90后），我们想听听他们记忆中的抗战、记忆中流亡到家门口的这座大学的情况。居住在老屋的老人们，生活并不富裕，甚或连招待我们坐下来的凳子都不够，绕膝，伏在院落的石板上，队员们记下老人所描述的画面。

不等问及河南大学人留给他们什么，他们就急于表达出他们尚能记忆的历史画面:风气丕变的民众娱乐——古老的戏楼中频频上演着洋气的文明戏;板正的中山装和蓝布旗袍成为他们描述亲眼见到的洋学生的样子,也成为镇上娃娃们制作衣服的范本;嘴里吐沫沫的刷牙方式、隔开的男女温泉浴室是他们接触到的新式卫生方式;村里放牛的娃娃能够亲手摸摸试验用的显微镜无疑是值得向小伙伴炫耀的事情;河南大学学生高唱的抗日歌曲至今仍有当年的娃娃能够哼上几句,使得当地民众明白在外敌入侵,非独有小家,尚有国家,培养其爱国情感。

河南大学人所谨遵的"新民"在潭头无疑发扬得更为光大。所谓"新民"意为使民更新,启民心智。七七中学校歌有谓"一方风俗赖我辈移易",也即此意。潭头的河南大学人在当地口碑中,通过开设各级教育启发民智,成为当地人口述中最大的贡献,特别是为地方办学、普及大众教育。由于条件所限,河南大学学生所居斗室低矮狭小,一室三四张简易木板床,采光不好,则征得房东同意后凿洞开窗,借自然光苦读,夜则在桐油灯下耐着熏黑鼻孔,苦读至深夜。鸡鸣即起,在河滩、闲地晨读。从宿舍到教室,需行三四里路。河南大学娃娃们的用功,潭头人看在眼里,记在心里,暗自用力,勉励子弟模仿。潭头镇最初仅有县立小学一所学校,河南大学在此设立七七中学、伊滨中学、伟志小学。七七中学延续至今,培养万余名人才,搭建起潭头人接受高等教育的桥梁。河南大学师生在当地还创办多所初级小学、幼稚园,为放牛娃娃施教,举办农民夜校、女学、简易师范、师资培训班、体训班等成人学校,大大提高了当地人的识字率。采访中年近90岁的老人仍旧能够背诵出当时的课文内容。口碑中,老人们至今犹忆苗叔陶(河南大学助教),频频提及七七中学的训务长苗叔陶严厉的纪律,甚或成苛。对于许多河南大学教授任课,许多老人曾言"七七高中是中学的招牌,大学的老师和管理",毕业学生的1/4考入大学。由于教育之兴,潭头这个鲜为人知的偏远山区小镇,一度文化繁荣,成为豫西名镇。除兴办地方教育之外,河南大学人还启迪新知,传播进步思想、文化科技。

其他如作物改良后的"河南大学梨"、"H系列"小麦、棉花品种,引进蔬菜新品种如西红柿、韭菜、菜椒、菜笋等,转街票制市场中的信任式交易,另外还有试验田旧址、甘露寺林场,这些都已成为历史,但是仍旧在潭头人的口碑中,他们仍能笑指这些尚在茁壮生长的作物给我们看。

在我们的口述调研中,潭头镇地方政府的接洽和各村中热心老人的引导无疑是最有帮助意义的。负责与我们接洽的朱红霞镇长、马主任事无巨细,委托各村全力支持和配合。进村有村干部引导,遇事有村干部协调,口述采集时他们又远避镜头,很远处抽支纸烟,静静等候我们结束,再引导下一处。石门村张石璋、古城村姜晋森冒酷暑,骄阳下带领我们去村中参观、介绍,俨然视已为80、90后的身板。我们的口述采集,也引起媒体人的关注,河南电视台、香港《文汇报》出于新闻的敏感,派专人跟随我们进村,观察我们工作时的状态,记录下我们对历史的记录。

通过老人们眼中的河南大学在潭头,我们可以了解到当地民间记忆中的河南大学,我们也记录下了河南大学形象史,这些采集对象的零星的记忆构建起别样的校史。

影像历史:我们的收获

从4月份起,我们的口述历史采集就在做前期的文献收集、整理、阅读工作,相关档案、文献、网络等文字基础已经准备完备,共积累来自校档案馆、开封市档案馆等所藏的档案数百页,其他文字文献数百万字。在2个多月文献消化后,每个小组成员都对潭头办学时期的人、物、事、地点等口述元素非常了解。7月10日开始,指导教师历史文化学院赵广军博士、李恒博士和校史馆王学春馆长又对成员短期培训3天,对理论、实务以及采集对象了解熟透。参加调研的16名学生来自历史学、博物馆学两个专业的一、二、三年级,分成4个采集小组,分别负责访问、摄像、笔录等,各司其职。进村的任务有二:寻找关涉河南大学的所有遗迹;寻访80岁以上的老人做口述采集。白天采集相关信息,晚上在住处分类整理、集中保存资料,撰写调研日志,睡前通过各类自媒体发出调研感想。由于时间安排紧张、身体的劳顿和一些调研事件的影响,白天采集的口述历史往往会随着熄灭的灯光入梦来。

8天时间里,调研团先后赴潭头镇石门村、大王庙村、古城村、党村、潭头村等5个自然村落实地采集,5个自然村落共有居民1万余人,加上潭头镇居民万余人,我们的调研几乎影响了整个潭头镇3.2万人中的2/3。身穿统一蓝色制服的"河南大学娃娃们"在平静的小镇重新燃起了一个关于流亡河南大学的话题,一些并不在我们采集范围之内的老人围聚上来,向我们喊:"听老一辈讲……"年轻一代则隔着人墙道:"听俺爷说,在俺家住有……"

8天里,调研采集到有效口述对象37人,录制视频素材69小时,寻访到此前调研时未能记录的遗址近10处,征集到河南大学遗留文物(如张长弓教授赠予地方人士的陶砚)、相片(马振堂先生照片)、书画(许钧教授所书匾额、书联)、相关石碑(党村奶奶庙内)等实物图片13帧,调研记录10余万字,补充和丰富了校史。调研中发现,很多实物已不存在,房屋雕画的木质柱梁业已半朽,但是承重的石基还在,一些遗物往往能够更容易勾起老人们的回忆,而且具有了新的人文内涵,如匆匆离开的张长弓教授赠给布家的陶砚、许钧教授为寨中商店所写的匾额等。

调研采集中,一些与口述理论相悖的地方也在采集实践中引起注意,如口述对象多为当年儿童,所记多为画面式,对相互关联的事情却鲜少提及,且所记由于老屋、故宅的变迁,没有地标参照,很多不能指出具体位置。也有一些记忆明显是受后来文献的影响,文献记忆排挤掉自我记忆,造成采集口径的一致性与史实有误差。采集中,我们感受最深刻的是70余年前的历史现在调研已非良时,我们的采集已稍显迟到,很多老人带着记忆逝去,如参与埋葬死难河南大学人并为之守墓的李忠贵老人已经谢世。昔日战时的学童、农家娃娃,现在多已至耄耋之年,已经难以长久为我们保留下那段历史。

抗战时期流亡的河南大学是当时整个高等院校迁徙办学的缩影,彰显着中国高等教育的大学品质和精神。河南大学在潭头的办学历史虽然只是一个"微历史",但是却能够折射出时代最强音:国仇难忘,自强不息。调研团师生也借此次口述采集,锻炼了口述历史的方法技能,爱国、爱校的情感也从政治化、口号化的符号中走向实地的感染。每每有老人讲到日寇杀害河南大学师生所酿的"潭头惨案"哽噎时,队员沉默着,静候着老人安抚下自己的情感,不愿干扰,甚或强忍着眼眶中的眼泪。通过调研,国难、战争、抵抗由教导变为每个调研成员的自我体会,内化入灵魂。

口述历史视野下的河南大学潭头办学

河南大学区域—国别史研究所 李 恒

70多年前,抗战烽烟四起。那是中国抗战最艰苦的时期,也是中国高等教育史上最悲壮的一页。仅1937年7月到1938年8月,中国的108所高校,就有91所遭到破坏,其中10所完全损毁,25所因战争而陷于停顿。为抢救和保存中国的文化教育血脉,中国的大学开始了罕见的大迁移。最广为人知的是北大、清华、南开组成的"西南联大"。据不完全统计,迁校3次以上的有浙江大学等19所,迁校4次的有私立东吴大学等8所。彼时河南唯一的高等学府——河南大学,流亡8年,师生跋涉上千公里,辗转5地办学,在艰难竭蹶的迁徙路上,河南大学人刺刀丛中觅诗,炮火声中诵读,并以卓越的办学成绩,在战时由省立升格为国立,其情其志,追之念及,可歌可泣。

1937年7月7日卢沟桥事变后,河南大学随着战局变化辗转流徙,进入了一个曲折发展的历史时期。1937年12月,日寇铁蹄践踏黄河流域,豫东、豫北先后沦陷,省城开封危在旦夕。在这生死存亡的紧要关头,当时的中华民国教育部、河南省政府决定河南大学南迁,拟将文、理、法3个学院迁到豫南鸡公山,农、医2个学院迁往豫西南镇平。学校固有的图书资料、仪器设备和教职员工及其家属等分批迁往相关学院,不能移动的资产及器材用具全部登记,委托专人留守保管。从此,河南大学开始了长达8年的流亡办学的艰辛历程。

按照计划,部分院系先行迁往信阳鸡公山。鸡公山为避暑胜地,山势险峻,内多平台,新式房屋较多,且大部分无人居住,正好由河南大学接洽租用。不久,豫南战事吃紧,时任河南大学校长的刘季洪先生遂决定再次搬迁,试图一劳永逸地将学校迁往四川万县,遭到省政府主席程潜及冯玉祥将军的反对。1938年10月,在新任校长王广庆先生的安排下,河南大学首先将羁留在鸡公山的文、理、法3个学院迁到镇平,与先期迁去的农学院和医学院会合,再将存放在武汉的图书、仪器运回镇平。1939年5月下旬,由于时局紧张,河南大学的师生员工在王广庆校长的率领下,徒步向北翻越伏牛山,途经方城、叶县、宝丰、临汝、伊阳、伊川,历时 10 多天,行程 600 余里,最终抵达嵩县县城。1945 年英国中英科学合作馆馆长李约瑟博士代表英国文教界慰问河南大学时,他的秘书曹天钦在当时的日记(1945 年 9 月 10 日)中写道这样一段话:"河南大学离卧龙寺数里,坐押道车东去,有趣已极……战时各大学受损害最大者,莫过于河南大学,前后凡六迁徙,损失图书甚至生命,目前散居卧龙寺附近、石羊庙等地,穷困至极……但在所有大学之中,那种一团和气、诚而不用心计之校风,当首屈一指。河南人品质真可佩。水准并不低,例为:Plant pathology 教授王鸣岐工作极勤,风度亦不俗。"①

战火中坚持办学,这需要一种怎样的气魄和勇气;炮火中继续上课,这对于当时的师生是一种怎样的考验,这些对于今天的学生和青年教师都是难以理解的。为了理解我们的先辈,也为了传承他们的精神,河南大学师生一行 19 人,在 2015 年暑假再次踏上了去往潭头的旅程。在潭头镇政府的协助下,经过师生们 8 天的口述采访和实地调研,我们大致重构了当年河南大学师生在此读书、办学和生活的图景。

一、峥嵘岁月,烽火潭头:河南大学人的避难福地

在嵩县县城,河南大学校务委员会讨论决定把医学院留在嵩县县城,校本部和文、理、农 3 个学院继续前进,到深山潭头办学②。由此开始,直到 1944 的"黑色五月",日寇入侵潭头为止,日寇屠杀 10 多名河南大学师生,并造成 25 名失踪,河南大学师生被迫逃离潭头,河南大学师生在潭头驻留整整 5 年。

残酷的战争将潭头小镇与河南大学紧密联系在一起,使其成为河南大学百年生命历程中重要的一段;炮火的洗礼将潭头小镇融入河南大学的生命之中,使其浴火重生,锻造出"百折不挠、坚强不屈"的河南大学精神;生命中不经意的一次邂逅,使潭头的山水和人民接受了文化的滋养,焕发出别样的青春。在抗战流亡办学中,河南大学师生驻扎潭头 5 年,这 5 年是这段流亡办学艰辛历史中略微平稳而舒心的日子。也正是在潭头期间,河南大

---

① 王守正:《我记忆中的河南大学农学院》。参看河南大学百年校庆专题网站 http://100.henu.edu.cn/NewsContent.aspx? NewsId-627。

② 嵩县位于河南省洛阳市西南部,地处伏牛山北麓及其支脉外方山和熊耳山之间,因处于嵩山起脉而得名。嵩县 1947 年 9 月 5 日解放,洛阳市政府将原属于嵩县管辖的潭头、秋扒等乡划归新设的栾川县。故潭头在抗战时期隶属嵩县,在新中国成立后隶属栾川县,中间有过微调,但基本格局不变,直到今天。

由省立升格为国立①,并且在1944年国民政府教育部的综合评估中,河南大学以教学、科研及学生学籍管理的优异成绩,被评为全国国立大学第6名,在中国抗战时期高等教育史上写下了值得骄傲的篇章。

70多年前,河南大学广大师生为什么要去潭头,为什么要选择流亡办学,备尝艰辛,甚至付出了血的代价?抗战初期,日军气势如虹,从东北到华北,太原会战、徐州会战、武汉会战……咄咄逼人,形成了日军战无不胜的"神话"。中国大地上弥漫着亡国的论调,相当一部分的政府官员主张放下武器投降,与日本合作共建所谓的"大东亚共荣圈",汪伪政府就是其中的典型代表,这些丑陋的中国人与侵略者进行了"愉快"的合作。据李敖的《蒋介石评传》以及《自己不洗别人洗》一文的统计,国民党军队抗战期间投敌人数约为50万人。此数据与《剑桥中华民国史》的记载基本一致,"叛逃的将军1941年有12个,1942年有15个,1943年是高峰的一年有42人叛逃。50多万军队跟随这些叛逃的将军离去,而日本人则利用这些伪军去保卫其占领的地区,以对抗共产党游击队"②。从另一方面看,在整个抗日战争中伤亡的侵华日军总数不到45万③,由此造成了国民党军队的一个抗战奇观,也使"国军"成为二战盟军中唯一的异类。在这种"抗战亡国"和"投降救国"的论调和思想影响下,很多人甘愿投降。当然,更多的中国人积极抗战,他们要么拿起武器,走上前线;要么在后方从事生产劳动,支援抗战。在这种种抗日洪流中,有一支教育兴邦救国的队伍,其中有大家耳熟能详的"联大长征"。1938年2月中旬,由北大、清华、南开3校组成的长沙临时大学,为长久抗战、保存文化计,西迁云南。其中,200余名师生不畏艰难,徒步穿越湘、黔、滇3省,途经3500里,历时68日终于抵达昆明,堪称我国教育史上一次可歌可泣的文化长征④。这是一次广为人知的文化长征。与此同时,在中原大地也进行着可歌可泣的文化迁徙。据河南大学校史专家刘建民记载:"抗战8年(抗战实为14年),河南大学搬迁5次(鸡公山、镇平、嵩县、潭头、荆紫关、陕西宝鸡,医学院则多次由荆紫关到汉中,又到宝鸡),在嵩县潭

---

① 1942年3月10日,国民政府行政院通过了将省立河南大学改为国立河南大学的决议。
② R.麦克法奈尔、贾正清:《剑桥中华民国史》(下卷)。中国社会科学出版社,2006年。
③ 据日本原生省1964年调查统计,侵华日军死亡43.56万人,美国统计为死亡44.7万人。见:中国人民革命军事博物馆《中国战争发展史》(下册)。人民出版社,2001年,第916页注释2。
④ 张继谦:《联大长征》。新星出版社,2010年。

头5年,其他地方多则1年,少则数月。不仅办学条件十分艰苦,而且师生还遭受日寇的疯狂迫害和残杀,这在当时全国高校中是罕见的。"①

其间,校长主持下的校务委员会召开会议,确定医学院留在嵩县县城,校本部和文、理、农3个学院继续前进,到深山中的潭头办学。潭头地处豫西深山中,北靠熊耳山,南绕伊水河,西连伏牛山,东通石门峰,三山一水,风景极其秀丽。以潭头寨为中心的十几个村落烟淡林疏,沙平岸阔,星罗棋布地散落在一块面积不大的盆地上。河南大学选择潭头避难,自然条件可谓得天独厚。再者,潭头人民淳朴敦厚,世代自给自足,经济文化落后,98%的乡民不识字,群众渴望文化教育的愿望异常强烈。同时,潭头深山办学不离河南本土,既能避开日军的铁蹄,又能方便得到省政府的财政支持,还有潭头当地乡绅的积极配合协助,使得潭头成为河南大学在战火中继续培育国家高等人才的世外桃源——潭头接纳了河南大学,河南大学选择了潭头②。在多种因素的促成下,河南大学校本部和文、理、农3个学院的千余名师员工陆续搬迁到潭头。文学院设在古城、石门、大王庙村,占有8个院落,资料室设在上神庙。理学院设在桥上村、党村,占有6个院落、40余间民房。理化实验室、仪器室、生物标本室、电厂均设在党村。农学院设在大王庙村,占有8个院落,并设有种子库和仪器室;大王庙涧下地30亩辟为农学系专用农场,潭头寨外南菜园地10余亩辟为园艺系专用园艺场,甘露寺荒山辟为森林系专用林场。

潭头人民用自己的实际行动和无私奉献,为河南大学在潭头办学提供了一切便利条件,使得潭头成为抗战期间河南大学办学时间最长的地方。到1944年初夏,河南大学迁入嵩县已经5年,在此期间坚持在炮声中办学,每年都有毕业生走出大山,用自己的知识服务社会,抵抗日本侵略者,用自己的实际行动实践着河南大学一贯的办学宗旨;同时又有新生来到这里学习,他们翻山越岭,不畏艰险,坚持在大山深处求真知,深信在这里能够学到挽救民族危亡的知识和本领。在这样艰苦的条件下,流亡办学,农学院年年招生,为国家培养了200多名优秀毕业生,为国家和社会作出了巨大贡献。在此以河南大学农学院为例,说明抗战期间河南大学在学生培养方面的成就。在河南大学百年校庆的前夕,王守正老人写了一篇《我记忆中的河南大学农学院》,以庆祝河南大学百年校庆,文中回忆了河南大学农学院在30年

---

① 参阅《抗日战争中的河南大学》(上),《河南法制报》2014年9月2日。
② 参阅《河南大学百年风云:避战潭头"桃花源"》,《大河报》2012年8月31日。

代初期、抗战时期和抗战胜利后的情况。虽然这是半个多世纪前的情况,但是往事历历在目,刻骨铭心。

"张翰文:1945年毕业,1950年响应党的号召从南京赴新疆工作,新疆八一农学院教授,植保系主任,国家有突出贡献的专家,享受国务院政府特殊津贴,新疆科技顾问,长期在新疆从事植病工作。张学礼:1945年毕业,新乡职业技术学院教授,省管专家,享受国务院政府特殊津贴,长期从事夏棉研究。訾天镇:1942年毕业,河南农业大学教授,农学院烟草专业主要奠基人之一,长期从事烟草研究。罗鸣福:1942年毕业,河南农业大学教授。还有李铁生、李五超、苌哲新等。"①

最重要的是河南大学广邀国内知名教授,拥有几十位海归博士,人才济济,学术力量雄厚。在潭头期间,嵩县山区在战乱中提供了一个好环境,使河南大学能够安静地于此"藏学",培养了5届毕业生。河南大学用自己的实际行动培养了国家需要的高级人才,有力地支持了抗战,而且这种在战火中坚持办学的精神本身就是对日寇的蔑视和打击,鼓舞了前线的战士和后方的民众。

二、和平年代,不断造访:河南大学人的第二故乡

抗战胜利后,河南大学师生返回开封,继续正常的教学和研究。此后,安定下来的河南大学人便不断有前往潭头访问的。最初的这批人多半是自发前往的,他们是曾经在潭头学习和生活过的河南大学师生,其中比较著名的是苗叔陶先生;后来还有很多集体自发前往探视或者河南大学组织前往的。

最近的一次"重走潭头办学路"发生在河南大学百年校庆来临之际,洛阳日报报业集团与河南大学联合推出"有情有义有担当·河南大学重走潭头办学路"大型系列报道,组织若干名河南大学师生重走当年办学路,踏访遗迹,悼念先烈,秉承精神,振兴河南大学。此次重走发表了若干文章,其中有《抗日烽火燃神州 河南大学学府徙潭头》,讲述了河南大学在抗战爆发、学校受到日军飞机轰炸的危急时刻迁往潭头的历史②。当时河南大学有在校师生1100多人,培养了5届毕业生。这些在潭头就学的学子对潭头怀有

---

① 王守正:《我记忆中的河南大学农学院》。参看河南大学百年校庆专题网站http://100.henu.edu.cn/NewsContent.aspx? NewsId=627。

② 载《洛阳日报》2011年1月13日。河南大学原校长王广庆在其所著的《抗战时期河南大学迁校经过》一文当是记载河南大学抗战期间辗转迁徙的权威记录。

深深的爱意,仿佛游子对母亲的思念,他们后来以各种形式自发或集体组织前往潭头,寻访当年的足迹和青葱岁月。他们是河南大学在潭头办学5年开出的美丽花朵,向世界展示着河南大学的坚强和执着。

七七中学是河南大学在潭头种下的种子,5年期间培养的学生成为河南大学记忆的坚定传承者。据不完全统计,潭头七七中学建校8年,初中招生9届12个班,毕业6届7个班,毕业生270多名;高中招生6届6个班,毕业3届3个班,毕业生60余名。时间虽短,影响深远。当年的七七中学的学生,在新中国成立后,不少人成为当地各条战线的领导和骨干,为地方的经济建设和社会发展作出了重要贡献。20世纪50年代,栾川地区中学的教师来源多赖于此。因此,潭头有"教师仓库"之称。另有一些毕业生,经过深造任职大专院校,并晋升为高校领导、教授。这些人是河南大学在潭头办学5年所培育出来的地方精英,他们成为现今"潭头记忆"的中流砥柱。从后来的历次重返潭头的采访中,我们都能发现这批河南大学附中校友的踪影。实际上,现如今的潭头人多半是在儿时听着这批河南大学附中校友讲述的故事长大的,他们凭着老一辈的记忆构建起河南大学在潭头办学的叙事,在校友们亲身经历的基础上,加上他们对这一特殊时期的理解,再以他们自己的方式呈现出来,他们在很大程度上左右着今天我们对潭头办学的认识。

最后需要提及的是潭头当地政府的领导和百姓,他们是河南大学在潭头办学5年得以实现的根基,也是这5年办学的历史事迹得以流传的种子。"问渠那得清如许,为有源头活水来。"至今在潭头镇的各个村落中生活的老百姓还记得当年身穿旗袍的河南大学女生,身穿长衫的河南大学老师和少数穿中山装的男生,还记得当年河南大学学生三五成群、谈笑风生、腋下夹着书本走过门前的身影,还记得河南大学师生与他们交往的故事。点点滴滴,口耳相传,一直到今天,历史鲜活地在潭头人民中间一代代地传承。正是因为有着潭头人民对河南大学的深深的爱,他们才将当年办学当作教室、宿舍、食堂和澡堂等的建筑悉心保存至今。这些土坯房虽然有些残破,但毕竟还在当年的地表上顽强地挺立着,等待着一批又一批的河南大学学子前往瞻仰、凭吊,听它们无声地讲述当年的故事。还有"河南大学梨",每年仍旧开花、结出满树的果子,仿佛等着河南大学师生回来品尝。孙明化老人家那棵梨树就是从河南大学梨园中移植的。他在写于1996年的一篇忆往文章中说:这棵梨树挂果40多年,每到夏秋之际,树上挂满了黄梨,每个都有半斤多重,吃起来脆甜可口。每当尝到它,就想起了河南大学园艺系的学生和工人①。最为悲壮的,还是那方"河南大学潭头惨案纪念碑",向不断重返潭头的河南大学人无声地控诉当年日寇进犯潭头时对潭头师生和百姓犯下的罪行。1944年5月,日寇血洗潭头。在那生死攸关的危急时刻,潭头人民心系河南大学、保护河南大学,甚至有人为此献出了宝贵的生命。潭头老乡李红太一家三代大义参天,默默为抗日牺牲的河南大学师生守墓67年②。2016年,潭头镇政府将当年河南大学在潭头办学期间种下的两棵牡丹赠送给河南大学,就在今天明伦校区历史文化学院对面的小花园,开辟出一块地方,圈成了"牡丹园"。

近年来,每到暑假、寒假或学校周年庆典时,河南大学的师生都会组团来到河南大学潭头附中访问、互动,师生们自愿来此支教,潭头附中也会选送学生到位于开封的河南大学附属中学学习。当年的文学院院长嵇文甫教授,在潭头仿照河南大学校歌为新成立的七七中学校歌填词,是为《七七中学校歌》,也是今天潭头中学的校歌,歌词曰:

"玉阳峨峨,伊水荡荡,吾校位其旁。我辈之心,要清似伊水;我辈之志,要高似玉阳。一方风俗赖我辈移易,一方民气待我辈发扬。愿大家,齐努力,齐努力,莫彷徨,莫彷徨。

玉阳峨峨,伊水荡荡,吾校位其旁。我辈之心要清似伊水,我辈之志要高似玉阳。使吾校成绩为国之冠,使我校历史与国无疆。愿大家,齐努力,齐努力,莫彷徨,莫彷徨。"

河南大学的师生会在潭头的各个村落间走动、串访、探寻当年河南大学在此办学的旧址和遗迹,缅怀前辈甘冒生命危险、不辞劳苦、辗转迁徙、坚持办学、矢志教育救国的崇高理想,近距离感受在抗战烽火下生发的"百折不挠、自强不息"的河南大学精神。正是在这种崇高理想与河南大学精神的感召下,河南大学的师生不断重返潭头,将之作为自己再出发的起点。

2015年,为纪念中国抗日战争及世界反法西斯战争胜利70周年,河南大学党委宣传部组织策划了"重走办学路"系列活动,笔者有幸参与,和赵广军老师带着学生前往潭头,采用口述史的方式,实地调查、搜集河南大学在

---

① 河南大学广播站:"有情有义有担当·河南大学重走潭头办学路"系列报道,参阅 http://blog.renren.com/share/202327859/4740279365。

② 参看"有情有义有担当·河南大学重走潭头办学路"系列报道之《守墓人李红太》,载《洛阳日报》2011年1月21日,同时参阅 http://news.lyd.com.cn/content/2011/1/21/883225.shtml。

潭头办学的资料,在此基础上形成了调查总结报告①。师生一行19人,在潭头镇驻扎8天。调研团先后赴潭头镇石门村、大王庙村、古城村、党村、潭头村等5个自然村落实地采集。5个自然村落共有居民1万余人,加上潭头镇居民万余人,我们的调研几乎影响了整个潭头镇3.2万人中的2/3。调研采集到有效口述对象37人,录制视频素材69小时,寻访到此前调研时未能记录的遗址近10处,征集到河南大学遗留文物(如张长弓教授赠予地方人士的陶砚)、相片(马振堂先生照片)、书画(许钧教授所书匾额、书联)、相关石碑一通(党村奶奶庙内),调研记录10余万字,补充和丰富了校史。调研中发现,很多实物已不存在,房屋雕画的木质柱梁业已半朽,但是承重的石基还在,一些遗物往往能够更容易勾起老人们的回忆,而且具有了新的人文内涵,如匆匆离开的张长弓教授赠给步家的陶砚、许钧教授为寨中商店所写的匾额等。

三、历史的杂音:口述历史与文献资料的抵牾

正是这段我们亲自参加的口述调研,使我们发现了在潭头乡民间流传广泛的一些说法,如揭馍皮、倒掉肥肉片、日本人专杀河南大学师生、村民强奸河南大学女学生、潭头人民与河南大学师生友好往来、住房不要钱、专门腾出自家上房供师生住宿等,形成了潭头当地的民间记忆。这些民间记忆带有独特的口述史特点,它们并不是背离了口述史理论,而是与口述史高度契合。

其一,口述调查的对象多为当年的儿童,所记多为画面式,对相互关联的事情却鲜少提及,且所记由于老屋、故宅的变迁,没有地标参照,很多不能指出具体位置。这反映了口述历史的不确定性,这与记忆的特点相关。记忆在漫长的时间里不断受到侵蚀,逐渐变得模糊直至消逝。其二,部分读书识字的调查对象有一些记忆明显是受后来文献的影响,文献记忆排挤掉自我记忆,造成采集口径的一致性,但与史实有误差。还有部分受访者由于多次接受采访,对所讲述的事件叙述流利,形成了一套特有的叙述模式,甚至根据自己的理解对事件重新编排,暗含独特的叙事逻辑,以推衍出他所期待的结果。更为可怕的是,这些结果往往是地方政府授意的,或者是来访者希望听到的,严重损害了口述历史材料的真实性和鲜活性。这是口述史的主观性,也是口述史遭到学院派大肆批判的主要原因。其三,我们感受最深刻

---

① 赵广军:《国家记忆与民间记忆——抗战时期河南大学潭头办学口述历史调研纪实》。见:张召鹏、郭灿金《风雨鸡鸣》(下册)。河南大学出版社,2015年。

的是70余年前的历史现在调研已非良时,我们的采集已略显迟到,很多老人带着记忆逝去,如参与埋葬死难的河南大学人并为之守墓的李忠贵老人已经谢世。昔日战时的学童、农家娃娃,现已多至耄耋之年,难以长久为我们保留下那段历史,这反映了口述历史的时效性,随着当事人的故去,很多鲜为人知的事实将随之而去。

本文的前两个部分详细叙述了河南大学迁往潭头办学的背景、河南大学人在潭头与当地老百姓的交往、河南大学给予潭头地方的影响等,这些都是根据官方文件和官方记载所呈现给我们的印象。在实际的口述调研中,除部分叙述与此类同外,有很多"历史的杂音"。这些"杂音"与主旋律不搭调,格外刺耳,因此引起更多的关注。那么,口述历史下的河南大学潭头办学在潭头当地老百姓心目中是一个怎样的形象呢?

首先,必须承认在潭头人的心目中,河南大学人是有学问、有修养、有气质,也有钱的形象,即今日所说的"高大上"的典型代表。河南大学人初来乍到,给潭头人视觉上和心理上的冲击至今仍然残留在当地人的心中。在此次采访中,笔者有意询问当年河南大学师生的外观形象,几乎所有的受访者都一致认同"好看"、"漂亮"。给笔者印象最深的是一位年近九旬的老太太①,遥想当年的光景,脸上竟然泛起少女般的羡慕与羞赧。据老人回忆,当年她还是一个十来岁的小姑娘,每天看着那些穿着蓝色上衣、黑色短裙,梳着各式各样发型的大姐姐们,手中拿着书本,三三两两,谈笑风生,从她家门前走过,心中顿时生发出无限的向往。我们采访老人时,她遥想陈年旧事,仿佛历历在目,眼中闪烁着激动的光芒,好似又看到了当年的一群女学生,正朝她走来。这让我们看到了口述史的魅力,珍贵的历史片段以记忆的形式封存在老人的大脑中,适当的时机将其唤醒,通过口述的形式再次展现在世人面前。

这是正常的反应。当年的开封是河南省会,而能够上大学的学生家里虽然未必非富即贵,但起码是殷实之家,每年几十块大洋的学费绝非一般的农户能够支付的,而且生活费也是一笔不小的支出。所以,潭头人民当时是非常欢迎河南大学师生前往办学的,地方官员主动接洽,乡绅主动出资、辟

---

① 秦家琪先生的夫人。秦家琪先生现为洛阳栾川地区的著名书法家,也是中国著名史学家、首都师范大学博士生导师、《大众书法》主编、河南大学校友裴英君教授的本家长辈。在潭头期间,正好裴英君教授回乡省亲。裴教授听说河南大学的师生正在潭头调查办学历史,特邀我们与秦家琪先生同席,共进午餐。

地、让房,百姓主动承担各种体力劳动,很快将流离失所、在外飘荡一年有余的河南大学师生1000余人安顿下来。因为这1000多人来自省城,有知识、有学问,能教化乡里;而且这一庞大的人群有经费支持,有消费能力,能带动地方经济发展。

其次,在潭头人民的心目中,河南大学的师生是懂科学、有技术的知识分子,他们用自己掌握的科学技术帮助潭头人改良品种,防止病虫害,提高了农民的收成。流传广泛的"河南大学梨"不仅仅是个传说,这些梨树现在还在开花、结果。河南大学原校长王广庆在其所著《抗战时期河南大学迁校经过》一文中有这样一段记载:"农学院在镇平时,发现豌豆入仓后,多生小黑甲虫,蚀豆粒为圆洞。豆一出仓,即纷纷外飞。乡民深以为忧,本地人有归咎为德国洋槐带来。经农学院病虫害主任王鸣岐教授指导同人及助教等,利用显微镜设备长期细心研究,发现小黑虫初产卵于花上,再后方蔓延于籽粒中,自与德国洋槐无关,经兴办防虫演讲、劝导防治,害乃减少。又潭头一带小麦常有锈病,本地名为黄疸,亦经王鸣岐及诸教授细心考察,实地实验,数年研究,亦发现小麦生锈病之原因,系由伏牛山一带所产黄柏及淫羊藿叶上的锈菌所传染,此等病菌,飞散传播,染于小麦即为锈病。研究结果用中英文发表,得到教育部拨专款继续研究。"①孙士全老人也回忆道:日本人打进来后,河南大学师生走得匆忙,很多仪器设备来不及运走;还有2头外国的奶牛,河南大学的人走后没人照顾它们,很快就死掉了,真可惜。

再次,河南大学人为潭头的教育事业作出了巨大贡献,其中最卓著的成果就是创办了七七中学。《深山潭头,有个"河大附中"》一文介绍了河南大学迁驻潭头后,为解决当地青少年及本校职工子女就读中学难问题,于1939年在潭头创办初级中学——七七初中,之后又创办了七七高中的往事②。栾川地区在新中国成立后政府的干部和学校的教师都主要来自七七中学培养的学生,所以七七中学被誉为栾川的"人才储备库",确实实现了当年河南大学师生创办该校的初衷,正如嵇文甫先生在校歌里面写的一样:"一方风俗赖我辈移易,一方民气待我辈发扬。"移风易俗,这就是教育的力量。

潭头的民间记忆保存了好些官方记载中鲜见的河南大学师生轶事,这

---

① 王守正:《我记忆中的河南大学农学院》。参看河南大学百年校庆专题网站 http://100.henu.edu.cn/NewsContent.aspx? NewsId=627。

② 孙自豪:《深山潭头,有个"河大附中"》。《洛阳日报》2011年1月18日。

些口耳相传的事情从另外的角度补充了关于河南大学潭头办学的历史叙事,使我们看到更加完整的历史。

第一,揭馍皮。很多老人都谈到这个细节,河南大学的学生吃白面馍馍时不吃皮,会把皮揭下来扔掉,这在当时基本吃不到白面馍馍的潭头人看来是极大的浪费。此类事情还包括扔掉肥肉片。给学生做饭的乡亲们往往会看到学生将剩饭菜倒进泔水桶里,其中竟然还有肉片。这样的事情在潭头人看来极难接受,因为当地人连饭都吃不饱,平时哪里有肉?当年河南大学师生的生活条件显然超出了潭头人的想象,他们与河南大学师生基本生活在两个不同的世界里——一个是省会的大学、一个是山里的小村子,两者的生活水平悬殊太大。这些事情在官方的文献中是基本不谈的,只在口述访谈时才能触及。口述史正在中国悄然兴起,但是遇到了学院派史学家的强力阻击,理由纷繁复杂。无论如何,口述史至少在某些方面弥补了正史的不足,使我们看到更真实的历史,同时也使我们能更深刻地理解历史。在官方文献中,我们所能见到的是抗战时期办学条件艰苦,校方千方百计寻求资助,勉力维持,自制酱油,也有饿肚子的时候。

第二,日本人专杀河南大学师生。在调研中,很多老人对于1944年5月惨案的发生,朴素地认为日军来潭头主要是尾随河南大学而来,专门烧杀河南大学师生,集中表现出日寇对于中国高等教育所凝聚起的国脉的破坏[①]。甚至有的老人委婉地提到,如果不是河南大学师生,日本人是不会来到潭头的,也就不会给潭头人带来灾祸。根据史料的记载,我们认为不是这样的。当时的河南大学师生没有任何防护,与日本人仅隔了一条伊水。如果日本人专门为了捕杀河南大学师生而去潭头,怎么可能只杀掉区区十数人而已?

第三,潭头人主动提供住房。在调研中很多老人家里当时曾经接待过河南大学的学生,当问及是收费还是免费的时候,少数人说要收租金,部分人支支吾吾说怎么好收钱呢,都是免费给学生住的,而且一般都是把自家的好房子腾出来给河南大学师生住[②]。但是实际情况并非如此,很多村民承认还是要收取租金的。学生家庭条件好的可以租用单间自己住,出资高的

[①] 赵广军:《国家记忆与民间记忆——抗战时期河南大学潭头办学口述历史调研纪实》。见:张召鹏、郭灿金《风雨鸡鸣》(下册)。河南大学出版社,2015年。

[②] 这一说法的典型代表是潭头党村的党建伟。他是河南大学苗叔陶教授的学生党进福的儿子,家中保存有苗叔陶教授与其父亲的合影。

可以租到更好的房子。境况一般的多半几人合住,共同分担费用。当然,不排除个别乡绅腾出自家住房供教授和学生使用的情况。

第四,在采访过程中,孙士全老先生①回忆,当时有位河南大学的男学生,看上潭头的一位村姑,然后两人生活在一起。日军进犯潭头后,他们一起逃亡了。后来这位村姑回来了,还带着他们生的两个女儿,就出嫁在附近的乡里。由于时间关系,我们没能去追访这位河南大学男生的后代,而且这样的叙事也是官方记载所不容许的,但它确实发生过。

在肯定口述史此方面贡献的同时,必须谨记的是,由于口述史独特的视角,补充了正史的不足;但也正是因此,决定了口述史本身的局限性。其实,任何视角都有自身的限制。明白了这一点,能帮助我们更清醒地认识正史和口述史,明白彼此的价值所在。就如同拜占庭历史学家普罗柯比撰写的《战记》和《秘史》,前者展现了拜占庭伟大的皇帝查士丁尼和杰出将领贝利撒留的骄人战绩,他们通过20余年的艰苦战斗,基本恢复了罗马帝国昔日的版图,使拜占庭达到黄金时期;后者却描绘了这些伟大的君主和将军隐秘的私人生活,他们的荒诞、愚蠢与历史上那些昏庸之辈如出一辙。这两种给读者反差极大的形象在最初无论如何也不能捏合在一起,两者的张力太大了,超出了世人的想象。经过历史学家们的反复考证,最后确认普罗柯比所记录的都是历史的真实。口述史以其独特的视角,展现了史料的鲜活性、直接性,将文献中有意无意屏蔽掉的不和谐的音调重现,补充了文献资料的不足,让我们有机会领略更加完整的历史构图,看到更加真实的历史,这是其可贵的地方。

四、我们是否可以再回潭头

潭头在河南大学人心目中的地位随着河南大学的发展日益凸显,尤其是在经济建设和精神文明建设飞速发展的今天,河南大学人越发觉察到潭头办学这段经历的可贵,值得挖掘,应该总结和发扬光大。曾不止一次到过河南大学潭头附中考察的河南大学党委宣传部新闻中心主任时瑞刚曾经说:"'河南大学柏'植根于此,河南大学潭头纪念碑矗立于此,河南大学潭头附中就是新时期河南大学人与潭头人民的感情寄托地。"②

潭头成为河南大学人心中永远的的朝圣地,一代又一代的河南大学学

---

① 孙士全老人现年82岁,"河南大学梨"就长在他当年出生的院子里,这个院子现在由其兄长居住。我们在旁边的另一个小院子里对老人进行了采访。

② 孙自豪:《深山潭头,有个"河大附中"》,《洛阳日报》2011年1月18日。

子前往朝拜，亲身体验百折不挠的精神、浴火重生的生命跃动。潭头，俨然成为河南大学的精神家园。但是，这座精神家园现今却面临着严重的危机，主要原因是亲历河南大学潭头办学的那一代人逐渐凋零，他们所保存的记忆也随之而逝；很多当年的历史遗迹也因为年久失修，或者当地经济建设和城区规划等而逐渐坍塌、拆迁、重建，今天的潭头已发生巨大的变化。历史是过往的记忆，记忆需要载体、需要传承，而这些在今天的潭头都岌岌可危。这也契合了口述史的一个特征——时不我待！

很多口述项目开展的主要原因都是历史事件见证者年事已高，必须采取保护性发掘。待收集到所需要的资料后，调研人员不会再去事件发生地调查，也不会再去寻访当事人进行口述。在这个问题上，河南大学潭头口述调研有所不同，这个项目所需要做的，不仅仅是把当年的事情搞清楚，还原历史，更重要的是发掘河南大学在抗战期间百折不挠、坚强不屈的精神，将之作为推动学生培养和学校建设的重要精神资源。因此，需要一些客观实在的东西来讲述和传承当时的办学经历。问题是，10年之后、20年之后，事件亲历者和历史遗迹基本都将不复存在，在这种情形下，我们还可以再去潭头吗？

单纯从口述历史调查研究的角度来看，现在掌握的材料基本可以支撑我们构建河南大学在潭头办学的历史，资料采集的价值和空间已经很小了，而且随着时间的流逝，潭头本身作为资料的意义越来越小，但是潭头作为承载和传承河南大学精神的意义却越来越大。在这一方面，口述史仍然可以发挥其作用。

第一，整理保存现有影像资料，并进一步挖掘可采访的对象，收集更丰富的材料。现有资料的分类整理是一个工作量很大的任务，在做好这个工作的基础上，应该进一步推进。一方面进一步深入调查采访；另一方面将之前的工作以出版（或发表）成果的形式固定化、明确化，由它们来讲述潭头办学的这段历史。

第二，联合潭头文物部门，组织申报省一级的文物保护单位，争取更大范围的关注和更多的支持。以彼时河南大学在国内高等教育的地位和成就，以及河南大学为中原文脉延续所作出的贡献，河南大学抗战期间潭头办学史完全应该得到更多的关注。

第三，结合潭头地方实际情况，策划论证古村落保护项目，既可以将尚存的、相对完整的房屋及器具保护起来；也可以借此吸引资金，创办地方特色的旅游项目，促进地方经济的发展。这是一举两得的事情，而且具有可持续性发展。

相对而言,河南大学更需要潭头,河南大学应该主动巩固并扩大自身在潭头的影响。河南大学在潭头有很好的根基,但是正在削弱,必须想办法加以夯实。在我们采访的时候,探访了潭头附中,并采访了时任校长和几位教师,得知潭头附中这些年过得极为艰难,面临裁撤合并的危机。也许我们再去潭头的时候,河南大学潭头附中的生命就被历史无情地画上了句号,不再以一个实体机构运行。对于河南大学而言,可以从3个方面着手。

首先,建立爱国教育基地,这是当务之急。2015年暑假,河南大学党委宣传部组织策划并实施了这一计划。"河南大学抗战时期潭头办学旧址纪念馆"由河南大学党委宣传部设计布展,是河南大学纪念抗战胜利70周年系列活动之一,旨在保护河南大学抗战时期的办学旧址,弘扬河南大学抗战时期弦歌不辍、艰苦奋斗的高贵品质,传承河南大学自强不息、百折不挠的"河南大学精神",加强对河南大学师生的爱校荣校教育。尽管纪念馆刚刚落成,但一幅幅鲜活的照片、一件件珍贵的展品,再现了河南大学师生在潭头办学的艰辛历程和光辉业绩,体现了河南大学师生不畏艰苦、坚持办学的执着和坚韧,使参观的各位老师深受教育、感慨万千。郑州大学马克思主义学院党委书记王玉良在参观完展览后,动情地说:"在日寇入侵、民族危难关头,在抗日烽火硝烟中,河南大学师生弦歌不辍、坚持办学,凝聚和发扬了中华民族不屈不挠的精神,谱写出我国抗战时期高等教育壮美的诗篇,并将先进的文化和科技带到了办学之处,对推动当地经济的发展和文化的繁荣作出了重要贡献。"[1]

其次,加强与潭头中学的联系,推动更多的合作。河南大学师生在潭头办学期间,与地方乡绅共同创办了七七中学,后更名为河南大学附属中学、潭头中学,成为现在的栾川县第二高级中学。此中学与河南大学渊源极深,在当地百姓心目中的影响极深,他们一直认为该中学就是河南大学一脉相传的嫡系后裔。后来潭头中学在发展中其重要性和影响逐渐让位给新兴的栾川县第一高级中学,栾川县教育局多次下文裁撤潭头中学,取消建制,将其归并到其他中学。面临此命运的不仅是潭头中学,其他几所中学已经先后完成了合并改组,但是潭头中学在潭头百姓的干预下,先后几次合并举措

---

[1] 《潭头纪念馆:全省高校思政课教学部主任参观我校抗战办学潭头旧址纪念馆》,参看 http://www.henandxxbzkb.cn/index.php?m=content&c=index&a=show&catid=8&id=2522。

均告流产。这是一条血浓于水的天然纽带,维持并加强河南大学与潭头中学之间的联系有助于强化河南大学在潭头地方的影响,巩固河南大学在潭头百姓心中的地位,深化潭头百姓对于河南大学的心理认同。

再次,与此相关并将此举措进一步推进就是教化潭头。此前有在当地的文化界、教育界、政界中诸多被潭头中学教育出来的学生在潭头维护河南大学的地位和影响,随着他们的去世及栾川县城的发展,潭头的地位逐渐下降,河南大学在潭头的影响力也在大幅度滑坡。要巩固这一阵地,就需要充分发挥河南大学的教育职能,通过举办各种活动告诉正在成长的潭头年轻人,让他们知道河南大学与潭头之间的鱼水深情,让他们把这种感情延续下去。之前这一工作主要是由潭头中学的毕业生承担的,现在河南大学应该做更多的工作,因为这是河南大学在潭头的根基。趁着现在还不算太晚,应该加紧做;否则,河南大学可能就真的回不到潭头了。

结语

世界历史上,二战中苏联曾在抗击德国法西斯的战争中将大批机关、工厂、学校内迁,以躲避德国法西斯侵略的炮火,积蓄争取战争胜利的力量。但他们迁移办学的时间并不长,而且没有像西南联大与河南大学这样在战火中发展壮大,取得不朽的业绩;尤其是河南大学,在这一时期由省立大学升格为国立大学。二战中其他国家如美国独善其身,英国本土未被染指,法国则沦陷,唯有中国在艰苦卓绝的环境中坚持办学,而且河南大学是在敌占区坚持办学,这显得更加难能可贵。

口述史背景下的河南大学潭头办学,补白了官方校史之外的历史细节,更有与之相抵牾的地方,但无论如何不能否认潭头办学的重大意义——保存学术实力,赓续文化命脉,培养急需人才,开拓内陆空间;更重要的是,表达了一种民族精神以及抗战必胜的坚强信念。

事件与空间:河南大学潭头办学口述史采辑漫谈

河南大学历史文化学院2017级博士研究生 王占西

1939—1944年,河南大学流亡潭头镇办学5年,对河南大学来说是一个大事件,对潭头当地民众言也是一个大事件,对于整个抗战时期流亡办学的高等教育而言也是一个不大不小的事件,特别是潭头办学使河南大学从省立到国立。潭头办学的历史事件属性很强,我们选择了这样的事件类型作为口述的调研对象。目前的潭头一如70余年前,只不过时代进步,促使很多物已非原物,人也多早故,但是,群山环绕,口述的空间性较好,乡村较之于城镇,显得滞后许多,村中很多老人还能够陈述,于是我们选择了潭头镇及其附近5个村落的空间进行口述调研。2015年暑假7月13日至22日,我们河南大学历史系师生一行共19人赴河南省洛阳市栾川县潭头镇进行潭头口述校史的采集与整理,8天的史料采集我们带回了很多口述资料,经整理终成最后的成果。

抗战中,战区、沦陷区的高校多迁往后方8省或内迁国统区,继续办学。1937年33所高等学校分迁各地,另组成长沙临时大学和西安临时大学等6所院校;1938年,包括河南大学在内的39所高校迁移,新建9所,调整7所,中国高等教育格局震荡,教育重心从中东部偏转西南大后方,从城市转移到农村。中东部迁移高校达106所,搬迁达300多次,许多学校如河南大学一样一迁再迁,河南大学是迁校4次以上的8所高校之一,也因地处华中,受战争影响,是第一拨迁徙高校,之后播迁5次之多。这些内迁高校为抗战时期高等教育的恢复和发展奠定了基础,同时也对迁入地社会经济和文化教育事业的发展起到了促进作用。

一、历史的在场及遗留:河南大学在潭头

抗日战争爆发后,战火燃及高等学校。为了保存实力,保存文化的种子,高等学校纷纷内迁,开展了文化的大迁移。高等学校流亡办学对中国高等教育火种的保存起到了不可磨灭的作用,在流亡办学过程中对当地的经济、教育、文化都有很大的影响。以河南大学为例,抗战8年(抗战实为14年),由于时局的动荡不安,先后有5次流亡的经历,其中以1939—1944年5

年在嵩县、潭头办学最具有代表性。河南大学利用自身的优势促进了当地经济的发展，普及教育，提升当地民众的文化水平，积极进行抗日民族运动和民主宣传。

抗日战争前，我国已有大学42所、独立学院34所、专科学校32所，总计108所高等院校。由于历史原因，高等学校大多分布在北平、上海等几个大城市中，地域分布极不平衡。七七事变以后，高等学校处于战争的第一线，成为日军进攻的主要目标之一。随着战争的发展，日军已经深入到华中、华东的大部分地区。为了保存文化根脉，避免战火的摧残，高等学校在1937年夏纷纷选择内迁。在迁徙的过程中，由于路途遥远，再加上日军的攻击，很多图书、设备或毁于战火或途中丢失，损失惨重。

北京大学、清华大学、南开大学在长沙设立临时大学，1937年10月7日开始招生。1938年4月迁昆明，改称国立西南联合大学。北平大学、北平师范大学、北洋工学院迁往西安设临时大学，1938年4月改称国立西北联合大学。其余内迁学校有湖南大学、厦门大学、四川大学、中山大学、岭南大学、河南大学、金陵大学、金陵女子文理学院、福建医学院等。一些大学选择在经济相对发达、交通便利、物资供应相对方便的大城市，如西安、重庆等地。另外一些高校选择在闭塞的山区，一方面不会引起日军的注意，相对安全，另一方面也有利于文化的传播。

1938年10月，广州、武汉相继失陷，抗日战争的相持阶段也随之到来。内迁的多数院校也在战乱中得到喘息，国民政府对于内迁的高等学校也很重视。时任国民政府教育部长的陈立夫在《告全国学生书》中就指出："教育之任务，为在德智体各方面培养健全之公民，使其分负建国之艰巨任务，故青年之入校修业，自国家立场观之，读书实为其应尽之义务，使青年而有废学之现象，实为国家衰亡之危机。"这为内迁的高校指明了方向。各个学校也适时进行复课事宜，大部分迁入后方的高校都进行了复课。1939年3月，国民政府召开第三次全国教育会议，在大会上，蒋介石说："我们切不可忘记战时应作平时看，切勿为应急之故就丢失了基本。我们这一战，一方面是争取生存；一方面就要在此时期中改造我们的民族，复兴我们的国家。所以，我们教育上的着眼点，不仅在战时，还应看到战后。"

抗战期间，国民政府通过各种途径支持高等教育的发展。高等教育流亡办学是中国高等教育发展史上浓墨重彩的一笔，为中华文化保存了根脉。高等学校在流亡过程中，利用自身的优势与当地实践相结合，开发了西部的资源，兴办各种教育，传播现代文明，提升当地民众的文化水平，使当地民众走出蒙昧状态。

河南大学作为高校内迁的一分子,迁往何处,一直没有结论。时任河南大学校长的刘季洪主张迁往豫南,一旦时局恶化,可以过陕西、经汉中到达四川①。河南省政府迁往镇平。1937年12月6日,河南省教育厅下达命令,令各校自省迁移,河南大学于1938年初完全搬迁至镇平。1938年6月,蒋介石命令河南大学迁往武汉。而河南省省长程潜决定留河南大学在省内办学,程潜认为河南大学是当时河南省唯一的综合性大学,对于河南省的政治、经济、文化、抗战都有着重要作用,河南大学师生又回到了镇平。1939年3月王广庆接替刘季洪任河南大学校长,此时河南大学有文、理、农、医4个学院。从1938年3月到1939年5月,河南大学在艰苦的条件下开展教学研究,农、医2个学院一直都没有停止教学工作,教学与实践相结合,对于当地也有很大的益处。农学院在院长王鸣岐的带领下进行山地测量、树木调查等活动,治理小麦及其他农作物的病虫害,为当地百姓造福。医学院为抗日前线培养了大量的医护人员。

1939年春,日军发动随枣战役,唐河、新野成为主战场,镇平距离唐河、新野仅有100多里,形势极为严峻。河南省政府命令各学校另外寻找安全地带,以备随时转移。程潜认为河南大学为省属高校,迁出河南,省府无法顾及。冯玉祥、张钫也不愿意河南大学迁出河南,建议迁往豫西②。王广庆对于伏牛山区很熟悉,他注意到距离嵩县100多里的潭头位于伏牛山深处,四面环山,交通不便,应该不会成为日军的目标,省政府同意王广庆的想法。1939年5月10日,日军占领新野。5月12日,河南省政府给河南大学下达命令:时局紧张,饬派员到嵩县一带觅定校舍,即日迁移③。河南大学开始了第3次迁移。1939年5月27日,王广庆致电教育部:23日同教职员抵嵩县,暂于城内设办事处,俟校址勘定再续陈。

潭头镇在嵩县西100多里,郦道元《水经注·伊水》所记载"潭浑若沸,亦不测其深浅也"中的"潭"字就出于潭头。潭头位于大山深处,交通不便,是伊水冲出来的一个小平原,山民自给自足,经济文化相对落后,是一个世外桃源,是个读书做学问的好地方。潭头附近有石门、党村、大王庙、古城等自然村落,可以提供教学、住宿等场所。与王广庆的想法相反,河南大学部

---

① 陈宁宁:《河南大学抗日流亡办学纪实》。河南大学出版社,2012年,第18页。
② 河南大学校史编订组:《河南大学校史》。河南大学出版社,2012年,第40页。
③ 陈宁宁:《河南大学抗日流亡办学纪实》。河南大学出版社,2012年,第44页。

分师生认为潭头三面环山,形成口袋,一旦日军来攻,河南大学进退无路,将成为瓮中之鳖,这种担忧不幸在1944年5月成为事实。另外,学校位居深山与世隔绝,与外界交往不便,不便于获得最新的信息。在当时条件下,把校址定在潭头也是无奈之举。经过各方面努力,河南大学各学院还是搬迁到嵩县和潭头。各学院分布如下:校本部在潭头镇,文学院在石门村,理学院在党村,农学院在大王庙,而医学院留在嵩县办学,方便百姓求诊看病。潭头虽然有各种各样的不利条件,河南大学总算找到了一个安身立命的场所,1939年暑假过后开始了复课。潭头办学期间也是河南大学在抗日战争期间最为安定的5年。

时任教育部部长的陈立夫在他的《告全国学生书》中阐述了他的教育方针:"教育之任务,为在德智体各方面培养健全之公民,使其分负建国之艰巨任务,故青年之入校修业,自国家立场观之,读书实为其应尽之义务,使青年而有废学之现象,实为国家衰亡之危机。""各级学校之课程不为必须培养之基本知识,即为所有早就之专门技能,均有充实国力之意义,纵在战时,其可伸缩者亦至有限,断不能随意废弃。"蒋介石也提出了"平时要当战时看,战时要当平时看"的观点。这些都为战时的河南大学流亡办学指明了方向。

河南大学利用难得的安定时期,加强教学管理和学生管理。教务处在《关于改进教学内容和方法的规定》中提出三项任务:第一,编订课程科目及纲要,要求教师于年度开始时呈报开设科目,年终时要呈报教材纲要;第二,改进教学方法及考试方法,选印学生课本及讲义,加强和规范考试考查;第三,要加强中国固有文化的研究和战时应用学术的研究,加强中国传统文化的教学与研究,增开平抑物价、管理粮食及精神动员、物资动员等课程与讲座①。河南大学延聘知名教授。这些教授知识渊博,富有教学经验,能够起到很好的带动作用,如嵇文甫、朱芳圃、张邃青、郝象吾、王鸣岐、王毅斋等人。对于学生管理,一方面整顿校风从生活制度着手,严格起居生活,杜绝不良风气的扩展;另一方面,丰富学生的课余生活,排练戏曲节目。抗战胜利后,河南大学校长姚从吾说:"河南大学的学风素称朴实、严肃、勤苦力行,故能随时利用艰苦环境,研究不辍,而终有若干成就与贡献。"

进入潭头以后,河南大学便开展公益事业,成立了社教推行委员会,在潭头办了多所学校,针对不同的人群开展了不同的教育。河南大学的到来,迅速地改变了潭头的生活观念和教育状况,使潭头成为豫西名镇,成为文化

---

① 陈宁宁:《河南大学抗日流亡办学纪实》。河南大学出版社,2012年,第63页。

中心,给潭头人带来了深远的影响。1939年创办七七中学,1942年创办伊滨中学,1940年扩大了伟志小学,1940年创办简易师范学院,1942年创办一所幼儿园,1943年创办一期音乐体育师资培训班,另外还创办农民识字班、夜校;同时也带来了西医西药、新接生法、新婚姻观及新的生活方式①。

(一)兴办中学教育、小学教育

河南大学进入潭头以后,为解决本校教职工的子女及附近适龄青少年就学问题,于1939创办了七七中学,以示不忘七七事变;并于当年9月18日开学,以示不忘九一八事变。王广庆兼任校长,苗叔陶任训育主任。生源大部分来源于河南大学教职工的子女及当地小学毕业生,学制3年,开设修身、国文、算术、战时教育、英语、代数、几何、物理、化学、动物、植物、历史、地理、生物、体育、音乐、图画、劳作等课程,教师全部由河南大学师生兼任②。1942年,河南大学又适时创办了七七高中。七七中学也就是现在河南大学潭头附属中学前身。1942年伴随着报考七七中学的人数大幅度增加,河南大学在大王庙办了潭头第二所中学——伊滨中学。

河南大学进入潭头以前,当地小学入学率普遍在20%以下,经过河南大学的努力,基本上普及了小学教育。当地的伟志小学主动联系河南大学,由河南大学学生担任小学教师,开设课程齐全,教学质量稳步上升。1942年河南大学由省立升为国立,伟志小学更名为河南大学实验小学,也成为河南大学教育系的实习场所。在这里,河南大学教授李秉德创造了"廉方教学法",有效利用儿童学习时间,循序渐进,激发自主学习,进一步提高了教学质量。

河南大学在潭头5年期间,大力兴办中学教育、小学教育和幼儿教育,在河南大学和当地民众的共同努力下取得了明显的效果。1943年,潭头小学入学率达到80%,中学入学率达到45%③。贫困的山区基本上普及了小学教育,中学教育也得到了长足发展,这在当时简直就是一个奇迹,在抗战期间国统区也是罕见的。

(二)兴办各类成人教育

河南大学进入潭头以后,伴随着中学教育、小学教育的开展,各类成人

---

① 陈宁宁:《河南大学抗日流亡办学纪实》。河南大学出版社,2012年,第69页。
② 英子:《潭头故事》。河南大学出版社,2008年,第13页。
③ 张放涛:《潭头岁月——抗日战争中的河南大学》。河南大学出版社,1996年,第19页。

学校也得到了发展,农民夜校、识字班、简易师范、师范班都是在河南大学的帮助下成立的。这些成人教育简单易懂,教授的主要内容是日常用字,以扫盲为目的,具备初步的计算能力。河南大学学生耐心辅导,且不计报酬,使大量农民脱离了文盲状态,提高了文化程度。

河南大学创办的成人夜校,由河南大学师生挨家挨户动员,打消了群众的疑虑,以极大的耐心对待来上课的群众。所教授内容简单明了,通俗易懂。时隔70多年,当时上识字班的老人依然能够清晰地记得河南大学老师的教课内容。"第一课:我是中国人,你是中国人,他是中国人,我们都是中国人,我们都爱中国。第二课:国旗、党旗都很美丽,爱国的人都爱国旗也爱党旗,我们向国旗党旗行个敬礼。第三课:我中华,在东亚,人民多,土地大,我们拼命保护她。第四课:孙中山先生是国民党的总理,是他造成中华民国,他发明三民主义,他是中国的国父,他是革命的导师。第五课:我们家里有男有女,有老有小,个个勤劳,一家和好。第六课:一家人要和气,姑嫂相帮助,妯娌不生气。"在识字班中,以教学生识字为基础,以爱国爱家为主线,激发大众的民族意识,进一步宣传爱国救亡的道理,讲述中国的抗战形势,激发农民的学习兴趣,这种方式也为山区百姓喜闻乐见。另外,河南大学师生利用向农民读报、张贴爱国标语、教农民爱国歌曲等多种途径随时随地帮助农民学习文化。

1940年7月,成立河南大学简易师范学校。此校虽然只开办一年,但是为潭头培养了一大批小学师资,也加强了潭头的成人教育。1943年春,河南大学成立体育音乐师资培训班,提高在职小学教师的教学水平。通过这些培训班,有效提高了教学质量,活跃了教学气氛,使得潭头的成人教育能够得到持续发展。

潭头地区成人教育的开展,极大地改变了山区落后的面貌。随着农民认识的字越来越多,山区的经济也得到了发展,充满活力,使得潭头成为豫西文化水平最高的地方[①]。

(三)开展公益活动,移风易俗

"我辈之心,要清似伊水;我辈之志,要高似玉阳。一方风俗赖我辈移易,一方民气待我辈发扬。"七七中学校歌以移风易俗作为自己的责任。河南大学师生努力推广科学知识,使山区民众能够走上健康的生活道路。

---

① 张放涛:《潭头岁月——抗日战争中的河南大学》。河南大学出版社,1996年,第23页。

山区交通闭塞,农民生活简单。河南大学来到潭头以后,利用自身的优势,每周都会举办"同乐晚会",京剧、豫剧、秦腔、舞台剧、话剧等公开演出,丰富了当地农民的生活。山区农民日出而作、日落而息,时间观念不强;河南大学师生按时上课、按时上班,这种生活作息时间也慢慢地影响到了当地的人,时间观念大大增强。河南大学师生向当地群众宣传自由恋爱、新型婚姻,提高妇女的地位。

为了方便群众求医问药,河南大学医学院留在嵩县县城。嵩县位于山区,缺医少药,民众又多迷信。河南大学医学院教授治好了诸多疑难杂症,得到了百姓的好评。河南大学医学院不仅用传统的中医治病,也采用西医治病,给病人打针,引用新型的治疗方法和药物,减少了病人的痛苦。医学院学生向群众讲解病理,讲解卫生防疫知识,注重个人卫生,在小山沟里传播现代医学文明①。

（四）促进经济发展

山区农民以种地为生。河南大学农学院王鸣岐教授组织师生 4 次进行大规模的伏牛山区考察,了解农、林、矿及动植物全貌,结合当地试验田研究培养良种,防治病虫害,种植新型小麦品种,使得小麦产量大幅度增加。推广改良后的"河南大学梨"、棉花,使潭头的农果业得到了持续的发展②。随着农作物的增产,商品的交换也越来越多,这就促进了潭头的经济发展。河南大学迁入潭头以后,商店、饭店、食品加工厂也有增加。潭头镇集贸市场上多为小商贩,大部分使用零钱,而国民政府给的河南大学经费都是大面值的钞票。经河南大学与银行协商,领款时多领取小额钞票;同时,又印制了仅能在潭头市场上流通的"转街票",加盖河南大学图书馆钢印以防假冒,解决了找零钱难的问题。

河南大学在潭头的 5 年间,得到了当地官员、士绅、民众的大力支持,受到当地群众的热烈欢迎。当地民众无私奉献,腾出住房,供河南大学师生住宿、教学之用,并划出良田设为河南大学的专用试验田。他们还为河南大学送粮、肉、蛋、桌、椅等物资。河南大学也投桃报李,通过各种方式为潭头人民造福,使潭头成为豫西文化名镇。同时,河南大学艰苦奋斗,严谨求实,狠抓教学质量,不断提高教学质量和科研水平,以优异的成绩于 1942 年由省

---

① 张放涛:《潭头岁月——抗日战争中的河南大学》。河南大学出版社,1996 年,第 25 页。

② 李文山:《铁塔风铃:媒体看河大》。河南大学出版社,2007 年。

立大学升格为国立大学。这种校民同乐的美好画面在1944年伴随着日军制造的"潭头惨案"而终结。

1944年1月,日军制定《一号作战纲要》,发动豫湘桂战役,以打通中国东北至东南亚的交通线,企图挽回在太平洋战场上的颓势。4月18日,日军在中牟等地越过黄泛区向郑州发起进攻,22日郑州沦陷,洛阳告急。1944年5月,日军卢氏挺进队向豫西山区发动进攻,洛阳失陷,嵩县失陷。15日两路日军突袭潭头镇,羁留的师生慌乱出逃,镇中河南大学校园、镇外石坷村等处,昔日施教之地,竟成日军杀人之场,师生及其家属被杀9人,失踪25人,图书馆典籍文献被劫掠一空,试验仪器被毁,是为河南大学"潭头惨案"。

"潭头惨案"后,河南大学师生又开始走上了仓皇心酸的逃亡路。之后,河南大学又先后搬迁到南阳淅川荆紫关、陕西宝鸡,一任颠沛流离,却一直顽强进取、弦歌不绝,直到1945年8月日本投降。1945年12月,河南大学才回到开封,结束了长达8年的流亡生活。

2015年,时值抗日战争胜利70周年之际,各种以"勿忘国耻,振兴中华"为主题的纪念与宣传活动陆续开展。而抗日战争时期高校迁徙流亡办学,为保存中华文脉、弘扬民族精神、实行教育救国所作出的贡献不亚于战场上与敌人的厮杀!而河南大学是当时内迁流亡办学的高校之一,身为河南大学学子,我们有责任将这段历史铭记;作为河南大学历史系的学生,我们有责任对丰富河南大学校史贡献绵薄之力。且河南大学这段内迁流亡办学史相比于其他高校更有其典型性:相比于其他高校迁移至大后方办学,河南大学虽经历5次(鸡公山、镇平、嵩县、潭头、荆紫关、陕西宝鸡)艰难迁徙,但始终在敌占区办学,未离豫境;与其他高校在流亡办学中逐渐衰落不同,河南大学在抗战的艰难时期——1942年,完成从省立到国立的华丽升级,这彰显了河南大学在困境之中越挫越勇的精神!虽然2015年距1937年已经70多年了,进行口述史的采集工作可谓困难重重,但身为河南大学的学子,我们要有敢于挑战、攻坚克难的精神!借助河南大学口述史研究中心这个平台,我们历史系学生决定挑起这个重担,利用暑假对这段历史进行口述校史资料的采集。

口述对象的选择方面我们考虑到:抗战8年(抗战实为14年),河南大学5迁,而其中在嵩县和潭头最久,留在当地人记忆中的事和物也最多。潭头地处封闭山区,社会变迁程度小,口述原生态资源保存较好;潭头镇地区狭小,采访对象均分布在人口密集的小镇中,易于采访;相关纸质文献相对多而集中,可以验证口述资料的史料多。

综合以上考虑,我们决定利用暑假对河南大学在潭头流亡办学的历史开展一场口述校史的采集工作,留下这段珍贵的民间记忆。

二、调研活动相关纪实

为了能够更好地进行口述历史的采集整理,我们做了充足的前期准备。首先,在资料的收集方面累计收集到校史馆、开封市档案馆等所藏档案数百页,其他文字文献数百万字。其次,在暑假来临之前利用课余时间进行仔细认真的研读与消化,保证每个团队成员对潭头办学时期的人、物、事、地点等口述元素都十分了解。

暑假如期而至,临行前,给团队队员进行了分工,有负责访问的,有负责摄像的,有负责笔录的,各司其职,相互合作,并注意对采集到的相关资料进行初步的整理和保存。我们的口述校史采集工作如期开展。

7月13日,天气溽热,烈阳如火,我们师生一行19人奔赴潭头镇,经过4个多小时的山路颠簸,我们终于到达了这个隐藏于豫西深山的潭头小镇。像70多年前的河南大学师生一样,我们同样受到了当地政府的热情招待。感谢他们的热情,让我们这群迷茫的师生有了宾至如归的感觉。

经过一下午的熟悉环境、简单的实地踩点及宾馆休整,7月14日起我们正式开始了我们的口述史资料的采集活动。第1天石门村,第2天大王庙村,第3天古城村,第4天党村,第5、6天潭头村,这5个村落都是当时河南大学校本部及文、理、农3个学院学生学习和生活的主要地点。此次进村,我们的任务是:寻访80岁以上、经历过河南大学流亡办学于潭头这段历史的老人,做口述采集,挖掘他们的历史记忆,顺便寻找关涉河南大学的相关实物遗迹,还原一个饱满的民间记忆中的河南大学形象。

接下来的6天我们便按部就班地进行我们的采集工作。每至一个村落,我们都能感受到当地村民的热情,这热情接续起他们多年前接待流亡的河南大学人的场景。接下来几天的口述校史资料的采集中,我们总是被这份质朴的热情所包围。

所遇老人频频向我们表达:"你们再不来了解,就晚了。"他们朴素地道出了口述历史时不待人的紧迫感。是啊,70多年了,他们还能等多久?我们再不来进行口述记录,他们还能等吗?见到我们,老人们不等坐下来,也不顾蹒跚的腿脚,执意带我们寻找村中河南大学遗迹,直到烈阳当头、气息频急,才领我们回家,这几乎成为我们口述采集中的共同情形。坐定之后的开场白往往是:"您还记得当年河南大学在潭头的事情不?""咦,那咋不记得!"此后我们调整了这句唐突的开场白,直接询问当年的人、事、物。

"河南大学人没有人遗忘你们,特别想听你们的讲述,这是你们的记忆,也是河南大学的历史。"这些老人多为30后,面对这些爷爷、奶奶,我们想听听他们记忆中的抗战、记忆中流亡到家门口的这座大学的情况。居住在老屋的老人们,生活并不富裕,甚或连招待我们坐下来的凳子都不够,绕膝,伏在院落的石板上,队员们记下老人所描述的画面。

不等问及河南大学人留给他们什么,他们就急于表达出他们尚能记忆的历史画面:风气丕变的民众娱乐——古老的戏楼中频频上演着洋气的文明戏;板正的中山装和蓝布旗袍成为他们描述亲眼见到的洋学生的样子,也成为镇上娃娃们制作衣服的范本;嘴里吐沫沫的刷牙方式、隔开的男女温泉浴室是他们接触到的新式卫生方式;村里放牛的娃娃能够亲手摸摸试验用的显微镜无疑是值得向小伙伴炫耀的事情;河南大学学生高歌的抗日歌曲、标语口号至今仍有当年的娃娃能够哼上几句,使得当地民众明白在外敌入侵时,非独有小家,尚有国家,培养其爱国情感。

河南大学人所谨遵的"新民"在潭头无疑发扬得更为光大。所谓"新民"意为使民更新,启民心智。七七中学校歌中的"一方风俗赖我辈移易",也即此意。潭头的河南大学人在当地人口的碑中,通过开设各级教育启发民智,成为当地人口述中最大的贡献,特别是为地方办学、普及大众教育。由于条件所限,河南大学学生所居斗室低矮狭小,一室三四张简易木板床,采光不好,则征得房东同意后凿洞开窗,借自然光苦读,夜则在桐油灯下耐着熏黑鼻孔,苦读至深夜。鸡鸣即起,在河滩、闲地晨读。从宿舍到教室,需行三四里路。河南大学娃娃们的用功,潭头人看在眼里,记在心里,暗自用力,勉励子女模仿。潭头镇最初仅有县立小学一所学校,河南大学在此建立七七中学、伊滨中学、伟志小学。七七中学延续至今,培养万余名人才,搭建起潭头人接受高等教育的桥梁。河南大学师生在当地还建立多所初级小学、幼稚园,为放牛娃娃施教,举办农民夜校、女学、简易师范、师资培训班、体训班等成人学校,大大提高了当地人的识字率。采访中年近90岁的老人仍旧能够背诵出当时的课文内容。口碑中,老人们至今犹忆苗叔陶(河南大学助教),频频提及七七中学的训务长苗叔陶对纪律的严厉,甚或成苛。对于许多河南大学教授任课,许多老人曾言"七七高中是中学的招牌,大学的老师和管理",毕业学生的1/4考入大学。由于教育之兴,潭头这个鲜为人知的偏远山区小镇,一度文化繁荣,成为豫西名镇。除了兴办地方教育之外,河南大学人还启迪新知,传播进步思想、文化科技。

其他如作物改良后的"河南大学梨"、"H系列"小麦、棉花品种,引进蔬菜新品种如西红柿、韭菜、菜椒、菜笋等,转街票制市场中的信任式交易,另外还有试验田旧址、甘露寺林场,这些都成为历史,但是仍旧在潭头人的口碑中,他们仍能笑指这些尚在茁壮生长的作物给我们看。

当问及1944年5月15日发生的"潭头惨案"时,老人们朴素地表达了这次日本兵来犯潭头的主要目的就是残杀河南大学师生。当我们问及爷爷们"他们杀不杀老百姓"时,他们的答案都是"他们只杀学生,不动老百姓"、"日本人他们很恨学生"、"当时头发都不敢留,他(日本人)拉着手一看,手上有戴手表的印,没有茧子,抓到就把他们杀了"。听闻这些,队里成员都低下眼眉,心里默默为曾经受难的先辈师友们哀悼。

朴素热情——这是老人们留在每个团队成员中最深刻的印象,改变与贡献——这是流亡办学潭头的河南大学留在潭头人民心中的记忆。

三、成果收获

经过后期整理,本次口述校史资料的采集共取得如下成果:

(一) 共采访老人40余位,其中有效采访对象37人,录制视频69小时,现初步整理成型采访老人27位,获得有效口述史稿10万余字。由于时间紧、任务重,又有繁重的学业在旁,又考虑到这些老人当时只是小孩子,所知非多,能出这些成果已实属不易。

(二) 寻访到此前调研时未能记录的遗址近10处,征集到河南大学遗留文物(如张长弓教授赠予地方人士的陶砚)、相片(马振堂先生照片)、书画(许钧教授所书匾额、书联)、相关石碑(党村奶奶庙内)等实物图片13帧。这些都补充并丰富了校史。

除了这些看得见的成果,还有看不见的收获。借助此次口述采集,锻炼了口述历史的方法技能,也取得了很多经验和教训。爱国、爱校的情感,也从政治化、口号化的符号中走向实地的感染。通过口述校史的采集,国难、战争、抵抗由教导变为每个团队成员的自我体会,深入内心。

四、经验和教训

在此次口述校史资料的采集活动中,经验与教训也是我们此次活动的重大收获之一。

此次口述史采集工作属于以组织为对象、以地点为中心、以时间为断限、以事件为脉络的口述史史料实地采集。在这种口述史的实地史料采集中:

(一) 实物的采集与调查往往能够勾起当事人的回忆,挖掘出更多的记忆；而且实物往往更具有说服性，能够弥补口述史料的不足。如我们在此次潭头的口述史料收集过程中，当老人身临其境时，往往能勾起他们的回忆，这种情况下老人所告诉我们的有效史料，往往比坐下来谈论得更丰富，这是我们的经验，也是我们的教训。

（二）受访地点的整体环境特点、社会变迁状况都成为需要考虑的问题。潭头地处封闭山区，社会变迁程度小，具有口述校史的条件，但同时河南大学医学院所在地嵩县却完全不具备这种条件（潭头口述史资料采集完成后，我们一小队曾赴嵩县试图就河南大学流亡办学医学院这段历史进行口述史料的采集，但所获甚少）。

（三）除受访者的年龄外，受访者的受教育水平以及与相关人的关系的亲疏，都将直接影响所能收集到的史料的数量和价值。

（四）问及事件时，如何对受访者本人进行合理而又不过多的引导，成为此次口述史调研的难点。如在本次口述资料采集整理中，一些与口述理论相悖的情况凸显。

第一，口述对象多为当年儿童，所记多为画面式，大多都是片段性的记忆，对相互关联的事情却鲜少提及。很多时候，都只是我们问一句，老人才能答一句，这违背了口述史采访过程中被采访者为主体、采访人不可过多介入的口述史一般原则，但不介入，老人思维又不能连续，这让本队成员十分苦恼。更多的时候老人所知只是一个画面，片段而不完整；一件事情尚未说完，就想不起来其他了，或者思维又跳跃到其他方面，这都使我们的口述史料的采集遭遇很大的挫折。这种打击，在后期整理口述史稿的时候更加彰显：对每位老人采访平均近1个小时，然而从每位老人口中所能得到的有效史料却远远低于预期。

第二，记忆明显是受后来文献或只是听说的影响，有的文献记忆排挤掉自我记忆，这些造成采集口径的一致性，一致但缺乏细节。如当问及"潭头惨案"之时，几乎所有的老人都知道医学院张静吾的妻子被害、侄子张宏中被伤的事情，真正能说及细节的却少之又少。再深问下去，老人便道出实情——"我跑到了南山上面住了，我没有见过日本人，我是听说的"，或"我是在资料上看到的"。再比如都知道河南大学死了人，但并不能道出死了谁、什么姓名、死于何处、是男是女、几个人。这也使得我们口述资料采集的重任之一——调查"潭头惨案"细节，尽量统计"潭头惨案"死亡人数（关于潭头惨案死亡人数一直以来都有争议而都缺乏确凿证据）的计划落空，加之他们当时都是孩童的原因，采集到的口述资料中关于"惨案"的部分十分有限。

（五）口述史调研迫在眉睫，刻不容缓。此次调研我们感受最深刻的是70余年前的历史现在调研已非良时，我们的采集已稍显迟到，很多老人已带着记忆逝去。"咦！你们来得太晚了，早点来就好了！""好多人都老（死）了。"每当受访对象给我们言及此意时，我们都默不作声，心里却是十分难受。可惜昔日战时的学童、农家娃娃，现在多已至耄耋之年，已经难以长久为我们保留下那段历史。

绘在大王庙村赵长路家门头内壁的墨画，多有文人画风

附录一:1945年10月河南大学教员名录[①]

姓名	性别	年龄	籍贯	职别	月薪(元)	到校时间
郝象吾	男	46	河南武陟	教授兼教务长	600	1927年8月
王鸣岐	男	38	河南滑县	教授兼农学系主任、农场主任	540	1937年8月
张森祯	男	53	河南太康	教授兼文学院院长	600	1927年8月
嵇文甫	男	50	河南汲县	教授兼文史系主任	580	1933年8月
陈嘉昆	男	37	河南汝南	教授兼教育系主任	520	1940年7月
王国忠	男	43	河南罗山	教授兼经济系主任	540	1942年8月
朱芳圃	男	48	湖南醴陵	教授	540	1939年1月
王子豫	男	49	河南杞县	教授	540	1940年2月
杨宝三	男	50	河南安阳	教授	520	1934年9月
段青云	男	45	河南汲县	教授	520	1938年8月
陈志潼	男	40	山东黄县	教授	480	1940年7月
熊绪端	男	57	河南光山	教授	500	1927年8月
梁祖荫	男	36	河南宜阳	教授	460	1941年8月
杜新吾	男	42	河南孟津	教授	400	1938年8月
马辑五	男	48	河南汲县	教授	380	1938年10月
张绎曾	男	37	河南鄢陵	教授	420	1942年8月
胡朝宗	男	62	湖北黄陂	教授	420	1942年10月
孙润晨	男	49	河南汲县	教授兼理学院院长	600	1942年2月
樊映川	男	45	安徽舒城	教授兼数理系主任	540	1941年2月
李相杰	男	39	河南洛宁	教授兼化学系主任	540	1939年2月
傅桐生	男	42	河南开封	教授兼生物系主任	520	1938年3月
黄敦慈	男	54	河南信阳	教授	540	1924年8月
赵维汉	男	48	河南遂平	教授	600	1939年12月
霍树楷	男	53	河南安阳	教授	480	1926年5月

① 根据《国立河南大学教职员名册(1945年10月)》制作。见:河南大学校史编纂研究室、河南大学档案馆《河南大学史料长编》(第四卷)。河南大学出版社,2015年,第392—396页。表中所列人员很多是潭头时期已经在职的教员。此表形成于向教育部申请迁移经费的1945年10月,潭头时期的很多教员此时已经离职,因此此表并不能全部涵盖人员流动较快的潭头办学时期的教员。

续表

姓名	性别	年龄	籍贯	职别	月薪(元)	到校时间
李长春	男	50	河北定兴	教授	540	1924年2月
徐砚田	男	37	河南汲县	教授	520	1940年11月
杨清堂	男	35	河南巩县	教授	400	1934年1月
王金吾	男	56	河南安阳	教授兼农学院院长	600	1934年1月
栗耀岐	男	45	山西淳县	教授兼森林系主任	520	1939年11月
田淑民	男	37	河南上蔡	教授兼园艺系主任	540	1940年8月
陈宗宪	男	41	北平市	教授兼农业推广处主任	540	1936年2月
贾祥云	男	53	河南信阳	教授	480	1936年9月
段绍斌	男	50	河南杞县	教授	420	1942年10月
朱德明	男	45	浙江嘉兴	教授兼医学院院长	600	1932年9月
张静吾	男	46	河南巩县	教授兼内科主任	600	1942年8月
宋玉五	男	45	河南淅川	教授	600	1933年9月
夏一图	男	40	河南息县	教授兼药理馆主任	520	1941年8月
刘同	男	42	河南太康	教授兼附设医院主任	540	1937年9月
单誉	男	49	河南南阳	教授兼小儿科主任	520	1930年11月
康士品	男	46	湖北武昌	德文教授	400	1943年8月
郭登崟	男	35	河南偃师	副教授兼出版组主任	300	1933年8月
李秉德	男	34	河南洛阳	副教授兼图书馆主任	280	1942年1月
李维屏	男	41	河南开封	副教授	280	1931年2月
任维焜	男	36	河南南召	副教授	320	1940年2月
张长弓	男	41	河南新野	副教授	340	1942年2月
胡守荣	男	36	河南汝南	副教授	340	1943年1月
顾清琴	男	33	河南唐河	副教授	280	1936年8月
马廷相	男	38	河南浚县	副教授	360	1929年8月
张瑞	男	42	河南延津	副教授	300	1938年2月
刘葆庆	男	41	河南修武	副教授	340	1928年8月
葛明裕	男	33	江苏江宁	副教授	260	1935年7月
徐庆祥	男	37	河南内黄	副教授	360	1942年11月
张金波	男	39	河南西平	副教授	360	1942年11月
倪桐岗	女	41	江苏松江	副教授	360	1940年8月
张振周	男	31	河南开封	图书馆员	150	1935年5月
冯文英	女	38	河南汲县	图书馆员	80	1942年9月
马金霄	男	43	河南滑县	讲师兼社教会主任干事	280	1941年1月
鲍宗文	男	42	河南封丘	讲师	240	1939年3月
郝士英	男	36	河南涉县	讲师	260	1943年1月
赵天吏	男	34	河南武陟	讲师	200	1939年8月
邓金铭	男	34	河南封丘	讲师	220	1936年8月
张世骧	男	34	河南封丘	讲师	220	1936年10月
张振亚	男	34	河南柘城	讲师	240	1936年8月
李德裕	男	36	河南安阳	讲师	240	1938年10月

续表

姓名	性别	年龄	籍贯	职别	月薪(元)	到校时间
苗仁侃	男	33	河南淮阳	讲师	240	1939 年 1 月
穆青田	男	34	河北东明	讲师	200	1940 年 8 月
时从夏	男	34	河南邓县	讲师	180	1939 年 7 月
郭田岱	男	34	河南温县	讲师	200	1939 年 8 月
王书藩	男	39	河南巩县	讲师	180	1942 年 11 月
孟宪曾	男	34	河南武陟	讲师	200	1943 年 2 月
冯景异	男	34	河南鄢陵	讲师	180	1938 年 2 月
袁广仁	男	42	河南杞县	讲师	240	1940 年 8 月
张愚	男	33	河南修武	讲师	280	1941 年 8 月
穆高堂	男	34	河南武陟	讲师	180	1939 年 8 月
徐建功	男	46	河南杞县	讲师	280	1925 年 2 月
高淑清	女	32	安徽六安	讲师	190	1941 年 10 月
徐邦凤	女	36	山东临沂	妇科讲师	220	1934 年 8 月
孙凯元	男	35	河南安阳	眼科讲师	180	1941 年 3 月
夏之杰	男	33	河南息县	化学讲师	180	1943 年 8 月
赵敏政	男	30	河南淮阳	助教	160	1939 年 8 月
邢治平	男	34	河南滑县	助教	160	1940 年 8 月
宋鸣壎	男	26	河南开封	助教	120	1942 年 8 月
牛永茂	男	29	河南鄢陵	助教	100	1943 年 8 月
徐就正	男	34	河南临汝	助教	100	1943 年 1 月
陈西河	男	29	河南浚县	助教	100	1943 年 6 月
阮殿元	男	34	河南修武	助教	160	1940 年 8 月
罗鸣福	男	34	河南广武	助教	120	1942 年 8 月
张新铭	男	32	河南浚县	助教	160	1940 年 8 月
王鸿熙	男	27	河南镇平	助教	120	1942 年 12 月
訾天镇	男	32	河南镇平	助教	120	1942 年 8 月
程溁	男	34	河南嵩县	助教	140	1941 年 8 月
李光泽	男	29	河南邓县	助教	120	1942 年 8 月

附录二：河南大学潭头办学时期的机构分布图[①]

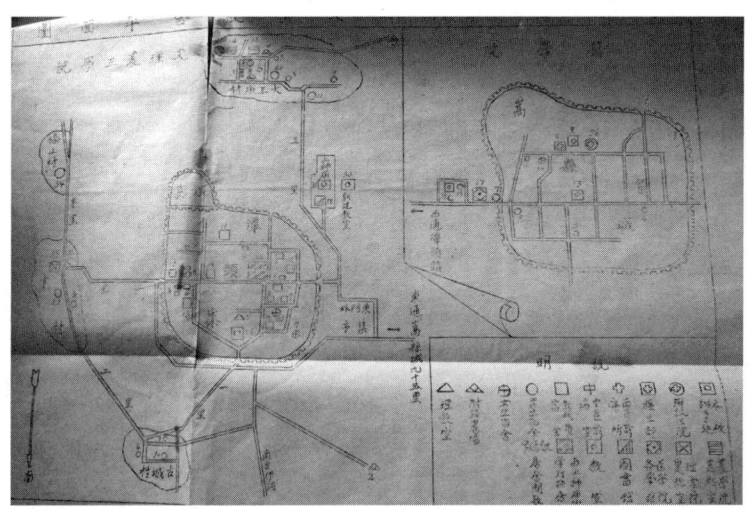

河南大学在潭头及其附近村落校舍平面图（河南大学档案馆藏）

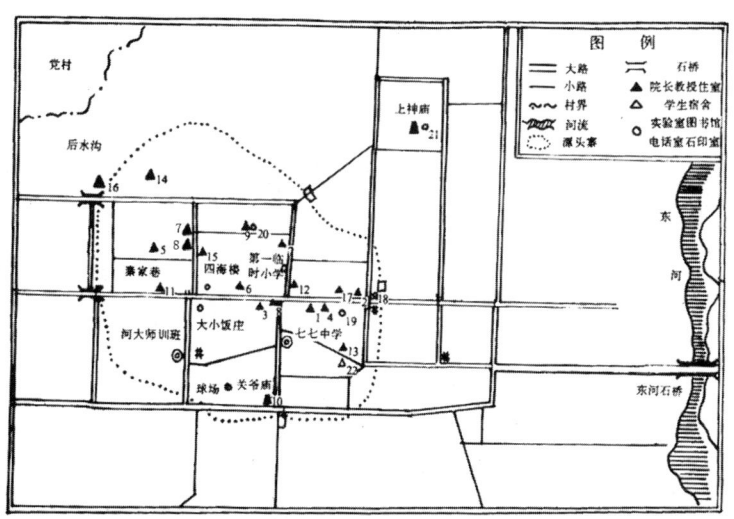

河南大学院系在潭头分布示意图

---

① 由河南大学校史馆提供。

河南大学院系在潭头分布示意图注解：1. 河南大学校长王广庆宿舍（潭头东街张星乾宅）；2. 河南大学文学院院长嵇文甫宿舍（潭头东街石古栾宅）；3. 河南大学文学院院长张邃青宿舍（潭头西街柴玉善宅）；4. 河南大学农学院院长王鸣岐宿舍（潭头东街翟长友宅）；5. 河南大学农学院院长孙禅政宿舍（潭头秦家巷马长河宅）；6. 河南大学训导长赵新吾宿舍（潭头西街尚朝栋宅）；7. 河南大学教务长郝象吾宿舍（潭头北街郝俊如宅）；8. 河南大学会计主任梁悌生宿舍（潭头十字街口邵发宅）；9. 河南大学委任的七七中学教师苗叔陶、李俊甫、张元龙宿舍（潭头北后街马滚子宅）；10. 河南大学教导处（潭头关帝庙）；11. 河南大学教授黄岂瞻宿舍（潭头西街马疙瘩宅）；12. 河南大学教授徐墨耕宿舍（潭头北街任景彦宅）；13. 河南大学教授黄以仁宿舍（潭头南街赵东方宅）；14. 河南大学教授王毅斋宿舍（潭头后水沟寨外马春宣宅）；15. 河南大学教授鲍熙若宿舍（潭头秦家巷董杰宅）；16. 河南大学教授熊伯履宿舍（潭头后水沟寨外谢万臣宅）；17. 河南大学教授陈梓北宿舍（潭头东街杨士臣宅）；18. 河南大学电话室（潭头东街李古栾宅）；19. 河南大学石印馆（潭头东街任家祠堂）；20. 河南大学农学院实验室（潭头北后街马滚子宅）；21. 河南大学教室和图书馆（潭头上神庙）；22. 河南大学女生宿舍（潭头南街王三帅、张思恭、邵俊发宅）。

附录二：河南大学潭头办学时期的机构分布图

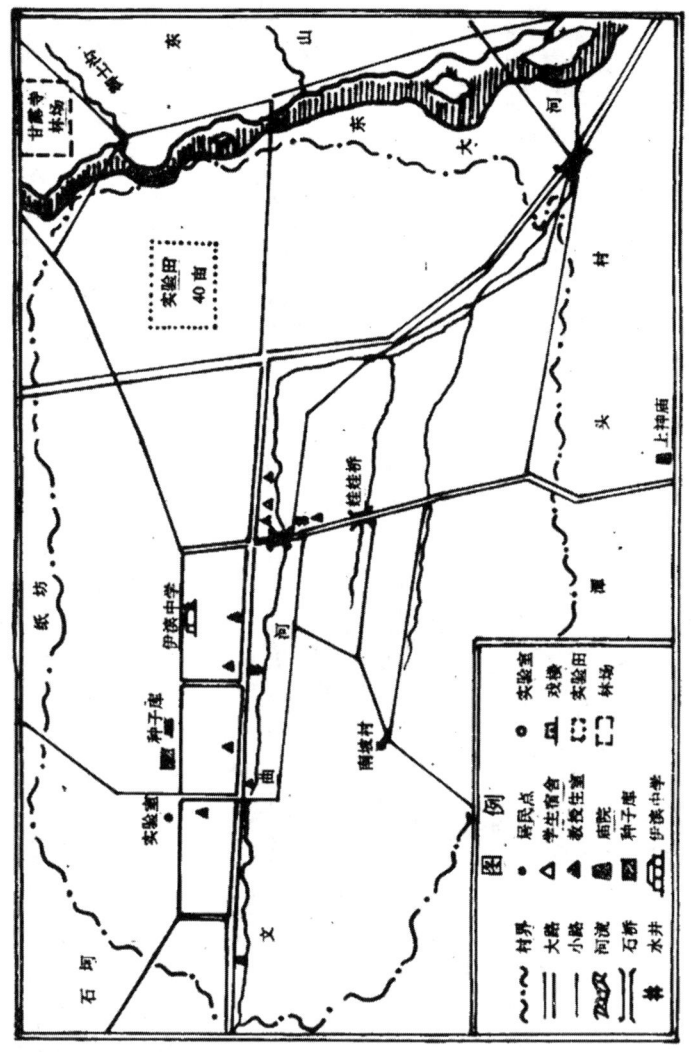

河南大学农学院及文学院在大王庙及其附近分布示意图

河南大学农学院及文学院在大王庙及其附近分布示意图注解：因为分布过于分散，无法在图中标注1、2、3、4，可归纳为4个区域。1.河南大学农学院学生宿舍（李活娃、崔云、赵长路、孙小峰、苏献法宅）；2.河南大学文学院学生宿舍（孙四耀、孙明彩、王旦、党长录宅）；3.河南大学农学院实验室（大王庙）；4.河南大学农学院种子库（大王庙前戏楼）。

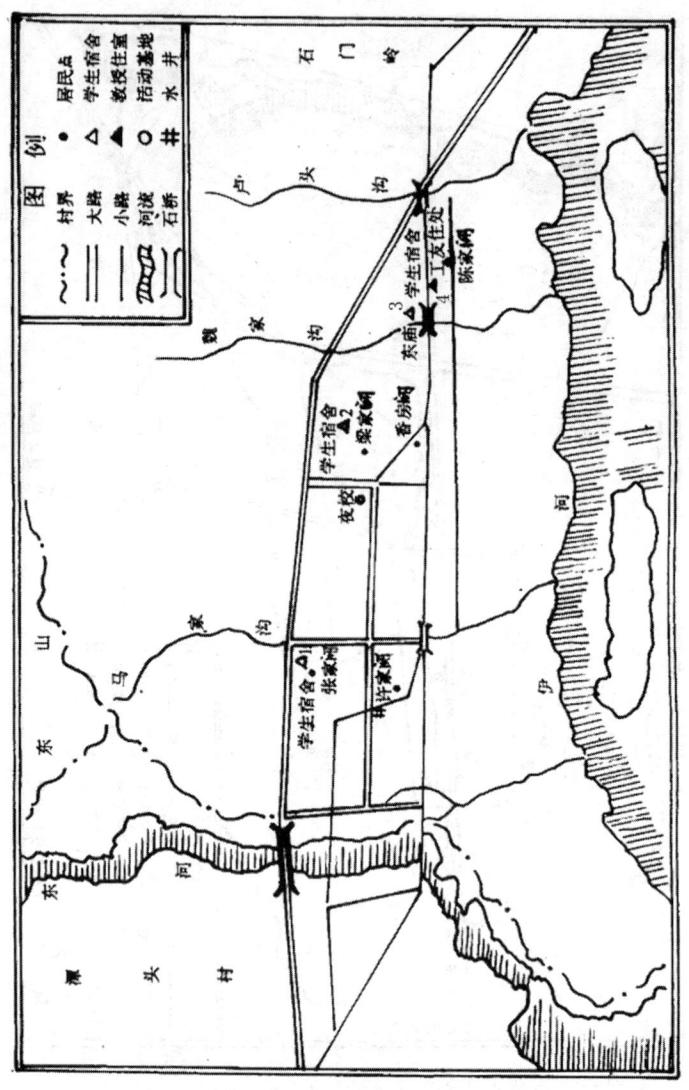

河南大学文学院在石门村分布示意图

河南大学文学院在石门村分布示意图注解：1.河南大学文学院男生宿舍（石门村西张石章宅）；2.河南大学文学院男生宿舍（石门村梁帅卿宅）；3.河南大学文学院男生宿舍（石门村东庙）；4.河南大学工友郑建忠父亲住处（石门村陈家门宅）。

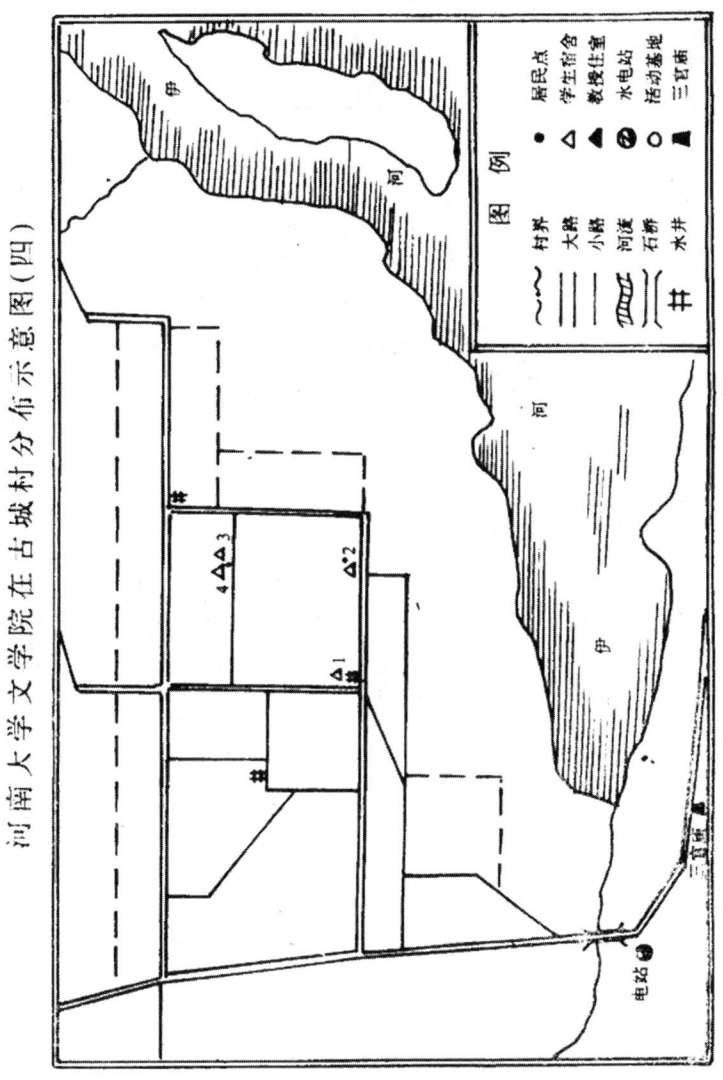

河南大学文学院在古城村分布示意图

河南大学文学院在古城村分布示意图注解：1. 河南大学文学院男生宿舍（古城村杨粉英宅）；2. 河南大学文学院男生宿舍（古城村东南关合宅）；3. 河南大学文学院男生宿舍（古城村东叶延庆宅）；4. 河南大学教授宋景昌住处（古城村东叶延庆宅）。

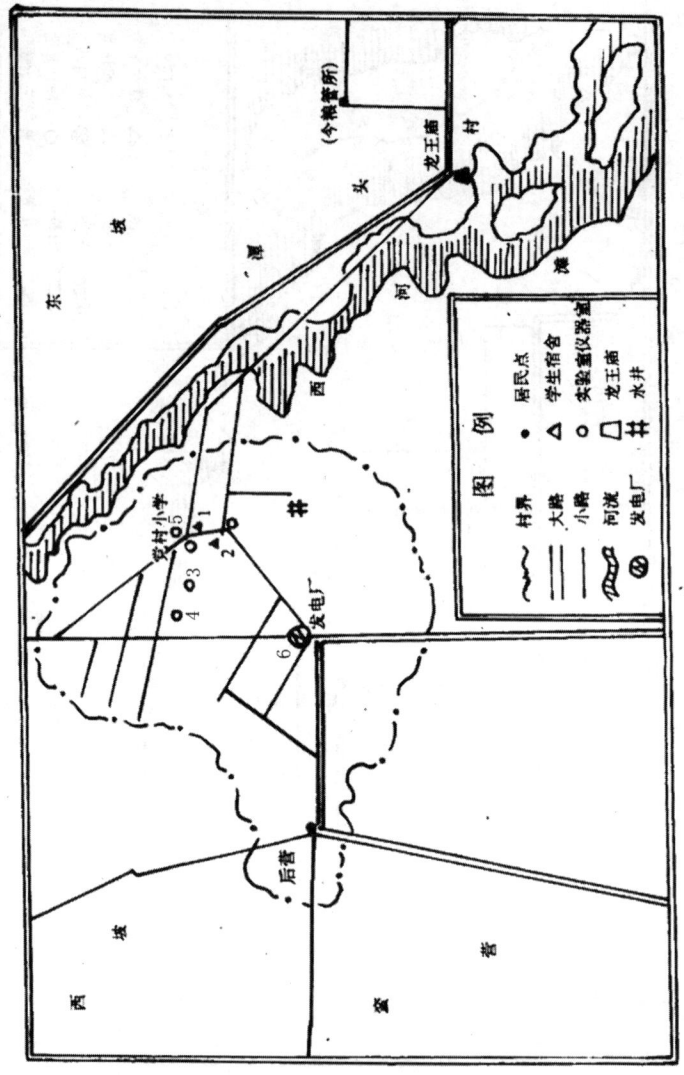

河南大学理学院在党村分布示意图

河南大学理学院在党村分布示意图注解：1. 河南大学理学院实验室（党村党友家宅）；2. 河南大学理学院保管室（党村小学院内）；3. 河南大学生物实验室（党村小学后院）；4. 河南大学理学院男生宿舍（党村路东张进保宅）；5. 河南大学理学院男生宿舍（党村路西党进福宅）；6. 河南大学理学院发电厂（党村路西崔铁秀宅）。

附录三:抗战时期河南大学历史文献篇目索引(部分)

(一)著作

1 英子.潭头故事.开封:河南大学出版社,2008
2 张放涛.潭头岁月——抗日战争中的河南大学.开封:河南大学出版社,1996
3 李景乐.我的潭头之行——65年后重走抗战时期求学路.开封:河南大学出版社,2010
4 韩爱平.河南大学作家群.开封:河南大学出版社,2002
5 校史编写组.河南师大校史稿(1912—1982).1982
6 河南大学教育科学学院志编写组.河南大学教育科学学院志.开封:河南大学出版社,2002
7 陈明章.学府纪闻——国立河南大学.台北:南京出版社,1981
8 宋景昌.宋景昌诗文集.开封:河南大学出版社,2005
9 李文山.铁塔风铃——媒体看河大.开封:河南大学出版社,2007
10 姬忠林.河南成人教育史.开封:河南大学出版社,1999
11 河南大学校友总会.河南大学校友通讯1998—1999(总第27辑).开封:河南大学出版社,1999
12 陈宁宁.河南大学抗日流亡办学纪实.郑州:河南大学出版社,2012
13 陈宁宁.抗战烽火中的河南大学.郑州:河南大学出版社,2015
14 吴建设.烽火河南大学.郑州:河南大学出版社,2012
15 梁小岑,陈进功.河南省国统区革命文化史料选编(二).河南省革命文化史料征编室编,1996
16 马月玲.纪念抗日战争胜利六十周年专辑.洛阳文史资料,2005
17 邓明灿,张义忠.河南大学校园百年建设史.郑州:河南大学出版社,2012
18 中国人民政治协商会议栾川县委员会.栾川文史资料(第1辑),1986
19 冯克力.老照片(第14辑).济南:山东画报出版社,2000
20 中国人民政治协商会议河南省洛阳市委员会文史资料研究委员会.洛阳

文史资料(第6辑),1989

21 郭灿金,李文山.世纪华章.郑州:河南大学出版社,2012
22 时勇.读图忆往.郑州:河南大学出版社,2012
23 李鸣.纪念张钫先生文选集.北京:时代文献出版社,2012
24 李景文.河南大学图书馆史.开封:河南大学出版社,2008
25 赵秀凤.河南大学统战八十年.开封:河南大学出版社,2006
26 河南大学校史编写组.河南大学校史.开封:河南大学出版社,2002
27 魏玉林,王华农,刘家骥.中州钩沉.北京:中华书局,2005
28 吕东亮.张一弓研究.郑州:河南大学出版社,2015
29 李忠杰.河南省抗日战争时期人口伤亡和财产损失.北京:中共党史出版社,2014
30 刘卫东.河南大学百年人物志.郑州:河南大学出版社,2012
31 孟国祥.烽火薪传——抗战时期文化机构大迁移.北京:商务印书馆,2015
32 国立河南大学校友会.国立河南大学校志.1976
33 张召鹏,郭灿金.风雨鸡鸣.郑州:河南大学出版社,2015

(二)文章

1 姜晋森.殊缘:河南大学与潭头镇.黄河·黄土·黄种人,2015(4)
2 李丙寅.抗战时期的七七中学.河南文史资料,2014(3)
3 牛鹏远.一株幸存牡丹,见证河大、潭头不了情.洛阳晚报,2014-04-14
4 姚伟,路畅.河南大学流亡办学潭头纪念馆开馆.大河报,2015-08-26
5 徐结怀.小山沟传播现代医学文明.东方今报,2005-07-19
6 徐结怀.深山潭头镇创办七七中学.东方今报,2005-07-20
7 徐结怀.八旬老人为遇难师生守墓60年.东方今报,2005-07-22
8 徐结怀.八年流亡最恋河南.东方今报,2005-07-26
9 齐晓奎,徐结怀.守墓人60年心愿可望了却.东方今报,2005-08-03
10 姚伟.敌机在开封上空轰鸣.大河报,2005-08-08
11 姚伟.贷金制度维系战时教育.大河报,2005-08-09
12 姚伟.行走在高山密林间.大河报,2005-08-10
13 姚伟.弦歌不辍,播撒文明火种.大河报,2005-08-11
14 姚伟.潭头血案伤痕难愈.大河报,2005-08-12
15 姚伟.河南大学昨日来信致谢.大河报,2005-08-12
16 齐晓奎,徐结怀.这一天他们盼了60年.东方今报,2005-08-08
17 张召鹏,谭永江.河南大学:流亡路上铸永魂.科学时报,2005-08-15

18	孙自豪,姜春晖,马翠轩,等.记忆河南大学:守候六十载,水乳校地情.洛阳日报,2011-01-14
19	姚伟.守墓者青丝变白发,八旬翁寻人梦难圆.大河报,2005-07-22
20	夏先清.河南大学流亡办学旧址潭头纪念馆开馆.经济日报,2015-09-02
21	于茂世.罗章龙策动"西安事变".大河报,2012-06-07
22	于茂世.因"花园口决堤"而留守中原.大河报,2012-06-11
23	于茂世.避战潭头"桃花源".大河报,2012-06-12
24	于茂世.烛照中原.大河报,2012-06-13
25	王星.抗战硝烟里的琅琅读书声:河南大学西迁宝鸡追记.宝鸡日报,2012-12-25
26	朱琨,刘学增.在这大时代里,就该自己创造自己.大河报,2014-05-05
27	张苗苗.谱写抗战歌曲,鼓舞军民斗志.汴梁晚报,2015-08-15
28	王鲁峰,朱琨,王灿.一所有担当的大学:明德新民沃中原,百年风骨久弥新.大河报,2015-06-23
29	孙自豪,姜春晖,马翠轩,等.深山潭头,有个"河大附中".洛阳日报,2011-01-18
30	孙自豪,姜春晖,梅占国.走潭头·献爱心·谋未来.洛阳日报,2011-01-20
31	河洛春秋之民国人物之王广庆:潭头起惨案 伊河发悲声.洛阳晚报,2010-01-14
32	"有情有义有担当·河南大学重走潭头办学路"系列报道今日开篇.洛阳日报,2011-01-14
33	"抗战与文化"第一章·坚韧的大学之五——潭头血案伤痕难愈.大河报,2005-08-12
34	老郑.河南大学在嵩县潭头.学生之友,1941(4)
35	童浩麟.爷爷埋烈士,儿孙祭英魂,三代村民守坟墓.村委主任,2016(2)
36	王占西.抗战时期高等学校流亡办学对当地教育文化的提升——以河南大学为例.科研,2016(2)
37	张屎弓.随河南大学南迁苏州前后.河南文史资料,2006(2)
38	王敬.抗日救亡运动在河南大学.史学月刊,1985(6)
39	崔永照.保护文化遗产 弘扬历史文明——栾川县33处重点文物受到精心呵护.市场研究,1995(9)
40	宋洪.夜读偶感(二则).瞭望,1994(47)

41 苏金伞.我和新诗.河南师范大学学报,1983(5);河南大学学报,1983(5)
42 苏金伞.梦圆潭头河南大学.见:韩爱平.河南大学作家群.开封:河南大学出版社,2002
43 苏金伞.梦圆潭头河南大学.见:郭灿金.百年流韵.郑州:河南大学出版社,2012
44 任访秋.潭头时期的河南大学.见:韩爱平.河南大学作家群.开封:河南大学出版社,2002
45 任访秋.潭头时期的河南大学.见:任访秋.任访秋文集:集外集.郑州:河南大学出版社,2013
46 栾星.潭头旧事.见:韩爱平.河南大学作家群.开封:河南大学出版社,2002
47 栾星.潭头旧事.见:郭灿金.百年流韵.郑州:河南大学出版社,2012
48 王泳.潭头往事忆难忘.见:陈明章.学府纪闻:国立河南大学.台北:南京出版社,1981
49 王泳.潭头往事忆难忘.见:河南大学教育科学学院志编写组.河南大学教育科学学院志.开封:河南大学出版社,2002
50 华漫.潭荆采薇.见:陈明章.学府纪闻:国立河南大学.台北:南京出版社,1981
51 姚惜鸣.难忘潭头岁月.见:河南大学教育科学学院志编写组.河南大学教育科学学院志.开封:河南大学出版社,2002
52 姚惜鸣.河南大学在潭头.见:梁小岑,陈进功.河南省国统区革命文化史料选编(2),1996
53 徐文灏.潭头吟.见:河南大学校友总会.河南大学校友通讯(总第27辑),1999
54 张放涛,刘卫东.河南大学师生在潭头的民主爱国运动.见:梁小岑,陈进功.河南省国统区革命文化史料选编(2),1996
55 潭头歌送毕业同学.见:牛庸懋.牛庸懋诗文集(第一卷).郑州:中州古籍出版社,1994
56 伊秀芬.抗战时期河南大学在潭头开展的教育活动.见:马月玲.洛阳文史资料:纪年抗日战争胜利六十周年专辑.2005
57 伊秀芬.抗日战争时期的河南大学.民国档案,2002(1)
58 伊秀芬.国立河南大学成立始末.档案管理,2010(3)
59 刘全生."跑日本"和战后迎接美国兵亲历记.河南文史资料,2013(1)
60 王雷.回忆河南大学一二·九学生运动.中共河南省委党史资料征编委员会,中国共产主义青年团河南省委员会.一二·九运动在河南.郑州:河南人民出版社,1986

61 侯作瀛,于书敏.铁塔脚下的救亡浪潮:一二·九运动在河南大学.见:中共河南省委党史资料征编委员会,中国共产主义青年团河南省委员会.一二·九运动在河南.郑州:河南人民出版社,1986

62 李秉德.河南大学搬迁记.纵横,1996(2)

63 武智敏.河南大学抗敌工作训练班.见:张绛.汴京风暴.郑州:河南人民出版社,1993

64 河南大学五二二游行示威.见:华彬清.五二〇运动史.南京:南京大学出版社,1989

65 周宗贤.河南大学晋京请愿代表团活动片段.见:张国玉,朱秉春.峥嵘岁月:北京西城老同志的回忆.北京:中央文献出版社,2001

66 刘家骥.河大师生逃难纪实.见:魏玉林,王华农,刘家骥.中州钩沉.北京:中华书局股份有限公司,2005

67 李蕤.回忆往事,愿母校永葆革命青春:我在河南大学的一段不平常的生活.河南师范大学学报,1982(6)

67 张综.抗日战争中的河南大学.河南大学学报,1985(3)

69 刘海诗.终生难忘的友情:抗战期间李约瑟与李俊甫相会在河南大学.中州古今,1995(5)

70 周晓寒.父亲周利人在抗战初期.党史博览,2015(1)

71 韩爱萍.鲜为人知的"民先"大队长.光明日报,2003-01-24

72 韩爱萍.我一生道路开始的地方.光明日报,2003-02-04

73 刘卫东.袁宝华与河南大学.光明日报,2002-10-25

74 黄正林.20世纪30年代的河南大学.团结报,2017-04-13

75 河南大学师生逃难纪实.见:张福臣.校园往事(1).武汉:武汉大学出版社,2011

76 郑竖岩.河南大学抗敌训练班和"战教团".见:中共河南省委党史资料征集编纂委员会.抗战时期的河南省委.郑州:河南人民出版社,1986

77 河大抗训班服务团舞阳工作近况.见:中共河南省委党史工作委员会.抗战初期河南救亡运动.郑州:河南人民出版社,1988

78 梁祖翼.回忆解放前的八次迁校.见:河南大学校史编纂研究室,河南大学档案馆.河南大学史料长编(第三卷).郑州:河南大学出版社,2014

79 小余.河南大学与潭头镇.见:冯克力.老照片(第14辑).济南:山东画报出版社,2000

80 范钦尧.创办河南大学暑期补习学校的回忆.青年月刊,1940(1)

81 河南大学后日开学,校址分设镇平鸡公山两处.大公报,1938-01-13

82 河南大学招收借读生,本学期额定四十名.大公报,1938-02-14

83 河南大学迁移.申报,1938-07-23

84 由王广庆继任河南大学校长.中央日报(重庆各报联合版),1939-07-07

85 王广庆任河南大学校长.申报,1939-07-08

86 王广庆继任豫大校长.申报,1939-07-27

87 通过任免要案多件:河南大学改为国立.新华日报,1942-03-11

88 行政院会议:河南大学改国立.大公报,1942-03-11

89 河南大学风光.中央日报(中央日报扫荡报联合版),1942-06-28

90 新生分发竣事,拨入河南大学者最多.中央日报(中央日报扫荡报联合版),1942-10-03

91 豫同乡会欢迎王广庆等.中央日报,1943-06-21

92 部拨款五十万救济河南大学.中央日报,1944-06-09

93 日军灭绝人性,杀我河南大学师生.大公报,1944-06-24

94 河南大学劫后续闻.大公报,1944-08-07

95 学子三千已获救济,河南大学在西峡口复校.中央日报,1944-08-09

96 下学期起增加副食费,河南大学将在西峡口复校.大公报,1944-08-09

97 河南大学.大公报,1944-08-27

98 敌犯豫西之役,河南大学损失很重,现已找到校址筹备.新华日报,1944-08-30

99 河南大学在荆紫关筹备复课.中央日报,1944-09-23

100 西安零简:河南大学医学院师生流落西安生活苦.新华日报,1945-01-03

101 河南大学新校长张广舆视事.大公报,1945-02-11

102 河南大学亟待救济.中央日报,1945-04-10

103 河南大学一再迁移师生流离,已呈请教育部救济.大公报,1945-04-12

104 河南大学筹备宝鸡复课.大公报,1945-04-23

105 河南大学五次播迁切待复校.中央日报,1945-09-24

106 府令田培林长河南大学.中央日报,1945-11-06

107 河南大学筹备回汴复校.中央日报,1945-11-19

108 河南大学校长赴京述职.申报,1946-01-20

109 河南大学复校从宝鸡迁开封.申报,1946-02-02

110 国立河南大学梗概.中央日报,1946-07-28

后　　记

　　2015年时值抗日战争胜利70周年纪念,纪念是为了不忘却,日本的这场侵略战争已经成为中华民族记忆深处的隐痛,对于彼时已有20余年办校历史的河南大学也是一场浩劫中的磨炼,辗转迁徙三省七地,伏牛深处弦歌不辍,并由省立升格国立,蜗寓豫西潭头镇办学五年之久,在当地留下很多"河大故事"。本书就是对这样一个事件史的口述采辑。采辑的潭头镇及其附近村落,虽有城镇化的冲击,但是自然村落中仍旧保留着旧有的习惯,甚至于事情发生70多年后,散落村落中的旧址、旧物仍旧较多。村落中人口流动性不大,物在、人在,故事就在,这成为我们口述采辑的一个比较理想的空间。

　　2015年4月至7月,受河南大学党委宣传部的委托,河南大学历史文化学院口述历史团队承担"抗日战争时期河南大学流亡办学口述历史调研"项目。从4月份开始,前期的资料收集共整理了河南大学档案馆、开封市档案馆、河南省档案馆馆藏的档案以及其他文献数十万字。在梳理这些文献的基础上,团队成员基本弄清了河南大学流亡办学之基本史实。文本研读是本次口述历史调研的基础。进入7月临近暑期开始,先后由中国社会科学院近代史研究所的研究人员、河南大学黄河学者、中华口述历史研究会秘书长左玉河研究员、河南大学校史馆王学春馆长、河南大学历史文化学院赵广军博士,对团队成员就口述历史调研的理论及实务进行培训。7月上旬,两位带队教师赵广军、李恒对调研拟定工作计划;7月13日至22日,团队赴洛阳市栾川县潭头镇、嵩县进行口述采辑。

　　河南大学流亡办学口述历史调研团队由指导教师赵广军、李恒和中国近现代史方向研究生王占西以及16名历史文化学院历史学专业本科生组成,由于他(她)们的努力,使得宝贵的资料由口碑转为文字,从而避免了这些记忆的消失。这里我很高兴列出他(她)们的名字:杨润华、贾茜贝、胡志彬、徐园欣、安依林、张晓俐、赵静文、多吉卓玛、唐洪浪、王赛赛、吕潘婷、王丹、任东阳、田若玉、张娟、吕俊杰,另外还有刘晓航、陈慧、李京亚、段婷婷、李田田等参与了后期资料的整理，对他们的贡献，编著者不敢掠美，依照口述历史规范的要求，多在每篇之后署名以彰其劳。

这本小书得以出版有许多要感谢的人，尽管他（她）们的身份、职业各异，学者、官员、村民、文史工作者等等，但对于玉成本书，却都提供了不同的帮助。首先，最应该感谢提供口述的老人们，他们中年龄最大者90多岁，大部分为80多岁的老人。口述团队的学生的年龄与之相差一个甲子以上。采辑中，这些老人对河南大学"旧事"尤多记忆。当了解了我们的来意之后，最喜与我们相谈，甚至在溽热中带着我们在村中寻找当时故址，指明教授住宅、学生宿舍、教室、操场、文明戏台、食堂、磨坊、电话室、水井……所指如在眼前。甚至有老人在介绍河南大学惨案时湿了眼眶，哽咽得无法言语。出于记录的需要，我们静待其情绪平稳后，又"残忍地"接着问询。老人家们的姓名记录于书中每篇。

本书的调研之行、出版之成，完全是河南大学党委宣传部诸位领导对于课题的支持、出版的资助。河南大学副校长张宝明、宣传部部长李庆春、新闻中心主任刘波识得书中所蕴含的口述史料的价值，力促出版事宜。潭头调研中，与我们一起调研的校新闻中心副主任党鸿军、王宏宇老师对调研指导尤多。校研究生院学位办副主任刘百陆、校史馆馆长王学春提供了很多纸质文献，帮助厘清很多史实。校团委书记翟新礼，以及历史文化学院苗书梅、许俊峰、谢清溪、杨光辉、张礼刚、桓占伟、李竞艳、谢宇飞诸位领导多有助益。校黄河学者、中华口述历史学会秘书长左玉河研究员是口述历史的国内倡导者，就口述理论和实务等方面进行指导，并不吝赐序。在调研期间，潭头镇镇党委书记谭建峰、镇长常光磊、副镇长朱红霞等给予食宿保障、人员协调等多方面的支持；潭头镇河南大学附属中学校长王文杰除了接受口述采辑之外，对调研团队还有瓜果相赠之谊。

更有河南大学出版社愿意出版之谊。出版项目的负责人侯若愚老师对书稿提出宝贵修改意见。更难得的是本书责任编辑董庆超老师，对书稿逐行、逐字、标点、数字、姓名、时间等细微处多有修改，认真态度远甚于作者，面对每页批眉的繁密，编著者有汗颜之感。

在上述诸人的帮助下，书稿资料的采辑、修改、完善到出版得以成行，在这个意义上本书可以说是一个集体加工的成果。编著者受惠很多，更不敢掠美不记，一并致谢。

本书的写作分工，每篇多已署名。原本介绍三四十年代高等教育迁徙背景下河南大学流亡办学史的梳理，最终成为一篇几乎占全书一半的长论，

后　记

委实与本书的口述主旨不符,只是希望读者借助该文的介绍,能够对河南大学流亡办学的史态、细节有一个了解。本书的几个附录由赵广军整理,尚不完全,容待后补。

由于学力不逮,书中尚有许多未尽事宜,以待来者补充、更正;更有作者未能发觉的错误,也希望读者不吝相纠。

赵广军
2017 年 5 月